HISTORIA GENERAL
DE LAS INDIAS

Libros a la carta

Partiendo de nuestro respeto a la integridad de los textos originales, ofrecemos también nuestro servicio de «Libros a la carta», que permite -bajo pedido- incluir en futuras ediciones de este libro prólogos, anotaciones, bibliografías, índices temáticos, fotos y grabados relacionados con el tema; imprimir distintas versiones comparadas de un mismo texto, y usar una tipografía de una edición determinada, poniendo la tecnología en función de los libros para convertirlos en herramientas dinámicas.

Estas ediciones podrán además tener sus propios ISBN y derechos de autor.

FRANCISCO LÓPEZ DE GÓMARA

HISTORIA GENERAL
DE LAS INDIAS

BARCELONA **2006**
WWW.LINKGUA.COM

Créditos

Título original: *Historia general de las Indias*.

© 2006, Linkgua ediciones S.L.

08011 Barcelona.
Muntaner, 45 3° 1ª
Tel. 93 454 3797
e-mail: info@linkgua.com

Diseño de cubierta: Marco Hernández.
Ilustración de cubierta: Marco Hernández.
ISBN: 84-96290-13-1.

Impreso por Cargraphics

Las bibliografías de los libros de Linkgua son actualizadas en: www.linkgua.com

Impreso en España - *Printed in Spain*

SUMARIO

PRESENTACIÓN

La vida

Francisco López de Gómara (Gómara, Soria, 1512-1572). Los biógrafos no se ponen de acuerdo sobre las fechas de su nacimiento y muerte, parece que vivió entre 1510 y 1560. Nació en Sevilla y estudió en la Universidad de Alcalá. Fue uno de los principales cronistas de la conquista española de América; enseñó lenguas clásicas en la Universidad de Alcalá y después se hizo sacerdote y fue secretario y capellán de Hernán Cortés.

López de Gómara presenció muchos acontecimientos militares de su época como secretario y capellán de Cortés y conoció de cerca el temperamento de éste y las intrigas políticas y militares de su época. Participó en la expedición contra Argelia de 1541, liderada por el monarca Carlos V. Irónicamente, se informó de la historia de la conquista en medio de aquella contienda africana y nunca estuvo en América.

Algunos dicen que por eso su obra fue prohibida por Felipe II, acusada de no ser fiel a los hechos. Entre otros libros suyos cabe citar sus crónicas de las batallas libradas por la armada de Carlos V y algún texto sobre las tropelías de los piratas del Mediterráneo.

El libro

El libro es, además de un tratado de historia, una apología del esplendor del Nuevo Mundo y de las peripecias de la conquista de América.

«Es el mundo tan grande y hermoso, y tiene tanta diversidad de cosas tan diferentes unas de otras, que pone admiración a quien bien lo piensa y contempla. Pocos hombres hay, si ya no viven como brutos animales, que no se pongan alguna vez a considerar sus maravillas, porque natural es a cada uno el deseo de saber.»

Los sucesos de la conquista le fueron contados a López de Gómara por el propio Cortés y otros expedicionarios. Con estos testimonios escribió la *Historia General de las Indias y conquista de México* (1552), muy difundida en su época.

El texto es una auténtica sucesión pormenorizada de aquellos acontecimientos, una crónica ordenada y bien insertada en la historia, escrita con estilo elegante, y llena de citas de los clásicos; una exaltación épica de Cortés, al estilo de Plutarco. Respecto a los indígenas, su punto de vista fue el oficial, opuesto al de fray Bartolomé de las Casas.

Un último apunte

Aunque López de Gómara muestra la versión oficial de la conquista, pretende describir los sucesos con cierto realismo y no duda en relatar las rencillas entre los conquistadores y sus crímenes.

A LOS LEYENTES

Toda historia, aunque no sea bien escrita, deleita. Por ende, no hay que recomendar la nuestra, sino avisar cómo es tan apacible cuanto nueva por la variedad de cosas, y tan notable como deleitosa por sus muchas extrañezas. El romance que lleva es llano y cual ahora usan; la orden, concertada e igual; los capítulos, cortos para ahorrar palabras; las sentencias, claras, aunque breves. He trabajado por decir las cosas como pasan. Si algún error o falta hubiere, suplidlo vos por cortesía, y si aspereza o blandura, disimulad, considerando las reglas de la historia; que os certifico no ser por malicia. Contar cuándo, dónde y quién hizo una cosa, bien se acierta; empero, decir cómo es dificultoso; y así, siempre suele haber en esto diferencia. Por tanto, se debe contentar quien lee historias de saber lo que desea en suma y verdadero; teniendo por cierto que particularizar las cosas es engañoso y aun muy odioso; lo general ofende poco si es público, aunque toque a cualquiera; la brevedad a todos place; solamente descontenta a los curiosos, que son pocos, y a los ociosos, que son pesados. Por lo cual he tenido en esta mi obra dos estilos, ca soy breve en la historia y prolijo en la conquista de México. Cuanto a las entradas y conquistas que muchos han hecho a grandes gastos, y yo no trato de ellas, digo que dejo algunas por ser de poca importancia y porque las más de ellas son de una misma manera, y algunas por no las saber, que sabiéndolas no las dejaría. En lo demás, ningún historiador humano contenta jamás a todos; porque si uno merece alguna loa, no se contenta con ninguna y la paga con ingratitud; y el que hizo lo que no querría oír, luego lo reprehende todo; con que se condena de veras.

A LOS TRASLADORES

Algunos por ventura querrán trasladar esta historia en otra lengua, para que los de su nación entiendan las maravillas y grandezas de las Indias y conozcan que las obras igualan, y aun sobrepujan, a la fama que de ellas anda por todo el mundo. Yo ruego mucho a los tales, por el amor que tienen a las historias, que guarden mucho la sentencia, mirando bien la propiedad de nuestro romance, que muchas veces ataja grandes razones con pocas palabras. Y que no quiten ni añadan ni muden letra a los nombres propios de indios, ni a los sobrenombres de españoles, si quieren hacer oficio de fieles traducidores; que de otra manera, es certísimo que se corromperán los apellidos de los linajes. También los aviso cómo compongo estas historias en latín para que no tomen trabajo en ello.

A don Carlos. Emperador de romanos, Rey de España, señor de las Indias y nuevo mundo, Francisco López de Gómara, clérigo

Muy soberano Señor: La mayor cosa después de la creación del mundo, sacando la encarnación y muerte del que lo crió, es el descubrimiento de Indias; y así las llaman Nuevo Mundo. Y no tanto te dicen nuevo por ser nuevamente hallado, cuanto por ser grandísimo y casi tan grande como el viejo, que contiene a Europa, África y Asia. También se puede llamar nuevo por ser todas sus cosas diferentísimas de las del nuestro. Los animales en general, aunque son pocos en especie, son de otra manera; los peces del agua, las aves del aire, los árboles, frutas, hierbas y grano de la tierra, que no es pequeña consideración del Criador, siendo los elementos una misma cosa allá y acá. Empero los hombres son como nosotros, fuera del color, que de otra manera bestias y monstruos serían y no vendrían, como vienen de Adán. Mas no tienen letras, ni moneda, ni bestias de carga; cosas principalísimas para la policía y vivienda del hombre; que ir desnudos, siendo la tierra caliente y falta de lana y lino, no es novedad. Y como no conocen al verdadero Dios y Señor, están en grandísimos pecados de idolatría, sacrificios de hombres vivos, comida de carne humana, habla con el diablo, sodomía, muchedumbre de mujeres y otros así. Aunque todos los indios que son vuestros sujetos son ya cristianos por la misericordia y bondad de Dios, y por la vuestra merced y de vuestros padres y abuelos, que habéis procurado su conversión y cristiandad. El trabajo y peligro vuestros españoles lo toman alegremente, así en predicar y convertir como en descubrir y conquistar. Nunca nación extendió tanto como la española sus costumbres, su lenguaje y armas, ni caminó tan lejos por mar y tierra, las armas a cuestas. Pues mucho más hubieran descubierto, sujetado y convertido si vuestra majestad no hubiera estado tan ocupado en otras guerras; aunque para la conquista de las Indias no es menester vuestra persona, sino vuestra palabra. Quiso Dios descubrir las Indias en vuestro tiempo y a vuestros vasallos, para que los convirtiésedes a su santa ley, como dicen muchos hombres sabios y cristianos. Comenzaron las conquistas de los indios acabadas la de moros, por que siempre guerreasen españoles contra infieles; otorgó la conquista y conversión el papa; tomaste por letra Plus ultra, dando a entender el señorío de Nuevo Mundo. Justo es, pues, que vuestra majestad favorezca la conquista y los conquistadores, mirando mucho por los conquistados. Y también es razón que todos ayuden y ennoblezcan las Indias, unos con santa predicación, otros con buenos consejos, otros con provechosas granjerías, otros con loables costumbres y policía. Por lo cual he yo escrito la historia: obra, ya lo conozco, para mejor ingenio y lengua que la mía; pero quise ver para cuánto era. Publícola tan presto porque, no tratando del Rey, no hay qué aguardar. Intitúlola a vuestra majestad, no por que no sabe las cosas de Indias mejor que yo, sino por que las vea juntas, con algunas particularidades tan apacibles como nuevas y verdaderas. Y aun por que vaya más segura y autorizada so el amparo de vuestro imperial nombre; que la gracia y la perpetuidad la misma historia se la dará o quitará. Hágola de presente en castellano por que gocen de ella luego todos nuestros españoles. Quedo haciéndola en latín de más espacio, y acabaréla presto. Dios mediante, si vuestra majestad lo manda y favorece. Y allí diré muchas cosas que aquí se callan, pues el lenguaje lo sufre y lo requiere; que así hago en las guerras de mar de nuestro tiempo, que compongo; donde vuestra majestad, a quien Dios nuestro Señor dé mucha vida y victoria contra los enemigos, tiene gran parte.

HISTORIA GENERAL DE LAS INDIAS

Es el mundo tan grande y hermoso, y tiene tanta diversidad de cosas tan diferentes unas de otras, que pone admiración a quien bien lo piensa y contempla. Pocos hombres hay, si ya no viven como brutos animales, que no se pongan alguna vez a considerar sus maravillas, porque natural es a cada uno el deseo de saber. Empero unos tienen este deseo mayor que otros, a causa de haber juntado industria y arte a la inclinación natural; y estos tales alcanzan muy mejor los secretos y causas de las cosas que naturaleza obra; aunque, a la verdad, por agudos y curiosos que son, no pueden llegar con su ingenio ni propio entendimiento a las obras maravillosas que la Sabiduría divina misteriosamente hizo y siempre hace; en lo cual se cumple lo del Eclesiástico, que dice: «Puso Dios al mundo en disputa de los hombres, con que ninguno de ellos pueda hallar las obras que él mismo obró y obra». Y aunque esto sea así verdad, según que también lo afirma Salomón, diciendo: «Con dificultad juzgamos las cosas de la tierra y con trabajo hallamos lo que vemos y tenemos delante», no por eso es el hombre incapaz o indigno de entender al mundo y sus secretos; ca Dios crió al mundo por causa del hombre, y se lo entregó en su poder, e puso debajo los pies, y, como Esdrás dice, los que moran en la tierra pueden entender lo que hay en ella; así que, pues Dios puso el mundo en nuestra disputa y nos hizo capaces y merecedores de lo poder entender, y nos dio inclinación voluntaria y natural de saber, no perdamos nuestros privilegios y mercedes.

I. El mundo es uno, y no muchos, como algunos filósofos pensaron

Opinión y tema fue de muchos y grandes filósofos, hombres en su tiempo tenidos por muy sabios, que había muchos mundos. Leucipo, Demócrito, Epicuro, Anaximandro y los otros, porfiados en que todas las cosas se engendran y crían del tamo y átomos, que son unos pedacitos de nada como los que vemos al rayo del sol, dijeron que había muchos mundos; y que así como de solas veinte y tantas letras se componen infinitos libros, así, ni más ni menos, de aquellos pocos y chicos átomos y menudencias se hacen muchos y diversos mundos. Esto afirmaban, creyendo que todo era infinito. Y así a Metrodoro le parecía cosa fea y desproporcionada no haber en este infinito más de un solo mundo, como sería si en una muy gran viña no hubiese sino una cepa, o en una gran pieza una sola espiga. Orfeo tuvo que cada estrella era un mundo, a lo que Galeno escribe de historia filosófica. Y lo mismo dijeron Heráclides y otros pitagóricos, según refiere Teodorito, De materia y mundo. Seleuco, filósofo, según escribe Plutarco, no se contentó con decir que había infinitos mundos, sino que también dijo ser el mundo infinible, como quien dijese que no puede tener cabo donde fenezca su fin. Creo que de aquí le tomó ansia al gran Alejandro de conquistar el universo; pues claramente, a lo que Plutarco cuenta, lloró oyendo un día disputar esta cuestión a Anaxarco. El cual, preguntada la causa de lágrimas tan fuera de tiempo, respondió que lloraba con justa y gran razón, pues habiendo tantos mundos como Anaxarco decía, no era él aún señor de ninguno. Y así, después, cuando emprendió la conquista de este nuestro mundo, imaginaba otros muchos y pretendía señorearlos todos. Mas atajóle la muerte los pasos antes que pudiese sujetar medio. También dice Plinio: «Creer que hay infinitos mundos procedió de querer medir el mundo a pies»; lo cual tiene por atrevimiento, aunque dice llevar tan sutil y buena cuenta que sería vergüenza no creerlo. De la opinión de estos filósofos salió el refrán que cuando uno se halla nuevo en alguna cosa dice que le parece estar en otro mundo. Poco estimáramos el dicho de estos gentiles, pues como dice San Agustín, se revolcaron por infinitos mundos con su vano pensamiento; ni el de los herejes dichos ocios, ni el de los talmudistas, que afirman diecinueve mil mundos, pues escriben contra los Evangelios, si no hubiese teólogos que hagan mención de más mundos. Baruch habló de siete mundos, como dice Orígenes; y Clemente, discípulo de los apóstoles, dijo en una su epístola, según Orígenes lo acota en el Periarcón: «No es navegable el mar Océano; y aquellos mundos que detrás de él están se gobiernan por providencia del mismo Dios». También San Jerónimo alega esta misma autoridad sobre la epístola de San Pablo a los efesios, donde dice: «Todo el mundo está puesto en malignidad». En muchas partes del Testamento Nuevo está hecha mención de otro mundo; y Cristo, que es la misma verdad, dijo que su reino no era de este mundo, y llamó al diablo príncipe de este mundo. Diciendo éste, parece que hay otros, a lo menos otro; y por eso erraron los herejes ocios, que, no entendiendo bien la Escritura Sagrada, inferían ser innumerables los mundos; y quien creyese que hay muchos mundos como el nuestro, erraría malamente como ellos. Mundo es todo lo que Dios crió: cielo, tierra, agua y las cosas visibles, y que, como dice San Agustín contra los académicos, nos mantienen; lo cual afirman todos los filósofos cristianos, y aun los gentiles, si no es Aristóteles con sus discípulos, que hace al cielo diferente del mundo, en el tratado que de ellos compuso. Este, pues, es el mundo que Dios hizo, según lo certifican San Juan Evangelista y más largamente Moisen: que si hubiera más mundos como él, no los callaran. El reino de Cristo, que no era de este mundo, porque respondamos a ellos, es espiritual y no material; y así decimos el otro mundo, como la otra vida y como el otro siglo; lo cual declara muy bien Esdrás, diciendo: «Hizo el Altísimo este siglo para muchos; y el otro, que es la gloria, para pocos»; y San Bernardo llama inferior a este mundo en respecto del cielo. Cuanto a los mundos que pone Clemente detrás del Océano, digo que se han de entender y tomar por orbes y partes de la tierra; que así llama Plinio y otros escritores a Escandinavia, tierra de Godos, y a la isla Taprobana, que agora dicen Zamora. Y Epicuro, según Plutarco refiere, tenía por mundos a semejantes orbes y bolas de tierra, apartados de la Tierra-Firme como Islas. Y por ventura estos tales pedazos de tierra son el orbe y redondez que la Escritura llama de tierras, y la que llama de tierra ser todo el mundo terrenal. Yo, aunque creo que no hay más de un solo mundo, nombraré muchas veces dos aquí en esta mi obra, por variar de vocablos en una misma cosa, y por entenderme mejor llamando nuevo mundo a las Indias, de las cuales escribimos.

II. Que el mundo es redondo, y no llano

Muchas razones hay para probar ser el mundo redondo y no llano. Empero la más clara y más a ojos vistas es la vuelta redonda que con increíble presteza le da el Sol cada día. Siendo, pues, redondo todo el cuerpo del mundo, de necesidad han de ser redondas todas sus partes, especial los elementos, que son tierra, agua, aire, fuego. La Tierra, que es el centro del mundo, según lo muestran los equinoccios, está fija, fuerte, y tan recia y bien fundada sobre sí misma, que nunca faltará ni flaqueará; y sin esto, tira y atrae para sí los extremos. La mar, aunque es más alta que la tierra, y muy mayor, guarda su redondez en medio y sobre la tierra, sin derramarse ni sin cubrirla, por no quebrantar el mandamiento y término que le fue dado; antes ciñe de tal manera, ataja y hiende la tierra por muchas partes, sin mezclarse con ella, que parece milagro. Muchos pensaron ser como huevo o pifia o pera, y Demócrito, redondo como plato; empero, cóncavo. Mas Anaximandro y Anaxímenes y Lactancio, y los que niegan los antípodas, afirman ser llano este cuerpo redondo, que hacen agua y tierra. Llaman llano en comparación de redondo, aunque veían muchas sierras y valles en él. Cualquiera hombre de razón, aunque no tenga letras, caerá luego en cuanto los tales tropezaban en llanura de su mundo; y así, no es menester más declaración.

III. Que no solamente es el mundo habitable, mas que también es habitado

No se harta la curiosidad humana así como quiera, o que lo hagan los hombres por saber más, o por no estar ociosos, o porque (como dice Salomón) quieren meterse en honduras y trabajos, pudiendo vivir descansados. Bastaríales saber que Dios hizo el mundo redondo y apartó la tierra de las aguas para vivienda de los hombres, sino que también quieren saber si se habita o no toda ella. Tales, Pitágoras, Aristóteles, y tras él casi todas las escuelas griegas y latinas, afirman que la tierra en ninguna manera se puede toda morar, en una parte de muy caliente, y en otras de muy fría. Otros, que reparten la tierra en dos partes, a quien llaman hemisferios, dicen que no hay hombres en la una ni los puede haber, sino que de pura necesidad han de vivir en la otra, que es donde nosotros estamos, y aun de ella quitan tres tercios, de cinco que le ponen; de suerte que, según ellos, solas dos partes, de cinco que tiene la tierra, son habitables. Para que mejor entiendan esto los romancistas, que los doctos ya se lo saben, quiero alargar un poco la plática. Queriendo probar cómo la mayor parte de la tierra es inhabitable, fingen cinco fajas, que llaman zonas, en el cielo, por las cuales reglan el orbe de la tierra. Las dos son frías, las dos templadas y la otra caliente. Si queréis saber cómo son estas cinco zonas, poned vuestra mano izquierda entre la cara y el sol cuando se pone, con la palma hacia vos, que así lo enseñó Probo, gramático; tened los dedos abiertos y extendidos, y mirando al sol por entre ellos haced cuenta que cada uno es una zona: el dedo pulgar es la zona fría de hacia el norte, que por su demasiada frialdad es inhabitable; el otro dedo es la zona templada y habitable, do está el trópico de Cáncer; el dedo del medio es la tórrida zona, que por tostar y quemar los hombres la llaman así, y es inhabitable; el dedo del corazón es la otra zona templada, donde está el trópico de Capricornio; el dedo menor es la otra zona fría e inhabitable, que cae al sur. Sabiendo, pues, esta regla, es entendido lo habitable o inhabitable de la tierra, que dicen éstos. Y aun Plinio, disminuyendo lo habitado, escribe que de cinco partes, que llaman zonas, quita las tres el cielo a la tierra, que son lo señalado por los dedos pulgar y menor y el de medio, y que también le hurta algo el Océano; y aun en otro lugar dice que no hay hombres sino en el Zodíaco. La causa que ponen para no poder vivir hombres en la región de los polos, y el excesivo calor que hay debajo de la tórrida zona por la vecindad y continua presencia del Sol. Lo mismo afirman Durando, Scoto y casi todos los teólogos modernos; y Juan Pico de la Mirándola, caballero doctísimo, sustentó en las conclusiones que tuvo en Roma delante el papa Alejandro VI cómo era imposible vivir hombre ninguno debajo la tórrida zona. Pruébase lo contrario con dichos de los mismos escritores y con autoridades de sabios antiguos y modernos, con sentencia de la divina Escritura y con la experiencia. Estrabón, Mela y Plinio, que afirman lo de las zonas, dicen cómo hay hombres en Etiopía, en la Aurea Chersoneso y en Taprobana, que son Guinea, Malaca y Zamotra, las cuales caen debajo de su tórrida; y que Escandinavia, los montes hiperbóreos y otras tierras que caen al Norte, en lo que señala el dedo pulgar, están pobladas de gente. Estos hiperbóreos están debajo el Norte, según dicen Herodoto en su *Melpóneme*, y Solino, en el *Polihistor*; mas Ptolomeo no los pone tan vecinos al polo, sino en algo más de setenta grados de la Equinoccial, y Matías de Micoy los niega; por lo cual se maravillan de Plinio (autor gravísimo) que mostrase contradicción en lo de las zonas, y descuido o poco saber en geografía y matemática. El primero que afirmó ser habitable la tierra de esa parte de las zonas templadas fue Parménides, según cuenta Plutarco. Solino, refiriendo escritores viejos, pone los hiperbóreos donde un día dura medio año y una noche otro medio, por estar de ochenta grados arriba, viviendo muy sanos, y tanto tiempo, que, hartos de mucho vivir, se matan ellos mismos. También dice cómo los arinfeos, que moran en aquellas partes, andan sin cabello ni caperuza. Abravio, historiador godo, dice cómo los adogitas, que tienen día de cuarenta días nuestros y noche de cuarenta noches, por estar de setenta grados arriba, viven sin morirse de frío. Galeoto de Narni afirma, en el libro de *Cosas incógnitas al vulgo*, cómo hay muchas gentes en la tierra que cae cerca y bajo del norte. Sajo, gramático, y Olao, godo, arzobispo de Upsala (a quien yo conversé mucho tiempo en Bolonia y en Venecia), ponen por tierra muy poblada la Escandinavia, que agora llaman Suecia, la cual es septentrionalísima. Alberto Magno, que tiene por mala vivienda la tierra de cincuenta y seis grados arriba, cree por imposible la habitación debajo el norte, pues donde la noche dura un mes es insoportable. Y así dice Antonio Bonfin, en la *Historia de húngaros y bohemios*, que a los lobos se les saltan los ojos de puro frío en las islas del mar Helado. Que la tierra de la tórrida zona esté poblada y se pueda morar, muchos lo dijeron, y aun Aberuiz lo afirma por Aristóteles, en el cuarto libro de *Cielo y mundo*. Avicena, en su *Doctrina segunda*, y Alberto Magno, en el capítulo seis de *La natura de lugares*, quieren probar por razones naturales cómo la tórrida zona es habitable y aun más templada para vivienda del hombre que las zonas de los trópicos. Heráclides y muchos pitagóricos (según Teodorito cuenta) pensaron que cada estrella fuese un mundo, con hombres que moraban en ella. Jenófanes (como refiere Lactancio) dijo que moraban hombres en el seno y concavidad de la Luna. Anaxágoras y Demócrito dijeron que tenía montes, valles y campos; y los pitagóricos, que tenía árboles y animales quince veces mayores que la Tierra, y que era de color de tierra, porque estaba poblada y llena de gente como esta nuestra Tierra; de donde nacieron las consejas que tras el fuego cuentan de ella las viejas. También hubo algunos estoicos (según dice el mismo Lactancio acotando con Séneca) que dudaron si había o no había gente y pueblos en el Sol; porque penséis a cuánto se desmandan los pensamientos y lengua del hombre cuando libremente puede hablar lo que se le antoja. No crió el Señor (dice Isaías a los cuarenta y cinco capítulos) la tierra en balde ni en vacío, sino para que se more y pueble. Y Zacarías dice al principio de su profecía, que anduvieron la tierra, y toda ella estaba poblada y llena de gente. Ni es de creer que la mar esté llena de peces en todos los cabos así fríos y calientes como templados; y que la tierra esté vacía y baldía: sin tener hombres en las zonas que fingen destempladas, ni tampoco impiden los fríos, por más enemigos que son a la vida humana, que no vivan mucho y se anden la cabeza al aire los hiperbóreos y arinfeos. La costumbre y natural vivienda se conservan en lugares pestíferos, cuanto más en fríos. Mejor vivienda es en la tórrida zona, por ser el calor más amigable al cuerpo humano; y así, no hay tierra despoblada por mucho calor ni por mucho frío, sino por falta de agua y pan. El hombre también, allende lo sobredicho, que fue hecho de tierra, podrá y sé que sabrá vivir en cualquiera parte de ella, por fría o calurosa que sea, especialmente mandando Dios a Adán y Eva que criasen, multiplicasen e hinchiesen la tierra. La experiencia, que nos certifica por entero de cuanto hay, es tanta y tan continua en navegar la mar y andar la tierra, que sabemos cómo es habitable toda la tierra y cómo está habitada y llena de gente. Gloria sea de Dios y honra de españoles, que han descubierto las Indias, tierra de los antípodas; los cuales, descubriendo y conquistándolas, corten el gran mar Océano, atraviesan la tórrida zona, y pasan del círculo Artico, espantajos de los antiguos.

IV. Que hay antípodas, y por qué se dicen así

Llaman antípodas a los hombres que pisan en la bola y redondez de la tierra al contrario de nosotros, o al contrario unos de otros. Los cuales, al parecer, aunque no de cierto, tienen las cabezas bajas y los pies altos. Sobre lo cual hay, como dice Plinio, gran batalla de letrados. Unos los niegan, otros los aprueban, y otros, afirmando que los hay, juran que no se pueden ver ni hallar; y así andan ellos vacilando, y hacen titubear a otros. Estrabón, y otros antes y después, niegan a pies juntillas los antípodas, diciendo ser imposible que haya hombres en el hemisferio inferior, donde los ponen. Dejando aparte autores gentiles, digo que también hay cristianos que niegan haber antípodas. Los que tenían a la tierra por llana los negaron, y Lactancio Firmiano los contradice gentilmente, pensando que no había hombres que afirmasen los pies en tierra al contrario que nosotros; que si tal fuese, andarían contra natura, los pies altos y la cabeza baja; cosa, a su juicio, fingida y para reír. Y por eso burlaba mucho de los que creían ser el mundo redondo y haber antípodas. San Agustín niega también los antípodas en el libro décimo sexto de la *Ciudad de Dios*, a los nueve capítulos. Nególos, según yo pienso, por no hallar hecha memoria de antípodas en toda la Sagrada Escritura; y también por quitarse de ruido, a lo que dicen. Casi confesara que los había, no pudiera probar que descendían de Adán y Eva, como todos los demás hombres de este nuestro medio mundo y hemisferio, a quien hacía ciudadanos y vecinos de aquella su ciudad de Dios, pues la antigua y común opinión de filósofos y teólogos de aquel tiempo era que, aunque los había, no se podían comunicar con nosotros, a causa de estar en el otro hemisferio y media bola de la tierra, donde era imposible ir y venir, por estar entre medio muy grande y no navegable mar, y la tórrida zona, que atajaban el paso. Y nuestro San Isidro dijo en sus *Etimologías*, no haber razón para creer que hubiese antípodas; ca ni lo sufre la tierra ni se prueba por historias; sino que poetas, por tener qué hablar, lo fingían. Lactancio e Isidro no tuvieron causa para negarlos. San Agustín tuvo las que dije, aunque no haber memoria ni nombre de antípodas en la Biblia no es argumento que obligue para creer que no los hay. Pues en ella está cómo es redonda la tierra, y cómo la rodea el cielo y el sol; y siendo así, todos los hombres del mundo tienen las cabezas derechas al cielo, y los pies al centro de la tierra, en cualquiera parte de ella que vivan; y son o se han en ella como los rayos de la rueda de una carreta. Que si el cubo donde hincados están estuviese quedo cuando anda la carreta, ninguno de ellos estaría más derecho a la rueda que el otro, ni más alto, ni al revés. Casi todos los filósofos antiguos tuvieron por cierto que había antípodas, según lo cuenta Plutarco en los libros del parecer de los filósofos, y Macrobio, *Sobre el sueño de Escipión*, y es tan común este nombre antípodas, que debe haber pocos que no lo hayan oído o leído; y pienso que siempre lo hubo del diluvio acá. Quien primero hizo mención de antípodas entre teólogos cristianos, a lo que yo sé, fue Clemente, discípulo de San Pedro, según Orígenes y San Jerónimo dicen: así que es cierto que los hay.

V. Dónde, quién y cuáles son antípodas

El elemento de la tierra un solo cuerpo es, aunque haya muchas islas en agua; y redondo en proporción, aunque nos parezca llano, según atrás que da dicho; y así lo tuvo Tales Milesio, uno de los siete sabios de Grecia, y otros muchos filósofos, como lo escribe Plutarco. Mas Oecetes, otro gran filósofo pitagórico, puso dos tierras, esta nuestra y la de los antípodas. Teopompo, historiador, dijo, según Tertuliano contra Hermógenes, que Sileno afirmaba al rey Midas cómo había otro orbe y bola de tierra, sin esta nuestra; y Macrobio, por acortar de autores, trata largo de estos dos hemisferios y tierras. Empero, es de saber que, si bien todos ponen dos pedazos de tierra, que no está cada uno de ellos por sí, como diferentes tierras, pues no hay más que un solo elemento de ella, sino que están atajados con la mar, conforme a lo que Solino dice hablando de los hiperbóreos; y quien mirare a la imagen del mundo en un globo o mapa, verá claramente cómo la mar parte la tierra en dos partes casi iguales, que son los dos hemisferios y orbes arriba dichos. Asia, África y Europa son la una parte, y las Indias la otra, en la cual están los que llaman antípodas; y es certísimo que los del Perú, que viven en Lima, en el Cuzco y Arequipa, son antípodas de los que viven a la boca del río Indo, Calicut y Ceilán, isla y tierras de Asia. Los Malucos, islas de la especiería, son asimismo antípodas de la Etiopía, que ahora llaman Guinea; y Plinio dijo muy bien que la Taprobana era de antípodas ca ciertamente los de aquella isla son antípodas de los etíopes, que están a la ribera del Nilo, entre su nacimiento y Meroe. También, aunque no enteramente, son los mexicanos antípodas de los de Arabia Felice, y aun de los que viven en el cabo de Buena Esperanza. Sin los antípodas hay otros que llaman parecos y antecos, ca en estos tres apellidos se incluyen todos los vecinos del mundo. Antípodas son porque pisan la tierra al contrario por el derecho unos de otros, como los de Guinea y del Perú. Antecos de los españoles y alemanes son los del Río de la Plata y los patagones, que moran en el estrecho de Magallanes. No tenemos vivienda en tierra contraria como antípodas, sino en diversa. Parecos de nosotros los españoles son los de la Nueva España, que viven en Sibola y por aquellas partes, y los de Chile. No moramos en contraria tierra como antípodas, ni en diversas como antecos, sino en una misma zona. Empero, aunque propiamente los antecos ni los parecos no son antípodas, se puede llamar y se llaman, y así se confunden unos con otros; y por tanto señalé por antípodas de los del Cabo de Buena Esperanza, que también son antecos nuestros a los de la Nueva-España.

VI. Que hay paso de nosotros a los antípodas, contra la común opinión de filósofos

Niegan todos los antiguos filósofos de la gentilidad el paso de nuestro hemisferio al de los antípodas, por razón de estar en medio la tórrida zona y el océano, que impiden el camino, según que más largamente lo trata y porfía Macrobio, *Sobre el sueño de Escipión*, que compuso Tulio. De los filósofos cristianos, Clemente dice que no se puede pasar el Océano de hombre ninguno; y Alberto, que es muy moderno, lo confirma. Bien creo que nunca jamás se supiera el camino por ellos, pues no tenían los indios a quien llamarnos antípodas, navíos bastantes para tan larga y recia navegación como hacen españoles por el mar Océano. Empero está ya tan andado y sabido, que cada día van allá nuestros españoles a ojos (como dicen) cerrados; y así, está la experiencia en contrario de la filosofía. Quiero dejar las muchas naos que ordinariamente van de España a las Indias, y decir de una sola, dicha la Victoria, que dio vuelta redonda a toda la redondez de la tierra, y tocando en tierras de unos y otros antípodas, declaró la ignorancia de la sabia antigüedad y se tornó a España dentro de tres años que partió, según que muy largamente diremos cuando tratemos del estrecho de Magallanes.

VII. El sitio de la tierra

Parecerá vanidad querer situar la grandeza de la tierra, y es fácil cosa, pues su sitio está en medio del mundo. Sus aledaños es la mar que la rodea. No lo sé decir más breve ni más verdadero. Mela dice que son oriente y poniente, septentrión y mediodía, y aun David apunta lo mismo en el salmo ciento y seis. Notabilísimas señales y mojones son estas cuatro para el cielo, donde están, aunque también señalan la tierra maravillosamente; y así, regimos la cuenta y caminos de ella por ellas. Eratóstenes no puso sino los polos norte y sur aledaños, partiendo la tierra con el camino del sol; y Marco Varrón loa mucho esta repartición, por muy conforme a razón. Ca están aquellos polos fijos y quedos como ejes, donde se mueve y sostiene el cielo; allende que las cuatro señales susodichas, y a todos manifiestas, sirven para saber hacia cuál parte del cielo estamos, aprovecha también para entender a cuánto. El estrecho de Gibraltar, poniendo a España por ejemplo, está hacia el norte y a cincuenta y cuatro grados; o, mejor hablando, del punto de la tierra que está o puede estar debajo del mismo norte, que son novecientas y ochenta leguas, según común cuenta de cosmógrafos y matemáticos, y a treinta y seis grados de la Equinoccial, que es nuestra cuenta. Y por ser entendido de quien no sabe qué cosa es grados, quiero decir qué son.

VIII. Qué cosa son grados

Antiguamente contaban y medían la tierra y el mundo por estadios y pasos y pies, según en Plinio, Estrabón y otros escritores se lee. Empero, después que Ptolomeo inventó los grados, a ciento y cincuenta años que Cristo murió, se dejó aquella cuenta. Repartió Ptolomeo todo el cuerpo y bulto que hacen la tierra y la mar en trescientos y sesenta grados de largura y en otros tantos de anchura, que, como es redondo, es tan ancho cuanto largo; y dio a cada grado setenta millas, que hacen diecisiete leguas y media castellanas; de manera que boja el orbe de la tierra camino derecho, por cualquiera de las cuatro partes que lo midan, seis mil y doscientas leguas. Es tan cierta esta cuenta y medida, que todos lo usan y alaban. Y tanto es más de loar quien la inventó, cuanto tuvieron por dificultoso Job y el Eclesiástico que nadie hallase la medida y anchura de la tierra. Llaman grados de longura a los que se cuentan de sol a sol, que es por la Equinoccial, que va de Oriente a Poniente por medio del orbe y bola de la tierra; los cuales no se puede bien tomar, por no haber en el cielo señal estante y fija por aquella parte a que tener ojo; ca el sol, aunque es clarísima señal, muda cada día, como dicen, hitos, y nunca jamás va por el camino que otra vez anduvo, según el parecer de muchos astrólogos; ni hay número de los que se han desvelado y gastado en buscar ingenios y manera de tomar los grados de longitud sin errar, como se toman los de la anchura y altura, empero aun ninguno la ha hallado. Grados de altura o anchura dicen a los que se toman y cuentan del norte, los cuales salen cierta y puntualmente, por razón de estar quedo el mismo norte, que es el blanco a quien encaran. Por estos grados, pues, señalaré yo la tierra, que son verdaderos y que se reparten en cuatro partes iguales. Del norte a la Equinoccial hay noventa; de la Equinoccial al sur hay otros noventa; del sur a la Equinoccial hay otros noventa grados, y de ella al norte, otros tantos. Empero, ninguna relación ni claridad tenemos de las tierras que hay en tan grandísimas distancias de mundo y tierra, como debe haber debajo del sur, que es el otro eje del cielo de cuya vista carecemos; ca sí hay hiperbóreos, habrá también hipernocios, como dijo Herodoto, que serán vecinos del sur, y quizá son los que viven en la tierra del estrecho de Magallanes, que sigue la vía del otro polo, la cual aún no se sabe. Y así, digo que hasta que alguno rodee la tierra por bajo de ambos polos, como la rodeó Juan Sebastián del Cano por debajo la Equinoccial, no quedará enteramente sabida ni andada su redondez y grandeza.

IX. Quién fue el inventor de la aguja de marear

Antes de comenzar la descripción y cosmografía, quiero decir algo de la navegación, porque sin ella no se pudiera saber; que por tierra no se camina tanto, digo tan lejos, como por agua, ni tan presto; y sin naos nunca las Indias se hallaran, y las naos se perderían en el Océano si aguja no llevasen; de suerte que la aguja es principalísima parte del navío para bien navegar. El primero, según escriben Blondo y Mafeo Girardof, que halló la aguja de marear y la usó fue Flavio de Malfa, ciudad en el reino de Nápoles, donde aun hoy día se glorían de ello, y tienen mucha razón, pues un vecino suyo inventó cosa de tanto provecho y primor, cuyo secreto no alcanzaron los antiguos, aunque tenían hierro y piedra imán, que son sus materiales. Quien más a Flavio debe somos españoles, que navegamos mucho; el cual debió ser ciento y cincuenta años ha, o cuando mucho doscientos. Ninguno sabe la causa por la cual el hierro tocado con piedra imán mira siempre al norte. Todos lo atribuyen a propiedad oculta unos del norte, y otros de la mezcla que hacen el hierro y la piedra. Si fuese propiedad del norte, ni la aguja, según pilotos cuentan, haría mudanza nordesteando o noroestando fuera de la isla Tercera, que es una de los Azores, y doscientas leguas de España hacia poniente este a oeste; ni perdería su oficio, como Olao dice, en pasando de la isla de Magnete, que está debajo o por muy cerca del norte. Mas, como quiera que ello sea, siempre la aguja mira al norte, aunque naveguen cerca del sur. La piedra imán tiene pies y cabeza, y aun dicen que brazos. El hierro que ceban con la cabeza nunca para hasta quedar mirando derechamente al norte; que así hacen los relojes de aguja y sol. La cebadura de los pies sirve para el sur, y así lo demás es para los otros cabos del cielo.

X. Opinión que Asia, África y Europa son islas

Repartían los antiguos este nuestro orbe en Asia y Europa por el Tanais, según Isócrates refiere en su Panegírico. Después dividieron de Asia a África por vertientes del Nilo, y fuera mejor por el mar Bermejo, que casi atraviesa la tierra desde el mar Océano hasta el Mediterráneo. Mas el que llaman Beroso dice que Noé puso nombre a África, Asia y Europa, y las dio a sus tres hijos, Cam, Sem y Jafet, y que navegó por el mar Mediterráneo diez años. En fin, decimos agora que las sobredichas tres provincias ocupan esta media tierra del mundo. Todos en general dicen que Asia es mayor que ninguna de las otras, y aun que entrambas. Empero Herodoto burla en su Melpómene de los que hacen igual de Europa a Asia, diciendo que iguala Europa en largura a Asia y África, y las pasa en anchura; que no va fuera de tino. Mas dejando esto aparte, que no es para ahora, digo que Homero, escritor antiquísimo, dijo que era isla el orbe que se divide en Asia, África y Europa, como relata Pomponio Mela en su tercero libro. Estrabón dice, en el primero de su *Geografía*, que la tierra que se habita es isla cercada toda del Océano. Higinio y Solino confirman esta sentencia; aunque yerra Solino en poner los nombres de la mar, creyendo que el mar Caspio era parte del Océano, y es Mediterráneo, sin participación del gran mar. Cuenta Estrabón cómo en tiempo del rey Tolomeo, Evergete navegó tres o cuatro veces de Cáliz a la India, que se nombra del río, un Eudoxo. Y que las guardas del mar arábigo, que es el Bermejo, trajeron al mismo rey Tolomeo un indio presentado que había aportado allí. Comprueba también esta navegación de Cáliz a la India el rey Juda, según dice Solino, y siempre fue tan celebrada como notable, aunque no tanto como al presente; y como se hace por tierra caliente, no es muy trabajosa. Navegar de la India a Cáliz por la otra parte del norte, que hay grandísimos fríos, es el trabajo y peligro. Y así, no hay memoria entre antiguos que haya venido por allí más de una nave, que, según Mela y Plinio escriben, refiriendo a Népos Cornelio, vino a parar en Alemania, y el rey de los suevos, que algunos llaman sajones, presentó ciertos indios de ella a Quinto Mete o Celer, que a la sazón gobernaba en Francia por el pueblo romano. Si ya no fuesen de Tierra del Labrador y los tuviesen por indianos, engañados en el color; ca también dicen cómo en tiempo del emperador Federico Barbarroja aportaron a Lubec ciertos indios en una canoa. El papa Eneas Silvio dice que tan cierto hay mar sarmático y scítico, como germánico e índico. Ahora hay mucha noticia y experiencia cómo se navega de Noruega hasta pasar por debajo del mismo norte, y continuar la costa hacia el sur, la vuelta de la China. Olao Godo me contaba muchas cosas de aquella tierra y navegación.

XI. Mojones de las Indias por hacia el norte

La tierra que Indias llamamos es también isla como esta nuestra. Comenzaré su sitio por el norte, que es muy cierta señal. Y contaré por grados, que es lo mejor y usado. No mido ni costeo la Europa, África y Asia, por que lo han hecho muchos. Los mojones o aledaños que más cerca y más señalados tienen por esta parte septentrional son Islandia y Gruntlandia. Islandia es una isla de casi cien leguas, puesta en setenta y tres grados de altura, y aun, según quieren algunos, en más, diciendo durar allí un día casi dos meses de los nuestros. Islandia suena isla o tierra helada; y no solamente se hiela el mar alrededor de ella, empero cargan dentro de la isla tantas heladas y tan recias, que brama el suelo y parece que gimen hombres; y así piensan los isleños estar allí el purgatorio o que atormentan algunas almas. Hay tres montes extraños, que lanzan fuego por el pie, estando siempre nevada la cumbre; y cerca de uno de ellos, que se dice Hecla, sale un fuego que no quema la estopa y arde sobre agua, consumiéndola. Hay también dos fuentes notables, una que mana cierto licor como cera, y otra de agua hirviendo, que convierte en piedra lo que dentro echan, quedándose en su propia figura. Son blancos los osos, raposos, liebres, alcones, cuervos y aves y animales así. Crece tanto la yerba, que la rozan para que pazca bien el ganado, y aun lo sacan del pasto por que no reviente de gordo. La lana es grosera, y la manteca buena y mucha. La cual, y el pescado, son principal mantenimiento de la gente. Andan por allí muchas ballenas, y tan endiabladas, que ponen las naos en rebato. Tienen hecha una iglesia de costillas y huesos de ellas y de otros grandes peces.

Los islandeses son muy altos y tragones. Algunos piensan que Islandia es la Thile, isla final de lo que romanos supieron, hacia el norte; mas no es, que Islandia ha poco tiempo que se descubrió, y es mayor y más septentrional. Thile propiamente es una isleta que cae entre las Orcades y Fare, algo salida al occidente, y en setenta y siete grados, bien que Tolomeo no la sitúa tan alto. Está Islandia cuarenta leguas de Fare, setenta de Thile y más de ciento de las Orcades. A la parte septentrional de Islandia está Gruntlandia, isla muy grande, la cual está cuarenta leguas de Laponia, y pocas más de Finmarchia, tierra de Escandinavia, en Europa. Son valientes los grutlandeses, y lindos hombres; navegan con navíos cerrados por arriba, de cuero, por temor del frío y de peces. Está Gruntlandia, según dicen algunos, cincuenta leguas de las Indias, por la tierra que llaman del Labrador. No se sabe aún si aquella tierra se continúa con Gruntlandia, o si hay en medio estrecho. Si toda es una tierra, vienen a estar juntos los dos orbes del mundo por cerca del norte o por bajo, pues no hay más de cuarenta o cincuenta leguas de Finmarchia a Gruntlandia; y aunque haya estrecho son harto vecinos, pues de Tierra del Labrador no hay, según común dicho de navegantes, sino cuatrocientas leguas al Fayal, isla de los Azores, y quinientas a Irlanda y seiscientas a España.

XII. El sitio de las Indias
Lo más septentrional de las Indias está en par de Gruntlandia y de Islandia. Corre doscientas leguas de costa, aún no está bien andada, hasta río Nevado. De río Nevado, que cae a sesenta grados, hay otras doscientas leguas hasta la bahía de Malvas; y toda esta costa casi está en los mismos sesenta grados, y es lo que llaman Tierra del Labrador, y tiene al sur la isla de los Demonios. De Malvas a cabo de Marzo, que está en cincuenta y seis grados, hay sesenta leguas. De allí a cabo Delgado hay cincuenta leguas. Desde cabo Delgado, que cae en cincuenta y cuatro grados, sigue la costa doscientas leguas por derecho de poniente, hasta un gran río dicho San Lorenzo, que algunos lo tienen por brazo de mar, y lo han navegado más de doscientas leguas arriba; por lo cual muchos lo llamaron el estrecho de los Tres Hermanos. Aquí se hace un golfo como cuadrado, y boja de San Lorenzo hasta la punta de Bucallaos harto más de doscientas leguas. Entre

aquesta punta y cabo Delgado están muchas islas bien pobladas, que llaman Cortes Reales, y que cierran y encubren el golfo Cuadrado, lugar en esta costa muy notable para señal y descanso. Desde la punta de Bacallaos ponen ochocientas y setenta leguas a la Florida, contando así: de la punta de Bacallaos, que cae a cuarenta y ocho grados y medio, hay setenta leguas de costa a la bahía del río. De aquesta bahía, que está algo más de cuarenta y cinco grados, hay otras setenta leguas a otra bahía que llaman de los Isleos, y que está en menos de cuarenta y cuatro grados. De la bahía de Isleos a río Fondo hay setenta leguas, y de él a otro río, que dicen de las Gamas, hay otras setenta leguas, y están ambos ríos en cuarenta y tres grados. Del río de Gamas hay cincuenta leguas al cabo de Santa María, del cual hay cerca de cuarenta leguas al cabo Bajo, y de allí al río de San Antón cuentan otras más de cien leguas. Del río de San Antón hay ochenta leguas por la costa de una ensenada hasta el cabo de Arenas, que está en casi treinta y nueve grados. De Arenas al puerto del Príncipe hay más de cien leguas, y de él al río Jordán, setenta, y de allí al cabo de Santa Elena, que cae en treinta y dos grados, hay cuarenta. De Santa Elena a río Seco hay otras cuarenta. De río Seco, que está en treinta y un grados, hay veinte leguas a la Cruz; y de allí al Cañaveral, cuarenta; y de la punta del Cañaveral, que cae a veinte y ocho grados, hay otras cuarenta hasta la punta de la Florida. Es lo Florida una lengua de tierra metida en la mar cien leguas, y derecha al sur. Tiene de cara, y a veinticinco leguas, la isla de Cuba y puerto de La Habana, y hacía levante las islas Bahama y Lucaya, y por ser parte muy señalada, descansamos en ella. La punta de la Florida, que cae en veinticinco grados, tiene veinte leguas de largo, y de ella hay cien leguas o más hasta el ancón Bajo, que cae cincuenta leguas de río Seco este a oeste, que son la anchura de la Florida. Del ancón Bajo ponen cien leguas al río de Nieves, y de él a otro río de Flores, más de veinte. Del río de Flores hay setenta leguas a la bahía del Espíritu Santo, a quien llaman por otro nombre la Culata, que boja treinta leguas. De esta bahía, que está en veinte y nueve grados, hay más de setenta leguas al río de Pescadores. De Pescadores, que cae a veinte y ocho grados y medio, hay cien leguas hasta el río de las Palmas, por cerca del cual atraviesa el trópico de Cáncer. Del río de Palmas al río Pánuco hay más de treinta leguas.

Queda en este espacio Almería. De la Veracruz, que cae en diez y nueve grados, hay más de treinta leguas al río de Albarado, que los indios llaman Papaloapán. Del río de Albarado al de Coazacoalco ponen cincuenta leguas; de allí al río de Grijalva hay más de cuarenta, y están los dos ríos en poco menos de dieciocho grados. Del río Grijalva al cabo Redondo hay ochenta leguas de costa, y están en ella Champotón y Lázaro. De cabo Redondo al cabo de Cotoche o Yucatán cuentan noventa leguas, y está en cerca de veintiún grados. De manera que hay novecientas leguas de costa desde la Florida a Yucatán, que es otro promontorio que sale de tierra hacia el norte, y cuanto más se mete al agua, tanto más ensancha y retuerce. Tiene a sesenta leguas la isla de Cuba, que le cae al oriente, la cual casi cierra el golfo que hay entre la Florida y Yucatán, a quien unos llaman golfo Mexicano, otros Florido, y otros Cortés. Entra la mar en este golfo por entre Yucatán y Cuba con muy grande corriente, y sale por entre Cuba y la Florida, y nunca es al contrario. De Cotoche o Yucatán hay ciento y diez leguas al río Grande, y quedan en el camino la punta de las Mujeres y la bahía de la Ascensión. De río Grande, que cae a dieciséis grados y medio, hay cien y cincuenta leguas hasta cabo del Camarón, contadas de esta manera: treinta del río a puerto de Higueras; de Higueras al puerto de Caballos, otras treinta, y otras treinta de Caballos al puerto del Triunfo de la Cruz, y de él al puerto de Honduras otras treinta, y de allí al cabo del Camarón, veinte, de donde ponen setenta al cabo de Gracias a Dios, que está en catorce grados. Queda en medio de esta costa Cartago. De Gracias a Dios hay setenta leguas al desaguadero que viene de la laguna de Nicaragua. De allí a Zorobaro hay cuarenta leguas, y más de cincuenta de Zorobaro al Nombre de Dios, y está en medio Veragua. Estas noventa leguas están en nueve grados y medio. Tenemos quinientas menos diez leguas desde Yucatán al Nombre de Dios, que por la poca tierra que hay allí a la mar del sur es cosa muy notable. Del Nombre de Dios hay setenta leguas hasta los farallones del Darién, que cae a ocho grados, y están por la costa Acla y puerto de Misas. El golfo de Urava tiene seis leguas de boca y catorce de largo. Del golfo de Urava cuentan setenta leguas hasta Cartagena. Está en medio el río de Zenu y Caribana, de donde se nombran los caribes; de Cartagena ponen cincuenta leguas a Santa Marta, que cae en algo más de once grados, y quedan en la costa puerto de Zambra y río Grande. Hay cincuenta leguas de Santa Marta al cabo de la Vela, que está en doce grados, y a cien leguas de Santo Domingo. Del cabo de la Vela hay cuarenta leguas hasta Coquibacoa, que es otro cabo de su misma altura, tras el cual comienza el golfo de Venezuela, que boja ochenta leguas hasta el cabo de San Román. De San Román al golfo Triste hay cincuenta leguas, en que cae Curiana. Del golfo Triste al golfo de Cariari hay cien leguas de costa, puesta en diez grados, y que tiene a puerto de Cañafístola, Chiribichi y río de Cumaná y punta de Araya. Cuatro leguas de Araya está Cubagua, que llaman isla de Perlas, y ponen de aquella punta a la de Salinas sesenta leguas. De la punta de Salinas a cabo Anegado hay más de setenta leguas de costa por el golfo de Paria, que hace la tierra con la isla Trinidad. Del Anegado, que cae a ocho grados, hay cincuenta leguas al río Dulce, que está en seis grados. De río Dulce al río de Orellana, que también dicen río de las Amazonas, hay ciento y diez leguas. Así que cuenta ochocientas leguas de costa desde Nombre de Dios al río de Orellana, el cual entra en la mar, según dicen, por cincuenta leguas de boca que tiene debajo de la Equinoccial, donde, por caer en tal parte y ser tan grande como dicen, hacemos parada, y otra tal haremos de él al cabo de San Agustín. Del río de Orellana ponen cien leguas al río Marañón, el cual tiene quince de boca y está en cuatro grados de la Equinoccial al sur. Del Marañón a tierra de Humos, por do pasa la raya de la repartición, hay otras cien leguas. De allí al Angla de San Lucas hay otras ciento. De la Angla al cabo Primero hay otras ciento, y de él al cabo de San Agustín, que cae en casi ocho grados y medio más allá de la Equinoccial, hay setenta leguas. Y a esta cuenta son quinientas y veinticinco leguas las que hay en este trecho de tierra. El cabo de San Agustín es lo más cerca del África y de España por aquella parte de Indias, ca no hay más de quinientas leguas de Cabo Verde allá, según cuenta común de mareantes, aunque otros la disminuyen. Del cabo de San Agustín hacen cien leguas hasta la bahía de Todos Santos, que está en trece grados, y que va la costa siguiendo al sur. Quedan entre medias el río de San Francisco y el río Real. De Todos Santos ponen otras cien leguas a cabo de Abre-los-ojos, que cae algo más de dieciocho grados. De este cabo al que llaman Frío cuentan cien leguas; es cabo Frío como isla, y hay cien leguas de él a la punta de Buenabrigo, por la cual pasa el trópico de Capricornio y la raya de la participación, que son dos señalados puntos. De Buenabrigo hay cincuenta leguas a la bahía de San Miguel; y de allí al río de San Francisco, que cae en veintiséis grados, hay sesenta. De San Francisco al río Tibiquiri hay cien leguas, donde quedan puerto de Patos, puerto del Faraiol y otros. De Tibiquiri al río de la Plata ponen más de cincuenta y así las seiscientas y setenta leguas del cabo de San Agustín al río de la Plata, donde paramos, el cual cae en treinta y cinco grados más allá de la Equinoccial. Hay de él, con lo que tiene de boca, hasta la punta de Santa Elena, sesenta y cinco leguas. De Santa Elena a las Arenas-gordas hay treinta, y de ella a los Bajos-anegados, cuarenta, y de allí a Tierra-baja cincuenta. De Tierra-baja a la bahía Sin-fondo hay sesenta y cinco leguas. De esta bahía, que cae a cuarenta y un grados, ponen cuarenta leguas a los arrecifes. De Lobos, que tiene de altura cuarenta y cuatro grados, hay cuarenta y cinco leguas al cabo de Santo Domingo. De este cabo a otro que llaman Blanco hacen veinte leguas. De cabo Blanco hay sesenta leguas hasta el río de Juan Serrano, que cae en cuarenta y nueve grados, y que otros llaman río de Trabajos, del cual hacen ochenta leguas al promontorio de las Once mil Vírgenes, que está en cincuenta y dos grados y medio, y en el embocadero del estrecho de Magallanes, el cual dura ciento y diez leguas por una misma altura y derecho de este a oeste, y mil doscientas leguas de Venezuela sur a norte. De cabo Deseado, que está a la boca del estrecho de Magallanes, en la mar que llaman del Sur y Pacífico, hay setenta leguas a cabo Primero, que cae en cuarenta y nueve grados. De cabo Primero al río de Salinas, que está en cuarenta y cuatro grados, ponen más de ciento y cincuenta y cinco leguas. Del río de Salinas cuentan ciento y diez leguas a cabo Hermoso, que cae cuarenta y cuatro grados y medio de la Equinoccial al sur. De cabo Hermoso al río de San Francisco hay sesenta leguas de costa. Del río de San Francisco, que está en cuarenta grados al río Santo, que está en treinta y tres, hay ciento y veinte leguas. De río Santo hay poco a Chirimara, que algunos llaman puerto Deseado de Chile. Hay de Chirimara, que cae a treinta y un grados y casi de este a oeste con el río de la Plata, doscientas leguas hasta Chincha y río Despoblado, que está en veintidós grados. Del río Despoblado hay noventa leguas a Arequipa, que está en dieciocho grados. De Arequipa hay ciento y cuarenta leguas a Lima, que cae a doce grados. De Lima cuentan más de cien leguas hasta el cabo de la Enguila, que cae en seis grados y medio. Están en esta costa Trujillo y otros puertos. Del Enguila hay cuarenta a cabo Blanco, de él a cabo de Santa Elena sesenta leguas. Están en medio Túmbez y Tumepumpa y la isla Puna. De Santa Elena, que cae a dos grados de la Equinoccial, hay setenta leguas a Quegemis, por do atraviesa. Quedan en la costa el cabo de San Lorencio y Pasao. Miden desde esta costa hasta el cabo de San Agustín mil leguas de tierra, que por caer debajo y cerca de la tórrida zona es riquísima, según lo han mostrado el Collao y el Quito, como después diremos. De Quegemis hay cien leguas al puerto y río del Perú, del cual tomó nombre la famosa y rica provincia del Perú. Están en este trecho de costa la bahía de San Mateo, río de Santiago y río de San Juan. Del Perú, que cae a dos grados de esta parte de la Equinoccial, hay más de setenta leguas al golfo de San Miguel, que está a seis grados de la Equinoccial y que boja cincuenta leguas, y que dista veinticinco del golfo de Urava. De San Miguel a Panamá ponen cincuenta y cinco leguas. Está Panamá ocho grados y medio de la Equinoccial acá; hay diecisiete leguas del Nombre de Dios, por las cuales deja de ser isla el Perú, que, como dije, tiene de ancho mil leguas, mil y doscientas de largo, y boja cuatro mil y sesenta y cinco. De Panamá, que tomamos por paradero, hacen seiscientas y cincuenta leguas a Tecoantepec, midiendo setenta leguas de costa desde Panamá a la punta de Guera, que cae a poco más de seis grados; quedan en aquel espacio París y Natán. De Guera a Borica, que es una punta de tierra puesta en ocho grados, hay cien leguas costa a costa. De Borica cuentan otras ciento hasta cabo Blanco, donde está el puerto de la Herradura, del cual hay cien leguas al puerto de la Posesión de Nicaragua, que cae acerca de doce grados de la Equinoccial. De la Posesión a la bahía de Fonseca hay quince leguas; de allí a Chorotega, veinte; de Chorotega al río Grande, treinta, y de él al río de Guatemala, cuarenta y cinco; de Guatemala a Cirula hay cincuenta leguas, y luego está la laguna de Cortés, que tiene veinticinco leguas en largo y ocho en ancho. Hay de ella cien leguas a Puerto Cerrado, y de allí cuarenta a Tecoantepec, que está norte sur con el río Coazacoalco, y en algo más de trece grados. Así que se cumplen las seiscientas y cincuenta leguas en que hacemos parada. Todo el trecho de esta tierra es angosto de una mar a otra, que parece que se va comiendo para juntarla; y así, tiene muestra y aparejo para abrir paso de la una a la otra por muchos cabos, según en otra parte se trata. De Tecoantepec a Colima ponen cien leguas, donde quedan Acapulco y Zacatula. De Colima hacen otras ciento hasta cabo de Corrientes, que está en veinte grados, y queda allí puerto de Navidad. De Corrientes hay sesenta leguas al puerto de Chiametlán, por el cual pasa el trópico de Cáncer, y están en esta costa puerto de Jalisco y puerto de Banderas. De Chiametlán hay doscientas y cincuenta leguas hasta el estero Hondo o río de Miraflores, que cae en treinta y tres grados. Están en estas doscientas y cincuenta leguas río de San Miguel, el Guayaval, puerto del Remedio, cabo Bermejo, puerto de Puertos y puerto del Paisaje. De Miraflores hay otras doscientas y veinte leguas hasta la punta de Ballenas, que otros llaman California, yendo a puerto Escondido, Belén, puerto de Fuegos, y la bahía de Canoas y la isla de Perlas. Punta de Ballenas está debajo del trópico y ochenta leguas del cabo de Corrientes, por las cuales entra este mar de Cortés, que parece al Adriático y es algo bermejo, y por ser cosa tan señalada paramos aquí. De la punta de Ballenas hay cien leguas de costa a la bahía del Abad, y de ella otras tantas al cabo del Engaño, que cae lejos de la Equinoccial treinta grados y medio. Algunos ponen más leguas del Abad al Engaño, empero yo sigo lo común. Del cabo del Engaño al cabo de Cruz hay casi cincuenta leguas. De cabo de Cruz hay ciento y diez leguas de costa al puerto de Sardinas, que está en treinta y seis grados. Caen en esta costa el ancón de San Miguel, bahía de los Fuegos y costa Blanca. De las Sardinas a Sierras-Nevadas hacen ciento y cincuenta leguas yendo a puerto de Todos Santos, cabo de Galera, cabo Nevado y bahía de los Primeros. Sierras-Nevadas están en cuarenta grados y son la postrera tierra que por aquella parte está señalada y graduada, aunque la costa todavía sigue al norte para llegar a cerrar la tierra en isla con el Labrador o con Gruntlandia. Hay en este postrer remate de tierra quinientas y diez leguas, y costean las Indias tierra a tierra, en lo que hay descubierto y aquí va notado, nueve mil y trescientas y más leguas, las tres mil y trescientas y setenta y cinco por la mar del Sur, y las cinco mil y novecientas y sesenta por nuestro mar, que llaman del Norte; y es de saber que toda la mar del Sur crece y mengua mucho, y en algunos cabos dos leguas hasta perder de vista la surgente y descrecencia; y la mar del Norte casi no crece, si no es de Paria al estrecho de Magallanes y en algunas otras partes. Nadie hasta hoy ha podido alcanzar el secreto ni causas del crecer y menguar la mar, y mucho menos de que crezca en unas partes y en otras no crezca; y así, es superfluo tratar de ello. La cuenta que yo llevo en las leguas y grados va según las cartas de los cosmógrafos del rey, y ellos no reciben ni asientan relación de ningún piloto sin juramento y testigos. Quiero decir también cómo hay otras muchas islas y tierras en la redondez del mundo, sin las que habemos nombrado; una de las cuales es la tierra del estrecho de Magallanes, que responde a oriente, y que, según su muestra, es grandísima y muy metida al polo Antártico. Piensan que por una parte va hacia el cabo de Buena Esperanza, y por la otra hacia los Malucos. Ca los de las naos del virrey don Antonio de Mendoza toparon una tierra de negros que duraba quinientas leguas, y pensaban que se continuaba con aquella del sobredicho estrecho; así que la grandeza de la tierra aún no está del todo sabida; empero, las que dicho habemos hacen el cuerpo de la tierra que llaman mundo.

XIII. El descubrimiento primero de las Indias
Navegando una carabela por nuestro mar Océano tuvo tan forzoso viento de levante y tan continuo, que fue a parar en tierra no sabida ni puesta en el mapa o carta de marear. Volvió de allá en muchos más días que fue; y cuando acá llegó no traía más que al piloto y a otros tres o cuatro marineros, que, como venían enfermos de hambre y de trabajo, se murieron dentro de poco tiempo en el puerto. He aquí cómo se descubrieron las Indias por desdicha de quien primero las vio, pues acabó la vida sin gozar de ellas y sin dejar, a lo menos sin haber memoria de cómo se llamaba, ni de dónde era, ni qué año las halló. Bien que no fue culpa suya, sino malicia de otros o envidia de la que llaman fortuna. Y no me maravillo de las historias antiguas que cuenten hechos grandísimos por chicos o oscuros principios, pues no sabemos quién de poco acá halló las Indias, que tan señalada y nueva cosa es. Quedáranos siquiera el nombre de aquel piloto, pues todo con la muerte fenece. Unos hacen andaluz a este piloto, que trataba en

Canaria y en la Madera cuando le aconteció aquella larga y mortal navegación; otros vizcaíno, que contrataba en Inglaterra y Francia; y otros portugués, que iba o venía de la Mina o India, lo cual cuadra mucho con el nombre que tomaron y tienen aquellas nuevas tierras. También hay quien diga que aportó la carabela a Portugal, y quien diga que a la Madera o a otra de las islas de los Azores; empero ninguno afirma nada. Solamente concuerdan todos en que falleció aquel piloto en casa de Cristóbal Colón, en cuyo poder quedaron las escrituras de la carabela y la relación de todo aquel largo viaje, con la marca y altura de las tierras nuevamente vistas y halladas.

XIV. Quién era Cristóbal Colón

Era Cristóbal Colón natural de Cugureo, o como algunos quieren, de Nervi, aldea de Génova, ciudad de Italia muy nombrada. Descendía, a lo que algunos dicen, de los Pelestreles de Placencia de Lombardía. Comenzó de pequeño a ser marinero, oficio que usan mucho los de la ribera de Génova; y así anduvo muchos años en Suria y en otras partes de levante. Después fue maestro de hacer cartas de navegar, por do le nació el bien. Vino a Portugal por tomar razón de la costa meridional de África y de lo más que portugueses navegaban para mejor hacer y vender sus cartas. Casóse en aquel reino, o, como dicen muchos, en la isla de la Madera, donde pienso que vivía a la sazón que llegó allí la carabela susodicha. Hospedó al patrón de ella en su casa, el cual le dijo el viaje que le había sucedido y las nuevas tierras que había visto, para que se las asentase en una carta de marear que le compraba. Falleció el piloto en este comedio y dejóle la relación, traza y altura de las nuevas tierras, y así tuvo Cristóbal Colón, noticia de las Indias. Quieren también otros, porque todo lo digamos, que Cristóbal Colón fuese buen latino y cosmógrafo, y que se movió a buscar la tierra de los antípodas, y la rica Cipango de Marco Polo, por haber leído a Platón en el *Timeo* y en el *Critias*, donde habla de la gran isla Atlante y de una tierra encubierta mayor que Asia y África; y a Aristóteles o Teofrasco, en el *Libro de maravillas*, que dice cómo ciertos mercaderes cartagineses, navegando del estrecho de Gibraltar hacia poniente y mediodía, hallaron, al cabo de muchos días, una grande isla despoblada, empero proveída y con ríos navegables; y que leyó algunos de los autores atrás por mí acotados. No era docto Cristóbal Colón, mas era bien entendido. Y como tuvo noticia de aquellas nuevas tierras por relación del piloto muerto, informóse de hombres leídos sobre lo que decían los antiguos acerca de otras tierras y mundos. Con quien más comunicó esto fue un fray Juan Pérez de Marchena, que moraba en el monasterio de la Rábida; y así, creyó por muy cierto lo que dejó dicho y escrito aquel piloto que murió en su casa. Paréceme que si Colón alcanzara por esciencia dónde las Indias estaban, que mucho antes, y sin venir a España, tratara con genoveses, que corren todo el mundo por ganar algo, de ir a descubrirlas. Empero nunca pensó tal cosa hasta que topó con aquel piloto español que por fortuna de la mar las halló.

XV. Lo que trabajó Cristóbal Colón por ir a las Indias

Muertos que fueron el piloto y marineros de la carabela española que descubrió las Indias, propuso Cristóbal Colón irlas a buscar. Empero, cuanto más lo deseaba tanto menos tenía con qué; porque, allende de no tener caudal para abastecer un navío, le faltaba favor de rey para que, si hallase la riqueza que imaginaba, nadie se la quitase. Y viendo al rey de Portugal ocupado en la conquista de África y navegación de Oriente, que urdía entonces, y al de Castilla en la guerra de Granada, envió a su hermano Bartolomé Colón, que también sabía el secreto, a negociar con el rey de Inglaterra, Enrique VII, que muy rico y sin guerras estaba, le diese navíos y favor para descubrir las Indias, prometiendo traerle de ellas muy gran tesoro en poco tiempo. Y como trajo mal despacho, comenzó a tratar del negocio con el rey de Portugal don Alonso el Quinto, en quien tampoco halló favor ni dineros para ir por las riquezas que prometía, ca le contradecía el licenciado Calzadilla, obispo que fue de Viseo, y un maestre Rodrigo, hombres de crédito en cosmografía, los cuales porfiaban que ni había ni podía haber oro ni otra riqueza al occidente, como afirmaba Colón; por lo cual se paró muy triste y pensativo; mas no perdió por eso punto de ánimo ni de la esperanza de su buenaventura que después tuvo. Y así, se embarcó en Lisbona y vino a Palos de Moguer, donde habló con Martín Alonso Pinzón, piloto muy diestro, y que se le ofreció, y que había oído decir cómo navegando tras el sol por vía templada se hallarían grandes y ricas tierras, y con fray Juan Pérez de Marchena, fraile francisco en la Rábida, cosmógrafo y humanista, a quien en puridad descubrió su corazón, el cual fraile lo esforzó mucho en su demanda y empresa, y le aconsejó que tratase su negocio con el duque de Medina-Sidonia, don Enrique de Guzmán, gran señor y rico, y luego con don Luis de la Cerda, duque de Medinacelli, que tenía muy buen aparejo en su puerto de Santa María para darle los navíos y gente necesaria. Y como entrambos duques tuvieron aquel negocio y navegación por sueño y cosa de italiano burlador, que así habían hecho los reyes de Inglaterra y Portugal, animólo a ir a la corte de los Reyes Católicos, que holgaban de semejantes avisos, y escribió con él a fray Fernando de Talavera, confesor de la reina doña Isabel. Entró, pues, Cristóbal Colón en la corte de Castilla el año de 1486. Dio petición de su deseo y negocio a los Reyes Católicos don Fernando y doña Isabel, los cuales curaron poco de ella, como tenían los pensamientos en echar los moros del reino de Granada. Habló con los que le decían privar y valer con los reyes en los negocios; mas como era extranjero y andaba pobremente vestido, y sin otro mayor crédito que el de un fraile menor, ni le creían ni aun escuchaban; de lo cual sentía él gran tormento en la imaginación. Solamente Alonso de Quintanilla, contador mayor, le daba de comer en su despensa, y le oía de buena gana las cosas que prometía de tierras nunca vistas, que le era un entretenimiento para no perder esperanza de negociar bien algún día con los Reyes Católicos. Por medio, pues, de Alonso de Quintanilla tuvo Colón entrada y audiencia con el cardenal don Pedro González de Mendoza, arzobispo de Toledo, que tenía grandísima cabida y autoridad con la reina y con el rey, el cual lo llevó delante de ellos después de haberlo muy bien examinado y entendido. Los reyes oyeron a Colón por esta vía y leyeron sus memoriales; y aunque al principio tuvieron por vano y falso cuanto prometía, le dieron esperanza de ser bien despachado en acabando la guerra de Granada, que tenían entre manos. Con esta respuesta comenzó Cristóbal Colón a levantar el pensamiento mucho más que hasta entonces, y a ser estimado y graciosamente oído de los cortesanos, que hasta allí burlaban de él; y no se descuidaba punto en su negociación cuando hallaba coyuntura. Y así, apretó el negocio tanto, en tomándose Granada, que le dieron lo que pedía para ir a las nuevas tierras que decía, a traer oro, plata, perlas, piedras, especias y otras cosas ricas. Diéronle asimismo los reyes la decena parte de las rentas y derechos reales en todas las tierras que descubriese y ganase sin perjuicio del rey de Portugal, como él certificaba. Los capítulos de este concierto se hicieron en Santa Fe, y el privilegio de la merced en Granada y en 30 de abril del año que se ganó aquella ciudad. Y porque los reyes no tenían dineros para despachar a Colón, les prestó Luis de San Ángel, su escribano de ración, seis cuentos de maravedís, que son, en cuenta más gruesa, dieciséis mil ducados.

Dos cosas notaremos aquí: una, que con tan poco caudal se hayan acrescentado las rentas de la corona real de Castilla en tanto como le valen las Indias; otra, que en acabándose la conquista de los moros, que había durado más de ochocientos años, se comenzó la de los indios, para que siempre peleasen los españoles con infieles y enemigos de la santa fe de Jesucristo.

XVI. El descubrimiento de las Indias, que hizo Cristóbal Colón

Armó Cristóbal Colón tres carabelas en Palos de Moguer a costa de los Católicos Reyes, por virtud de las provisiones que para ello llevaba. Metió en ellas ciento veinte hombres, entre marineros y soldados. De la una hizo piloto a Martín Alonso Pinzón; de otra, a Francisco Martín Pinzón, con su hermano Vicente Yáñez Pinzón; y él fue por capitán y piloto de la flota en la mayor y mejor, y metió consigo a su hermano Bartolomé Colón, que también era diestro marinero. Partió de allí el viernes 3 de agosto; pasó por la Gomera, una isla de las Canarias, donde tomó refresco. Desde allí, siguió la derrota que tenía por memoria, y al cabo de muchos días topó tanta yerba, que parecía prado, y que le puso gran temor, aunque no fue de peligro; y dicen que se volviera, sino por unos celajes que vio muy lejos, teniéndolos por certísima señal de haber tierra cerca de allí. Prosiguió su camino, y luego vio lumbre un marinero de Lepe y un Salcedo. A otro día siguiente, que fue 11 de octubre del año de 1492, dijo Rodrigo de Triana: «Tierra, tierra», a cuya tan dulce palabra acudieron todos a ver si decía verdad; y como la vieron, comenzaron el *Te Deum laudamus*, hincados de rodillas y llorando de placer. Hicieron señal a los otros compañeros para que se alegrasen y diesen gracias a Dios, que les había mostrado lo que tanto deseaban. Allí viérades los extremos de regocijo que suelen hacer marineros: unos besaban las manos a Colón, otros se le ofrecían por criados, y otros le pedían mercedes. La tierra que primero vieron fue Guanahaní, una de las islas Lucayos, que caen entre la Florida y Cuba, en la cual se tomó luego tierra, y la posesión de las Indias y Nuevo-Mundo, que Colón descubría por los Reyes de Castilla.

De Guanahaní fueron a Barucoa, puerto de Cuba, donde tomaron ciertos indios; y tornando atrás a la isla de Haití, echaron áncoras en el puerto que llamó Colón Real. Salieron muy aprisa en tierra, porque la capitana tocó en una peña y se abrió en parte que ningún hombre pereció. Los indios, como los vieron salir a tierra con armas y a gran prisa, huyeron de la costa a los montes, pensando que fuesen como caribes que los iban a comer. Corrieron los nuestros tras ellos, y alcanzaron una sola mujer. Diéronle pan y vino y confites, y una camisa y otros vestidos, que venía desnuda en carnes, y enviáronla a llamar la otra gente. Ella fue y contó a los suyos tantas cosas de los nuevamente llegados, que comenzaron luego a venir a la marina y hablar a los nuestros, sin entender ni ser entendidos más de por señas, como mudos. Traían aves, pan, fruta, oro y otras cosas, a trocar por cascabeles, cuentas de vidrio, agujas, bolsas y otras cosillas así, que no fue pequeño gozo para Colón. Saludáronse Cristóbal Colón y Guacanagari, rey o (como allí dicen) cacique de aquella tierra. Diéronse presentes el uno al otro en señal de amistad. Trajeron los indios barcas para sacar la ropa y cosas de la carabela capitana, que se quebró. Andaban tan humildes, tan bien criados y serviciales como si fueran esclavos de los españoles. Adoraban la cruz, dábanse en los pechos e hincábanse de rodillas al Ave María, como los cristianos. Preguntaban por Cipango; ellos entendían por Cibao, donde había mucho oro: no cabía de placer Cristóbal Colón oyendo Cibao y viendo gran muestra de oro allí, y ser la gente simple y tratable; ni veía la hora de volver a España a dar nueva y muestra de todo aquello a los Reyes Católicos. Y así, hizo luego un castillejo de tierra y madera, con voluntad del cacique y con ayuda de sus vasallos, en el cual dejó treinta y ocho españoles con el capitán Rodrigo de Arana, natural de Córdoba, para entender la lengua y secretos de la tierra y gente, entre tanto que él venía y tornaba. Esta fue la primera casa o pueblo que hicieron los españoles en Indias. Tomó diez indios, cuarenta papagayos, muchos gallipavos, conejos

47

(que llaman hutias), batatas, ajíes, maíz, de que hacen pan, y otras cosas extrañas y diferentes de las nuestras, para testimonio de lo que había descubierto. Metió asimismo todo el oro que rescatado habían en las carabelas, y despedido de los treinta y ocho compañeros que allí quedaban, y de Guacanagari, que lloraba, se partió con dos carabelas y con todos los demás españoles de aquel puerto Real; y con próspero viento que tuvo llegó a Palos en cincuenta días, de la misma manera que dicho habemos halló las Indias.

XVII. La honra y mercedes que los Reyes Católicos hicieron a Colón por haber descubierto las Indias

Estaban los Reyes Católicos en Barcelona cuando Colón desembarcó en Palos, y hubo de ir allá. Mas aunque el camino era largo y el embarazo de lo que llevaba mucho, fue muy honrado y famoso, porque salían a verle por los caminos a la fama de haber descubierto otro mundo, y traer de él grandes riquezas y hombres de nueva forma, color y traje. Unos decían que había hallado la navegación que cartagineses vedaron; otros, la que Platón, en Critias, pone por perdida con la tormenta y mucho cieno que creció en la mar; y otros, que había cumplido lo que adivinó Séneca en la tragedia *Medea*, do dice: «Vendrán tiempos de aquí a mucho que se descubrirán nuevos mundos, y entonces no será Thile la postrera de las tierras». Finalmente, él entró en la corte, con mucho deseo y concurso de todos, a 3 de abril, un año después que partió de ella. Presentó a los reyes el oro y cosas que traía del otro mundo; y ellos y cuantos estaban delante se maravillaron mucho en ver que todo aquello, excepto el oro, era nuevo como la tierra donde nacía. Loaron los papagayos, por ser de muy hermosos colores: unos muy verdes, otros muy colorados, otros amarillos, con treinta pintas de diversa color; y pocos de ellos parecían a los que de otras partes se traen. Las hutias o conejos eran pequeñitos, orejas y cola de ratón, y el color gris. Probaron el ají, especia de los indios, que les quemó la lengua, y las batatas, que son raíces dulces, y los gallipavos, que son mejores que pavos y gallinas. Maravilláronse que no hubiese trigo allá, sino que todos comiesen pan de aquel maíz. Lo que más miraron fue los hombres, que traían cercillos de oro en las orejas y en las narices, y que ni fuesen blancos, ni negros, ni loros, sino como tiriciados o membrillos cochos. Los seis indios se bautizaron, que los otros no llegaron a la corte; y el rey, la reina y el príncipe don Juan, su hijo, fueron los padrinos, por autorizar con sus personas el santo bautismo de Cristo en aquellos primeros cristianos de las Indias y Nuevo Mundo. Estuvieron los reyes muy atentos a la relación que de palabra hizo Cristóbal Colón, y maravillándose de oír que los indios no tenían vestidos, ni letras, ni moneda, ni hierro, ni trigo, ni vino, ni animal ninguno mayor que perro; ni navíos grandes, sino canoas, que son como artesas hechas de una pieza. No pudieron sufrirse cuando oyeron que allá, en aquellas islas y tierra nuevas, se comían unos hombres a otros, y que todos eran idólatras; y prometieron, si Dios les daba vida, de quitar aquella abominable inhumanidad y desarraigar la idolatría en todas las tierras de Indias que a su mando viniesen; voto de cristianísimos reyes y que cumplieron su palabra. Hicieron mucha honra a Cristóbal Colón, mandándole sentar delante de ellos, que fue gran favor y amor; ca es antigua costumbre de nuestra España estar siempre en pie los vasallos y criados delante del rey, por acatamiento de la autoridad real. Confirmáronle su privilegio de la decena parte de los derechos reales: diéronle título y oficio de almirante de las Indias, y a Bartolomé Colón de adelantado. Puso Cristóbal Colón alrededor del escudo de arma que le concedieron esta letra:

Por Castilla y por León
Nuevo Mundo halló Colón.

De donde sospecho que la reina favoreció más que no el rey el descubrimiento de las Indias; y también porque no consentía pasar a ellas sino a castellanos; y si algún aragonés allá iba, era con su licencia y expreso mandamiento. Muchos de los que habían acompañado a Colón en este descubrimiento pidieron mercedes, mas los reyes no las hicieron a todos. Y así, el marinero de Lepe se pasó a Berbería, y allá renegó la fe, porque ni Colón le dio albricias ni el rey merced ninguna, por haber visto él primero que otro de la flota lumbre en las Indias.

XVIII. Por qué se llamaron Indias

Antes que más adelante pasemos quiero decir mi parecer acerca de este nombre Indias, porque algunos tienen creído que se llamaron así por ser los hombres de estas nuestras Indias del color que los indios orientales. Mas paréceme que difieren mucho en el color y en las facciones. Es bien verdad que de la India se dijeron las Indias. India propiamente se dice aquella provincia de Asia donde Alejandro Magno hizo guerra, la cual tomó nombre del río Indo, y se divide en muchos reinos a él comarcanos. De esta gran India, que también nombran Oriental, salieron grandes campañas de hombres, y vinieron (según cuenta Herodoto) a poblar en la Etiopía, que está entre la mar Bermeja y el Nilo, y que ahora posee el preste Gian. Prevalecieron tanto allí, que mudó aquella tierra sus antiguas costumbres y apellido en el que trajeron ellos; y así, la Etiopía se llamó India; y por eso dijeron muchos, entre los cuales son Aristóteles y Séneca, que la India estaba cerca de la España. De la India, pues, del preste Gian, donde ya contrataban portugueses, se llamaron nuestras Indias, porque o iba o venía de allá la carabela que con tiempo forzoso aportó a ellas; y como el piloto vio aquellas tierras nuevas, llamólas Indias, y así las nombraba siempre Cristóbal Colón. Los que tienen por gran cosmógrafo a Colón piensan que las llamó Indias por la India Oriental, creyendo que cuando descubrió las Indias iba buscando la isla Cipango, que cae a par de la China o Cataio, y que se movió a ir tras el sol por llegar más aína que contra él; aunque muchos creen que no hay tal isla. De cualquiera manera, en fin, que fue, ellas se llaman Indias.

XIX. La donación que hizo el papa a los Reyes Católicos de las Indias

Luego que los Reyes Católicos oyeron a Cristóbal Colón, despacharon un correo a Roma con la relación de las tierras nuevamente halladas, que llaman Indias; y sus embajadores, que pocos meses antes habían ido a dar el parabién y obediencia al papa Alejandro VI, según usanza de todos los príncipes cristianos, le hablaron y dieron las cartas del rey y reina, con la relación de Colón. Nueva fue por cierto de que mucho se holgó el Santo Padre, los cardenales, corte y pueblo romano, y maravillándose todos de oír cosas de tierra tan aparte, y que nunca los romanos, señores del mundo, las supieron. Y porque las hallaron españoles, hizo el Papa de su propia voluntad y motivo, y con acuerdo de los cardenales, donación y merced a los reyes de Castilla y León de todas las islas y tierra firme que descubriesen al occidente, con tal que, conquistándolas, enviasen allá predicadores a convertir los indios que idolatraban. Inserto aquí la bula del Papa, por que todos la lean y sepan cómo la conquista y conversión de Indias, que los españoles hacemos, es con autoridad del vicario de Cristo.

La bula y donación del papa

Alexander episcopus, servus servorum Dei, charissimo in Christo filio Ferdinando, regi, et charissime in Christo filiae Elisabeth, reginae Castellae, Legionis, Aragonum, Siciliae et Granatae illustribus, salutem et apostolicam benedictionem. Inter caetera divinae maiestati beneplacita opera, et cordis nostri desiderabilia, illud profecto polissimum existit, ut fides catholica et christiana religio, nostris praesertim temporibus exaltetur ac ubilitet amplietur et dilatetur, animarumque salus procuretur, ac barbarae nationes deprimantur et ad fidem ipsam reducantur. Unde cum ad hanc sacram Petri sedem diuina favente clementia (meritis licet imparibus) evocati fuerimus, congnoscentes vos tamquam veros catholicos reges et principes, quales semper fuisse novimus, et à vobis praeclare gesta toti penè iam orbi notissima demonstrant, ne dum id exoptare, sed omni conatu, studio et diligentia, nullis laboribus, nullis impensio, nullisque parcendo periculis, etiam proprium sanguinem effundendo efficoro, ac omnem animum vestrum, omnes que conatus ad hoc iam dudum dedicasse quemadmodum recuperatio regni Granatae à tyrannide Saracenorum hodiernis temporibus per vos, cum tanta divini nominis gloria, facta testatur. Digne ducimur nom immerito et debemus illa vobis etiam sponte et favorabiliter concedere per quae huiusmodi sanctum et laudabile ac inmortali Deo acceptum propositum in dies ferventiori animo ad ipsius Dei honorem et imperii Christiani propagationem, prosequi valeatis. Sanè accepimus quod vos qui dudum animum proposveratis aliquas insulas et terras firmes remotas et incognitas ac per alios hactenus non repertas quaerere et invenire vt illarum incolas et habitatores ad colendum Redemptorem nostrum, et fidem catholicam, reduceretis, hactenus in expugnatione et recuperatione ipsius regni Granatae plurimum occupati huiusmodi sanctum et laudabile propositum vestrum ad optatum finem perducere nequivistis, sed tandem sicut Domino placuit, regno praedicto recuperato, volentes desiderium adimplere vestrum dilectum filium Christophorum

Colon, virun utique dignum et plurimum commendandum ac tanto negotio aptum cum navigiis et hominibus ad similia instructis non sine maximis laboribus et periculis ac expensis destinalis, ut terras firmas et insulas remotas et incognitas huiusmodi per mareubi hactenus navigatum non fuerat, diligenter inquireret. Qui tandem (divino auxilio facta extrema diligentis in mari Oceano navigantes certas insulas remotissimas et etiam terras firmas, quae per alios hactenus repertae non fuerant) invenerunt. In quibus quamplurimae gentes pacifice viventes et ut asseritur nudi incedentes nec carnibus vescentes inhabitant, et ut praefati Nuncii vestri possunt opinari gentes ipsae in insulis et terris praedictis habitantes credunt anum Deum creatorem in coelis esse ac ad fidem catholicam amplexandum, et bonis moribus imbuendum satis apti videntur, spesque habetur quod si erudirentur nomen Salvatoris Domini nostri Jesu Christi in terris et insulis praedictis facilè induceretur. Ac praefatus Christophorus in una ex principalibus insulis praedictis, iam unam turrim satis munitam, in qua certos christianos, qui secum iverant, in custodiam et vt alias insulas ac terras firmas remotas et incognitas inquirerent posuit, construi et aedificare fecit. In quibus quiden insulis et terris iam repertis, aurum, aromala et aliae quamplurimae res praetiosae diversi generis et diversae qualitatis reperiuntur. Unde omnibus diligenter et praesertim fidei catholicae exaltatione et dilatatione (prout decet catholicos reges et principes) consideratis, more progenitorum vestrorum clarae memoriae reguin, terras firmas et insulas praedictas, illarumque incolas et habitatores vobis divina favente clementia subjicere et ad fidem catholicam reducere proposuistis. Nos igitur huismodi vestrum sanctum et laudabile propositum pturinum in Domino commendantes ac cupientes ut illis ad debitum finem perducatur, et ipsum nomen Salvatoris nostri in partibus illis inducatur. Hortamur vos quamplurimum in Domino et per sacri la vacri susceptionem, quae mandatis Apostolicis obligati estis, et viscera misericordiae Domini nostri Jesu Christi attente requirimus ut cum expeditionem huiusmodi omnino prosequi et assumere prona mente orthodoxae fidei zelo intendatis populos in huismodi insulis et terris de gentes ad christianam religionem suscipiendum inducere velitis et debeatis: nec pericula nec labores vllo unquam tempore vos deterreant firma spe fiduciaque conceptis quod Deus omnipotens conatus vestros feliciter prosequetur. Et ut tanti negocii provinciam apostolicae gratiae largitate donati; liberius et audacius assumatis. Motu propio non ad vestram vel alterius pro vobis super hoc nobis oblatae petitionis instantiam, sed de nostra mera liberalitate et ex certa scientia ac de apostolicae potestatis plenitudine omnes insulas et terras firmas inventas et inveniendas detectas et detegendas versus occidentem et meridiem fabricando et construendo unam lineam à polo arctico scilicet septentrione, ad polum artarcticum scilicet ad meridiem, sive terrae firmae et insulae inventae et inveniendae sint versus Indiam aut versus aliam quancunque partem. Quae linea distet à qualibet insularum, quae vulgariter nuncupantur de los Açores y Cabo Verde, centum leucis versus occidentem et meridiem. Itaque omnes insulae et terrae firmae repertae et reperiendae, detectae et detergendae à praefata línea versus occidentem et meridiem per alium regem aut principem christianum non fuerint actualiter possessae usque ad diem nativitatis Domini nostri Iesu Christi proximè praeterium à quo incipit annus praesens milesimus quadringentesimus nonagesimus tertius quando fuerunt per Nuncios et Capitaneos vestros inventae aliquae praedictarum insularum. Auctoritate omnipotentis Dei nobis in beato Petro concessa ac vicariatus Iesu Christi, qua fungimur in terris cum omnibus illarum dominiis civitatibus, castris, locis et villis, iuribusque et iurisditionibus ac pertinenttis universis, vobis, haeredibusque et successoribus vestris (Castellae e Legionis regibus) in perpetuum tenores praesentium donamus, concedimus, et asignamus, vosque et haeredes ac successores praefatos illarum Dominos cum plena libera et omnimoda potestate, auctoritate, et iurisdictione, facimus, constituimus, et deputamus, Decernentes nihilominus per hiusmodi donationem, concessionem, et assignationem nostram nulli Christiano principi, qui actualiter praelatas insulas et terras firmas possederit usque ad praedictum diem nativitatis Domini nostri Iesu Christi ius quesitura, sublatum intelligi posse aut auferri debere. Et insuper mandamus vobis in virtute sanctae obedientiae (ut sicut pollicemini et non dubitamus pro vestra maxima devotione et regia magnanimitate vos esse facturos) ad terras firmas et insulas praedictas viros probos et Deum timentes doctos peritos, et expertos, ad instruendum incolas et habitatores praefatos in fide catholica et bonis moribus imbuendum destinare debeatis, omnem debitam diligentiam in praemissis adhibentes. A quibuscunque personis cuiscunque dignitatis, etiam imperialis et regalis status, gradus, ordinis vel conditionis sub excommunicationis latae sententiae poenae quam eo ipso si contra fecerint incurrant, districtius inhibemus ne ad insulas et terras firmas inventas et inveniendas, detectas et detegendas versus occidentem et meridiem, fabricando et construendo lineam à polo arctico ad polum antarcticum sive terrae firmae et insulae inventae et inveniendae sint, versus aliam quancumque partem, quae línea distet à qualibet insularum quae vulgariter nuncupatur de los Açores y Cabo Verde centum leucis versus occidentem et meridiem ut praefertur, pro mercibus habendis vel quavis alia de causa accedere praesumant absque vestra ac haeredum et succesorum vestrorum praedictorum licentia speciali. Non obstantibus constitutionibus et ordinationibus apostolicis, caeterisque contrariis quibuscunque, in illo, à quo imperia et dominationes ac bonae cunctae procedunt, confidentes, quòd dirigente Domino actus vestros si huíusmodi sanclum et landabile propositum prosequamini brevi tempore, cum felicitate et gloria totius populi Christiani, vestri labores et conatus exitum felicissimum consequentur. Verum quia difficile feret praesentes literas ad singula quaeque loca in quibus expendiens fuerit deferri: columus ac motu et scientia similibus decernimus, quòd illarum transumptis manu publici Notorii inde rogati subscriptis et sigilo alicuius personae in ecclesiastica dignitate constitutae, seu curiae ecclesiasticae munitis, ea prorsus fides in inducio et extra ac aliâs ubilibet adhibeatur quae presentibus adhiberetur si essent exhibitae vel ostensae. Nulli ergo omino hominum liceat hanc paginam nostrae commendationis, hortationis, requisitionis, donationis, concessionis, asignationis, deputationis, decreti, mandati, inhibitiones et voluntatis, infringere vel ei ausu temerario contraire. Si quis autem hoc attentare praesumpserit, indígnationem omnipotentis Dei ac beatorum Petri et Pauli apostolorum eius se noverit incursurum. Datis Romae apud sanctum Petrum. Anno incarnationis dominicae millesimo quadringentesimo nonagesimo tertio, quarlo nonas Maii Pontificatus nostri anno primo.

XX. Vuelta de Cristóbal Colón a las Indias

Como los Reyes Católicos tuvieron tan buenas respuestas del Papa, acordaron que volviese Colón con mucha gente para poblar en aquella nueva tierra y para comenzar la conversión de los idólatras, conforme a la voluntad y mandamiento de su santidad. Y así, mandaron a Juan Rodríguez de Fonseca, deán de Sevilla, que juntase y abasteciese una buena flota de navíos para las Indias, en que pudiesen ir hasta mil y quinientas personas. El deán aprestó luego diecisiete o dieciocho naos y carabelas, y desde allí entendió siempre en negocios de Indias, y vino a ser presidente de ellas. Buscaron doce clérigos de ciencia y conciencia, para que predicasen y convirtiesen, juntamente con fray Buil, catalán, de la orden de San Benito, que iba por vicario del Papa con breve apostólico. A fama de las riquezas de Indias, y por ser buena la armada, y por sentir tanta gana en los reyes, hubo muchos caballeros y criados de la casa real que se dispusieron a pasar allá, y muchos oficiales mecánicos, como decir plateros, carpinteros, sastres, labradores y gente así. Compráronse a costa también de los reyes muchas yeguas, vacas, ovejas, cabras, puercas y asnas para casta, porque allá no había semejantes animales. Compróse asimismo muy gran cantidad de trigo, cebada y legumbres para sembrar: sarmientos, cañas de azúcar y plantas de frutas dulces y agras; ladrillos y cal para edificar; y en conclusión, otras muchas cosas necesarias a fundar y mantener el pueblo o pueblos que se hiciesen. Gastaron mucho los reyes en estas cosas y en el sueldo de cerca de mil y quinientos hombres que fueron en esta armada, que sacó de Cádiz Cristóbal Colón a 25 de septiembre de 1493, el cual, llevando su derrota más cerca de la Equinoccial que la primera vez, fue a reconocer tierra en la isla que nombró la Deseada; y sin parar llegó al puerto de Plata de la isla Española, y luego a puerto Real, donde quedaron los treinta y ocho españoles; y como supo que los habían muerto a todos los indios, porque les forzaban sus mujeres y les hacían otras muchas demasías, o porque no se iban ni habían de ir, se tornó a poblar en la Isabela, ciudad hecha en memoria de la reina; y labró una fortaleza en las minas de Cibao, donde puso por alcaide al comendador mosén Pedro Margarite. Despachó luego con las doce naos, porque no se perdiesen, a Antonio de Torres, que trajo la nueva de la muerte del capitán Arana y de sus compañeros, muchos granillos de oro, y entre ellos uno de ocho onzas, que halló Alonso de Hojeda, algunos papagayos muy lindos, y ciertos indios caribes, que comen hombres naturales de Aiay, isla que llamaron Santa Cruz; y él fuese con tres carabelas a descubrir tierra, como le mandaron los reyes, y descubrió a Cuba por el lado meridional, y a Jamaica y a otras menudas islas. Cuando volvió halló muchos españoles muertos de hambre y dolencias, y otros muchos muy enfermos y descoloridos. Usó de rigor con algunos que habían sido desacatados a sus hermanos Bartolomé y Diego Colón y hecho mal a indios. Ahorcó a Gaspar Férriz, aragonés; y a otros. Azotó a tantos, que blasfemaban de él los demás; y como parecía recio y malo, aunque fuese justicia, ponía entredicho el vicario fray Buil para estorbar muertes y afrentas de españoles. El Cristóbal Colón quitábale su ración y la de los clérigos. Y así anduvo la cosa muy revuelta mucho tiempo, y el uno y el otro escribieron sobre ello a los reyes, los cuales enviaron allá a Juan de Aguado, su repostero, que los hizo venir a España como presos, a dar razón de sí delante sus altezas; aunque dicen algunos que primero se vino el fraile y otros quejosos y querellantes que informaron muy mal al rey y a la reina. Llegó Cristóbal Colón a Medina del Campo, donde la corte residía; trajo a los reyes muchos granos de oro, y algunos de a quince y veinte onzas; grandes pedazos de ámbar cuajado, infinito brasil y nácar, plumas y mantillas de algodón, que vestían los indios. Contóles el descubrimiento que había hecho: loóles grandemente aquellas islas de ricas y maravillosas, porque en diciembre y cuando en España es invierno, criaban las aves por los árboles del campo; que por marzo maduraban las uvas silvestres; que granaba el trigo en setenta días, sembrado en enero; que se sazonaban los melones dentro de cuarenta días, y se hacían los rábanos y lechugas en menos de veinte días, y que olía la carne de palomas a almizcle, y la de cocodrilos, de los cuales había muchos y en cada río; cazaban en mar peces grandísimos con uno muy chiquito que llaman guaicán, y los españoles reverso; y que pensaba que había canela, clavos y otras especias, según el olor que muchos valles echaban. Y tras esto, dióles los procesos de los españoles que había justiciado, por disculparse mejor. Los reyes le agradecieron sus servicios y trabajo; reprehendiéronle los castigos que hizo, y avisáronle se hubiese de allí adelante mansamente con los españoles que los iban a servir tan lejos tierras; y armáronle ocho naves con que tornase a descubrir más, y llevase gente, armas, vestidos y otras cosas necesarias.

56

XXI. El tercero viaje que Colón hizo a las Indias

De ocho naos que Cristóbal Colón armaba a costa de los reyes, envió delante las dos con bastimentos y armas para su hermano Bartolomé, y él se partió con las otras seis de San Lúcar de Barrameda, en fin de mayo del año de 97 sobre 1400. Y como, a fama de las riquezas que de las Indias venían, andaban corsarios franceses, fue a la Madera. Despachó de allí las tres naves a la Española por derecho camino, con trescientos hombres desterrados allá; y él echó con las otras tres a las islas de Cabo Verde, por hacer su viaje por muy junto a la Equinoccial. Pasó gran peligro con calmas y calor. En fin llegó a tierra firme de Indias, en lo que llaman Paria. Costeó trescientas y treinta leguas que hay de allí a cabo de la Vela, y luego atravesó la mar y vino a Santo Domingo, ciudad que su hermano Bartolomé Colón había fundado a la ribera del río Ozama, donde fue recibido por gobernador, conforme a las provisiones que llevaba, aunque con gran murmuración de muchos, que tenía descontentos y enojados el adelantado su hermano Diego Colón, que administraban la paz y la guerra en su ausencia.

XXII. La hambre, dolencias, guerra y victoria que tuvieron los españoles por defender sus personas y pueblos

Probó la tierra los españoles con muchas maneras de dolencias, de las cuales dos fueron perpetuas: bubas, que hasta entonces no sabían que mal era, y mudanza de su color en amarillo, que parecían azafranados. Esta color piensan que les vino de comer culebras, lagartijas y otras muchas cosas malas y no acostumbradas, y las comieron por no tener otro. Y aun de los indios murieron más de cincuenta mil por hambre; ca no sembraron maíz, pensando que se irían los españoles no habiendo qué comer, porque luego conocieron su daño y perdición, como los vieron fortificados en la Isabela y en la fortaleza de Santo Tomé de Cibao. Desde aquella fortaleza salían a tomar vitualla y arrebataban mujeres, que les pegaron las bubas. Los ciguaios, que así se llaman los de aquella tierra, cercaron la fortaleza por vengar la injuria de sus mujeres e hijos, creyendo mataros, como había hecho la gente de Goacanagari a los del capitán Arana. Retiráronse del cerco, un mes después que lo pusieron, por venir al socorro Cristóbal Colón. Salió a ellos Alonso de Hojeda, que fue alcaide allí tras mosén

Margarites, y mató muchos de ellos. Envió luego Colón al mismo Hojeda a tratar de paz con el cacique Coanabo, cúya era aquella tierra. El cual negoció tan bien, que lo trajo a la fortaleza, aunque estaban con él muchos embajadores de otros caciques ofreciéndole gente y bastimento para matar y echar de la isla los españoles. Cristóbal Colón lo tomó preso, porque había muerto más de veinte cristianos. Como fue preso Coanabo, juntó un su hermano cinco mil hombres, los más de ellos flecheros, para librarlo. Salióle al camino Alonso de Hojeda con cien españoles y algunos caballos que le dio Colón; y aunque venían en gentil concierto y peleó como valiente capitán, lo desbarató y prendió con muchos flecheros. Por esta victoria fueron españoles temidos y servidos en aquella provincia. Algunos dicen que la guerra que Hojeda tuvo con Coanabo fue estando ausente Cristóbal Colón y presente Bartolomé, su hermano; el cual venció después de esto a Guarionex y a otros catorce caciques juntos, que tenían más de quince mil hombres en campo, cerca de la villa de Bonao. Acometiólos de noche, tiempo en que ellos no usan pelear; y matando muchos, prendió quince caciques con el Guarionex, y a todos los soltó sobre palabra que le dieron de ser sus amigos y tributarios de los Reyes Católicos. Con este vencimiento y suelta que dio a los caciques fueron los españoles tenidos en gran estima y comenzaron a mandar los indios y a su gozar la tierra.

XXIII. Prisión de Cristóbal Colón

Ensoberbecióse Bartolomé Colón con la victoria de Guarionex y con el próspero curso que ya llevaban las cosas de su hermano y las suyas, y no usaba de la crianza que primero con los españoles, por lo cual se agraviaba mucho Roldán Jiménez, alcalde mayor del almirante, y no le dejaba usar de poder absoluto, como quería, contra su cargo y oficio. En fin, que riñeron, y aun dicen que Bartolomé Colón le amagó o le dio. Y así se apartó de él con hasta setenta compañeros, que también ellos estaban sentidos y quejosos de los Colón; empero protestaron todos que no se iban por deservir a sus reyes, sino por no sufrir a genoveses; y con tanto se fueron a Jaragua, donde residieron muchos años. Y después, cuando Cristóbal Colón lo llamó, no quiso ir, y así lo acusó de inobediente, desleal y amotinador, en las cartas que sobre ello escribió a los Reyes Católicos, diciendo que robaba a los indios, forzaba las indias, acuchillábalos vivos y hacía otros muchos males; y también que le había tomado dos carabelas como iban cargadas de España, y detenidos los hombres con engaños. Roldán y sus compañeros escribieron también a sus altezas mil males de Cristóbal Colón y de sus hermanos, certificándoles que se querían alzar con la tierra; que no dejaban saber las minas ni sacar oro sino a sus criados y amigos; que maltrataban los españoles sin causa ninguna, y que administraban justicia por antojo más que por derecho, y que había el almirante callado y encubierto el descubrimiento de las perlas que halló en la isla de Cubagua, y que se lo tomaban todo y a nadie daban nada, aunque muy enfermos y valientes fuesen. Enojése mucho el rey de que anduviesen las cosas de Indias de tal manera, y la reina mucho más, y despacharon luego allá a Francisco de Bobadilla, caballero del hábito de Calatrava, por gobernador de aquellas partes y con autoridad de castigar y enviar presos a los culpados. El cual fue a la Española con cuatro carabelas el año de 1499. Hizo en Santo Domingo pesquisa sobre la comisión que llevaba, y prendió a Cristóbal Colón y a sus hermanos Bartolomé y Diego. Echóles grillos y enviólos en sendas carabelas a España. Como fueron en Cádiz y los reyes lo supieron, enviaron un correo que los soltase y que viniesen a la corte. Oyeron piadosamente las disculpas que les dio Cristóbal Colón, revueltas con lágrimas; y en pena de alguna culpa que debía tener, o por quitar semejante bullicio o porque no pensasen que se les debía de dar para siempre la gobernación de aquella tierra a ellos, la quitaron de gobernador, cosa que mucho sintió; y aun cuando lo dejaron tornar allá, fue harto, según sus negocios estaban enconados y desfavorecidos.

XXIV. El cuarto viaje que a las Indias hizo Cristóbal Colón

Tres años estuvo Cristóbal Colón de esta hecha en España, en fin que de los cuales, que fue el de 1502, hubo a costa de los Reyes Católicos cuatro carabelas, en que pasó a la Española; y cuando estuvo cerca del río Ozama no le dejó entrar en Santo Domingo Nicolás de Ovando, que a la sazón gobernaba la isla. Pesóle de ello y envióle a decir que, pues no quería dejarle entrar en la ciudad que había hecho, que se iría a buscar puerto donde seguro estuviese; y así se fue a Puerto-Escondido, y de allí, queriendo buscar estrecho para pasar de la otra parte de la Equinoccial, como lo había dado a entender a los reyes, fuese derecho al poniente hasta dar en el cabo de Higueras. Siguió la costa meridional, y corrióla hasta llegar al Nombre de Dios, de donde volvió a Cuba, y luego a Jamaica, y allí perdió dos carabelas que le quedaban de las cuatro con que fue al descubrimiento, y quedó sin navíos para poder llegar a Santo Domingo. Muchos males se le recrecieron allí, ca le adolecieron muchos españoles, y le hicieron guerra los sanos, y le quitaron los indios los mantenimientos. Francisco de Porras, capitán de una carabela, y su hermano Diego de Porras, contador de la Armada, amotinaron la gente y tomaron cuantas canoas pudieron a los indios para pasarse a la Española. Como esto vieron los de la isla, no querían dar comida a los de Colón, antes tramaban de matarlos. Cristóbal Colón entonces llamó algunos de ellos, reprendiólos de su poca caridad, rogóles que le vendiesen bastimentos, y amenazólos, si lo contrario hiciesen, que morirían todos de pestilencia; y en señal que sería verdad, les dijo que para tal día verían la Luna sangrienta. Ellos que vieron la Luna eclipsada en la misma hora y día señalado, creyéronlo, que no sabían astrología. Pidieron perdón con muchas lágrimas, y rogando a Cristóbal Colón que no estuviese enojado con ellos, le traían cuanto les demandaba, y porque los pusiese en gracia con la Luna. Con el buen proveimiento y servicio de los isleños convalecieron los enfermos y estuvieron para pelear con los Porras que no pudiendo pasar la mar en tan chicas barquillas, volvieron a tomar a Colón algún navío si le hubiese venido. Salió a ellos Bartolomé Colón, y pelearon. Mató algunos, hirió muchos y prendió al Diego y al Francisco de Porras. Esta fue la primera batalla entre españoles de las Indias, y en memoria de la victoria llamó Cristóbal Colón el puerto de Santa Gloria, que es en Sevilla de Jamaica, donde estuvo un año y hasta que tuvo en qué ir a Santo Domingo.

XXV. La muerte de Cristóbal Colón

Tras esta pelea se vino Cristóbal Colón a España, porque no le achacasen algo, como las otras veces, y a dar razón de lo que de nuevo había descubierto. Y como no halló estrecho, llegó a Valladolid, y allí murió por mayo de 1506. Llevaron su cuerpo a depositar a las Cuevas de Sevilla, monasterio de cartujos. Era hombre de buena estatura y membrudo, cariluengo, bermejoso, pecoso y enojadizo, y crudo, y que sufría mucho los trabajos. Fue cuatro veces a las Indias, y volvió otras tantas; descubrió mucha costa de Tierra-Firme; conquistó y pobló buena parte de la isla Española, que comúnmente dicen Santo Domingo. Halló las Indias, aunque a costa de los Reyes Católicos; gastó muchos años en buscar con qué ir allá. Aventuróse a navegar en mares y tierras que no sabía, por dicho de un piloto, y si fue de su cabeza, como algunos quieren, merece mucha más loa. Como quiera que a ello se movió, hizo cosa de grandísima gloria; y tal, que nunca se olvidará su nombre, ni España le dejará de dar siempre las gracias y alabanza que mereció, y los Reyes Católicos don Fernando y doña Isabel, en cuya aventura, nombre y costa hizo el descubrimiento, le dieron título y oficio de almirante perpetuo de las Indias, y la renta que convenía a tal estado y tal servicio como hecho les había y a la honra que ganó. Tuvo Cristóbal Colón sus ciertas adversidades entre tan buena dicha, ca fue dos veces preso, y la una con grillos. Fue malquisto de sus soldados y marineros; y así se le amotinaron Roldán Jiménez y los Porras, y Martín Alonso Pinzón en el primer viaje que hizo; peleó con españoles sus propios soldados, y mató algunos en la batalla que hubo con Francisco y Diego de Porras. Trajo pleito con el fiscal del rey sobre que si no fuera por los tres hermanos Pinzón se tornara del camino sin ver tierra de Indias. Dejó dos hijos, don Diego Colón, que casó con doña María de Toledo, hija de don Fernando de Toledo, comendador mayor de León, y don Fernando Colón, que vivió soltero y que dejó una librería de doce o trece mil libros, la cual ahora tienen los frailes dominicos de San Pablo de Sevilla; que fue cosa de hijo de tal padre.

XXVI. El sitio de la isla Española y otras particularidades

En lengua de los naturales de aquella isla se dice Haití y Quizqueia. Haití quiere decir aspereza, y Quizqueia, tierra grande. Cristóbal Colón la nombró Española; ahora la llaman muchos Santo Domingo, por la ciudad más principal que hay en ella. Tiene la isla en largo de este a oeste ciento y cincuenta leguas, y de ancho cuarenta, y boja más de cuatrocientas. Está de la Equinoccial al norte en dieciocho y en veinte grados; ha por aledaños de la parte de levante la isla Borinquen, que llaman San Joan, y del poniente a

Cuba y Jamaica; al norte, las islas de los Caníbales, y al sur, el cabo de la Vela, que es en Tierra-Firme; hay en ella muchos y buenos puertos, grandes y provechosos ríos, como son Hatibanico, Yuna, Ozama, Neiva, Nizao, Nigua, Hayna y Yaques, el que por sí entra en la mar; hay otros menores, como son Macorix, Cibao y Cotuy. De ellos, el primero es rico de pescado, y los otros, de oro. Dos lagos hay notables, uno por su bondad y otro por su extrañeza. El que está en las sierras donde nace el río Nizao, a nadie aprovecha y a todos asombra, y pocos lo ven. El de Xaragua es salado, aunque recibe muchos arroyos y ríos dulces, a cuya causa cría infinitos peces, y entre ellos grandes tortugas y tiburones; está cerca de la mar, y tiene dieciocho leguas. Eran sus riberas muy pobladas; sin las salinas de Puerto-Hermoso y del río Yaques, hay una sierra de sal en Hainoa, que la cavan como en Cardona de Cataluña. Hay mucho color azul y muy fino, infinito brasil y mucho algodón y ámbar; riquísimas minas de oro, y aun lo cogían en lagunas y por los ríos; también hay plata y otros metales. Es tierra fertilísima; y así había en ella un millón de hombres, que todos o los más andaban en puras carnes, y si alguna ropa se ponían, era de algodón. Son estos isleños de color castaño claro, que parecen algo tiriciados, de mediana estatura y rehechos; tienen ruines ojos, mala dentadura, muy abiertas las ventanas de las narices, y las frentes demasiado anchas; ca de industria se las dejan así las comadres por gentileza y reciura; ca si les dan cuchillada en ella, antes se quiebra la espada que el casco. Ellos y ellas son lampiños, y aun dicen que por arte; pero todos crían cabello largo, liso y negro.

XXVII. La religión de la isla Española

El principal dios que los de aquella isla tienen es el diablo, que le pintan en cada cabo como se les aparece, y aparéceseles muchas veces, y aun les habla. Otros infinitos ídolos tienen, que adoran diferentemente, y a cada uno llaman por su nombre y le piden su cosa. A uno agua, a otro maíz, a otro salud y a otro victoria. Hácenlos de barro, palo piedra y de algodón relleno; iban en romería a Loaboina, cueva donde honraban mucho dos estatuas de madera, dichas Marobo y Bintatel, y ofrecíanles cuanto podían llevar a cuestas. Traíalos el diablo tan engañados, que le creían cuanto decía; el cual se andaba entre las mujeres como sátiro y como los que llaman íncubos, y en tocándoles al ombligo desaparecía, y aun dicen que come. Cuentan que un ídolo llamado Corocoto, que adoraba el cacique Guamareto, se iba del oratorio, donde atado estaba, a comer y holgar con las mujeres del pueblo y de la comarca, las cuales parían los hijos con cada dos coronas, en señal que los engendró su dios, y que el mismo Corocoto salió por encima el fuego, quemándose la casa de aquel cacique. Dicen asimismo cómo otro ídolo de Guamareto, que llamaban Epilguanita, que tenía cuatro pies, como perro, y se iba a los montes cuando lo enojaban, al cual tornaban en hombros y con procesión a su templo. Tenían por reliquia una calabaza, de la cual decían haber salido la mar con todos sus peces; creían que de una cueva salieron el Sol y la Luna, y de otra el hombre y mujer primera. Largo sería de contar semejantes embaucamientos, y tampoco escribiera éstos, sino por dar alguna muestra de sus grandes supersticiones y ceguedad, y para despertar el gusto a la cruel y endiablada religión de los indios de Tierra-Firme, especialísimamente de los mexicanos. Ya podéis pensar qué tales eran los sacerdotes del diablo, a los cuales llaman bohitis; son casados también ellos con muchas mujeres, como los demás, sino que andan diferentemente vestidos. Tienen grande autoridad, por ser médicos y adivinos con todos, aunque no dan respuestas ni curan sino a gente principal y señores; cuando han de adivinar y responder a lo que les preguntan comen una yerba que llaman cohoba, molida o por moler, o toman el humo de ella por las narices, y con ello salen de seso y se les representan mil visiones. Acabada la furia y virtud de la yerba, vuelven en sí. Cuentan lo que han visto y oído en el concejo de los dioses, y dicen que será lo que Dios quisiere; empero, responden a placer del preguntador, o por términos que no les puedan coger a palabras, que así es el estilo del padre de mentiras. Para curar algo toman también de aquella yerba cohoba, que no la hay en Europa: enciérranse con el enfermo, rodeándolo tres o cuatro veces, echan espumajos por la boca, hacen mil visajes con la cabeza y soplan luego el paciente y chúpanle por el tozuelo, diciendo que le sacan por allí todo el mal. Pásale después muy bien las manos por todo el cuerpo, hasta los dedos de los pies, y entonces salen a echar la dolencia fuera de casa, y algunas veces muestran una piedra o hueso o carne que llevan en la boca y dicen que luego sanará, pues le sacaron lo que causaba el mal; guardan las mujeres aquellas piedras para bien parir, como reliquias santas. Si el doliente muere, no les faltan excusas, que así hacen nuestros médicos; ca no hay muerte sin achaque, como dicen las viejas; mas si hallan que no ayunó ni guardó las ceremonias que se requiere para tal caso, castigan al bohiti. Muchas viejas eran médicas, y echaban las medicinas con la boca por unos cañutos. Hombres y mujeres todos son muy devotos, y guardaban muchas fiestas; cuando el cacique celebraba la festividad de su devoto y principal ídolo, venían al oficio todos. Ataviaban el dios muy garridamente; poníanse los sacerdotes como en coro, junto al rey; y el cacique a la entrada del templo con un atabalejo al lado. Venían los hombres pintados de negro, colorado, azul y otros colores, o enramados y con guirnaldas de flores o plumajes, y caracoles y conchuelas en los brazos y piernas por cascabeles; venían también las mujeres con semejantes sonajas, mas desnudas si eran vírgenes y sin pintura ninguna; si casadas, con solamente unas como bragas; entraban bailando y cantando al son de las conchas. Saludábalos el cacique con el atabal así como llegaban. Entrados en el templo, vomitaban metiéndose un palillo por el garguero, para mostrar al ídolo que no les quedaba cosa mala en el estómago. Sentábanse en cuclillas y rezaban, que parecían abejones, y así andaba un extraño ruido; llegaban entonces otras muchas mujeres con cestillas de tortas en las cabezas, y muchas rosas, flores y yerbas olorosas encima. Rodeaban los que oraban y comenzaban a cantar uno como romance viejo en loor de aquel dios. Levantábanse todos a responder; en acabando el romance, mudaban el tono y decían otro en alabanza del cacique, y así ofrecían el pan al ídolo, hincados de rodillas. Tomábanlo los sacerdotes, bendecíanlo y repartíanlo como nosotros el pan bendito; y con tanto, cesaba la fiesta. Guardaban aquel pan todo el año, y tenían por desdichada la casa que sin él estaba y sujeta a muchos peligros.

XXVIII. Costumbres

Dicho he cómo se andan desnudos con el calor y buena templanza de la tierra, aunque hace frío en las sierras. Casa cada uno con cuantas quiere o puede; y el cacique Behechio, tenía treinta mujeres; una empero es la principal y legítima para las herencias: todas duermen con el marido, como

hacen muchas gallinas con un gallo, en una pieza; no guardan más parentesco que con madre, hija y hermana, y esto por temor, ca tenían por cierto que quien las tomaba moría mala muerte. Lavan las criaturas en agua fría
por que se les endurezca el cuero, y aun ellas se bañan también en fría
recién paridas, y no les hace mal. Estando parida y criando es pecado dormir con ella. Heredan los sobrinos, hijos de hermanas, cuando no tienen
hijos, diciendo que aquéllos son más ciertos parientes suyos. Poca confianza y castidad debe haber en las mujeres, pues esto dicen y hacen.
Facilísimamente se juntan con las mujeres, y aun como cuervos o víboras, y
peor; dejando aparte que son grandísimos sodomíticos, holgazanes, mentirosos, ingratos, mudables y ruines. De todas sus leyes esta es la más notable: que por cualquiera hurto empalaban al ladrón. También aborrecían
mucho a los avarientos. Entierran con los hombres, especial con señores,
algunas de sus más queridas mujeres o las más hermosas, ca es gran honra
y favor; otras se quieren enterrar con ellos por amor. El enterramiento de
estos tales es pomposo. Asiéntanlos en la sepultura y pónenles alrededor
pan, agua, sal, fruta y armas. Pocas veces tenían guerra sino era sobre los
términos o por las pesquerías, o con extranjeros, y entonces no sin respuesta de los ídolos o sin la de los sacerdotes que adivinan. Sus armas eran
piedras y palos, que sirven de lanza y espada, a quien llaman macanas.
Átanse a la frente ídolos chiquitos cuando quieren pelear. Tíñense para la
guerra con jagua, que es zumo de cierta fruta, como dormideras, sin coronilla, que los pone más negros que azabache, y con bija, que también es
fruta de árbol, cuyos granos se pegan como cera y tiñen como bermellón.
Las mujeres se untan con estas colores para danzar sus areitos y porque
aprietan las carnes. Areito es como la zambra de moros, que bailan cantando romances en alabanza de sus ídolos y de sus reyes y en memoria de victorias y acaecimientos notables y antiguos, que no tienen otras historias.
Bailan muchos y mucho en estos areitos, y alguna vez todo un día con su
noche. Acaban borrachos de cierto vino de allá que les dan en el corro. Son
muy obedientes a sus caciques, y así no siembran sin su voluntad ni cazan
ni pescan, que es su principal ejercicio, y la pesca es su ordinario manjar, y
por eso vivían orillas de lagunas, que tienen muchas, y riberas de ríos, y de
aquí venían a ser grandísimos nadadores ellos y ellas. En lugar de trigo

comen maíz, que parece algo al panizo. También hacen pan de yuca, que es una raíz grande y blanca como nabo, la cual rayan y estrujan, porque su zumo es ponzoña. No conocían el licor de las uvas, aunque había vides; y así, hacían vino del maíz, de frutas y de otras yerbas muy buenas, que acá no las hay, como son caimitos, yayaguas higueros, auzubas, guanábanos, guayabos, yarumas y guazumas. La fruta de cuesco son hobos, hicacos, macaguas, guiabaras y mameis, que es la mejor de todas. No tienen letras, ni pesos, ni moneda, aunque había mucho oro y plata y otros metales, ni conocían el hierro, que con pedernal cortaban. Por no ser prolijo, quiero concluir este capítulo de costumbres y decir que todas sus cosas son tan diferentes de las nuestras cuanto la tierra es nueva para nosotros.

XXIX. Que las bubas vinieron de las Indias

Los de aquesta isla Española son todos bubosos, y como los españoles dormían con las indias, hinchiéronse luego de bubas, enfermedad pegajosísima y que atormenta con recios dolores. Sintiéndose atormentar y no mejorando, se volvieron muchos de ellos a España por sanar, y otros a negocios, los cuales pegaron su encubierta dolencia a muchas mujeres cortesanas, y ellas a muchos hombres que pasaron a Italia a la guerra de Nápoles en favor del rey don Fernando el Segundo contra franceses, y pegaron allá aquel su mal. En fin, que se les pegó a los franceses; y como fue a un mismo tiempo, pensaron ellos que se les pegó de italianos, y llamáronle mal napolitano. Los otros llamáronle mal francés, creyendo habérselo pegado franceses. Empero también hubo quien le llamó sarna española. Hacen mención de este mal Joanes de Vigo, médico, y Antonio Sabelico, historiador, y otros, diciendo que se comenzó a sentir y divulgar en Italia el año de 1494 y 95, y Luis Bertomán, que en Calicut por entonces pegaron a los indios este mal de bubas en viruelas, dolencia que no tenían ellos y que mató infinitos. Así como vino el mal de las Indias, vino el remedio, que también es otra razón para creer que trajo de allá origen, el cual es el palo y árbol dicho guayacán, de cuyo género hay grandísimos montes. También curan la misma dolencia con palo de la China, que debe ser el mismo guayacán o palo santo, que todo es uno. Era este mal a los principios muy recio, hediondo e infame; ahora no tiene tanto rigor ni tanta infamia.

XXX. De los cocuyos y niguas, animalejos pequeños, uno bueno y otro malo

Cocuyos son a manera de escarabajos con alas o moscas, y son poco menores que murciélagos. Tienen cada cuatro estrellas, que relucen a maravilla; en los ojos tienen las dos, y las otras dos debajo las alas; alumbran tanto, que a su claridad, si vuelan, hilan, tejen, cosen, pintan, bailan y hacen otras cosas las noches; cazan de noche con ellos huitas, que son conejuelos o ratas, y pescan. Caminan llevándolos atados al dedo pulgar de los pies, y en las manos, como con hachas y teda; españoles leían cartas con ellos, que es más dificultoso. Sirven también estos cocuyos de matar los mosquitos, que son fastidiosísimos y no dejan dormir la gente, y aun pienso que para eso los traen a casa más que para luz. Tómanlos con tizones, y llamándolos por su propio nombre, ca vienen a la lumbre, y no al chillido, como algunos piensan. También los toman con enramadas, que les paran, ca en cayendo no se pueden levantar, tan torpes son. Quien se unta las manos o la cara con aquellas estrellas del cocuyo parece que arde y así espantan a muchos. Si las destilasen saldría de ellas agua maravillosísima.

La nigua es como una pequeñita pulga, saltadera y amiga de polvo; no pica sino en los pies; métese entre cuero y carne; pare luego sus liendres en mayor cantidad que cuerpo tiene, las cuales en breve engendran otras, y si las dejan, multiplican tanto, que ni las pueden agotar ni remediar sino con fuego o con hierro; pero sí de presto las sacan, como arador, es poco su daño. El remedio para que no piquen es dormir los pies calzados o bien cubiertos. Algunos españoles perdieron de esto los dedos de los pies, y otros todo el pie.

XXXI. Del pez que llaman en la Española manatí

Manatí es un pez que no le hay en las aguas de nuestro hemisferio; críase en mar y en ríos; es de la hechura de odre, con no más de dos pies, con que nada, y aquellos a los hombros; va estrechando de medio a la cola; la cabeza como de buey, aunque tiene la cara más sumida y más carnuda la barba; los ojos pequeñitos, el color pardillo, el cuero muy recio y con algunos pelillos; largo veinte pies, gordo los medios, y tan feo es, que más ser no puede; los pies que tiene son redondos y con cada cuatro uñas, como elefante; paren las hembras como vacas, y así tienen dos tetas con qué dar de mamar a sus hijos. Comiendo manatí parece carne más que pescado; fresco sabe a ternera; salado, a atún, pero es mejor y consérvase mucho; la manteca que sacan de él es muy buena y no se rancia; adoban con ello su mismo cuero, y sirve de zapatos y otras cosas; cría ciertas piedras en la cabeza, que aprovechan para la piedra y para la hijada; suélenlos matar paciendo yerbas a orillas de los ríos, y con redes siendo pequeños, que así tomó uno bien chiquito el cacique Caramateji y lo crió veintiséis años en una laguna que llaman Guainabo, donde moraba; salió tan sentido, aunque grande, y tan manso y amigable, que mal año para los delfines de los antiguos; comía de la mano cuanto le daban; venía llamándole Mato, que suena magnífico; salía fuera del agua a comer en casa; retozaba a la ribera con los muchachos y con los hombres; mostraba deleitarse cuando cantaban; sufría que le subiesen encima, y pasaba los hombres de un cabo a otro de la laguna sin zambullirlos, y llevaba diez de una vez sin pesadumbre ninguna; y así tenían con él grandísimo pasatiempo los indios. Quiso un español saber si tenía tan duro cuero como decían: llamó «Mato, Mato», y en viniendo arrojóle una lanza, que, aunque no lo hirió, lo lastimó; y de allí adelante no salía del agua si había hombres vestidos y barbudos como cristianos, por más que lo llamasen. Creció mucho Hatibonico, entró por Guainabo y llevóse al buen Mato manatí a la mar donde naciera, y quedaron muy tristes Caramateji y sus vasallos.

XXXII. De los gobernadores de la Española

Gobernó la isla ocho años Cristóbal Colón, en los cuales él y su hermano Bartolomé Colón conquistaron parte de ella, y poblaron mucho. Repartió la tierra y más de un millón de indios que mantenía entre soldados, pobladores y criados de los reyes, que favorecidos eran, y entre sus hermanos y sí, para pecheros y tributarios, para traer en las minas y ríos donde había oro. Señaló también la quinta o cuarta parte de ellos para el rey. De manera que todos trabajaban para españoles cuando fue allá Francisco de Bobadilla por gobernador, que envió presos a España al Cristóbal Colón y a sus hermanos, año de 1500 menos uno. Estuvo tres años y más en la gobernación, y gobernó muy bien. Entregóselo Roldán Jiménez con sus compañeros.

Sacóse gran suma de oro aquel tiempo. Sucedióle en el gobierno Nicolás de Ovando, que pasó a la isla el año de 502 con treinta navíos y mucha gente. Francisco de Bobadilla metió en aquellas naves más de cien mil pesos de buen oro para el rey y otras personas, que fue la primera gran riqueza que allí se había visto junta. Metió también muchos granos de oro, y uno para la reina, que pesaba tres mil y trescientos castellanos de oro puro, el cual le halló una india de Miguel Díez, aragonés. Embarcóse con ruin tiempo, y ahogóse luego en la mar con más de trescientos hombres, entre los cuales fueron Roldán Jiménez y Antonio de Torres, capitán de la flota. No escaparon seis naos de toda la armada. Perdiéronse los cien mil pesos y el grano de oro, que nunca otro tal se hallará. Nicolás de Ovando gobernó la isla siete años cristianísimamente, y pienso guardó mejor que otro ninguno de cuantos antes y después de él han tenido cargos de justicias y guerra en las Indias los mandamientos del rey; y sobre todos, el que veda la ida y vivienda de aquellas partes a hombres sospechosos en la fe y que sean hijos o nietos de infames por la Inquisición. Conquistó la provincia de Higuei, Zabana y Guacaiarima, que era de gente bestial, ca ni tenían casas ni pan. Pacificó la Xaragua con quemar cuarenta indios principales y ahorcar al cacique Guarocuya y a su tía Anacaon, mujer que fue de Caonabo, hembra absoluta y disoluta en aquella isla. Hizo muchos pueblos de cristianos y envió gran dinero a España para el rey. Y para venirse acá buscó dineros prestados, aunque tenía más de ocho mil ducados de renta y salario, que fue argumento de su limpieza. Fue comendador de Larez y volvió comendador mayor de Alcántara. Tras él fue por gobernador don Diego Colón, almirante de las Indias, el cual rigió la isla de Santo Domingo y otras, teniendo por su alcalde mayor al bachiller Marcos de Aguilar, seis o siete años; y por quejas que de él al Rey Católico daban fue removido del cargo y llamado a España, donde litigó con el fiscal algunos años sobre los privilegios y preeminencias de su almirantazgo y rentas. El cardenal y arzobispo de Toledo fray Francisco Jiménez de Cisneros, que por muerte del rey don Fernando y ausencia de su nieto don Carlos gobernaba estos reinos, envió a la Española por gobernadores a fray Luis de Figueroa, prior de la Mejorada; a fray Alonso de Santo Domingo, prior de San Juan de Ortega, y a Bernardino de Manzanedo, fraile también jerónimo, los cuales tuvieron

69

por asesor al licenciado Alonzo Zuazo y tomaron cuenta a los oficiales del rey y residencia a los licenciados Marcelo de Villalobos, Juan Ortiz de Matienzo y Lucas Vázquez de Aillón, jueces de apelaciones. Estos frailes quitaron los indios a cortesanos y ausentes, porque sus criados los maltrataban, y redujéronlos a pueblos para doctrinarlos mejor. Más fuéles dañoso venir a poblarlo con españoles, porque les dieron viruelas, mal a ellos nuevo, y que mató infinitos. En tiempo de estos frailes creció la granjería del azúcar. Después que los frailes jerónimos volvieron a España hubo audiencia y chancillería con sello real en Santo Domingo, y los primeros oidores de ella fueron Marcelo Villalobos, Juan Ortiz de Matienzo, Lucas Vázquez de Aillón, Cristóbal Lebrón. Donde a pocos años fue presidente Sebastián Ramírez de Fuenleal, nacido en Villaescusa, y siempre se rige después acá por presidente y oidores.

XXXIII. Que los de la Española tenían pronóstico de la destrucción de su religión y libertad

Contaban los caciques y bohitis, en quien está la memoria de sus antigüedades, a Cristóbal Colón y españoles que con él pasaron, cómo el padre del cacique Guarionex y otro reyezuelo preguntaron a su zemi e ídolo del diablo lo que tenía de ser después de sus días. Ayunaron cinco días arreo, sin comer ni beber cosa ninguna. Lloraron y disciplináronse terriblemente; y sahumaron mucho sus dioses, como lo requiere la ceremonia de su religión. Finalmente, les fue respondido que, si bien los dioses esconden las cosas venideras a los hombres por su mejoría, las querían manifestar a ellos, por ser buenos religiosos; y que supiesen cómo antes de muchos años vendrían a la isla unos hombres de barbas largas y vestidos todo el cuerpo, que hendiesen de un golpe un hombre por medio con las espadas relucientes que traerían ceñidas. Los cuales borrarían los antiguos dioses de la tierra, reprochando sus acostumbrados ritos, y verterían la sangre de sus hijos, o cautivos los llevarían. Y que por memoria de tan espantosa respuesta habían compuesto un cantar, que llaman ellos areito, y lo cantaban las fiestas tristes y llorosas, y que acordándose de esto, huían de los caribes y de ellos cuando los vieron. Eche ahora cada uno el juicio que quisiere; que yo digo lo que decían. Todas estas cosas pasaron al pie de la letra como aquellos sacerdotes contaban y cantaban; ca los españoles abrieron muchos indios a cuchilladas en las guerras, y aun en las minas, y derribaron los ídolos de sus altares, sin dejar ninguno. Vedaron todos los ritos y ceremonias que hallaron. Hiciéronles esclavos en la repartición, por lo cual como trabajaban más de lo que solían, y para otros, se murieron y se mataron todos; que de quince veces cien mil y más personas que había en aquella sola isla, no hay ahora quinientos. Unos murieron de hambre, otros de trabajo, y muchos de viruelas. Unos se mataban con zumo de yuca, y otros con malas yerbas; otros se ahorcaban de los árboles. Las mujeres hacían también ellas como los maridos, que se colgaban a par de ellos, y lanzaban las criaturas con arte y bebida por no parir a luz hijos que sirviesen a extranjeros. Azote debió ser que Dios les dio por sus pecados. Empero grandísima culpa tuvieron de ello los primeros, por tratarlos muy mal, acodiciándose más al oro que al prójimo.

XXXIV. Milagros de la conversión
Fray Buil y los doce clérigos que llevó por compañeros comenzaron la conversión de los indios, aunque podríamos decir que los Reyes Católicos, pues sacaron de pila los seis isleños que recibieron agua del bautismo en Barcelona, los cuales fueron la primicia de la nueva conversión. Continuáronla Pero Juárez de Deza, que fue el primer obispo de la Vega, y Alejandra Geraldino, romano, que fue segundo obispo de Santo Domingo; ca el primero, que fue fray García de Padilla, de la orden franciscana, murió antes de pasar allá. Otros muchos clérigos y frailes mendicantes entendieron también en convertir; y así bautizaron a todos los de la isla que no se murieron al principio. Quitarles por fuerza los ídolos y ritos ceremoniales que tenían fue causa de que escuchasen y creyesen a los predicadores. Escuchados, luego creyeron en Jesucristo y se cristianaron. Hizo muy gran efecto el santísimo cuerpo sacramental de Cristo que se puso en muchas iglesias, porque con él y con cruces desaparecieron los diablos, y no hablaban como antes a los indios, que mucho se admiraban ellos. Sanaron muchos enfermos con el palo y devoción de una cruz que puso Cristóbal Colón, la segunda vez que pasó, en la vega, que llamaron por eso de la Veracruz, cuyo palo tomaban por reliquias. Los indios de guerra probaron

de arrancarla, y no pudieron, aunque cavaron mucho. El cacique del valle Caonau, queriendo experimentar la fuerza y santidad de la nueva religión de cristianos, durmió con una su mujer, que estaba haciendo oración en la iglesia y que le dijo no ensuciase la casa de Dios, ca mucho se enojaría de ello. El no curó de tanta santidad, y respondió, con un menosprecio del Sacramento, y que no se le daba nada de que Dios se enojase. Cumplió su apetito, y luego allí de repente enmudeció y se baldó. Arrepintióse, y fue santero de aquella iglesia mientras vivió, sin dejarla barrer ni aderezar a persona. Tuviéronlo a milagro los indios, y visitaban mucho aquella iglesia. Cuatro isleños se metieron en una cueva porque tronaba y llovía; el uno se encomendó a Santa María, con temor de rayo; los otros hicieron burla de tal dios y oración, y los mató un rayo, no haciendo mal al devoto. Hicieron también mucho al caso las letras y cartas que unos españoles a otros se escribían; ca pensaban los indios que tenían espíritu de profecía, pues sin verse ni hablarse se entendían, o que hablaba el papel, y estuvieron en esto abobados y corridos. Aconteció luego a los principios que un español envió a otro una docena de hutias fiambres porque no se corrompiesen con el calor. El indio que las llevaba durmióse y cansóse por el camino, y tardó mucho a llegar a donde iba; y así tuvo hambre o golosina de las hutias, y por no quedar con dentera ni deseo comióse tres. La carta que trajo en respuesta decía como le tenía en merced las nueve hutias, y la hora del día que llegaron; el amo riñó al indio. Él negaba, como dicen, a pie juntillas; mas como entendió que lo hablaba la carta, confesó la verdad. Quedó corrido y escarmentado, y publicó entre los suyos cómo las cartas hablaban, para que se guardasen de ellas. A falta de papel y tinta, escribían en hojas de Guiabara y copey con punzones o alfileres. También hacían naipes de hojas del mismo copey, que sufrían mucho al barajar.

XXXV. Las cosas de nuestra España que hay ahora en la Española
Todos los pueblos que hay en la isla avecindan españoles y negros, que trabajan en minas, azúcar, ganados y semejantes haciendas; que, como dije, no hay sino pocos indios, y aquéllos viven en libertad, y en el descanso que quieren, por merced del emperador, para que no se acabe la gente y lenguaje de aquella isla, que tanto ha rentado y renta al patrimonio real de

Castilla. El pueblo más ennoblecido es Santo Domingo, que fundó Bartolomé Colón a la ribera del río Ozama. Púsole aquel nombre porque llegó allí un domingo fiesta de Santo Domingo; así que concurrieron tres causas para llamarlo así. En esta ciudad están las audiencias real y arzobispal, y grandísimo trato y escala para todas las Indias, por lo cual toda la isla se llama también Santo Domingo. El primer obispo fue fray García de Padilla, francisco, y el primer arzobispo Alonso de Fuenmayor, natural de Yanguas, año de 1548. No había en esta isla animales de tierra con cuatro pies, sino tres maneras de conejos, o por mejor decir ratas, que llamaban hutias, cori y mohuy; quemis, que eran como liebres y gozquejos, de muchos colores, que ni gañían ni ladraban. Cazaban con ellos, y después de gordos comíanselos. Hay ahora toda suerte de bestias que sirven de carga y carne. Han multiplicado tanto las vacas, que dan la carne a quien desuella el cuero, y el deán Rodrigo de Bastidas tuvo de una sola vaca ochocientas reses en veintiséis años; paría cada año cinco y los más dos becerros. A los diez meses conciben las novillas, y aun las potrancas hacen lo mismo. Los perros que se han ido y criado en los montes y despoblado son carniceros más que lobos, y hacen mucho daño en cabras y ovejas. Los gatos, aunque fueron de España, no mean tanto como en ella cuando en celos andan, ni aguardaban al enero a vocear, sino que a todo tiempo del año se juntan, y sin estruendo ni gritería. Vides había en esta isla cuyas uvas sazonaban; empero, no hacían vino de ellas, que me maravilló, siendo la gente amiga de embeodarse. Llevaron sarmientos de acá que traen maduras las uvas por Navidad. Mas aun no hacen vino, no sé si por flojedad de los hombres o por fortaleza de la tierra. Trigo da muy bien, aunque se dan poco a él, por ser el maíz fácil y seguro de coger, y pan sustancial y que sirve para vino. Al principio que sembraron trigo se hacían recias cañas y gordas espigas, y que tal de ellas producía dos mil granos: multiplicación semejante jamás se vio. Por lo cual se conoce cuán grasa tierra es aquella de que hablamos, por cuya causa deben ser estériles los olivos y todos árboles que llevan fruta con cuesco; y aun muchos de ellos no prenden, como son duraznos y los de su género. Las palmas, empero, maduran sus dátiles, aunque no son buenos. El contrario es en los árboles de pepita, que se crían muy bien, ora sean dulces, ora sean agrios. Hay muchos cañafístolos naturales, empero

73

vanos o malos; los que se han hecho de pepitas de boticarios que allá pasaron son excelentísimos y en grandísimo número sino que los destruyen las hormigas. Todas las yerbas de hortaliza que llevaron de acá se hacen muy lozanas; y tanto, que no granan las más, como son rábanos, lechugas, cebollas, perejil, berzas, zanahorias, nabos y cohombros. Lo que mucho ha multiplicado es azúcar, que hay al pie de treinta ingenios y trapiches ricos. Plantó cañas de azúcar primero que otro ningún español, Pedro de Atienza. El primero que lo sacó fue Miguel Ballestero, catalán, y quien primero tuvo trapiche de caballos fue el bachiller Gonzalo de Velosa. También sacan bálsamo bastardo de un árbol dicho goaconar, que huele bien; arde como corazón de pino. El primero que lo sacó fue Antón de Villasanta, por industria y aviso de su mujer, que era india. Sácanlo asimismo de otras cosas, y aunque no es cual lo de Judea, es bueno para llagas y dolores. Infinitas aves hay en esta isla que no las hay en España, y muchas como en ella, empero ni había pavos ni gallinas; aquéllos se crían poco y mal; éstas, mucho y bien, sin diferenciarse en nada de como son acá, salvo que los gallos no cantan a media noche. Las cosas que como mercaderías se traen ordinario, y en cantidad, de aquellas islas a estas partes son azúcar, brasil, bálsamo, cañafístola, cueros y azul. He puesto este capítulo para que todos conozcan cuánta diferencia y ventaja hace la tierra con mudar pobladores. Heme también alargado en contar muchas particularidades de ella porque el tema de la historia es tal, y porque ella fue principio y madre de haberse descubierto las Indias, tierra tan grandísima como visto y entendido habréis por nuestra hidrografía, y porque los más que a Indias van entran o tocan o miran allí.

XXXVI. Que todas las indias han descubierto españoles

Entendiendo cuán grandísimas tierras eran las que Cristóbal Colón descubría, fueron muchos a continuar el descubrimiento de todas, unos a su costa, otros a la del rey, y todos pensando enriquecer, ganar fama y medrar con los reyes. Pero como los más de ellos no hicieron sino descubrir y gastarse, no quedó memoria de todos, que yo sepa, especialmente de los que navegaron hacia el norte, costeando los Bacallaos y tierra del Labrador, que mostraban poca riqueza. Ni aun de todos los que fueron por la otra parte de Paria, desde el año de 1495 hasta el de 1500. Pondré los que supiere, sin contemplación de ninguno, certificando que todas las Indias han sido descubiertas y costeadas por españoles, salvo lo que Colón descubrió; ca luego procuraron los Reyes Católicos de las saber y señalar por suyas, tomando la posesión de todas ellas, con la gracia del Papa.

XXXVII. La tierra del Labrador

Muchos han ido a costear la tierra del Labrador por ver adónde llegaba y por saber si había paso de mar por allí para ir a las Malucas y Especiería, que caen, como en otro lugar diremos, sobre la línea Equinoccial, creyendo acortar mucho el camino, habiéndole. Castellanos lo buscaron primero, como les pertenecen aquellas islas de las Especias y por saber conocer la tierra por suya. Y portugueses también, por atajar navegación, si lo hubiera, y enredar el pleito que sobre ellas traían, para nunca lo acabar; y así, fue allá Gaspar Cortes Reales, el año de 1500, con dos carabelas. No halló el estrecho que buscaba. Dejó su nombre a las islas que están a la boca del golfo Cuadrado y en más de cincuenta grados. Tomó por esclavos hasta sesenta hombres de aquella tierra, y vino muy espantado de las muchas nieves y siete heladas, ca se hiela el mar por allá reciamente. Son los de allí hombres dispuestos, aunque morenos, y trabajadores. Píntanse por gala y traen zarcillos de plata y cobre; visten martas y pieles de otros muchos animales, el pelo adentro de invierno y afuera de verano; apriétanse la barriga y muslos con entorchados de algodón y nervios de peces y animales; comen pescado más que otra cosa, especial salmón, aunque tienen aves y frutas. Hacen sus casas de madera, que hay mucha y buena, cúbrenlas de cuero de peces y animales, en lugar de tejas. Dicen que hay grifos, y que los osos, con otros muchos animales y aves, son blancos. En esta tierra, pues, e isla andan y viven bretones, que conforman mucho con su tierra, y está en una misma altura y temple. También han ido allá hombres de Noruega con el piloto Joan Scolvo, e ingleses con Sebastián Gaboto.

XXXVIII. Por qué razón comienza por aquí el descubrimiento

Comienzo a contar los descubrimientos de las Indias en el cabo del Labrador por seguir la orden que llevé en poner su sitio, pareciéndome que sería mejor así, y más claro de contar y aun de entender; ca fuera confusión de otra manera, aunque también llevara buena orden comenzándolos por el tiempo que se hicieron.

XXXIX. Los Bacallaos

Es gran trecho de tierra y costa la que llaman Bacallao, y su mayor altura es cuarenta y ocho grados y medio. Llaman los de allí bacallaos a unos grandes peces, de los cuales hay tantos, que embarazan las naos al navegar, y que los pescan y comen osos dentro la mar. Quien más noticia trajo de esta tierra fue Sebastián Gaboto, veneciano; el cual armó dos navíos en Inglaterra do trataba desde pequeño, a costa del rey Enrique VII, que deseaba contratar en la Especiería, como hacía el rey de Portugal. Otros dicen que a su costa, y que prometió al rey Enrique de ir por el norte al Catayo y traer de allá especias en menos tiempo que portugueses por el sur; iba también por saber qué tierra eran las Indias para poblar. Llevó trescientos hombres, y caminó la vuelta de Islandia sobre cabo del Labrador y hasta se poner en cincuenta y ocho grados, aunque él dice mucho más; contando cómo había por el mes de julio tanto frío y pedazos de hielo que no osó pasar más adelante; y que los días eran grandísimos y casi sin noche, y las noches muy claras. Es cierto que a sesenta grados son los días de dieciocho horas. Viendo, pues, Gaboto la frialdad y extrañeza de la tierra, dio la vuelta hacia poniente, y rehaciéndose en los Bacallaos, corrió la costa hasta treinta y ocho grados, y tornóse de allí a Inglaterra. Bretones y daneses han ido también a los Bacallaos, y Jacques Cartier, francés, fue dos veces con tres galeones, una el año de 34 y otra el de 35, y tanteó la tierra para poblar de cuarenta y cinco grados a cincuenta y uno. Dicen que pueblan allí o que poblarán, por ser tan buena tierra como Francia, pues a todos es común, y en especial de quien primero lo ocupa.

XL. Río de San Antón

Año de 25 anduvo por esta tierra el piloto Esteban Gómez en una carabela que se armó en la Coruña a costa del emperador. Iba este piloto en demanda de un estrecho que se ofreció de hallar en tierra de Bacallaos, por donde pudiesen ir a la Especiería en más breve que por otra ninguna parte, y traer clavos y canela y las otras especias y medicinas que de allá se traen. Había navegado algunas veces a las Indias Esteban Gómez, ido con Magallanes al estrecho y estado en la junta de Badajoz, que hicieron, como después se dirá, castellanos y portugueses sobre las islas de los Malucos, donde se platicó cuán bueno sería un estrecho por esta parte. Y como Cristóbal Colón, Fernando Cortés, Gil González de Avila y otros no lo habían hallado del golfo de Urabá hasta la Florida, acordó él subir más arriba; empero, tampoco lo halló, ca no lo hay. Anduvo buen pedazo de tierra que aún no estaba por otro vista; bien que dicen, cómo Sebastián Gaboto la tenía primero tanteada. Tomó cuantos indios pudieron caber en la carabela y trajóselos, contra la ley y voluntad del rey. Y con tanto se volvió a la Coruña dentro de diez meses que partió. Cuando entró dijo que traía esclavos; un vecino de allí entendió clavos, que era una de las especias que prometió traer. Corrió la posta, vino a pedir albricias al rey de que traía clavos Esteban Gómez. Esparcióse la nueva por la corte, con alegría de todos, que holgaban de tan buen viaje. Mas como desde a poco se supo la necedad del correo, que por esclavos entendió clavos, y el ruin despacho del marinero, que había prometido lo que no sabía ni había, rieron mucho las albricias y perdieron esperanza del estrecho que tanto deseaban, y aun algunos que favorecieron al Esteban Gómez para el viaje quedaron corridos.

XLI. Las islas Lucayos

Las islas Lucayos o Yucayas caen al norte de Cuba y de Haití y son cuatrocientas y más, según dicen. Todas son pequeñas sino es el Lucayo, de quien tomó apellido, el cual está entre diecisiete y dieciocho grados; Guanahaní, que fue la primera tierra por Cristóbal Colón vista, Manigua, Guanima, Zaguareo y otras algunas. La gente de estas islas es más blanca y dispuesta que la de Cuba y Haití, especial las mujeres, por cuya hermosura muchos hombres de Tierra-Firme, como es la Florida, Chicora y Yucatán, se iban a vivir a ellas; y así había más policía entre ellos que no en otras islas, y mucha diversidad de lenguas. Y de allí creo que manó el decir cómo por aquella parte había amazonas y una fuente que remozaba los viejos; ellos andan desnudos, sino es en tiempo de guerra, fiestas y bailes, y entonces pónense unas mantas de algodón y pluma muy labradas, y gran-

des penachos. Ellas, si son casadas o conocidas de varón, cubren sus vergüenzas de la cinta a la rodilla con mantillas; si son vírgenes traen unas
redecillas de algodón con hojas de yerbas metidas por la malla; esto es
después que les viene su purgación, que antes en carnes vivas se andan; y
cuando les viene, convidan los padres a los parientes y amigos, haciendo
fiesta como en bodas. Tienen rey o señor, y él tiene cuidado del pescar,
cazar y sembrar, mandando a cada uno lo que ha de hacer. Encierran el
grano y raíces que cogen en graneros públicos o trojes del rey. De allí
reparten a cada uno como tiene la familia; danse mucho al placer; su riqueza es nacarones y conchas bermejas, de que hacen arracadas, y unas
pedrecillas como rubíes, bermejuelas, que parecen llamas de fuego, las
cuales sacan de los sesos de ciertos caracoles muy grandes que pescan en
mar y que comen por muy preciado manjar. Usan traer sartales, collares y
cosas que se atan al cuello, brazos y piernas, hechas de piedras negras,
blancas, coloradas y de poco valor, y que se hallan en la arena. Y a las
mujeres que van desnudas todo les parece bien; en muchas de estas islas
chiquitas no tienen carne, ni la comen. Su pasto es pescado, pan de maíz y
otras raíces y frutas; traídos los hombres a Cuba y Santo Domingo, se morían
en comiendo carne, y por eso españoles no se la daban, o les daban muy
poquita. En algunas de ellas hay tantas palomas y otras aves así, que anidan en árboles, que vienen de Tierra Firme y de Cuba y Haití a sacarlas, y
vuelven con las canoas llenas de ellas. Los árboles donde crían son como
granados, cuya corteza parece algo canela en el sabor, jengibre en lo amargo y clavos en el olor; pero no es especia. Entre muchas frutas que tienen,
hay una que parece gusanos o lombrices, sabrosa y sana, y dicha jaruma.
El árbol es como nogal, y las hojas como de higuera; los cogollos y hojas de
esta jaruma, majados y puestos con su zumo en cualquiera llaga, aunque
sea muy vieja, la sana. Dos españoles riñeron allí, y el uno cortó a otro un
brazo con la canilla; vino una vieja lacaya, concertó el hueso y sanólo con
sólo zumo y hojas de este árbol. Un lucayo carpintero que cautivo estaba
en Santo Domingo excavó un tronco de jaruma, que de suyo es hueco a
manera de higuera, hinchólo de maíz y de calabazas llenas de agua, atapó-
lo muy bien y atravesó la mar en él con otros dos parientes suyos, que
remaban. Pero fue desdichado, porque a cincuenta leguas de navegación le

tomaron ciertos españoles y le tornaron a Santo Domingo; de estas islas, pues, de los lucayos, yucayos como algunos llaman, cautivaron españoles, en obra de veinte años o pocos menos, cuarenta mil personas. Engañaban de palabra los isleños diciéndoles cómo iban ellos a llevarlos al paraíso, ca los indios de allí creían que muertos purgaban los pecados en tierras frías del norte; y después entraban en el paraíso, que estaba en tierra del mediodía: de esta manera acabaron los lucayos, y los más trayéndolos en minas. Dicen que todos los cristianos que cautivaron indios y los mataron trabajando han muerto malamente, o no lograron sus vidas, o lo que con ellos ganaron.

XLII. Río Jordán en tierra de Chicora

Siete vecinos de Santo Domingo, entre los cuales fue uno el licenciado Lucas Vázquez de Aillón, oidor de aquella isla, armaron dos navíos en Puerto de Plata, el año 20, para ir por indios a las islas Lucayos que arriba digo. Fueron, y no hallaron en ellas hombres qué rescatar o saltear para atraer a sus minas, hatos y granjerías. Y así, acordaron de ir más al norte a buscar tierra donde los hallasen, y no tornarse vacíos. Fueron, pues, a una tierra que llamaban Chicora y Guadalupe, la cual está en treinta y dos grados y es lo que llaman ahora cabo de Santa Elena y río Jordán; algunos, con todo eso, dicen cómo el tiempo y no la voluntad los echó allá; sea de la una o de la otra manera, es cierto que corrieron a la marina muchos indios a ver las carabelas, como cosa nueva y extraña para ellos, que tienen chiquitas barcas, y aun pensaban que fuesen algún pez monstruo; y como vieron salir a tierra hombres con barbas y vestidos, huyeron a más correr; desembarcaron los españoles, aguijaron tras ellos y tomaron un hombre y una mujer. Vistiéronlos a fuer de España y soltáronlos para que llamasen la gente. El rey de allí, como los vio vestidos de aquella suerte, maravillóse del traje, ca los suyos andan desnudos o con pieles de fieras, y envió cincuenta hombres con bastimentos a los bajeles, con los cuales fueron muchos españoles al rey, y él les dio guías para ver la tierra, y a doquier que llegaban les daban de comer y presentillos de aforros, aljófar y plata. Ellos, vista la riqueza y traje de la tierra, considerada la manera de la gente y habiendo tomado el agua y bastimento necesario, convidaron a ver las naos a muchos. Los indios entraron dentro sin pensar mal ninguno; entonces alzaron los españoles las anclas y vela y viniéronse con buena presa de chicoranos a Santo Domingo; pero en el camino se perdió un navío de los dos, y los indios del otro se murieron no mucho después de tristeza y hambre, ca no querían comer lo que españoles les daban, y, por otra parte, comían perros, asnos y otras bestias que hallaban muertas y hediondas tras la cerca y por los muladares. Con relación de tales cosas y de otras que se callan, vino a la corte Lucas Vázquez de Aillón, y trajo consigo un indio de allí, que llamaban Francisco Chicora, el cual contaba maravillas de aquella su tierra. Pidió la conquista y gobernación de Chicora. El emperador se la dio y el hábito de Santiago; tornó a Santo Domingo, armó ciertos navíos el año de 24, fue allá con ánimo de poblar y con imaginación de grandes tesoros; mas ido que fue, perdió su nao capitana en el río Jordán, y muchos españoles, y en fin pereció él sin hacer cosa digna de memoria.

XLIII. Los ritos de chicoranos

Los de Chicora son de color loro o tiriciado, altos de cuerpo, de muy pocas barbas; traen ellos los cabellos negros y hasta la cinta; ellas, muy más largos, y todos los trenzan. Los de otra provincia allí cerca, que llaman Duhare, los traen hasta el talón; el rey de los cuales era como gigante y había nombre de Datha, y su mujer y veinticinco hijos que tenía también eran deformes; preguntados cómo crecían tanto, decían unos que con darles a comer unas como morcillas rellenas de ciertas yerbas hechas por arte de encantamiento; otros, que con estirarles los huesos cuando niños, después de bien ablandados con yerbas cocidas; así lo contaban ciertos chicoranos que se bautizaron, pero creo que decían esto por decir algo, que por aquella costa arriba hombres hay muy altos y que parecen gigantes en comparación de otros. Los sacerdotes andan vestidos distintamente de los otros y sin cabello, salvo es que dejan dos guedejas a las sienes, que atan por debajo de la barbilla. Estos mascan cierta yerba, y con el zumo rociaban los soldados estando para dar batalla, como que los bendicen; curan los heridos, entierran los muertos y no comen carne. Nadie quiere otros médicos que a estos religiosos, o a viejas, ni otra cura que con yerbas, de las cuales conocen muchas para diversas enfermedades y llagas. Con una que llaman guahi reviesan la cólera y cuanto tienen en el estómago si la comen o beben, y es muy común, y tan saludable, que viven mucho tiempo por ella y muy recios y sanos. Son los sacerdotes muy hechiceros y traen la gente embaucada; hay dos idolejos que no los muestran al vulgo más de dos veces al año, y la una es al tiempo de sembrar, y aquélla con grandísima pompa. Vela el rey la noche de la vigilia delante aquellas imágenes, y la mañana de la fiesta, ya que todo el pueblo está junto, muéstrale sus dos ídolos, macho y hembra, de lugar alto; ellos los adoran de rodillas, y a voz en grita, pidiendo misericordia. Baja el rey, y dalos, cubiertos con ricas mantas de algodón y joyas, a dos caballeros ancianos, que los llevan al campo donde va la procesión. No queda nadie sin ir con ellos, so pena de malos religiosos; vístense todos lo mejor que tienen; unos se tiznan, otros se cubren de hoja y otros se ponen máscaras de pieles; hombres y mujeres cantan y bailan; ellos festejan el día y ellas la noche, con oración, cantares, danzas, ofrendas, sahumerios y tales cosas. Otro día siguiente los vuelven a su capilla con el mismo regocijo, y piensan con aquello de tener buena cogida de pan. En otra fiesta llevan también al campo una estatua de madera con la solemnidad y orden que a los ídolos, y pónenla encima de una gran viga que hincan en tierra y que cercan de palos, arcas y banquillos. Llegan todos los casados, sin faltar ninguno, a ofrecer; ponen lo que ofrecen sobre las arcas y palos; notan la ofrenda de cada uno los sacerdotes que para ello están diputados, y dicen al cabo quién hizo más y mejor presente al ídolo, para que venga a noticia de todos, y aquél es muy honrado por un año entero. Con esta honra hay muchos que ofrecen a porfía. Comen los principales y aun los demás del pan, frutas y viandas ofrecidas; lo reparten los señores y sacerdotes. Descuelgan la estatua en anocheciendo, y échanla en el río, o en el mar si está cerca, para que se vaya con los dioses del agua, en cuyo honor la fiesta se hizo. Otro día de sus fiestas desentierran los huesos de un rey o sacerdote que tuvo gran reputación y súbenlo a un cadalso que hacen en el campo; llóranlo las mujeres solamente, andando a la redonda, y ofrecen lo que pueden. Tornan luego al otro día aquellos huesos a la sepultura, y ora un sacerdote en alabanza de cúyos son disputa de la inmortalidad del alma y trata del infierno o lugar de penas que los dioses tienen en tierras muy frías, donde se purgan los males, y del paraíso, que está en tierra muy templada, que posee Quejuga, señor grandísimo, manco y cojo, el cual hacía muchos regalos a las ánimas que a su reino iban; y con tanto, quedan canonizados aquellos huesos, y el predicador despide los oyentes, dándoles humo a narices de yerbas y gomas olorosas, y soplándolos como saludador. Creen que viven muchas gentes en el cielo y muchas debajo la tierra, como sus antípodas, y que hay dioses en la mar, y de todo esto tienen coplas los sacerdotes, los cuales cuando mueren los reyes hacen ciertos fuegos como cohetes, y dan a entender que son las almas recién salidas del cuerpo, que suben al cielo; y así, los entierran con grandes llantos. La reverencia o salutación que hacen al cacique es donosa, porque ponen las manos en las narices, chiflan, y pásanlas por la frente al colodrillo. El rey entonces tuerce la cabeza sobre el hombro izquierdo si quiere dar favor y honra al que le reverencia. La viuda, si su marido muere naturalmente, no se puede casar; si se muere por justicia, puede. No admiten las rameras entre las casadas. Juegan a la pelota, al trompo y a la ballesta con arcos, y así son certeros. Tienen plata y aljófar y otras piedras. Hay muchos ciervos, que crían en casa y andan al pasto en el campo con pastores, y vuelven la noche al corral. De su leche hacen queso.

XLIV. El Boriquén

La isla Boriquén, dicha entre cristianos San Juan, está en diecisiete y dieciocho grados y veinticinco leguas de la Española, que la tiene al poniente. Es larga de este a oeste más de cincuenta leguas, y ancha dieciocho; la tierra hacia el norte es rica de oro; la hacia el sur es fértil de pan, fruta, yerba y pesca. Dicen que no comían estos boriquenes carne; debía ser de animales, que no los tenían; empero de aves sí comían, y aun murciélagos pelados en agua caliente. En las cosas antiguas y naturales son como los de Haití, Española, y en lo moderno también, sino que son más valientes y que usan arcos y flechas sin yerba. Hay una goma que llaman tibunuco, blanda y correosa como sebo, con la cual y aceite brean los navíos; y como es amarga, defiéndelos mucho de broma; hay también mucho guayacán, que llaman palo santo, para curar de bubas y otras dolencias. Cristóbal Colón descubrió esta isla en su viaje segundo, y Juan Ponce de León fue allá el año 9 con licencia del gobernador Ovando, en un carabelón que tenía en

Santo Domingo, ca le dijeron unos indios cómo era muy rica isla. Tomó tierra donde señoreaba Agueibana, el cual lo acogió muy amigablemente y se tornó cristiano con su madre, hermanos y criados. Dióle una su hermana por amiga, que tal es la costumbre de los señores para honrar a otros grandes hombres que reciben por amigos y huéspedes, y llevólo a la costa del norte a coger oro, como buscaba en dos o tres ríos. Dejó Juan Ponce ciertos españoles con Agueibana y volviése a Santo Domingo con la muestra del oro y gente; mas como era ya ido a España Nicolás de Ovando y gobernaba el almirante don Diego Colón, tornése al Boriquén, que llamó él mismo San Juan, con su mujer y casa. Escribiólo al comendador mayor de Alcántara Ovando, el cual le recabó y envió la gobernación de aquella isla, pero con sujeción al virrey y almirante de Indias. Él entonces hizo gente y guerreó el Boriquén; fundó a Caparra, que se despobló por tener su asiento en ciénagas de mucho acije. Pobló a Guanica, que se desavecindó por los muchos e importunos mosquitos; y entonces se hizo Sotomayor y otras villas. Costó la conquista del Boriquén muchos españoles, ca los isleños eran esforzados y llamaron caribes en su defensa, que tiraban con yerba pestífera y sin remedio; pensaron al principio que los españoles fuesen inmortales, y por saber la verdad, Oraioa, cacique de Jaguaca, tomó cargo de ello con acuerdo y consentimiento de todos los otros caciques, y mandó a ciertos criados suyos que ahogasen a un Salcedo que posó en su casa, pasándolo el río Guarabo; los cuales le hundieron so el agua, llevándolo en hombros, y como se ahogó, tuvieron a los demás por mortales, y así se confederaron y se rebelaron y mataron más de cien españoles. Diego de Salazar fue quien más se señaló en la conquista del Boriquén. Temíanle tanto los indios, que no querían dar batalla donde venía él, y algunas veces lo llevaban en el ejército, estando muy malo de bubas, por que supiesen los indios cómo estaba allí; solían decir aquellos isleños al español que los amenazaba: «No te temo, ca no eres Salazar». Habían eso mismo grandísimo miedo a un perro llamado Becerrillo, bermejo, bocinegro y mediano, que ganaba sueldo y parte como ballestero y medio, el cual peleaba contra los indios animosa y discretamente; conocía los amigos, y no les hacía mal aunque le tocasen. Conocía cuál era caribe y cuál no; traía el huido aunque estuviese en medio del real de los enemigos, o le despedazaba; en diciéndole «ido es», o «buscadlo», no paraba hasta tornar por fuerza al indio que se iba. Acometían con él nuestros españoles tan de buena gana como si tuvieran tres de caballo; murió Becerrillo de un flechazo que le dieron con yerba nadando tras un indio caribe. Cristianáronse todos los isleños, y su primer obispo fue Alonso Manso, año de 11; los que tras Juan Ponce de León, que fueron muchos, rigieron el Boriquén por el almirante atendieron más a su provecho que al de los isleños.

XLV. El descubrimiento de la Florida

Quitó el almirante del gobierno del Boriquén a Juan Ponce de León y viéndose sin cargo y rico, armó dos carabelas y fue a buscar la isla Boyuca, donde decían los indios estar la fuente que tornaba mozos a los viejos. Anduvo perdido y hambriento seis meses por entre muchas islas, sin hallar rastro de tal fuente. Entró en Bimini, y descubrió la Florida en Pascua Florida del año de 12, y por eso le puso aquel nombre; y esperando hallar en ellas grandes riquezas, vino a España, donde negoció con el rey don Fernando todo lo que pedía, con intercesión de Nicolás de Ovando y de Pero Núñez de Guzmán, ayo del infante don Fernando, cuyo paje había sido. Así que le dio el rey título de adelantado de Bimini y de gobernador de la Florida; y con tanto armó en Sevilla tres navíos de muy propósito el año de 15. Tocó en Guacana, que llaman Guadalupe; echó en tierra gente a tomar agua y leña, y algunas mujeres que lavasen los trapos y ropa sucia. Salieron los caribes, que se habían puesto en celada, y flecharon con sus saetas enherboladas los españoles; mataron los más que a tierra salieron y cautivaron las lavanderas. Con este mal principio y agüero se partió Juan Ponce al Boriquén, y de allí a la Florida. Saltó en tierra con sus soldados para buscar asiento donde fundar un pueblo; vinieron los indios a defenderle la entrada y estada; pelearon con él, desbaratáronlo y aun le mataron hartos españoles, y le hirieron a él con una flecha, de cuya herida hubo de morir en Cuba. Y así acabó la vida y consumió gran parte de la mucha hacienda que allegara en San Juan del Boriquén. Pasó Juan Ponce de León a la isla Española con Cristóbal Colón el año de 1493; fue gentil soldado en las guerras de aquella isla, y capitán en la provincia de Higuey por Nicolás de Ovando, que la conquistó. Es la Florida una punta de tierra como lengua, cosa muy señalada en Indias y muy nombrada por los muchos españoles que han muerto sobre ella. Siendo la Florida tierra (según fama) rica y abastada, aunque valientes los hombres, pidió su conquista y gobernación Hernando de Soto, que había sido capitán en el Perú, y enriquecido en la prisión de Atabaliba con la parte que le cupo de hombre de caballo y de capitán y con el cojín de perlas y piedras en que se asentaba aquel rico y poderoso rey. Fue, pues, allá con mucha y buena gente; anduvo cinco años buscando minas, ca pensaba ser como el Perú. No pobló, y así murió él y destruyó a los que le seguían. Nunca harán buen hecho los conquistadores que ante todas cosas no poblaren, en especial aquí, que son los indios valientes flecheros y recios hombres. Por muerte del adelantado Soto demandaron muchos esta conquista el año 44, estando la corte en Valladolid; entre los cuales fueron Julián de Samano y Pedro de Ahumada, hermanos, hombres bastantes para tal empresa, y el Ahumada muy entendido en muchas cosas y muy virtuoso hidalgo, con quien yo tengo amistad estrecha. Mas ni el emperador, que estaba en Alemania, ni el príncipe don Felipe, su hijo, que gobernaba todos estos reinos de Castilla y Aragón, la dieron a ninguno, aconsejados del Consejo de Indias y de otras personas que con buen celo, a su parecer, contradecían las conquistas de las Indias; empero enviaron allá a fray Luis Cancel de Balvastro con otros frailes dominicos, que se ofreció a allanar aquella tierra y convertir la gente y traerla a servicio y obediencia del emperador con solas palabras. Fue, pues, el fraile a costa del rey el año de 49; salió en tierra con cuatro frailes que llevaba, y con otros seglares marineros sin armas, que así tenían de comenzar la predicación. Acudieron a la marina muchos de aquellos floridos, y sin escucharle lo aporrearon con otro o con otros dos compañeros, y se los comieron, y así padecieron martirio por predicar la fe de Cristo. Él los tenga en su gloria. Los otros se acogieron al navío y se guardaron para confesores, como dijeron algunos. Muchos que favorecieron la intención de aquellos frailes conocen ahora que por aquella vía mal se pueden atraer los indios a nuestra amistad ni a nuestra santa fe; aunque si pudiese ser, mejor sería. Entonces se vino a la nave uno que fue paje de Hernando Soto, el cual contaba cómo los indios pusieron los cueros de las cabezas de los frailes con sus coronas en un templo, y que cerca de allí hay hombres que comen carbón.

XLVI. Río de Palmas

Quinientas leguas que hay de costa, desde la Florida al río Panuco anduvo primero que otro ningún español Francisco de Garay. Empero, por que no hizo entonces más de correr la costa, dejaremos de hablar de él y hablaremos de Pánfilo de Narváez, que fue a poblar y conquistar, con título de adelantado y gobernador, el río de Palmas, que cae treinta leguas encima de Panuco hacia el norte y toda la costa hasta la Florida; y así no pervertiremos la orden que comenzamos. Digo, pues, cómo el año de 27 partió Pánfilo de Narváez de Sanlúcar de Barrameda para su adelantamiento del río de Palmas, con cinco navíos, en que llevaba seiscientos españoles, cien caballos y gran suma de bastimentos, armas y vestidos, ca tenía experiencia de otras armadas. Tuvo trabajo en el camino, y no acertó a ir donde tenía, por ignorancia de Miruelo y de los otros pilotos de la flota, que desconocieron la tierra. Todavía salió en ella Narváez con trescientos compañeros y casi todos los caballos, aunque con poca comida, y envió los navíos a buscar el río de Palmas, en cuya demanda se perdieron casi todos los hombres y caballos; lo cual fue por no poblar luego que saltó en tierra con la gente, o por saltar donde no había de poblar. Quien no poblare, no hará buena conquista, y no conquistando la tierra, no se convertirá la gente; así que la máxima del conquistar ha de ser poblar. Vio Narváez oro a unos indios, que, preguntados dónde lo sacaban, dijeron en Apalachen. Fue allá: en el camino topó un cacique llamado Dulchanchelin, que, a trueco de cascabeles y sartalejos, le dio un cuero de venado muy pintado que traía cubierto; y venía a cuestas de otro indio y con mucha compañía, que los más tañían caramillos de caña. Apalachen es de hasta cuarenta casas de paja, tierra pobre de lo que buscaban, mas abundante de otras muchas cosas; llana, aguazosa y arenosa. Hay laureles y casi todos nuestros árboles, empero son muy altos. Hay leones, osos, venados de tres maneras, y unos animales muy extraños que tienen un falso peto, el cual se abre y cierra como bolsa, donde meten sus hijos para correr y huir del peligro. Hay muchas aves de las de acá, como decir garzas y halcones, y las que viven de rapiña; pero con todo esto, es tierra de muchos rayos. Los hombres son muy altos, forzudos y ligeros, que alcanzan un ciervo y que corren un día entero sin descansar. Traen arcos de doce palmos, gordos como el brazo y que tiran doscientos pasos y pasan unas corazas y un tablón y otra cosa más recia. Las flechas son por la mayor parte de caña, y en lugar de hierro traen pedernal o hueso; las cuerdas son de nervios de venados. De Apalachen fueron a Aute, y más adelante hallaron mejores casas y con esteras, y más pulida gente, ca visten de venado, pieles pintadas y martas, y algunas tan finas y olorosas de suyo, que se maravillaban los nuestros. Traen también mantas groseras de hilo, y cabellos muy largos y sueltos; dan una saeta en señal de amistad, y bésanla. En una isla que llamaron Malhado, y que boja doce leguas y está de tierra dos, se comieron unos españoles a otros, los cuales se llamaban Pantoja, Sotomayor, Hernando de Esquivel, natural de Badajoz; y en Jamho, tierra firme, allí junto, se comieron asimismo a Diego López, Gonzalo Ruiz, Corral, Sierra, Palacios y a otros. Andan en aquella isla desnudos; las mujeres casadas cubren algo con un velo de árbol que parece lana; las mozas abrigase con cueros de venado y otras pieles. Agujéranse los hombres la una tetilla, y muchos entrambas, y atraviesan por allí unas cañas de palmo y medio. Horadan también el rostro bajero y meten cañuelas por el agujero. Son hombres de guerra, y las mujeres de trabajo, y la tierra muy desventurada. Casan con sendas mujeres, y los médicos con cada dos, o más si quieren. No entra el novio en casa de los suegros ni cuñados el primer año, ni guisa de comer en la suya, ni ellos le hablan ni le miran la cara, aunque de sus casas le lleva la mujer guisado lo que él caza y pesca. Duermen en cueros sobre esteras y ostiones por ceremonia. Regalan mucho sus hijos, y si se les mueren tíznanse, y entiérranlos con grandes llantos. Dúrales el luto un año, y lloran tres veces al día todos los del pueblo, y no se lavan los padres ni parientes en todo aquel tiempo. No lloran a los viejos. Entiérranse todos, salvo los físicos, que por honra los queman, y entretanto que arden, bailan y cantan. Hacen polvo los huesos, y guardan la ceniza para beberla el cabo del año los parientes y mujeres; los cuales también se jasan entonces. Estos médicos curan con botones de fuego y soplando el cauterio y llaga. Jasan donde hay dolor, y chupan la jasadura; sanan con esto y son bien pagados. Estando allí ciertos españoles murieron algunos indios de dolor de estómago, y pensaban que a su causa; mas ellos se desculparon; y como estaban desperecidos de frío, hambre y mosquitos, que los comían vivos, por andar desnudos, no los mataron, sino mandáronles curar los enfermos. Ellos, con temor de la muerte, comenzaron aquel oficio rezando, soplando y santiguando, y sanaron cuantos a sus manos vinieron; y así cobraron fama y crédito de sabios médicos. De Malhado, atravesando muchas tierras, fueron a una que llaman de los Jaguaces, los cuales son grandes mentirosos, ladrones, borrachos de su vino y agoreros, que matan, si mal ensueñan, sus propios hijos; y así, mataron a Esquivel. Siguen los venados hasta que los matan: tan corredores son. Traen la tetilla y bezo horadado; usan contra natura; múdanse como alárabes, y llevan las esteras de que arman sus casillas. Los viejos y mujeres visten y calzan de venado y de vacas, que a cierto tiempo del año vienen de hacia el norte y que tienen el cuerno corto y el pelo largo y son gentil carne. Comen arañas, hormigas, gusanos, salamanquesas, lagartijas, culebras, palos, tierra y cagajones y cagarrutas; y siendo tan hambrientos, andan muy contentos y alegres, bailando y cantando. Compran las mujeres a sus enemigos por un arco y dos flechas, o por una red de pescar, y matan sus hijas por no darlas a parientes ni enemigos. Van desnudos, y tan picados de mosquitos, que parecen de San Lázaro; con los cuales tienen perpetua guerra. Traen tizones para ojearlos, o hacen lumbre de leña podrida o mojada para que huyan del humo; el cual es tan insoportable como ellos, mayormente a españoles, que lloraban con él. En tierra de Avavares curó Alonso de Castillo muchos indios a soplos, como saludador, de mal de cabeza; por lo cual le dieron tunas, que son buena fruta, y carne de venado, arcos y flechas. Santiguó asimismo cinco tullidos, que sanaron, no sin grande admiración de los indios y aun de los españoles, ca los adoraban como a personas celestiales. A fama de tales curas acudían a ellos de muchas partes, y los de Susola le rogaron fuese con ellos a sanar un herido. Fue Alvar Núñez Cabeza de Vaca y Andrés Dorantes, que también curaba; mas cuando llegaron allá era muerto el herido; y confiados en Jesucristo, que obra sanidades, y por conservar sus vidas entre aquellos bárbaros, lo santiguó y sopló tres veces Alvar Núñez, y revivió, que fue milagro. Así lo cuenta él mismo. Entre los albardaos estuvieron algún tiempo, que son astutos guerreros; pelean de noche y por asechanzas. Tiran bailando y saltando de una parte a otra, porque no les acierten sus contrarios; andan muy abajados en tierra. Acometen si sienten flaqueza, y huyen si ven esfuerzo; no siguen victoria ni van tras el enemigo. Ven y oyen muy mucho. No duermen con preñadas ni con paridas hasta que pasen dos años; dejan las mujeres que son estériles, y casan con otras; maman los niños diez y doce años, y hasta que por sí saben buscar de comer. Ellas hacen las amistades cuando ellos riñen unos con otros. Nadie come lo que guisan las mujeres con su camisa. Cuando cuecen sus vinos, derraman los vasos, pasando cerca la mujer, si no están atapados; emborráchanse mucho, y entonces maltratan a las mujeres. Cásanse unos hombres con otros que son impotentes o capados y que andan como mujeres, y sirven y suplen por tales, y no pueden traer ni tirar arco. Pasaron por ciertos pueblos donde los hombres eran harto blancos; empero eran tuertos o ciegos de nubes, cuyas mujeres se alcoholaban. Tomaban infinitas liebres a palos, y no comían sin que primero lo santiguasen los cristianos o lo soplasen. Llegaron a tierra que, o por costumbre o por acatamiento de ellos ni lloraban ni reían ni se hablaban; y una mujer porque lloró la punzaron y rayaron con unos dientes de ratón por detrás, de los pies a la cabeza; recibían los españoles las caras a la pared, las cabezas bajas y los cabellos sobre los ojos. En el valle que llamaron de Corazones, por seiscientos que les dieron de venados, hubieron algunas saetas con puntas de esmeraldas harto buenas, y turquesas, y plumajes. Allí traen las mujeres camisas de algodón fino, mangas de lo mismo y faldillas hasta el suelo, de venado adobado, sin pelo y abiertas por delante. Toman los venados emponzoñando las balsas donde beben con ciertas manzanillas, y con ellas y con la leche del mismo árbol untan las flechas. De allí fueron a San Miguel de Culuacán, que, como dicho he, está en la costa de la mar del Sur. De trescientos españoles que salieron en tierra cerca de la Florida con Narváez, pienso que no escaparon sino Alvar Núñez Cabeza de Vaca, Alonso del Castillo Maldonado, Andrés Dorantes de Béjar y Estebanico de Azamor, loro; los cuales anduvieron perdidos, desnudos y hambrientos nueve años y más por las tierras y gentes aquí nombradas, y por otras muchas, donde sanaron calenturientos, tullidos, mal heridos, y resucitaron un muerto, según ellos dijeron. Este Pánfilo de Narváez es a quien venció, prendió y sacó un ojo Fernando Cortés en Zempoallán de la Nueva-España, como más largo se dirá en su crónica. Una morisca de Hornachos dijo que habría mal fin su flota, y que pocos escaparían de los que saliesen a la tierra donde él iba.

XLVII. Pánuco

Por muerte de Juan Ponce de León, que descubrió y anduvo la Florida, armó Francisco de Garay tres carabelas en Jamaica el año de 1518, y fue a tentar la Florida, pensando ser isla, ca entonces más querían poblar en islas que en tierra firme. Salió a tierra, y desbaratáronle los floridos, hiriendo y matando muchos españoles; así no paró hasta Panuco, que hay quinientas leguas de costa. Vio aquella costa, mas no la anduvo tan por menudo como ahora se sabe. Quiso rescatar en Panuco, mas no le dejaron los de aquel río, que son valientes y carniceros, antes lo maltrataron en Chila, comiéndose los españoles que mataron, y aun los desollaron y pusieron los cueros, después de bien curtidos, en los templos por memoria y ufanía. Parecióle bien aquella tierra, aunque le había ido mal en ella. Volvió a Jamaica, adobó los navíos, rehízose de gente y bastimento, y tornó allá luego el año siguiente de 19, y fuéle peor que la primera vez. Otros dicen que no fue más de una vez, sino que, como estuvo mucho allá, la cuentan por dos. Fuese una o dos veces, es cierto que vino lastimado de lo mucho que había gastado, y corrido de lo poco que había hecho, especialmente por lo que le avino con Fernando Cortés en la Veracruz, según en otra parte se cuenta. Mas por enmendar las faltas y por ganar fama como Cortés, que tan nombrado era, y porque tenía por rica muy tierra la de Panuco, negoció la gobernación de ella en la corte por Juan López de Torralva, su criado, diciendo lo mucho que había gastado en descubrirla; y como la tuvo con título de adelantado, armó y abasteció once navíos el año de 23. Como estaba rico, y como pensaba competir con Fernando Cortés, metió en ellos más de setecientos españoles, ciento y cincuenta y cuatro caballos y muchos tiros, y fue a Panuco, donde se perdió con todo ello; ca murió él en México, y mataron los indios cuatrocientos españoles de aquéllos, muchos de los cuales fueron sacrificados y comidos, y sus cueros puestos por los templos, curtidos o embutidos; que tal es la cruel religión de aquéllos, o la religiosa crueldad. Son asimismo grandísimos putos, y tienen mancebía de hombres públicamente, do se acogen las noches mil de ellos, y más o menos, según es el pueblo. Arráncanse las barbas, agujéranse las narices como las orejas para traer algo allí; límanse los dientes, como sierras, por hermosura y sanidad; no se casan hasta los cuarenta años, aunque a los diez o doce son ellas dueñas. Nuño de Guzmán fue también a Panuco por gobernador el año de 1527; llevó dos o tres navíos y ochenta hombres; el cual castigó aquellos indios de sus pecados, haciendo muchos esclavos.

XLVIII. La isla Jamaica

Esta isla que ahora llaman Santiago, entre diecisiete y dieciocho grados a esta parte de la Equinoccial y veinticinco leguas de Cuba por la parte del norte y otras tantas o poco más de la Española por hacia levante, tiene cincuenta leguas en largo y menos de veinte en ancho. Descubrióla Cristóbal Colón en el segundo viaje a Indias; conquistóla su hijo don Diego, gobernando en Santo Domingo por Juan de Esquivel, y otros capitanes. El más rico gobernador de ella fue Francisco Garay, y porque armó en ella tantas naos y hombres, para ir a Panuco, lo pongo allí. Es Jamaica como Haití en todo, y así se acabaron los indios. Cría oro, algodón muy fino; después que la poseen españoles, hay mucho ganado de todas suertes y los puercos son mejores que no en otros cabos. El principal pueblo se nombra Sevilla. El primer abad que tuvo fue Pedro Mártir de Anglería, milanés, el cual escribió muchas cosas de Indias en latín, como era cronista de los Reyes Católicos; algunos quisieran más que las escribiera en romance, o mejor y más claro. Todavía le debemos y loamos mucho, que fue el primero en las poner en estilo.

XLIX. La Nueva España

Luego que Francisco Hernández de Córdoba llegó a Santiago con las nuevas de aquellas tan ricas tierras de Yucatán, como luego diremos, se acodició Diego Velázquez, gobernador de Cuba, a enviar allá tantos españoles que resistiendo a los indios, rescatasen de aquel oro, plata y ropa que tenían. Armó cuatro carabelas y diólas a Juan de Grijalva, sobrino suyo, el cual metió en ellas doscientos españoles; y partióse de Cuba el primer día de mayo del año de 18 y fue a Acuzamil, guiando la flota el piloto Alaminos, que fuera con Francisco Hernández de Córdoba. De allí, que veía a Yucatán, echaron a mano izquierda para bojarla, pensando que fuese isla, pues ya la había andado Francisco Hernández por la derecha, ca los deseaban por cuanto se podían sopear mejor los isleños que los de tierra firme; así que, costeando la tierra, entraron en un seno de mar que llamaron bahía de la Ascensión, por ser tal día. Entonces se descubrió aquel trecho de tierra que hay de empar de Acuzamil a la susodicha bahía. Mas viendo que seguía mucho la costa, se tornaron atrás y, arrimados a tierra, fueron a Champotón, donde fueron mal recibidos, como Francisco Hernández; ca sobre tomar agua, que les faltaba, pelearon con los naturales, y quedó muerto Juan de Guetaria y heridos cincuenta españoles, y Juan de Grijalva con un diente menos y otro medio, y dos flechazos. Por esto de Grijalva y por lo de Córdoba llaman aquella playa Mala-Pelea. Partió de allí y buscando puerto seguro surgió en el que nombró el Deseado. De allí fue al río que de su nombre se dice Grijalva, en el cual rescató las cosas siguientes: tres máscaras de madera doradas y con pedrezuelas turquesas, que parecía obra mosaica; otra máscara llanamente dorada; una cabeza de perro cubierta de piedras falsas; un casquete de palo dorado, con cabellera y cuernos; cuatro patenas de tabla doradas, y otra que tenía algunas piedras engastadas alrededor de un ídolo; cinco armaduras de piernas hechas de corteza y doradas; dos escarcelones de palo con hojuelas de oro; unas como tijeras de lo mismo; siete navajas de pedernal; un espejo de dos lumbres con un cerco de oro; ciento y diez cuentas de tierra doradas; siete tirillas de oro delgadas; cuarenta arracadas de oro con cada tres pinjantes; dos ajorcas de oro, anchas y delgadas; un par de zarcillos de oro; dos rodelas cubiertas de pluma y con sus chapas de oro en medio; dos penachos muy gentiles, y otro de cuero y oro; una jaqueta de pluma; un paño de algodón de colores, a manera de peinador, y algunas mantas. Dio por ello un jubón de terciopelo verde, una gorra de seda, dos bonetes de frisa, dos camisas, unos zaragüelles, un tocador, un peine, un espejo, unos alpargates, tres cuchillos y unas tijeras, muchas contezuelas de vidrio, un cinto con su esquero, y vino, que no lo quiso nadie beber; cosa que hasta allí ningún indio la deshechó. De aquel río fue Grijalva a San Juan de Ulhúa, donde tomó posesión en nombre del rey, por Diego Velázquez, como de tierra nueva. Habló con los indios, que venían bien vestidos a su manera y que se mostraban afables y entendidos; trocó con ellos muchas cosas, que fueron cuatro granos de oro; una cabeza de perro de piedra como calcedonia; un ídolo de oro con cornezuelos y arracadas y moscador de lo mismo y en el ombligo una piedra negra; una medalla de piedra guarnecida de oro, con su corona de lo mismo, en que había dos pinjantes y una cresta; cuatro zarcillos de turquesas con cada ocho pinjantes; dos arracadas de oro con muchos pinjantes; un collar rico; un trenza de oro; diez sartales de barro dorado; una gargantilla con una rana de oro; seis collaricos de oro; seis granos de oro; cuatro manillas de oro grandes; tres sartas de piedras fijas y cañutillos de oro; cinco máscaras de piedras con oro, a la mosaica; muchos ventalles y plumajes; muchas mantas y camisetas de algodón. En recompensa de lo cual dio Grijalva dos camisas, dos sayos de azul y colorado, dos caperuzas negras; dos zaragüelles, dos tocadores, dos espejos, dos cintas de cuero tachonadas, con sus bolsas; dos tijeras y cuatro cuchillos, que tuvieron en mucho por haber probado a cortar con ello; dos alpargates, unas servillas de mujer, tres peines, cien alfileres, doce agujetas, tres medallas y doscientas cuentas de vidrio, y otras cosillas de menos valor. Al cabo de las ferias trajeron por alboroque cazuelas y pasteles de carne con mucho ají, y cestillas de pan fresco, y una india moza para el capitán, que así lo usan los señores de aquella tierra. Si Juan de Grijalva supiera conocer aquella buena ventura y poblar allí, como los de su compañía le rogaban, fuera otro Cortés. Mas no era para él tanto bien, ni llevaba comisión de poblar. Despachó desde aquel lugar, para Diego Velázquez, a Pedro de Alvarado en una carabela con los enfermos y heridos y con muchas cosas de las rescatadas, por que no estuviese con pena, y él siguió la costa hacia el norte muchas leguas, sin salir a tierra. Y pareciéndole que había descubierto harto, y temiendo las corrientes y el tiempo, que siendo por junio veía sierras nevadas, y que le faltarían mantenimientos, dio la vuelta, por consejo y requerimientos del piloto Alaminos, y surgió en el puerto de San Antón para tomar agua y leña, donde se detuvo seis días contratando con los naturales, y ferióles cosillas de mercería a cuarenta hachuelas de cobre revuelto con oro, que pesaron dos mil castellanos, y tres tazas o copas de oro, y un vaso de pedrecicas, y muchas cuentas de oro huecas, y otras cosas menudas que valían poco, aunque bien labradas. Vista la riqueza y mansedumbre de aquellos indios, holgaran muchos españoles de sentar allí; mas no quiso Grijalva, antes se partió luego y vino a la bahía que llamaron de Términos, entre río de Grijalva y puerto Deseado, donde saliendo por agua hallaron entre unos árboles un idolillo de oro y muchos de barro; dos hombres de palo cabalgando uno sobre otro a fuer de Sodoma y otro de tierra cocida con ambas manos a lo suyo, que lo tenía retajado, como son casi todos los indios de Yucatán. Este hallazgo y cuerpos de hombres sacrificados no contentaron a los españoles, ca les parecía sucia y cruel cosa. Quitáronse de allí y tomaron tierra en Champotón, por tomar agua; empero no creo que osaron, por ver a los de aquel pueblo muy armados, y tan atrevidos, que entraban flecharlos en la mar hasta la cinta, y llegaban con barquillas a combatir las carabelas. Y así, dejaron aquella tierra y se tornaron a Cuba cinco meses después que de ella salieron. Entregó Juan de Grijalva lo que traía rescatado a su tío Diego Velázquez, y el quinto a los oficiales del rey. Descubrió desde Champotón hasta San Juan de Ulhúa y más adelante, y todo tierra rica y buena.

L. De Fernando Cortés

Nunca tanta muestra de riqueza se había descubierto en Indias, ni rescatado tan brevemente después que se hallaron, como en la tierra que Juan de Grijalva costeó; y así movió a muchos para ir allá. Mas Fernando Cortés fue el primero con quinientos y cincuenta españoles en once navíos. Estuvo en Acuzamil, tomó a Tabasco, fundó la Veracruz, ganó a México, prendió Motsoczuma, conquistó y pobló la Nueva España y otros muchos reinos. Y por cuanto él hizo muchas y grandes hazañas en las guerras que allí tuvo, que, sin perjuicio de ningún español de Indias, fueron las mejores de cuantas se han hecho en aquellas partes del Nuevo Mundo, las escribiré por su parte, a imitación de Polibio y de Salustio, que sacaron de las historias romanas, que juntas y enteras hacían, éste la de Mario y aquél la de Escipión. También la hago yo por estar la Nueva España muy rica y mejorada, muy poblada de españoles, muy llena de naturales, y todos cristianados, y por la cruel extrañeza de antigua religión, y por otras nuevas costumbres que aplacerán y aun espantarán al lector.

LI. De la isla de Cuba

A Cuba llamó Cristóbal Colón Fernandina, en honra y memoria del rey don Fernando, en cuyo nombre la descubrió. Comenzóla de conquistar Nicolás

Ovando por Sebastián de Ocampo; y conquistóla del todo, en lugar del almirante don Diego Colón, Diego Velázquez de Cuéllar, el cual la repartió, pobló y gobernó hasta que murió. Es Cuba de la hechura de hoja de salce, trescientas leguas larga y ancha setenta, no derecho, sino en aspa. Va toda de este a oeste, y está el medio de ella en casi veintiún grados; ha por aledaños al oriente la isla de Haití, Santo Domingo, a quince leguas. Tiene hacia mediodía muchas islas; pero la mayor y mejor es Jamaica. Por la parte occidental está Yucatán; por hacia el norte mira la Florida y los Lucayos, que son muchas islas. Cuba es tierra áspera, alta y montuosa y que por muchas partes tiene la mar blanca; los ríos no grandes, pero de buenas aguas y ricos de oro y pescado. Hay también muchas lagunas y estaños, algunos de los cuales son salados; es tierra templada, aunque algo se siente el frío; en todo son los hombres y la tierra como en la Española, y, por tanto, no hay para qué lo repetir. En lo siguiente, empero, difieren: la lengua es algo diversa; andan desnudos en vivas carnes hombres y mujeres; en las bodas, otro es el novio, que así es costumbre usada y guardada; si el novio es cacique, todos los caciques convidados prueban la novia primero que no él; si mercader, los mercaderes; y si labrador, el señor o algún sacerdote, y ella entonces queda por muy esforzada: con liviana causa dejan las mujeres, y ellas por ninguna los hombres; pero al regosto de las bodas disponen de sus personas como quieren, o porque son los maridos sodométicos. Andar la mujer desnuda convida e incita los hombres presto, y mucho usar aquel aborrecible pecado hace a ellas malas. Hay mucho oro, mas no fino; hay buen cobre y mucha rubia y colores; hay una fuente y minero de pasta como pez, con la cual, revuelta con aceite o sebo, brean los navíos y empegan cualquier cosa. Hay una cantera de piedras redondísimas, que sin las reparar más de como las sacan tiran con ellas arcabuces y lombardas. Las culebras son grandísimas, empero mansas y sin ponzoña, torpes, que ligeramente las toman y sin asco ni temor las comen. Ellas se mantienen de guabiniquinajes, y tal tiene dentro del buche ocho y más de ellos cuando la toman. Guabiniquinaj es animal como liebre, hechura de raposo, sino que tiene pies de conejo, cabeza de hurón, cola de zorra y pelo alto como tejo; la color, algo roja; la carne sabrosa y sana. Era Cuba muy poblada de indios: ahora no hay sino españoles. Volviéronse todos ellos cristianos. Murieron muchos de trabajo y hambre, muchos de viruelas, y muchos se pasaron a la Nueva España después que Cortés la ganó, y así no quedó casta de ellos. El principal pueblo y puerto es en Santiago. El primer obispo fue Hernando de Mesa, fraile dominico. Algunos milagros hubo al principio que se pacificó esta isla, por donde más aina se convirtieron los indios; y nuestra Señora se apareció muchas veces al cacique comendador, que la invocaba, y a otros que decían Ave María. He puesto aquí a Cuba por ser conveniente lugar, pues de ella salieron los que descubrieron y convirtieron a la fe de Cristo la Nueva España.

LII. Yucatán

Yucatán es una punta de tierra que está en veintiún grados, de la cual se nombra una gran provincia: algunos la llaman península, porque cuanto más se mete a la mar tanto más se ensancha, aunque por do más ceñida es tiene cien leguas, que tanto hay de Xacalanco o Bahía de Términos a Chetemal, que está en la bahía de la Ascensión, y las cartas de marear que la estrechan mucho van erradas. Descubrióla, aun no toda, Francisco Hernández de Córdoba el año de 1517, y fue de esta manera: que armaron Francisco Hernández de Córdoba, Cristóbal Morante y Lope Ochoa de Caicedo, el año de susodicho, navíos a su costa en Santiago de Cuba para descubrir y rescatar; otros dicen que para traer esclavos de las islas Guanaxos a sus minas y granjerías, como se apocaban los naturales de aquella isla, y porque se los vedaban echar en minas y a otros duros trabajos. Están los Guanaxas cerca de Honduras y son hombres mansos, simples y pescadores, que ni usan armas ni tienen guerras. Fue capitán de estos tres navíos Francisco Hernández de Córdoba; llevó en ellos ciento y diez hombres; por piloto, a un Antón Alaminos de Palos, y por veedor, a Bernaldino Íñiguez de la Calzada; y aun dicen que llevó una barca del gobernador Diego Velázquez, en que llevaba pan y herramientas y otras cosas a sus minas, y trabajadores, que si algo trajesen le cupiese parte. Partióse, pues, Francisco Hernández, y con tiempo que no le dejó ir a otro cabo, o con voluntad que llevaba a descubrir, fue a dar consigo en tierra no sabida ni hollada de los nuestros, donde hay unas salinas en una punta que llamó de las Mujeres, por haber allí torres de piedra con gradas y capillas cubiertas de madera y paja, en que por gentil orden estaban puestos muchos ídolos que parecían mujeres. Maravilláronse los españoles de ver edificio de piedra, que hasta entonces no se había visto, y que la gente se vistiese tan rica y lucidamente, ca tenían camisetas y mantas de algodón, blancas y de colores, plumajes, zarcillos, bronchas y joyas de oro y plata, y las mujeres cubiertas pecho y cabeza. No paró allí, sino fuese a otra punta, que llamó de Cotoche, donde andaban unos pescadores, que de miedo o espanto se retiraron en tierra, y que respondían cotohe, cotohe, que quiere decir casa, pensando que les preguntaban por el lugar para ir allá; de aquí se le quedó este nombre al cabo de aquella tierra. Un poco más adelante hallaron ciertos hombres que, preguntados cómo se llamaba un gran pueblo allí cerca, dijeron tectetan, tectetan, que vale por no te entiendo. Pensaron los españoles que se llamaba así, y, corrompiendo el vocablo, llamaron siempre Yucatán, y nunca se le caerá tal nombradía. Allí se hallaron cruces de latón y palo sobre muertos; de donde arguyen algunos que muchos españoles se fueron a esta tierra cuando la destrucción de España hecha por los moros en tiempo del rey don Rodrigo; mas no lo creo, pues no las hay en las islas que nombrado habemos, en alguna de las cuales es necesario, y aun forzoso, tocar antes de llegar allí, yendo de acá. Cuando hablaré de la isla Acuzamil trataré más largo esto de las cruces. De Yucatán fue Francisco Hernández a Campeche, lugar crecido que lo nombró Lázaro, por llegar allí domingo de Lázaro. Salió a tierra, tomó amistad con el señor, rescató mantas, plumas, conchas de cangrejos y caracoles, engastados en plata y oro. Diéronle perdices, tórtolas, ánades y gallipavos, liebres, ciervos y otros animales de comer, mucho pan de maíz y frutas. Allegábanse a los españoles; unos les tocaban las barbas otros la ropa, otros tentaban las espadas, y todos se andaban hechos bobos alrededor de ellos. Aquí había un torrejoncillo de piedra cuadrado y gradado, en lo alto del cual estaba un ídolo con dos fieros animales a las hijadas, como que le comían, y una sierpe de cuarenta y siete pies larga, y gorda cuanto un buey, hecha de piedra como el ídolo, que tragaba un león; estaba todo lleno de sangre de hombres sacrificados, según usanza de todas aquellas tierras. De Campeche fue Francisco Hernández de Córdoba a Champotón, pueblo muy grande, cuyo señor se llamaba Mochocoboc, hombre guerrero y esforzado; el cual no dejó rescatar a los españoles, ni les dio presentes ni vitualla como los de Campeche, ni agua, sino a trueco de sangre. Francisco Hernández, por no mostrar cobardía y por saber qué armas y ánimo y destreza tenían aquellos indios bravosos, sacó sus compañeros lo mejor que pudo, y marineros que tomasen agua, y ordenó su escuadrón para pelear si no se la consintiesen coger. Mochocoboc, por desviarlos de la mar, que no tuviesen tan cerca la guarida, hizo señas que fuesen detrás de un collado, donde la fuente estaba. Temieron los nuestros de ir allá por ver los indios pintados, cargados de flechas y con semblante de combatir, y mandaron soltar la artillería de los navíos por los espantar. Los indios se maravillaron del fuego y humo y se aturdieron algo del tronido, mas no huyeron; antes arremetieron con gentil denuedo y concierto, echando gritos, piedras, varas y saetas. Los nuestros movieron a paso contado, y en siendo con ellos dispararon las ballestas, arrancaron las espadas y a estocadas mataron muchos, y como no hallaban hierro, sino carne, daban la cuchilladaza que los hendían por medio, cuanto más cortarles piernas y brazos. Los indios, aunque nunca tan fieras heridas habían visto, duraron en la pelea con la presencia y ánimo de su capitán y señor, hasta que vencieron en la batalla. Al alcance y al embarcar mataron a flechazos veinte españoles e hirieron más de cincuenta, y prendieron dos, que después sacrificaron. Quedó Francisco Hernández con treinta y tres heridas; embarcóse a gran prisa, navegó con tristeza y llegó a Santiago destruido, aunque con buenas nuevas de la nueva tierra.

LIII. Conquista de Yucatán

Francisco de Montejo, natural de Salamanca, hubo la conquista y gobernación de Yucatán con título de adelantado. Pidió al emperador aquel adelantamiento a persuasión de Hierónimo de Aguilar, que había estado muchos años allí, y que decía ser buena y rica tierra; mas no lo es, a cuanto ha mostrado. Tenía Montejo buen repartimiento en la Nueva España; y así llevó a su costa más de quinientos españoles en tres naos el año de 26. Entró en Acuzamil, isla de su gobernación; y como no tenía lengua, ni entendía ni era entendido; y así estaba con pena. Meando un día tras una pared, se llegó un isleño y le dijo chuca va, que quiere decir ¿cómo se llama? Escribió luego aquellas palabras por que no se le olvidasen, y preguntando con ellas por cada cosa, vino a entender los indios, aunque con trabajo, y túvolo por misterio; tomó tierra cerca de Xamanzal. Sacó la gente, caballos, tiros, vestidos, bastimentos, mercería y cosas tales para el rescate o guerra con los indios, y dio principio a su empresa mansamente. Fue a Pole, a Mochí, y de pueblo en pueblo a Conil, donde vinieron a verle, como querían su amistad, los señores de Chuaca, y le quisieron matar con un alfanje que tomaron a un negrillo, sino que se defendió con otro. Tenían pesar por ver en su tierra gente extranjera y de guerra, y enojo de los frailes que derribaban sus ídolos sin otro comedimiento. De Conil fue a Aque, y encomenzó la conquista de Tabasco, y tardó en ella dos años, ca los naturales no lo querían por bien ni por mal. Pobló allí, y nombróla Santa María de la Victoria. Gastó otros seis o siete años en pacificar la provincia, en los cuales pasó mucha hambre, trabajo y peligro, especial cuando lo quiso matar en Chetemal Gonzalo Guerrero, que capitaneaba los indios; el cual había más de veinte años que estaba casado allí con una india, y traía hendidas las orejas, corona y trenza de cabellos, como los naturales; por lo cual no quiso irse a Cortés con Aguilar, su compañero. Pobló Montejo a San Francisco, Campeche a Mérida, Valladolid, Salamanca y Sevilla, y húbose bien con los indios.

LIV. Costumbres de Yucatán

Son los de Yucatán esforzados, pelean con honda, vara, lanza, arco con dos aljabas de saetas de libiza, pez, rodela, casco de palo y corazas de algodón. Tíñense de colorado o negro la cara, brazos y cuerpo, si van sin armas o sin vestidos; y pónense grandes plumajes, que parecen bien. No dan batalla, sino hacen primero grandes cumplimientos y ceremonias; hiéndense las orejas, hácense coronas sobre la frente, que parecen calvos, y trénzanse los cabellos, que traen largos, al colodrillo. Retájanse, aunque no todos, y ni hurtan ni comen carne de hombre, aunque los sacrifican, que no es poco, según usanza de indios. Usan la caza y pesca, que de todo hay abundancia. Crían muchas colmenas, y así hay harta miel y cera; mas no sabían alumbrarse con ella hasta que les mostraron los nuestros hacer velas. Labran de cantería los templos y muchas casas, una piedra con otra, sin instrumento de hierro, que no lo alcanzan, y de argamasa y bóveda. Pocos acostumbran la sodomía, mas todos idolatran, sacrificando algunos hombres, y aparéceles el diablo, especial en Acuzamil y Xicalanco, y aun después que son cristianos los ha engañado hartas veces, y ellos han sido castigados por ello. Eran grandes santuarios Acuzamil y Xicalanco, y cada pueblo tenía allí su templo o su altar, donde iban a adorar sus dioses; y entre ellos muchas cruces de palo y de latón, de donde arguyen algunos que muchos españoles se fueron a esta tierra cuando la destrucción de España hecha por los moros en tiempo del rey don Rodrigo. También había grandísima feria en Xicalanco, donde venían mercaderes de muchas y lejos tierras a tratar; y así, era muy mentado lugar. Viven mucho estos yucateneles, y Alquimpech, sacerdote del pueblo donde es ahora Mérida, vivió más de ciento y veinte años, el cual, aunque ya era cristiano, lloraba la entrada y amistad de los españoles, y dijo a Montejo cómo había ochenta años que vino una hinchazón pestilencial a los hombres, que reventaban llenos de gusanos, y luego otra mortandad de increíble hedor, y que hubo dos batallas, no cuarenta años antes que fuesen ellos, en que murieron más de ciento y cincuenta mil hombres; empero, que sentían más el mando y estado de los españoles, porque nunca se irían de allí, que todo lo pasado.

LV. Cabo de Honduras

Descubrió Cristóbal Colón trescientas y setenta leguas de costa, que ponen del río grande de Higueras al Nombre de Dios, el año 1502. Dicen algunos que tres años antes lo habían andado Vicente Yáñez Pinzón y Juan Díez de Solís, que fueron grandísimos descubridores. Iba entonces Colón en cuatro carabelas con ciento y setenta españoles a buscar estrecho por esta parte para pasar a la mar del Sur, que así lo pensó y dijo a los Reyes Católicos. No hizo más que descubrir y perder los navíos, según en otro cabo lo tengo dicho. Llamó Colón puerto de Caxinas a lo que ahora dicen Honduras, y Francisco de las Casas fundó allí a Trujillo el año de 25, en nombre de Fernán Cortés, cuando él y Gil González mataron a Cristóbal de Olit, que los tenía presos y se había alzado contra Cortés, como lo diremos muy largo en la conquista de México, hablando del trabajosísimo camino que hizo Cortés a las famosas Higueras. Es tierra fértil de mantenimientos y de mucha cera y miel. No tenían plata ni oro, teniendo riquísimas minas de él, ca no lo sacaban, ni creo que lo preciaban. Comen como en México, visten como en Castilla de Oro, y participaban de las costumbres y religión de Nicaragua, que casi es la misma mexicana. Son mentirosos, noveleros, haraganes; empero obedientes a sus amos y señor. Son muy lujuriosos, mas no casan comúnmente sino con una sola mujer, y los señores con las que quieren. El divorcio es fácil entre ellos. Eran grandes idólatras, y ahora son todos cristianos, y es su obispo el licenciado Pedraza. Fue por gobernador a Honduras Diego López de Salceda, al cual mataron los suyos con yerbas en un pastel. Fue luego Vasco de Herrera, y arrastráronle después de haberlo muerto a puñaladas. Entró a gobernar Diego de Albítez, y diéronle yerbas en otro pastel. Como andaban tan revueltos, no poblaron, antes despoblaron y destruyeron pueblos y hombres. Gobernó tras éstos Andrés de Cereceda, y por su muerte, Francisco de Montejo, adelantado de Yucatán, el cual fue allá el año de 35 con ciento y setenta españoles entre soldados y marineros. Cercó luego el peñol de Cerquin, y ganóle en siete meses, con pérdida de muchos españoles, ca el peñol era fuerte y los indios animosos, los cuales ahorcaron a la vela porque se durmió en el mayor hervor del combate. Castigo fue de hombres de guerra. Tomó también por hambre el peñol de Iamala, ca les quemó quince fanegas de maíz Marquillos, negro. Pobló muchos lugares, y entre ellos a Cumayagua y a San Jorge, en el valle de Blanco, y reformó algunos otros como fueron Trujillo y San Pedro, cerca del cual hay una laguna donde se mudan con el viento de una parte a otra los árboles con su tierra, o mejor diciendo las isletas con los árboles.

LVI. Veragua y Nombre de Dios
Estaba Veragua en fama de rica tierra desde que la descubrió Cristóbal Colón el año de 2, y así pidió la gobernación y conquista de ella al Rey Católico Diego de Nicuesa, el cual armó en el puerto de la Beata de Santo Domingo siete naos y carabelas y dos bergantines, año de 8. Embarcó más de setecientos y ochenta españoles, y para ir allá echó a Cartagena, de quien más noticia se tenía, por seguir la costa y no errar la navegación. Cuando allí llegó halló destrozados los compañeros de su amigo Alonso de Hojeda, que poco antes había ido a Urabá. Consolóle de la pena y tristeza que tenía por haberle muerto los indios a Juan de la Cosa y a otros seten-

ta españoles en Caramairi, y concertaron entrambos de vengar aquella pérdida. Así, que fueron de noche por tomar descuidados los enemigos, adonde fuera la batalla. Cercaron una aldea de cien casas y pusiéronle fuego. Había dentro trescientos vecinos y muchas más mujeres y niños, de los cuales prendieron seis muchachos y mataron a hierro o a fuego casi todos los demás, que pocos pudieron huir; escarbaron la ceniza y hallaron algún oro que repartir. Con este castigo se partió Nicuesa para Veragua. Estuvo en Coiba con el señor Careta, y de allí se adelantó con los dos bergantines y una carabela. Mandó a los otros navíos que le siguiesen hasta Veragua. Esta prisa y apartamiento le sucedió mal, ca se pasó de largo, sin ver a Veragua, con la carabela. Lope de Olano, como iba en un bergantín por capitán, se llegó a tierra y preguntó por Veragua. Dijéronle que atrás quedaba. Volvió la proa, topó a Pedro de Umbría, que traía el otro bergantín, aconsejóse con él y fueron al río de Chagre, que llamaron de Lagartos, peces cocodrilos, que comen hombres. Hallaron allí las naos de la flota, y todos juntos se fueron a Veragua, creyendo que Nicuesa estaría allá. Echaron áncoras a la boca del río, y Pedro de Umbría fue a buscar dónde salir a tierra con una barca y doce marineros. Andaba la mar alta, y perdióse con todos ellos, excepto uno, que por nadador escapó. Viendo esto, acordaron los capitanes de salir en los bergantines y no en las barcas. Sacaron luego a tierra caballos, tiros, armas, vino, bizcocho y todos los pertrechos de guerra y belezos que llevaban, y quebraron los navíos en la costa, para desafiuzar los hombres de partida, y eligen por su capitán y gobernador a Lope de Olano hasta que viniese Nicuesa. Olano hizo luego una carabela de la madera de las quebradas o carcomidas, para si le ocurriesen algunas necesidades. Comenzó un castillo a la ribera del río Veragua. Corrió buen pedazo de tierra, y sembró maíz, y trigo también, con propósito de poblar y permanecer allí, si Diego de Nicuesa quisiese o no pareciese. Entendiendo en estas cosas y en haber noticia de la tierra y su riqueza, con inteligencias de indios naturales, llegaron tres españoles con el esquife de la carabela de Nicuesa, que le dijeron cómo el gobernador quedaba en Zorobaro sin carabela, que con mal tiempo se perdió, porfiando siempre ir adelante por tierra sin camino, sin gente, llena de montes y ciénagas, comiendo tres meses raíces, yerbas y hojas, y cuando mucho frutas, y bebiendo agua no todas veces buena, y que ellos se habían venido sin su licencia. Olano envió luego allá un bergantín con aquellos mismos tres hombres para sacar de peligro a Nicuesa y traerle al ejército y río de su gobernación. Diego de Nicuesa holgó con el bergantín como con la vida, embarcóse y vino; en llegando echó preso a Lope de Olano, en pago de la buena obra que le hizo, culpándole de traición por haber quebrado las naos y porque no le había ido antes a buscar. Mostró enojo de otros muchos y de lo que todos hicieron, y desde a pocos días pregonó su partida. Rogáronle todos que se detuviese hasta coger lo sembrado, pues no se tardaría a secar, ca en cuatro meses sazona. Él dijo que más valía perder el pan que no la vida, y que no quería estar en tan mala tierra. Creo que lo hizo por quitar aquella gloria al Lope de Olano. Así, que se partió de Veragua con los españoles que cupieron en los bergantines y carabela nueva y fue a Puerto-Bello, que por su bondad le dio tal nombre Colón, y como todos acabaron de llegar, tentó la tierra, buscando pan y oro. Matáronle veinte compañeros los indios con saetas de yerba. Dejó allí los medios españoles, y con los otros medios fue al cabo del Mármol, donde hizo una fortalecilla para repararse de los indios flecheros, que llamó Nombre de Dios, y este fue su principio de aquel tan famoso pueblo. Mas con el trabajo de la obra y camino, y con la hambre y escaramuzas, no le quedaron cien españoles, de setecientos y ochenta que llevó. Venido, pues, a tanta disminución Nicuesa y su ejército, le llamaron los soldados de Alonso de Hojeda para que los gobernase en Urabá, ca en ausencia de Hojeda traían bandos sobre mandar Vasco Núñez de Balboa y Martín Fernández de Enciso. Nicuesa dio las gracias que tales nuevas merecían a Rodrigo Enríquez de Colmenares, que vino por él en una carabela y un bergantín, no sin muchas lágrimas y quejas de su desventura; y sin más pensar en ello se fue con él y llevó sesenta españoles en un bergantín que tenía. En el camino, olvidado de su mal consejo y ventura pasada, comenzó a hablar demasiado contra los que le llamaban por capitán general, diciendo que había de castigar a unos, quitar los oficios a otros y tomar a todos el oro, pues no lo podían tener sin voluntad de Hojeda o suya, que tenían del rey título de gobernadores. Oyéronlo algunos que les tocaba de la compañía de Colmenares y dijéronlo en Urabá. Enciso, que tenía la parte de

Hojeda como su alcalde mayor, y Balboa mudaron de propósito y temieron oyendo semejantes cosas; y no solamente no le recibieron, empero injuriáronle y amenazáronle reciamente, y aun, a lo que algunos dicen, no lo dejaron desembarcar. No plugo de esto a muchos de Urabá, hombres de bien; mas no pudieron hacer, temiendo la apresurada furia del concejo, que Balboa indignaba. Así que Nicuesa se hubo de tornar con sus sesenta compañeros y bergantín que llevaba, muy corrido y quejoso de Balboa y Enciso. Salió del Darién 1º de marzo del año de 11, con intención de ir a Santo Domingo y quejar de ellos. Mas ahogóse en el camino y comiéronle peces; o, por tomar agua y comida, que llevaba poca, saltó en la costa y comiéronselo indios; ca oí decir cómo en aquella tierra hallaron después escrito en un árbol: «Aquí anduvo perdido el desdichado Diego de Nicuesa». Pudo ser que lo escribiese andando en Corobaro. Este fin tuvo Diego de Nicuesa y su armada y rica conquista de Veragua. Era Nicuesa de Baeza; pasó con Cristóbal Colón en el segundo viaje. Perdió la honra y hacienda que ganó en la isla Española yendo de Veragua, y descubrió sesenta leguas de tierra que hay del Nombre de Dios a los Fallarones o roquedos del Darién, primero que nadie, y nombró Puerto de Misas al río Pito. De cuantos españoles allá llevó no quedaron vivos, en menos de tres años, sesenta, y aquéllos murieran de hambre si no los pasaran de Puerto-Bello al Darién. Comieron en Veragua cuantos perros tenían, y tal hubo que se compró en veinte castellanos, y aun de allí a dos días cocieron el cuero y cabeza, sin mirar que tenía sarna y gusanos, y vendieron la escudilla de caldo a castellano. Otro español guisó dos sapos de aquella tierra, que usan comer los indios, y los vendió con grandes ruegos a un enfermo en seis ducados. Otros españoles se comieron un indio que hallaron muerto en el camino donde iban a buscar pan, del cual hallaban poco por el campo, y los indios no se lo querían dar. Andan ellos desnudos y llaman ome al hombre; y ellas cubiertas del ombligo abajo, y traen zarcillos, manillas y cadenas de oro. Felipe Gutiérrez, de Madrid, pidió la gobernación de Veragua por ser rico río; y fue allá con más de cuatrocientos soldados el año de 36, y los más perecieron de hambre o yerba. Comieron los caballos y perros que llevaban. Diego Gómez y Juan de Ampudia, de Ajofrín, se comieron un indio de los que mataron, y luego se juntaron con otros hambrientos y mataron a Hernán Darias, de

Sevilla, que estaba doliente, para comer; y otro día comieron a un Alonso González; pero fueron castigados por esta inhumanidad y pecado. Llegó a tanto la desventura de estos compañeros de Felipe Gutiérrez, que Diego de Ocampo, por no quedar sin sepultura, se enterró vivo él mismo en el hoyo que vió para otro español muerto. El almirante don Luis Colón envió a poblar y conquistar a Veragua el año de 46 al capitán Cristóbal de Peña, con buena compañía de gente española. Mas también le fue mal, como a los otros. Y así no se ha podido sujetar aquel río y tierra. En el concierto que hubo entre el rey y el almirante sobre sus privilegios y mercedes le fue dada Veragua con título de duque y de marqués de Jamaica.

LVII. El Darién

Rodrigo de Bastidas armó en Cádiz, el año de 2 (con licencia de los Reyes Católicos), dos carabelas a su propia costa y de Juan de Ledesma y otros amigos suyos. Tomó por piloto a Juan de la Cosa, vecino del puerto de Santa María, experto marinero, a quien, como poco ha conté, mataron los indios, y que fue a descubrir tierra en Indias. Anduvo por donde Cristóbal Colón, y finalmente descubrió y costeó de nuevo ciento y setenta leguas que hay del cabo de la Vela al golfo de Urabá y Farallones del Darién. En el cual trecho de tierra están, contando hacia levante, Caribana, Zenu, Cartagena, Zamba y Santa María. Como llegó a Santo Domingo, perdió las carabelas con broma, y fue preso por Francisco de Bobadilla, a causa que rescatara oro y tomara indios, y enviado a España con Cristóbal Colón. Mas los Reyes Católicos le hicieron merced de doscientos ducados de renta en el Darién, en pago del servicio que les había hecho en aquel descubrimiento. Toda esta costa que descubrió Bastidas y Nicuesa, y la que hay del cabo de la Vela a Paria, es de indios que comen hombres y que tiran con flechas enherboladas, a los cuales llaman caribes, de Caribana, o porque son bravos y feroces, conforme al vocablo; y por ser tan inhumanos, crueles, sodomitas, idólatras, fueron dados por esclavos y rebeldes, para que los pudiesen matar, cautivar y robar si no quisieren dejar aquellos grandes pecados y tomar amistad con los españoles y la fe de Jesucristo. Este decreto y ley hizo el rey católico don Fernando con acuerdo de su Consejo y de otros letrados, teólogos y canonistas; y así dieron muchas conquistas con tal licencia. A Diego de Nicuesa y Alonso de Hojeda, que fueron los primeros conquistadores de tierra firme de Indias, dio el rey una instrucción de diez o doce capítulos. El primero, que les predicasen los Evangelios. Otro, que les rogasen con la paz. El octavo, que queriendo paz y fe fuesen libres, bien tratados y muy privilegiados. El nono, que si perseverasen en su idolatría y comida de hombres y en la enemistad, los cautivasen y matasen libremente, que hasta entonces no se consentía. Alonso de Hojeda, natural de Cuenca, que fue capitán de Colón contra Caonabo, armó el año de 8, en Santo Domingo, cuatro navíos a su costa y trescientos hombres. Dejó al bachiller Martín Fernández de Enciso, su alcalde mayor por cédula del rey, para llevar tras él otra nao con ciento y cincuenta españoles y mucha vitualla, tiros, escopetas, lanzas, ballestas y munición, trigo para sembrar, doce yeguas y un hato de puercos para criar; y él partió de la Beata por diciembre. Llegó a Cartagena, requirió los indios, e hízoles guerra como no quisieron paz. Mató y prendió muchos. Hubo algún oro, mas no puro, en joyas y arreos del cuerpo. Cebóse con ello y entró la tierra adentro cuatro leguas o cinco, llevando por guía ciertos de los cautivos. Llegó a una aldea de cien casas y trescientos vecinos. Combatióla, y retiróse sin tomarla. Defendiéronse tan bien los indios, que mataron setenta españoles y a Juan de la Cosa, segunda persona después de Hojeda, y se los comieron. Tenían espadas de palo y piedra, flechas con puntas de hueso y pedernal y untadas de yerba mortal; varas arrojadizas, piedras, rodelas y otras armas ofensivas. Estando allí llegó Diego de Nicuesa con su flota, de que no poco se holgaron Hojeda y los suyos. Concertáronse todos, y fueron una noche al lugar donde murió Cosa y los setenta españoles: cercáronlo, pusiéronle fuego, y como las casas eran de madera y hoja de palmas, ardió bien. Escaparon algunos indios con la oscuridad; pero los más, o cayeron en el fuego o en el cuchillo de los nuestros, que no perdonaron sino a seis muchachos. Allí se vengó la muerte de los setenta españoles. Hallóse debajo de la ceniza oro, pero no tanto como quisieran los que la escarbaron. Embarcáronse todos, y Nicuesa tomó la vía de Veragua, y Hojeda la de Urabá. Pasando por la Isla Fuerte tomó siete mujeres, dos hombres y doscientas onzas de oro en ajorcas, arracadas y collarejos. Salió a tierra en Caribana, solar de Cariben, como algunos quieren que esté, a la entrada del golfo de Urabá.

Desembarcó los soldados, armas, caballos y todos los pertrechos y bastimentos que llevaba. Comenzó luego una fortaleza y pueblo donde se recoger y asegurar, en el mismo lugar que cuatro años antes la había comenzado Juan de la Cosa. Este fue el primer pueblo de españoles en la tierra firme de Indias. Quisiera Hojeda atraer de paz aquellos indios por cumplir el mandado real y para poblar y vivir seguro; mas ellos, que son bravos y confiados de sí en la guerra, y enemigos de extranjeros, despreciaron su amistad y contratación. Él entonces fue a Tiripi, tres o cuatro leguas metido en tierra y tenido por rico. Combatiólo y no lo tomó, ca los vecinos le hicieron huir en daño y pérdida de gente y reputación, así entre indios como entre españoles. El señor de Tiripi echaba oro por sobre los adarves, y flechaban los suyos a los españoles que se bajaban a cogerlo, y al que allí herían, moría rabiando. Tal ardid usó conociendo su codicia. Sentían ya los nuestros falta de mantenimientos, y con la necesidad fueron a combatir a otro lugar, que unos cautivos decían estar muy abastecido, y trajeron de él muchas cosas de comer y prisioneros. Hojeda hubo allí una mujer. Vino su marido a tratarle libertad. Prometió de traer el precio que le pidió: fue y tornó con ocho compañeros flecheros, y en lugar de dar oro prometido dieron saetas emponzoñadas. Hirieron al Hojeda en un muslo; mas fueron muertos todos nueve por los españoles que con su capitán estaban. Hecho fue de hombre animoso, y no bárbaro, si así le sucediera bien. A esta sazón vino allí Bernaldino de Talavera con una nao cargada de bastimentos y de sesenta hombres, que apañó en Santo Domingo sin que lo supiese el almirante ni justicia. Proveyó a Hojeda en gran coyuntura y necesidad. Empero no dejaban por eso los soldados de murmurar y quejarse que los había traído a la carnicería y los tenía donde no les valiesen sus manos y esfuerzo. Hojeda los entretenía con esperanza del socorro y provisión que había de llevar el bachiller Enciso, y maravillábase de su tardanza. Ciertos españoles se concertaron de tomar dos bergantines de Hojeda y tornarse a Santo Domingo o irse con los de Nicuesa. Entendiólo él, y por estorbar aquel motín y desmán en su gente y pueblo, se fue en la nao de Talavera, dejando por su teniente a Francisco Pizarro. Prometió de volver dentro de cincuenta días, y si no, que se fuesen donde les pareciese, ca él les soltaba la palabra. Tanto se fue de Urabá Alonso de Hojeda por curar su herida cuanto por buscar al bachiller Enciso, y aun porque se le morían todos. Partió, pues, de Caribana Alonso de Hojeda, y con mal tiempo que tuvo, fue a dar en Cuba, cerca del Cabo de Cruz. Anduvo por aquella costa con grandes trabajos y hambre, perdió casi todos los compañeros. A la fin aportó a Santo Domingo muy malo de su herida, por cuyo dolor, o por no tener aparejo para tornar a su gobernación y ejército, se quedó allí, o como dicen, se metió fraile francisco y en aquel hábito acabó su vida.

LVIII. Fundación de la Antigua del Darién

Pasados que fueron los cincuenta días, dentro de los cuales debía de tornar Hojeda con nueva gente y comida, según prometiera, se embarcó Francisco Pizarro y los setenta españoles que había en dos bergantines que tenían, ca la grandísima hambre y enfermedades los forzó a dejar aquella tierra comenzada de poblar. Sobrevínoles navegando una tormenta, que se anegó el uno, y fue la causa cierto pece grandísimo que, con andar la mar turbada, andaba fuera de agua. Arrimóse al bergantín como a tragárselo, y dióle un zurriagón con la cola, que hizo pedazos el timón, de que muy atónitos fueron, considerando que los perseguía el aire, la mar y peces, como la tierra. Francisco Pizarro fue con su bergantín a la isla Fuerte, donde no le consintieron salir a tierra los isleños caribes. Echó hacia Cartagena por tomar agua, que morían de sed, y topó cerca de Cochibocoa con el bachiller Enciso, que traía un bergantín y una nao cargada de gente y bastimentos a Hojeda, y contóle todo el suceso y partida del gobernador. Enciso no lo creía, sospechando que huía con algún robo o delito; empero, como vio sus juramentos, su desnudez, su color de tiriciados con la ruin vida o aires de aquella tierra, creyólo. Pesóle, y mandóles volver con él allá. Pizarro y sus treinta y cinco compañeros le daban dos mil onzas de oro que traían porque los dejase ir a Santo Domingo o a Nicuesa y no los llevase a Urabá, tierra de muerte; mas él no quiso sino llevarlos. En Camairi tomó tierra para tomar agua y adobar la barca. Sacó hasta cien hombres, porque supo ser caribes los de allí. Mas como los indios entendieron que no era Nicuesa ni Hojeda, diéronle pan, peces y vino de maíz y frutas, y dejáronle estar y hacer cuanto menester hubo, de que Pizarro se maravilló. Al entrar en Urabá topó la nave, por culpa del timonero y piloto, en tierra; ahogáronse las yeguas y puercas; perdióse casi toda la ropa y vitualla que llevaba, y harto hicieron de salvarse los hombres. Entonces creyó de veras Enciso los desastres de Hojeda, y temieron todos de morir de hambre o yerba. No tenían las armas que convenía para pelear con flechas, ni navíos para irse. Comían yerbas, frutas y palmitos y dátiles, y algún jabalí que cazaban. Es chica manera de puerco sin cola y los pies traseros no hendidos, con uña. Enciso, queriendo ser antes muerto de hombres que de hambre, entró con cien compañeros la tierra adentro a buscar gente y comida. Encontró con tres flecheros, que sin miedo esperaron, descargaron sus carcajes, hirieron algunos cristianos y fueron a llamar otros muchos, que, venidos, presentaron batalla, diciendo mil injurias a los nuestros. Enciso y sus cien compañeros se volvieron, maldiciendo la tierra que tan mortal yerba producía, y dejáronles algunos españoles muertos que comiesen. Acordaron de mudar hito por mudar ventura. Informáronse de unos cautivos qué tierra era la de allende aquel golfo, y como les dijeron que buena y abundante de ríos y labranza, pasáronse allá y comenzaron a edificar un lugar, que nombró Enciso villa de la Guardia, ca los había de guardar de los caribes. Los indios comarcanos estuvieron quedos al principio, mirando aquella nueva gente; mas como vieron edificar sin licencia en su propia tierra, enojáronse; y así, Cemaco, señor de allí, sacó de su pueblo el oro, ropa y cosas que valían algo, metiólo en un cañaveral espeso, púsose con hasta quinientos hombres bien armados a su manera en un cerrillo, y de allí amenazaban los extranjeros, encarando las flechas y diciendo que no consentiría advenedizos en su tierra o los mataría. Enciso ordenó sus cien españoles, tomóles juramento que no huirían, prometió enviar cierta plata y oro a la Antigua de Sevilla, si alcanzaba victoria, y hacer un templo a Nuestra Señora de la casa del cacique, y llamar al pueblo Santa María del Antigua. Hizo oración con todos de rodilla, arremetieron a los enemigos, pelearon como hombres que lo habían bien menester, y vencieron. Cemaco y los suyos huyeron mucha tierra, no pudiendo sufrir los golpes y heridas de las espadas españolas. Entraron los nuestros en el lugar y mataron la hambre con mucho pan, vino y frutas que había. Tomaron algunos hombres en cueros, y mujeres vestidas de la cinta al pie. Corrieron otro día la ribera, y hallaron el río arriba la ropa y fardaje del lugar en un cañaveral, muchos fardeles de mantas de camas y de vestir, muchos vasos de barro y palo y otras alhajas; dos mil libras de oro en collares, bronchas, manillas y zarcillos, y otros joyeles bien labrados que usan traer ellas. Muchas gracias dieron a Cristo y a su gloriosa Madre Enciso y los compañeros por la victoria y por haber hallado rica tierra y buena. Enviaron por los ochenta españoles de Urabá, que, dejando aquella punta tan azar para españoles, se fueron a ser vecinos en el Darién, que nombraron Antigua al año de 9. Enciso usaba de capitán y alcalde mayor, conforme a la cédula del rey que para serlo tenía; de lo cual murmuraban algunos, agraviados que los capitanease un letrado: y por eso, o por alguna otra pasioncilla, le contradijo Vasco Núñez de Balboa, negando la provisión real y alegando que ya ellos no eran de Hojeda. Sobornó muchos atrevidos como él, y vedóle la jurisdicción y capitanía. Así se dividieron aquellos pocos españoles de la Antigua del Darién en dos parcialidades: Balboa tanteaba la una y Enciso la otra, y anduvieron en esto un año.

LIX. Bandos entre los españoles del Darién

Rodrigo Enríquez de Colmenares salió de la Beata de Santo Domingo con dos carabelas abastecidas de armas y hombres, en socorro de la gente de Hojeda, y de mucha vitualla que comiesen, ca tenían nuevas de su gran hambre. Tuvo dificultosa navegación. Cuando llegó a Garia echó cincuenta y cinco españoles a tierra con sus armas para coger agua en aquel río, que llevaba falta; los cuales, o por no ver indios, o por deleitarse echados en la tierra, se descuidaron de sus vidas. Vinieron ochocientos indios flecheros con gana de comer cristianos sacrificados a sus ídolos, y antes que se rebullesen los nuestros flecharon de muerte cuarenta y siete de ellos y prendieron uno. Quebraron el batel y amenazaron las naos. Los siete que huyeron o escaparon de la refriega se escondieron en un árbol hueco. Cuando a la mañana miraron por las carabelas, eran idas y fueron también ellos comidos. Colmenares quiso antes padecer sed que muerte, y no paró hasta Caribana. Entró en el golfo de Urabá; surgió donde Hojeda y Enciso; como no halló más el rastro y rancho de los que buscaba, temió ser muerto. Hizo muchas ahumadas aquella anoche en los altos, y disparó a un tiempo la artillería de ambas carabelas para que le sintiesen. Los de la Antigua, que oyeron los tiros, respondieron con grandes lumbres, a cuya señal fue

Colmenares. Nunca españoles se abrazaron con tantas lágrimas de placer como éstos; unos por hallar, otros por ser hallados. Recreáronse con la carne, pan y vino que las naos llevaban, y vistiéronse aquellos trabajados españoles, que traían andrajos, y renovaron las armas. Con los sesenta de Colmenares eran casi ciento y cincuenta, ya no temían mucho a los indios ni a la fortuna, por tener dos naos y otros tantos bergantines, ni aun al rey, pues traían bandos. Colmenares y muchos españoles de bien querían enviar por Diego de Nicuesa que los gobernase, pues tenía provisión del rey, y quitar las diferencias y enojos que allí había; Enciso y Balboa, que bandeaban, no querían que otro gozase de su industria y sudor; y decían que, no sólo ellos, pero muchos del pueblo podían ser capitanes y cabeza de todos tan bien o mejor que Nicuesa. Mas, aunque pesó a los dos, lo enviaron a llamar con Rodrigo de Colmenares en un bergantín de Enciso y en su nave. Fue, pues, Colmenares, y halló a Nicuesa en el Nombre de Dios, tal cual la historia os cuenta, flaco, descolorido, medio desnudo y con hasta sesenta compañeros hambrientos y desarrapados. Todos lloraron cuando se vieron, éstos de placer y aquéllos de lástima. Colmenares consoló a Nicuesa y le hizo la embajada que de parte de los hidalgos y hombres buenos del Darién llevaba. Dióle gran esperanza de soldar las quiebras y daños pasados, si a tan buena tierra iba, y rogóle que fuese. Diego de Nicuesa, que nunca tal pensó, le dio las gracias que merecía tal nueva y amigo, y la desventura en que metido estaba. Embarcóse luego con sus sesenta compañeros en un bergantín que tenía, y partióse con Rodrigo de Colmenares. Ensoberbecióse más de lo que cumplía, y pensando que ya era caudillo y señor de trescientos españoles y una villa, desmandóse a decir muchas cosas contra Balboa y Enciso y otros; que castigaría a unos, que quitaría oficios a otros, y a otros los dineros, pues no los podían tener sin autoridad de Hojeda o suya. Oyéronlo muchos de los que iban en compañía de Colmenares, a quien aquello tocaba por sí o por sus amigos, y en llegando a la Antigua dijéronlo en concejo, y quizá con parecer del mismo Colmenares, que nada le parecieron bien las amenazas y palabras locas de Nicuesa. Indignáronse grandemente todos los de la Antigua contra Nicuesa, especial Balboa y Enciso, y no le dejaron salir a tierra, o, en saliendo, le hicieron embarcar con sus compañeros y lo cargaron de villanías, sin que ninguno se lo reprendiese, cuanto más estorbase. Así que le fue forzado irse de allí, adonde se perdió. Ido Nicuesa, quedaron aquellos de la Antigua tan desconformes como primero, y muy necesitados de comida y de vestidos. Balboa fue más parte en el pueblo que no Enciso, por juntársele Colmenares. Prendióle y acusóle que había usado oficio de juez sin facultad del rey. Confiscóle los bienes, y aun lo azotara cuando menos, si no fuera por buenos rogadores: mejor merecía él aquella pena y afrenta, ca incurría y pecaba en lo que al otro culpaba, haciéndose juez, capitán y gobernador; aunque también Enciso pagó allí la mucha culpa que tuvo que desechar y maltratar a Nicuesa. El bachiller Enciso no podía mostrar la provisión real que tuvo, por habérsele perdido cuando su nao encalló y quebró entrando en Urabá; y como era menos poderoso, no bastaba a contrastar ni librarse por fuerza. Y como se vio libre, embarcóse para Santo Domingo, aunque le rogaron de parte de Balboa se quedase por alcalde mayor, y de allí se vino a España y dio grandes quejas e informaciones de Vasco Núñez de Balboa al rey, el año de 12. Los del Consejo de Indias pronunciaron una rigurosa sentencia contra él; pero no se ejecutó por los grandes hechos y servicio que al rey hizo en el descubrimiento de la mar del Sur y conquista de Castilla de Oro, según abajo diremos.

LX. De Panquiaco, que dio nuevas de la mar del Sur

Luego que Balboa se vio en mandar, atendió a bien regir y acaudillar aquellos doscientos y cincuenta vecinos de la Antigua. Escogió ciento y treinta españoles, y llevando consigo a Colmenares, fue a Coiba a buscar de comer para todos, y oro también, que sin él no tenían placer. Pidió al señor Careta o Chima (como dicen otros) bastimentos, y porque no se los dio llevólo preso al Darién con dos mujeres que tenía y con los hijos y criados. Despojó el lugar y halló tres españoles dentro, de los de Nicuesa, los cuales sirvieron medianamente de intérpretes y dijeron el buen tratamiento que Careta les había hecho en su casa y tierra. Soltóle Balboa por ello, con juramento que hizo de ayudarle contra Ponca, su propio enemigo, y abastecer el campo. Tras este viaje despacharon a Valdivia, amigo de Balboa, y a Zamudio a Santo Domingo por gente, pan y armas y con proceso contra Martín Fernández de Enciso, que llevase uno de ellos a España. Entró

Balboa más de veinte leguas por la tierra con favor de Careta. Saqueó un lugar, donde hubo algunas cosas de oro; mas no pudo hallar al señor Ponca, que huyó con tiempo y con lo más y mejor que pudo. No le pareció bien la guerra tan dentro de tierra, y movióla a los de la costa. Fue a Comagre e hizo paces con el señor por medio de un caballero de Careta. Tenía Comagre siete hijos de otras tantas mujeres, una casa de maderas grandes bien entretejidas; con una sala de ochenta pasos ancha y larga ciento y cincuenta, y con el techo que parecía de artesones. Tenía una bodega con muchas cubas y tinajas llenas de vino hecho de grano y fruta, blanco, tinto, dulce y agrete, de dátiles y arrope, cosa que satisfizo a nuestros españoles. Panquiaco, hijo mayor de Comagre, dio a Balboa setenta esclavos hechos a su manera, para servir los españoles, y cuatro mil onzas de oro en joyas y piezas primamente labradas. Él juntó aquel oro con lo que antes tenía, fundiólo y, sacando el quinto del rey, repartiólo entre los soldados. Pesando las suertes a la puerta de palacio, riñeron unos españoles sobre la partición: Panquiaco entonces dio una puñada en el peso, derramó por el suelo el oro de las balanzas y dijo: «Si yo supiera, cristianos, que sobre mi oro habíades de reñir, no vos lo diera, ca soy amigo de toda paz y concordia. Maravíllome de vuestra ceguera y locura, que deshacéis las joyas bien labradas por hacer de ellas palillos, y que siendo tan amigos riñáis por cosa vil y poca. Más os valiera estar en vuestra tierra, que tan lejos de aquí está, si hay tan sabia y pulida gente como afirmáis, que no venir a reñir en la ajena, donde vivimos contentos los groseros y bárbaros hombres que llamáis. Mas empero, si tanta gana de oro tenéis, que desasoguéis y aun matéis los que lo tienen, yo os mostraré una tierra donde os hartéis de ello». Maravilláronse los españoles de la buena plática y razones de aquel mozo indio, y más de la libertad con que habló. Preguntáronle aquellos tres españoles de Nicuesa, que sabían algo la lengua, cómo se llamaba la tierra que decía y cuánto estaba de allí. Él respondió que Tumanamá, y que era lejos seis soles o jornadas; pero que habían menester más compañía para pasar unas sierras de caribes que estaban antes de llegar a la otra mar. Como Balboa oyó la otra mar, abrazólo, agradeciéndole tales nuevas. Rogóle que se volviese cristiano, y llamóle don Carlos, como el príncipe de Castilla que fue siempre amigo de cristianos, y prometió ir

113

con ellos a la mar del Sur bien acompañado de hombres de guerra, pero con tal que fuesen mil españoles, ca le parecía que sin menos no se podría vencer Tumanamá ni los otros reyezuelos. Dijo también que si de él no fiaban lo llevasen atado; y si verdad no fuese cuanto había dicho, que lo colgasen de un árbol; y ciertamente él contó verdad, ca por la vía que dijo se halló muy rica tierra y la mar del Sur, tan deseada de muchos descubridores; y Panquiaco fue quien primero dio noticia de aquella mar, aunque quieren algunos decir que diez años antes tuvo nueva de Cristóbal Colón, cuando estuvo en Puerto-Bello y cabo del Mármol, que ahora dicen Nombre de Dios.

LXI. Guerras del golfo de Urabá, que hizo Vasco Nuñez de Balboa

Balboa se tornó al Darién lleno de grandísima esperanza que hallando la mar del Sur hallaría muy muchas perlas, piedras y oro. En lo cual pensaba hacer, como hizo, muy crecido servicio al rey, enriquecer a sí y a sus compañeros y cobrar un gran renombre. Comunicó su alegría con todos y dio a los vecinos la parte que les cupo, bien que menor que la de sus compañeros, y envió quince mil pesos al rey, de su quinto, con Valdivia, que ya era vuelto de Santo Domingo con alguna poca de vitualla, y la relación de Panquiaco para que su alteza le enviase mil hombres. Mas no llegó a España, ni aun a la Española, más de la fama, ca se perdió la carabela en las Víboras, islas de Jamaica, o en Cuba, cerca de cabo de Cruz, con la gente y con el oro del rey y de otros muchos. Esta fue la primera gran pérdida de oro que hubo de Tierra-Firme. Padecía Balboa y los otros españoles del Darién grandísima necesidad de pan, porque un torbellino de agua se les llevó y anegó casi todo el maíz que tenían sembrado; y para proveer la villa de mantenimiento acordó costear el golfo, y por ver también cuán grande y rico era. Así que armó un bergantín y muchas barcas, en que llevó cien españoles, fue a un gran río, que nombró San Juan. Subió por él diez leguas, y halló muchas aldeas sin gente ni comida, ca el señor de allí, que llaman Dabaiba, huyera por el miedo que le puso Cemaco del Darién, el cual se acogió allá cuando lo venció Enciso. Buscó las casas, y topó con grandes montones de redes de pescar, mantas y ajuar de casa, y con muchos rimeros de flechas, arcos, dardos y otras armas, y con hasta siete mil pesos de oro en diversas piezas y joyas, con que se volvió, aunque mal contento por no traer pan. Tomóle tormenta, perdió una barca con gente y echó a la mar casi todo lo que traía, sino fue el oro. Vinieron mordidos de murciélagos enconados, que los hay en aquel río tan grandes como tórtolas. Rodrigo de Colmenares fue al mismo tiempo por otro río más al levante con sesenta compañeros, y no halló sino cañafístola. Balboa se juntó con él, que sin maíz no podían pasar, y entrambos entraron por otro río, que llamaron Negro, cuyo señor se nombraba Abenamaquei, al cual prendieron con otros principales; y un español a quien él hiriera en la escaramuza le cortó un brazo después de preso, sin que nadie lo pudiese estorbar: cosa fea y no de español. Dejó allí Balboa la mitad de los españoles, y con la otra mitad fue a otro río de Abibeiba, donde halló un lugarejo edificado en árboles, de que mucho rieron nuestros españoles, como de cosa nueva y que parecía vecindad de cigüeñas o picazas. Eran tan altos los árboles, que un buen bracero tenía que pasarlos con una piedra, y tan gordos, que apenas lo abarcaban ocho hombres asidos de las manos. Balboa requirió al Abibeiba de paz; si no, que le derribaría la casa. Él, confiado en la altura y gordor del árbol, respondió ásperamente; mas como vio que con hachas lo cortaban por el pie, temió la caída. Bajó con dos hijos; hizo paces; dijo que ni tenía oro ni lo quería, pues no le era provechoso ni necesario. Pero como le ahincaron por ello, pidió término para ir a buscarlo, y nunca tornó; sino fuese a otro señorcillo, dicho Abraibe, que cerca estaba, con quien lloró su deshonra; y para cobrarla acordaron los dos de dar en los cristianos de Río Negro y matarlos. Fueron, pues, allá con quinientos hombres; mas pensando hacer mal, lo recibieron. Pelearon y perdieron la batalla. Huyeron ellos, y quedaron muertos y presos casi todos los suyos. No, empero, escarmentaron de esta vez, antes sobornaron muchos vecinos y se conjuraron con Cemaco, Abibeiba y Abenamaguei, que libre estaba, de ir al río Darién a quemar el pueblo de cristianos y comerlos a ellos. Así que todos cinco armaron cien barcas y cinco mil hombres por tierra. Señalaron a Tiquiri, un razonable pueblo, para coger las armas y vituallas del ejército. Repartieron entre sí las cabezas y ropa de los españoles que habían de matar, y concertaron la junta y salto para un cierto día; mas antes que llegase fue descubierta la conjuración por esta manera: tenía Vasco Núñez una india por amiga, la más hermosa de cuantas habían cautivado, a la cual venía muchas veces un su hermano, criado de Cemaco, que sabía toda la trama del negocio. Juramentóla primero, contóle el caso y rogóle que se fuese con él y no esperase aquel trance, ca podía peligrar en él. Ella puso achaque para no ir entonces, o por decirlo a Balboa, que lo amaba, o pensando que hacía antes bien que mal a los indios. Descubrió, pues, el secreto, por que no muriesen todos. Balboa esperó que viniese, como solía, el hermano de su india. Venido, apremióle, y confesó todo lo susodicho. Así que tomó setenta españoles y fuese para Cemaco, que a tres leguas estaba. Entró en el lugar, no halló al señor y trajo presos muchos indios con un pariente de Cemaco. Rodrigo de Colmenares fue a Tiquiri con sesenta compañeros en cuatro barcas, llevando por guía el indio que manifestó su conjuración. Llegó sin que allá lo sintiesen, saqueó el lugar, prendió muchas personas, ahorcó al que guardaba las armas y bastimentos de un árbol que había él mismo plantado, e hízolo asaetar con otros cuatro principales. Con estos dos sacos y castigos se abastecieron muy bien nuestros españoles y se amedrentaron los enemigos en tanto grado, que no osaron de allí adelante urdir semejante tela. Parecióles a Vasco Núñez y a los otros vecinos de la Antigua que ya podían escribir al rey cómo tenían conquistada la provincia de Urabá, y juntáronse a nombrar procuradores en regimiento. Mas no se concertaron en muchos días, porque Balboa quería ir, y todos se lo contradecían, unos por miedo de los indios, otros del sucesor. Escogieron finalmente a Juan de Quicedo, hombre viejo, honrado y oficial del rey, y que tenía allí su mujer, prenda para volver. Mas por si algo le aconteciese en el camino, y para más autoridad y crédito con el rey, le dieron acompañado, y fue Rodrigo Enríquez de Colmenares, soldado del Gran Capitán y capitán en Indias. Partieron, pues, estos dos procuradores del Darién por septiembre del año de 12, en un bergantín, con relación de todo lo sucedido y con cierto oro y joyas, y a pedir mil hombres al rey para descubrir y poblar en la mar del Sur, si acaso Valdivia no fuese llegado a la corte.

LXII. Descubrimiento de la mar del Sur

Era Vasco Núñez de Balboa hombre que no sabía estar parado, y aunque tenía pocos españoles para los muchos que menester eran, según don

Carlos Panquiaco decía, se determinó ir a descubrir la mar del Sur, porque no se adelantase otro y le hurtase la bendición de aquella famosa empresa, y por servir y agradar al rey, que de él estaba enojado. Aderezó un galeoncillo que poco antes llegara de Santo Domingo, y diez barcas de una pieza. Embarcóse con ciento y noventa españoles escogidos, y dejando los demás bien proveídos se partió del Darién, 1.º de septiembre año de 13. Fue a Careta; dejó allí las barcas y navío y algunos compañeros. Tomó ciertos indios para guía y lengua, y el camino de las sierras que Panquiaco le mostrara. Entró en tierra de Ponca, que huyó como otras veces solía. Siguiéronle dos españoles con otros tantos caretanos, y trajéronle con salvoconducto. Venido, hizo paz y amistad con Balboa y cristianos, y en señal de firmeza dióles ciento y diez pesos de oro en joyuelas, tomando por ellas hachas de hierro, cuentezuelas de vidrio, cascabeles y cosas de menor valor, empero preciosas para él. Dio también muchos hombres de carga y para que abriesen camino; porque, como no tienen contratación con serranos, no hay sino unas sendillas como de ovejas. Con ayuda, pues, de aquellos hombres hicieron camino los nuestros, a fuerza de brazos y hierro, por montes y sierras, y en los ríos puentes, no sin grandísima soledad y hambre. Llegó en fin a Cuareca, donde era señor Torecha, que salió con mucha gente no mal armada a defender la entrada en su tierra si no le contentasen los extranjeros barbudos. Preguntó quiénes eran, qué buscaban y dónde iban. Como oyó ser cristianos, que venían de España y que andaban predicando nueva religión y buscando oro, y que iban a la mar del Sur, díjoles que se tornasen atrás sin tocar a cosa suya, so pena de muerte. Y visto que hacer no lo querían, peleó con ellos animosamente. Mas al cabo murió peleando, con otros seiscientos de los suyos. Los otros huyeron a más correr, pensando que las escopetas eran truenos, y rayos las pelotas; y espantados de ver tantos muertos en tan poco tiempo, y los cuerpos unos sin brazos, otros sin piernas, otros hendidos por medio, de fieras cuchilladas. En esta batalla se tomó preso a un hermano de Torecha en hábito real de mujer, que no solamente en el traje, pero en todo, salvo en parir, era hembra. Entró Balboa en Cuareca; no halló pan ni oro, que lo habían alzado antes de pelear. Empero halló algunos negros esclavos del señor. Preguntó de dónde los habían, y no le supieron decir o entender más de

117

que había hombres de aquel color cerca de allí, con quien tenían guerra muy ordinaria. Estos fueron los primeros negros que se vieron en Indias, y aun pienso que no se han visto más. Aperreó Balboa cincuenta putos que halló allí, y luego quemólos, informado primero de su abominable y sucio pecado. Sabida por la comarca esta victoria y justicia, le traían muchos hombres de sodomía que los matase. Y según dicen, los señores y cortesanos usan aquel vicio, y no el común; y regalaban a los alanos, pensando que de justicieros mordían los pecadores; y tenían por más que hombres a los españoles, pues habían vencido y muerto tan presto a Torecha y a los suyos. Dejó Balboa allí en Cuareca los enfermos y cansados, y con sesenta y siete que recios estaban subió una gran sierra, de cuya cumbre se parecía la mar austral, según las guías decían. Un poco antes de llegar arriba mandó parar el escuadrón y corrió a lo alto. Miró hacia mediodía, vio la mar, y en viéndola arrodillóse en tierra y alabó al Señor, que le hacía tal merced. Llamó los compañeros, mostróles la mar, y díjoles: «Veis allí, amigos míos, lo que mucho deseábamos. Demos gracias a Dios, que tanto bien y honra nos ha guardado y dado. Pidámosle por merced nos ayude y guíe a conquistar esta tierra y nueva mar que descubrimos y que nunca jamás cristiano la vio, para predicar en ella el santo Evangelio y bautismo, y vosotros sed lo que soléis, y seguidme; que con favor de Cristo seréis los más ricos españoles que a Indias han pasado, haréis el mayor servicio a vuestro rey que nunca vasallo hizo a señor, y habréis la honra y prez de cuanto por aquí se descubriere, conquistare y convirtiere a nuestra fe católica». Todos los otros españoles que con él iban hicieron oración a Dios, dándole muchas gracias. Abrazaron a Balboa, prometiendo de no faltarle. No cabían de gozo por haber hallado aquel mar. Y a la verdad, ellos tenían razón de gozarse mucho, por ser los primeros que lo descubrían y que hacían tan señalado servicio a su príncipe, y por abrir camino para traer a España tanto oro y riquezas cuantas después acá se han traído del Perú. Quedaron maravillados los indios de aquella alegre novedad, y más cuando vieron los muchos montones de piedras que hacían con su ayuda, en señal de posesión y memoria. Vio Balboa la mar del Sur a los 25 de septiembre del año de 13, antes de mediodía. Bajó la sierra muy en ordenanza; llegó a un lugar de Chiape, cacique, rico y guerrero. Rogóle por los farautes que le dejasen pasar adonde iba de paz y le proveyese de comida por sus dineros; y si quería su amistad, que le diría grandes secretos y haría muchas mercedes de parte del poderosísimo rey, su señor, de Castilla. Chiape respondió que ni quería darle pan ni paso ni su amistad. Burlaba oyendo decir que le harían mercedes los que las pedían; y como vio pocos españoles, amenazólos, braveando mucho, si no se volvían. Salió luego con un gran escuadrón bien armado y en concierto a pelear. Balboa soltó los alanos y escopetas, y arremetió a ellos animosamente, y a pocas vueltas los hizo huir. Siguió el alcance y prendió muchos, que, por ganar crédito de piadoso, no los mataba. Huían los indios de miedo de los perros, a lo que dijeron, y principalmente por el trueno, humo y olor de la pólvora, que les daba en las narices. Soltó Balboa casi todos los que prendió en esta escaramuza, y envió con ellos dos españoles y ciertos cuarecanos a llamar a Chiape, diciendo que si venía lo tendrían por amigo y guardaría su persona, tierra y hacienda; y si no venía, que talaría los sembrados y frutales, quemaría los pueblos, mataría los hombres. Chiape, de miedo de aquello, y por lo que le dijeron los de Cuareca acerca de la valentía y humanidad de los españoles, vino y fue su amigo, y se dio al rey de Castilla por vasallo. Dio a Balboa cuatrocientos pesos de oro labrado, y recibió algunas cosillas de rescate, que tuvo en mucho por serle cosa nueva. Estuvo allí Balboa hasta que llegaron los españoles que dejaba enfermos en Cuareca; fue luego a la marina, que aun estaba lejos. Tomó posesión de aquel mar en presencia de Chiape, con testigos y escribano, en el golfo de San Miguel, que nombró así por ser su día.

LXIII. Descubrimiento de perlas en el golfo de San Miguel

Regocijaron nuestros españoles la fiesta de San Miguel y auto de posesión como mejor pudieron. Dejó no sé cuántos españoles allí Balboa por asegurar las espaldas. Pasó en nueve barcas, que le buscó Chiape, un gran río, y fue con ochenta compañeros y con el mismo Chiape por guía, a un pueblo, cuyo señor se decía Coquera, el cual se puso en armas y defensa. Peleó y huyó; empero vino luego a ser amigo de los españoles por consejo y ruego de los chiapeses, que fueron a requerirle con la paz. Dio a Balboa seiscientos y cincuenta castellanos de oro en joyas. Con estas dos victorias cobraron muy gran fama por aquella costa los españoles, y con tener por amigos a Chiape y Coquera pensaban allanar y traer a su devoción toda la comarca. Así que armó Balboa las mismas nueve barcas, hinchólas de vituallas y fue con ochenta españoles a costear aquel golfo, por ver qué cosa era la tierra, islas y peñascos que tenía. Chiape le rogó que no entrase allá, por cuanto aquella luna y las dos siguientes solían correr tormentas y vientos recios de travesía, que anegaban todas las barcas. Él dijo que no dejaría de entrar por eso, ca otras mayores y más peligrosas mares había navegado, y que Dios, cuya fe se tenía de predicar por allí, le ayudaría; y embarcóse. Chiape se metió con él, porque no le tuviesen por cobarde y mal amigo. Apenas se desviaron de tierra, cuando se hallaron dentro en tantas y tan terribles olas, que no podían regir las barcas ni ir atrás ni adelante. Pensaron perecer allí; mas quiso Dios que tomaron una isla, donde albergaron aquella noche. Creció tanto la marea, que casi la cubrió. Maravilláronse los nuestros de ello, cómo en el otro golfo de Urabá o costa septentrional no crece nada o muy poco. A la mañana quisieron irse con la jusente; mas no pudieron, por hallar las barcas llenas de arena y cascadas; y si miedo tuvieron de morir en agua el día antes, miedo tuvieron de morir entonces en tierra, ca no les quedó qué comer. Empero con aquel mismo miedo limpiaron las barcas, remendaron lo quebrado con cortezas de árboles, calafatearon las hendeduras con hierba y fueron a tomar tierra a un abrigo. Acudió luego a ellos Tumaco, señor de aquella parte, con mucha gente armada, a saber qué hombres eran y qué querían. Balboa le envió a decir con unos criados de Chiape cómo eran españoles, que buscaban pan para comer y oro por su rescate. Él viendo pocos, replicó ferozmente, pensando que ya los tenía presos, y apercibiólos a la batalla. Balboa se la dio y la venció. Huyó Tumaco tan bravamente como habló. Fueron algunos españoles y chiapeses a rogarle que viniese a las barcas a ser amigo del capitán, dándole fe y seguro y aun rehenes. No quiso venir, empero envió un su hijo, al cual vistó Balboa y le dio muchos dijes, cuentas, tijeras, cascabeles, espejos, y haciéndole mucha cortesía, le rogó que llamase a su padre. El mancebo fue muy alegre y garrido, y trájole al tercero día. Fue Tumaco bien recibido, y preguntado por oro y perlas, que las traían algunos de los suyos, él entonces envió por tanto oro, que pesó seiscientos y catorce pesos, y doscientas y cuarenta perlas gruesas, y gran sumo de menudas; cosa rica y que hizo saltar de placer a muchos españoles. Tumaco, viendo que tanto las loaban y que tan alegres estaban con ellas, mandó a unos criados suyos ir a pescarlas. Ellos fueron y pescaron doce marcos de perlas en pocos días, y también se las dieron. Estuvieron admirados los españoles de tanta perla y de que no la estimaban los dueños, ca no tan solamente se las daban a ellos, mas las traían engastadas en los remos, bien que las debían poner por gentileza o grandeza; y como después se supo, la principal renta y riqueza de aquellos señores es la pesquería de perlas. Balboa dio a Tumaco que tenía muy rica tierra, si la supiese granjear, y que le daría grandes secretos de ella cuando volviese por allí. Él entonces, y aun Chiape también, le dijo que su riqueza era nada en comparación del rey de Trarequi, isla abundantísima de perlas, que cerca estaba; el cual tenía perlas mayores que un ojo de hombre, sacadas de ostiones tamaños como sombreros. Los españoles quisieran pasar luego allá, mas temiendo otra tormenta como la pasada, lo dejaron para la vuelta. Despidiéronse de Tumaco y reposaron en tierra de Chiape; el cual, a ruego de Balboa, hizo que fuesen treinta vasallos suyos a pescar, los cuales, en presencia de siete españoles, que fueron a mirar cómo las pescaban, tomaron seis cargas de conchas pequeñas, que, como no era tiempo de aquella pesquería, ni entraron muy dentro en mar, ni muy hondo, donde las grandes están. Y no solamente no pescan el mes de septiembre y los tres siguientes, mas aun tampoco navegan, por ser tempestuosos los aires que andan entonces en aquella mar, y los españoles se guardan de navegar por allí en tal tiempo, aunque usan mayores navíos. Las perlas que sacaron de aquellas conchas eran como arvejas, pero muy finas y blancas, que algunas de las de Tumaco eran negras, otras verdes, otras azules y amarillas, que debía ser por arte.

LXIV. Lo que Balboa hizo a la vuelta de la mar del Sur
Vasco Núñez de Balboa se despidió de Chiape, que vertía muchas lágrimas porque se iba. Dejóle muy encargados ciertos españoles. Partióse muy alegre por lo que había hecho y hallado, y con propósito de tornar luego en visitando sus compañeros de la Antigua del Darién, y en escribiendo al rey, pasó un río en barquillos, y fue a ver Teoca, señor de aquel río, el cual recibió alegremente los españoles por sus proezas y fama. Dióles veinte mar-

cos de oro labrado y doscientas perlas bien grandes, aunque no muy blancas, a causa de asar primero las conchas que saquen las perlas, para comer la carne, que la precian mucho, y aun dicen ser tal o mejor que nuestras ostras. Dióles también muchos peces salados, esclavos para al fardaje y un hijo que los guiase hasta llegar a tierra de Pacra, tirano, gran señor y enemigo suyo. Pasaron por el camino grandes montes y sed, y los de Teoca mucho miedo de los tigres y leones que toparon. Pacra huyó con todos los suyos sintiendo venir españoles; ellos entraron en el pueblo, y no hallaron más de treinta libras de oro en diversas piezas. Requirióle mucho Balboa con las lenguas que se hablasen y fuesen amigos; rehusó infinito, temiendo lo que después le vino. Al fin hubo de venir confiando que usarían con él de clemencia, como con Tumaco y Chiape. Trajo consigo tres señorsetes y un presente. Era Pacra hombre feo y sucio, sí en aquellas partes se había visto, grandísimo puto, y que tenía muchas mujeres, hijas de señores, por fuerza, con las cuales usaba también contra natura; en fin, concordaban sus obras con el gesto. Informado Balboa de todo esto, fue metido en cárcel con los tres caballeros que trajo, ca también ellos pecaban aquel pecado. Vinieron luego otros muchos señores y caballeros de la redonda con ricos dones a ver los españoles, que tanta nombradía tenían. Rogaron a su capitán que lo castigase, formando mil quejas de él. Balboa le dio tormento, pues amenazas ni ruegos no bastaban para que confesase su delito y manifestase dónde sacaba y tenía el oro. El confesó el pecado; mas dijo que ya eran muertos los criados de su padre que traían el oro de la sierra, y que él no se curaba de ello ni lo había menester. Echáronlo con tanto a los alanos, que brevemente lo despedazaron, y juntamente con aquél otros tres, y después los quemaron. Este castigo plugo mucho a todos los señores y mujeres comarcanas. Venían los indios a Balboa como a rey de la tierra, y él mandaba libre y osada mente. Bononiama sirvió bien y trajo los españoles que con Chiape quedaron, y les dio veinte marcos de oro. Entrególos de su mano a Balboa, dándole muchas gracias por haber librado la tierra de aquel tirano. Estuvo un mes allí en Pacra, que llamó Balboa Todos Santos, recreando los españoles y ganando hacienda y voluntades de indios; y de sólo aquel lugar hubo treinta libras de oro. De Pacra caminó Balboa por tierra estéril y de muchos tremedales; pasó tres días de trabajo, y llegó con harta falta de pan a un lugar de Buquebuca, que halló desierto y sin vitualla ninguna. Envió las lenguas a buscar el señor y decirle que viniese sin miedo y sería su amigo. Respondió Buquebuca que no huía de temor, sino de vergüenza, por no tener aparejo de hospedar varones tan celestiales; por tanto, que le perdonasen y recibiesen aquellas piezas de oro en señal de obediencia, que eran muchos vasos muy bien labrados: ellos más quisieran pan que oro. Caminaron luego por hallar de comer: salieron de través ciertos indios voceando; esperaron a ver qué querían y quién eran. Ellos, como llegaron saludaron al capitán, y dijeron, según los intérpretes: «Nuestro rey Corizo, hombres de Dios, os envía a saludar, atento cuán esforzados e invencibles sois, y cómo castigáis los malos. Por dichoso se tuviera de teneros y serviros en su casa y reino, ca vos mucho desea ver las barbas y traje; pero pues ser no puede, por quedar atrás, contentarse ha que lo tengáis por amigo, que por tal se os da; y en señal de amor os envía estas treinta bronchas de oro fino, y os ofrece todo lo que en casa le queda, si quisiéredes ir allá. Háceros también saber que tiene por vecino y enemigo un grande y rico señor, que le corre, quema y roba su tierra cada año, contra el cual podréis mostrar vuestra justicia y fuerzas. Si podéis ir a nos ayudar, seréis vosotros ricos y nuestro rey libre». Mucho se holgaron los españoles de oír aquellos desnudos mensajeros, que tan bien hablado habían, y de ver con cuán alegre semblante presentaron las bronchas al capitán. Balboa respondió que tomaba por amigo a Corizo, para siempre lo tener por tal; que le pesaba mucho no poder ir al presente a verle y remediarle; pero que prometía, dándole Dios salud, de lo hacer muy presto y con más compañeros. Entre tanto, que perdonase y recibiese por su amor y remembranza tres hachas de hierro y otras cosillas de vidrio, lana y cuero. Los indios se fueron muy ufanos con tales dádivas a su lugar, y los españoles con sus patenas de oro, que pesaban catorce libras, al de Pocorosa, donde tuvieron qué comer y qué llevar para el camino. Hizo Balboa amistad con él, y rescatóle hasta quince marcos de oro y ciertos esclavos por algunas cosillas de mercería. Dejó con Pocorosa los españoles dolientes y flacos, porque tenían de pasar por tierra de Tumanamá, de cuya riqueza y valentía les dijera don Carlos Panquiaco. Habló a sesenta que sanos estaban y recios, animándolos al camino y guerra que con él esperaban. Ellos respondieron que fuese,

123

y vería lo que harían. Anduvieron jornada de dos días en uno, por no ser barruntados, llevando buenas guías, que les dio Pocorosa. Saltearon al primer sueño la casa del Tumanamá. Tomáronle preso con dos bardajas y ochenta mujeres de entrambas sillas. Pudieron hacer tal salto por llegar callados y por estar las casas del lugar apartadas unas de otras. Tantas y más querellas tuvo Balboa de Tumanamá como de Pacra, y tan contra natura, aunque no tan públicamente vivía con hombres y mujeres el uno como el otro. Reprendióle ásperamente, amenazólo mucho, hizo como que lo quería ahogar en el río; empero todo era fingido, por contentar a los querellantes y sacarle su tesoro; que más le quería vivo y amigo que muerto. Tumanamá estuvo recio, y ni declaró minas ni tesoro, o porque no las sabía, o porque no le tomasen su tierra a causa de ellas. Estuvo también muy halagüeño, haciendo regalos a Balboa y a todos, y dióles cien marcos de oro en muchas joyas y tazas. Estando en esto, llegaron los españoles que con Pocorosa quedaran, y tuvieron todos muy alegre Navidad. Salieron a mirar si verían algún rastro de minas, y hallaron en un collado señales de oro. Cavaron dos palmos, cernieron la tierra y parecieron unos granillos de oro como neguilla y lentejas. Hicieron la misma experiencia en otros cabos, y también hallaron oro; que no poco ledos fueron en ver que tan somero estaba aquel metal amarillo. En todo salió verdadero Panquiaco, sino que Tumanamá estaba de esta parte de las sierras, y no de la otra. Dio Tumanamá un hijo a Balboa, que criase entre españoles y aprendiese sus costumbres, lengua y religión; y por perpetuar con ellos amistad, tomáronle, según dicen algunos, mucha cantidad de oro y mujeres por fuerza, y viniéronse a Comagre. Los indios trajeron en hombros a Balboa, que cayó malo de calenturas, y a otros españoles enfermos. Era ya señor don Carlos Panquiaco, y proveyólos muy bien, y dióles a la partida veinte libras de oro en joyas de mujer. Pasaron por Ponca y entraron en la Antigua del Darién, a 19 de enero, año de 14.

LXV. Balboa hecho adelantado de la mar del Sur

Fue recibido Vasco Núñez de Balboa con procesión y alegrías, por haber descubierto la mar del Sur y traer muchos dineros y perlas. Él se holgó infinito por hallarlos buenos, bien proveídos y acrecentados en número; que a la fama acudían allí cada día de Santo Domingo. Tardó en ir y venir y hacer cuanto digo, aunque sumariamente, cuatro meses y medio. Pasó muchos trabajos y hambre. Trajo, sin las perlas, más de cien mil castellanos de buen oro, y esperanza, tornando allá, de haber la mayor riqueza que nunca los nacidos vieron; y con esto estaba tan ufano como animoso. Dejó muchos señores y pueblos en gracia y servicio del rey, que no fue poco. No le mataron español en batalla que hubiese, y hubo muchas, y todas las venció; que no hizo tal ningún romano. Nunca lo hirieron; que atribuyó él mismo a milagro y a las muchas rogativas y votos que hacía. La gente que halló andaba en cueros, si no eran señores, cortesanos y mujeres. Comen poco, beben agua, aunque tienen vinos, no de uvas; no usan mesa ni manteles, salvo los reyes. Los otros límpianse los dedos a la punta del pie o al muslo, y aun a los compañones, y cuando mucho a un trapo de algodón; pero con todo esto andan limpios, porque se bañan muy a menudo cada día. Son viciosos de la carnalidad, y hay putos. Es la tierra pobre de mantenimientos y riquísima de oro, por lo cual fue dicha Castilla de Oro. Cogen dos y tres veces al año maíz, y por esto no lo engraneran. Repartió Balboa el oro entre sus compañeros, después de quintado para el rey; y como era mucho, alcanzó a todos y aun más de quinientos castellanos a Leoncillo, perro, hijo de Becerrillo el del Boriquén, que ganaba más que arcabucero para su amo Balboa; pero bien lo merecía, según peleaba con los indios. Despachó luego para Castilla en una nao a un Arbolancha de Balboa con cartas para el rey y para los que entendían en el gobierno de las Indias, y con una muy larga y devota relación de lo que tenía hecho, y con veinte mil castellanos del quinto, y doscientas perlas finas y crecidas; y porque viesen en España la grandeza de las conchas donde se crían las perlas, envió algunas muy grandes. Envió asimismo el cuero de un tigre macho, atestado de paja, para mostrar la fiereza de algún animal de aquella tierra. Tomaron este tigre los del Antigua en una hoya o barranca, hecha en el camino por donde venía, que no tuvieron otra mejor maña. Había comido muchos puercos dentro del pueblo, ovejas, vacas, yeguas, y aun los perros que las guardaban. Cayó en el hoyo y lazo. Daba unos aullidos terribles. Quebraba con las manos y boca cuantas lanzas y palos le arrojaban. En fin, murió de arcabuz. Desolláronlo cerrado, y comiéronselo, no sé si por necesidad, ni si por deleite. Parecía la carne de vaca, y era de buen sabor. Fueron por el rastro al cubil donde criaba. No hallaron la hembra, sino dos cachorrillos, que ataron con cadenas de hierro por el pescuezo, para llevar al rey después de criados. Mas cuando tornaron por ellos no estaban allí, y estaban las cadenas como las dejaron, de que mucho se maravillaron; porque sacar las cabezas sin soltar las argollas parecía imposible, y despedazarlos la madre, increíble. Holgó mucho el Rey Católico con la carta, quinto, presente y relación de la mar Austral, que tanto la deseaban. Revocó la sentencia dada contra Balboa, e hízolo adelantado del mismo mar del Sur.

LXVI. Muerte de Balboa

Hizo el rey don Fernando gobernador de Castilla de Oro a Pedrarias de Avila, el justador, natural de Segovia, por acuerdo del Consejo de Indias; ca demandaban los españoles del Darién justicia y capitán que tuviese poder y cédula real, y era también necesario para poblar y convertir aquella tierra. Estaba entonces Balboa infamado y aborrecido por la información y quejas del bachiller Enciso, aunque lo abonaba cuanto podía Zamudio, procurador del Darién; y todos en España estaban mal con aquella tierra de Veragua y Urabá, por haber muerto en ella cerca de mil y quinientos españoles que fueron con Diego de Nicuesa, Alonso de Hojeda, Martín Fernández de Enciso, Rodrigo de Colmenares y otros. Mas, empero, con la venida y dicho de Juan de Quicedo y del mismo Colmenares fue Balboa muy alabado, y la tierra deseada; y hubo muchos principales caballeros que pidieron al rey aquella gobernación y conquista; y si no fuera por Juan Rodríguez de Fonseca, obispo de Burgos, presidente de Indias, la quitaran al Pedrarias y la dieran a otro. Y certísimo la dieran al Vasco Núñez de Balboa si un poco antes llegara a la corte Arbolancha. Dio, pues, el rey a Pedrarias muy cumplidos y lleneros poderes; pagó las naos en que llevase mil hombres que pedía Balboa. Mandóle guardar la instrucción de Hojeda y Nicuesa. Entre muchas cosas otras que le encargó, fue la conversión y buen tratamiento de los indios; que no pasase letrados ni consintiese pleitos; que siempre diese parte de lo que hubiese de hacer al obispo, clérigos y frailes que llevaba. Iba por obispo de la Antigua del Darién Juan Cabedo, fraile francisco, predicador del rey, que fue el primer prelado de tierra firme de Indias y Mundo

Nuevo. Partió Pedrarias de Sanlúcar de Barrameda a 14 de mayo del año de 14, con diecisiete naves y mil y quinientos españoles, los mil y doscientos a costa del rey. Si pudieran caber en ellas, se fueran con él otros mil: tanta gente acudió al nombre de Castilla de Oro. Llevó a su mujer doña Isabel de Bobadilla, y por piloto a Juan Vespucio, florentino, y a Juan Serrano, que había estado ya en Cartagena y Urabá. Llegó a salvamento con toda su armada al Darién a 21 de junio. Salió Balboa una legua a recibirlo con todos los españoles, cantando *Te deum laudamus*. Hospedóle, contóle cuanto había hecho y pasado, de que mucho se maravilló y holgó, por hallar buena parte de tierra pacificada, donde poblar a su placer, y después guerrear con los indios; ca llevaba gana de toparse con ellos, que había estado en Orán y otras tierras de Berbería; pero no lo hizo tan bien como blasonaba. Informóse bien, y comenzó a poblar en Comagre, Tumanamá y Pocorosa. Envió a Juan de Ayora con cuatrocientos españoles a Comagre; el cual, por deseo de oro, aperreó muchos indios de don Carlos Canquiaco, servidor del rey, amigo de españoles, a quien se debían las albricias del sur. Despojóle también a él, y atormentó ciertos caciques, e hizo otras crueldades y demasías, que causaron rebelión de indios y muerte de muchos españoles; de miedo de lo cual huyó con el despojo en una nao, no sin culpa de Pedrarias, que disimuló. Gonzalo de Bajadoz fue al Nombre de Dios con ochenta; el cual y Luis de Mercado, que fue allí donde a poco, se fueron a la otra mar, haciendo lo que diremos, cuando lleguemos a Panamá. Francisco Becerra fue con ciento y cincuenta compañeros al río de Dabaiba, y volvió las manos en la cabeza. El capitán Vallejo fue a Caribana con setenta españoles; mas presto se tornó, porque le mataron cuarenta y ocho de ellos los caribes flecheros. Bartolomé Hurtado, que fue con buena compañía de españoles a poblar a Acla, pidió indios a Careta, que cristiano se llamó don Fernando, y que servía al rey por industria de Balboa, y vendióselos después por esclavos. Gaspar de Morales llevó ciento y cincuenta españoles a la mar del Sur, como en su propio lugar diremos; y dióse buena maña en la isla de Terarequi a rescatar perlas. Sin éstos, envió Pedrarias a otros, que poblaron en Santa Marta y en muchas partes. Sucedían las cosas del gobernador no muy bien, y burlaba de ello Balboa, y aun creo que rehusaba su mayoría, como tenía el cargo y título de la mar del Sur. Pedrarias lo apocaba, disminuyendo sus hechos; en fin, que riñeron. Hízolos amigos el obispo Cabedo, y desposóse con hija de Pedrarias, por donde pensaban todos que perseverarían en paz, pues a entrambos así cumplía; mas luego descompadraron de veras. Estaba Balboa en la mar de su adelantamiento para descubrir y conquistar con cuatro carabelejas que labró. Llamóle Pedrarias al Darién. Vino, echólo preso, hízole proceso, condenólo y degollóle con otros cinco españoles. La culpa y acusación fue, según testigos juraron, que había dicho a sus trescientos soldados se apartasen de la obediencia y soberbia del gobernador y se fuesen donde viviesen libres y señores; y si alguno les quisiese enojar, que se defendiesen. Balboa lo negó y lo juró, y es de creer, ca si temiera no se dejara prender ni pareciera delante del gobernador, aunque más su suegro fuera. Juntósele con esto la muerte de Diego de Nicuesa y sus sesenta compañeros, la prisión del bachiller Enciso, y que era bandolero, revoltoso, cruel y malo para indios. Por cierto, si no hubo otras causas en secreto, si no estas públicas, a sinrazón le mató. Así acabó Vasco Núñez de Balboa, descubridor de la mar del Sur, de donde tantas perlas, oro, plata y otras riquezas se han traído a España; hombre que hizo muy grandes servicios a su rey. Era de Badajoz y, a lo que dicen, rufián o esgrimidor. En el Darién se hizo cabeza de bando, y por su propia autoridad; anduvo muy devoto en las guerras; fue amado de soldados, y así les pesó de su temprana muerte, y aun lo echaron menos. Aborrecían a Pedrarias los soldados viejos, y en Castilla fue reprendido, y poco a poco removido del gobierno, bien que lo suplicaba él sintiendo desfavor. Pobló Pedrarias el Nombre de Dios y a Panamá. Abrió el camino que va de un lugar a otro, con gran fatiga y maña, por ser de montes muy espesos y peñas. Había infinitos leones, tigres, osos y onzas, a lo que cuentan, y tanta multitud de monas de diversa hechura y tamaño, que alegres cocaban, y enojadas gritaban de tal manera, que ensordecían los trabajadores. Subían piedras a los árboles y tiraban al que llegaba; y una quebró los dientes a un ballestero, mas cayó muerta; que acertaron a soltar a un tiempo ella la piedra y él la saeta. Santa Marta, de la Antigua del Darién, fue poblada por el bachiller Enciso, alcalde mayor de Hojeda, con voto que hizo de ello si venciese a Cemaco, señor de aquel río. Despoblóse, por ser muy enfermo, húmedo y caliente, tal, que en regando la casa se hacían sapillos; falto de mantenimientos, sujeto a tigres y a otros animales dañosos y bravos. Poníanse los españoles de color de tiricia o mal amarillo, aunque también toman esta color en toda la Tierra-Firme y Perú. Puede ser que del deseo que tienen al oro en el corazón se les haga en la cara y cuerpo aquel color. No es buena tierra para sembrar, que hay aguaceros y vienen muchos diluvios y avenidas, que anegan lo sembrado. Caen muchos rayos y queman las casas y matan los moradores. Envió el emperador don Carlos sucesor de Pedrarias, y fue Lope de Sosa, de Córdoba, que a la sazón era gobernador en Canaria; el cual murió en llegando al Darién, año de 20. Fue tras él Pedro de los Ríos, también de Córdoba, y fuése Pedrarias a Nicaragua. El licenciado Antonio de la Gama fue a tomarle residencia. Proveyeron de gobernador a Francisco de Barrionuevo, un caballero de Soria, que fue soldado en el Boriquén y capitán en la Española contra el cacique don Enrique. Luego fue el licenciado Pedro Vázquez, y después el doctor Robles, que administró justicia derechamente; que hasta él poca hubo.

LXVII. Frutas y otras cosas que hay en el Darién

Hay árboles de fruta muchos y buenos, como son mamais, guanábanos, hobos y guayabos. Mamai es un hermoso árbol, verde como nogal, alto y copado, pero algo ahusado como ciprés; tiene la hoja más larga que ancha, y la madera fofa. Su fruta es redonda y grande; sabe como durazno; parece carne de membrillo; cría tres, cuatro y más cuescos juntos, como pepitas, que amargan mucho. Guanabo es alto y gentil árbol, y la fruta que lleva es como la cabeza de un hombre; señala unas escamas como piñas, pero llanas y lisas y de corteza delgada; lo de dentro es blanco y correoso como manjar blanco, aunque se deshace luego en la boca, como nata; es sabrosa y buena de comer, sino que tiene muchas pepitas leonadas por toda ella, como badeas, que algo enojan al mascar; es fría, y por eso la comen mucho en tiempo caloroso. Hobo es también árbol grande, fresco, sano, de sombra; y así, duermen los indios y aun españoles debajo de él, antes que de otros ningunos. De los cogollos hacen agua muy olorosa para piernas y para afeitar, y de la corteza aprieta mucho la carne y cuero; por lo cual se bañan con ella; y aun los caminantes se lavan los pies por ello, y aun porque quita el cansancio. Sale de la raíz, si la cortan, mucha agua y buena de beber. La fruta es amarilla, pequeña y de cuesco como ciruela; tiene poquita carne y mucho hueso; es sana y digestible, mas dañosa para los dientes, por hilillos que tiene. Guayabo es árbol pequeño, de buena sombra y madera; envejece presto. Tiene la hoja laurel, pero más gorda y ancha. La flor parece algo de naranjo, y huele mejor que la de jazmín. Hay muchas diferencias de guayabos, y por consiguiente de la fruta, que es como camuesa. Unas son redondas, otras largas, mas todas verdes por de fuera, con unas coronillas como níspolas. Dentro son blancas o rosadas, y de cuatro cuartos, como nuez, con muchos granillos en cada uno. Sazonadas son buenas, aunque agrillas; verdes restriñen como servas; maduras, pierden color y sabor y crían muchos gusanos; hay palmas de ocho o diez maneras, las más llevan dátiles como huevos, pero de grandes huesos. Son agretes para comer, mas sacan razonables vinos. Hacen los indios lanzas y flechas de palma, por ser tan recias, que sin hender ni remachar, ni les poner pedernal, entran mucho. Palmas hay que parecen en el tronco cañas de cebollas, más gordo en medio que a los extremos, en el cual, como es madera floja, anida el pito picando con el pico. Es un pájaro como zorzal, barreado al través, una barra verde y otra negra, que declina en amarillo. Tiene colorado el cogote y algunas plumas de la cola. Españoles lo llaman carpintero; no es mucho ser el pico, de quien Plinio cuenta que cava y anida en lo macizo de los árboles; y que, viendo tapado el agujero de su nido, trae cierta yerba, que puesta sobre la piedra o cuña la hace saltar por fuerza de su virtud. Otros dicen que el mismo pito tiene tal propiedad, que cae luego el cuño o clavo del agujero en tocándole. Hay muchos papagayos y de muchos tamaños, grandísimos y chicos como pájaros, verdes, azules, negros, colorados y manchados, que parecen remendados. Tienen lindo parecer, gorjean mucho y son de comer. Hay muchos gallipavos caseros y monteses, que tienen grandes papos o barbas, como gallos, y las mudan de muchos colores. Murciélagos hay tamaños como gangas, que muerden reciamente a prima noche; matan los gallos, que pican en la cresta, y aun dicen que hombres. El remedio es lavar la llaga con agua de la mar o darle algún botón de fuego. Hay muchas garrapatas y chinches con alas, lagartos de agua o cocodrilos, que comen hombres, perros y toda cosa viva. Puercos derrabados, gatos rabudos, y los animales que enseñan a sus hijos para correr.

Vacas mochas y que, siendo patihendidas, parecen mulas, con grandes orejas, y tienen a lo que dicen, una trompilla como elefante. Son pardas y buena carne. Hay onzas, si lo son las que así llaman los españoles, y tigres muy grandes, animal fiero y carnicero si lo enojan; pero de otra manera es medroso y pesado en corrrer. Los leones no son bravos como los pintan, ca muchos españoles los han esperado y muerto en el campo uno a uno, y los indios tenían a sus puertas muchas cabezas y pieles de ellos por valentía y grandeza.

LXVIII. Costumbres de los del Darién

Son los indios del Darién y de toda la costa del golfo de Urabá y Nombre de Dios de color entre leonado y amarillo, aunque, como dije, se hallaron en Cuareca negros como de Guinea. Tienen buena estatura, pocas barbas y pelos, fuera de la cabeza y cejas, en especial las mujeres. Dicen que se los quitan y matan con cierta yerba y polvos de unas como hormigas; andan desnudos en general, principalmente las cabezas. Traen metido lo suyo en un caracol, caña o cañuto de oro, y los compañeros de fuera. Los señores y principales visten mantas de algodón, a fuer de gitanas, blancas y de color. Las mujeres se cubren de la cinta a la rodilla, y si son nobles, hasta el pie. Y estas tales traen por las tetas unas barras de oro, que pesan algunas doscientos pesos, y que están primamente labradas de flores, pecoo, pájaros y otras cosas relevadas. Traen ellas, y aun ellos, zarcillos en las orejas, anillas en las narices y bezotes en los bezos. Casan los señores con cuantas quieren; los otros, con una o con dos, y aquélla no hermana, ni madre, ni hija. No las quieren extranjeras ni desiguales. Dejan, truecan y aun venden sus mujeres, especial si no paren; empero es el divorcio y apartamiento estando ella con su camisa, por la sospecha del preñado. Son ellos celosos, y ellas buenas de su cuerpo, según dicen algunos. Tienen mancebías públicas de mujeres, y aun de hombres en muchos cabos, que visten y sirven como hembras sin les ser afrenta, antes se excusan por ello, queriendo, de ir a la guerra. Las mozas que yerran echan la criatura, con yerbas que para ello comen, sin castigo ni vergüenza. Múdanse como alárabes, y ésta debe de ser la causa de haber chicos pueblos. Andan los señores en mantas a hombros de sus esclavos, como en andas; son muy acatados; ultrajan mucho los vasallos; hacen guerra justa e injustamente sobre acrecentar su señorío. Consultan las guerras los señores y sacerdotes sobre bien borrachos o encalabriados con humo de cierta yerba. Van muchas veces con los maridos a pelear las mujeres, que también saben tirar de un arco, aunque más deben ir para ser vicio y deleite. Todos se pintan en la guerra, unos de negro y otros de colorado como carmesí: los esclavos, de la boca arriba, y los libres de allí abajo. Si caminando se cansan, jásanse de las pantorrillas con lancetas de piedra, con cañas o colmillos de culebras, o lávanse con agua de la corteza del hobo. Las armas que tienen son arco y flechas, lanzas de veinte palmos, dardos con amiento, cañas con lengua de palo, hueso de animal o espina de peces, que mucho enconan la herida, porras y rodelas; casquetes no los han de menester, que tienen las cabezas tan recias que se rompe la espada dando en ellas, y por eso ni les tiran cuchilladas ni se dejan topetar. Llevan en ellas grandes penachos por gentileza. Usan atabales para tocar al arma y ordenanza, y unos caracoles que suenan mucho. El herido en la guerra es hidalgo y goza de grandes franquezas. No hay espía que descubra el secreto, por más tormentos que le den. Al cautivo de guerra señalan en la cara, y le sacan un diente de los delanteros. Son inclinados a juegos y hurtos; son muy haraganes. Algunos tratan yendo y viniendo a ferias. Truecan una cosa por otra, que no tienen moneda. Venden las mujeres y los hijos. Son grandes pescadores de red todos los que alcanzan río y mar, ca se mantienen así sin trabajo y con abundancia. Nadan mucho y bien, hombres y mujeres. Acostumbran a lavarse dos o tres veces al día, especial ellas, que van por agua, ca de otra manera hederían a sobaquina, según ellas confiesan. Los bailes que usan son arcitos, y los juegos, pelota. La medicina está en los sacerdotes, como la religión; por lo cual, y porque hablan con el diablo, son en mucho tenidos. Creen que hay un Dios en el cielo, pero que es el Sol, y que tiene por mujer a la Luna; y así, adoran mucho estos dos planetas. Tienen en mucho al diablo, adóranle y píntanle como se les aparece, y por esto hay muchas figuras suyas. Su ofrenda es pan, humo, frutas y flores, con gran devoción. El mayor delito es hurto, y cada uno puede castigar al ladrón que hurta maíz cortándole los brazos y echándoselos al cuello. Concluyen los pleitos en tres días, y hay justicia ejecutoria. Entiérranse generalmente todos, aunque en algunas tierras, como la de Comagre, desecan los cuerpos de los reyes y señores al fuego poco a poco hasta consumir la carne. Ásanlos, en fin, después de muertos, y aquello es embalsamar; dicen que duran así mucho. Atavíanlos muy bien de ropa, oro, piedras y pluma; guárdanlos en los oratorios de palacio colgados o arrimados a las paredes. Hay ahora pocos indios, y aquéllos son cristianos. La culpa de su muerte cargan a los gobernadores, y la crueldad, a los pobladores, soldados y capitanes.

LXIX. Cenu

Cenu es río, lugar y puerto grande y seguro. El pueblo está diez leguas de la mar; hay en él mucha contratación de sal y pesca. Gentil platería de indios. Labran de vaciadizo y doran con yerba. Cogen oro en donde quieren, y cuando llueve mucho paran redes muy menudas en aquel río y en otros, y a las veces pescan granos como huevos, de oro puro. Descubriólo Rodrigo de Bastidas, como dije, el año 2. Juan de la Cosa entró en él dos años después, y en el año 9 aconteció lo siguiente al bachiller Enciso, yendo tras Alonso de Hojeda; el cual echó gente allí para rescatar con los naturales y tomar lengua y muestra de la riqueza de aquella tierra. Vinieron luego muchos indios armados con dos capitanes en son de pelear. Enciso hizo señas de paz, y hablóles por una lengua que Francisco Pizarro llevaba de Urabá, diciendo cómo él y aquellos sus compañeros eran cristianos españoles, hombres pacíficos, y que habiendo navegado mucha mar y tiempo, traían necesidad de vituallas y oro. Por tanto, que les rogaba se lo diesen a trueco de otras cosas de mucho precio, y que nunca ellos las habían visto tales. Respondieron que bien podían ser que fuesen hombres de paz, pero que no traían tal aire; que se fuesen luego de su tierra, ca ellos no sufrían cosquillas, ni las demasías que los extranjeros con armas suelen hacer en tierras ajenas. Replicóles entonces él que no se podía ir sin les decir primero a lo que venía. Hízoles un largo sermón, que tocaba su conversión a la fe y bautismo, muy fundado en un solo Dios, criador del cielo y de la tierra y de los hombres, y al cabo dijo cómo el Santo Padre de Roma, vicario de Jesucristo en toda la redondez de la tierra, que tenía mando absoluto sobre las almas y la religión, había dado aquellas tierras al muy poderoso rey de Castilla, su señor, y que iba él a tomar la posesión de ellas;

pero que no les echaría de allí si querían ser cristianos y vasallos de tan
soberano príncipe, con algún tributo de oro que cada un año le diesen.
Ellos dijeron a esto, sonriéndose, que les parecía bien lo de un Dios, mas
que no querían disputar ni dejar su religión; que debía ser muy franco de lo
ajeno el Padre Santo, o revoltoso, pues daba lo que no era suyo; y el rey,
que era algún pobre, pues pedía, y algún atrevido, que amenazaba a quien
no conocía, y que llegase a tomarles su tierra, y pondríanle la cabeza en un
palo a par de otros muchos enemigos suyos, que le mostraron con el dedo
junto al lugar. Requirióles otra y muchas veces que lo recibiesen con las
condiciones sobre dichas, si no, que los mataría o prendería por esclavos
para vender. Pelearon, por abreviar, y aunque murieron dos españoles con flechas enherboladas, mataron muchos, saquearon el lugar y cautivaron
muchas personas. Hallaron por las casas muchas canastas y espuertas de
palma llenas de cangrejos, caracoles sin cáscara, cigarras, grillos, langostas de las que destruyen los panes, secas y saladas, para llevar mercaderes
la tierra adentro, y traer oro, esclavos y cosas de que carecen.

LXX. Cartagena

Juan de la Cosa, vecino de Santa María del Puerto, piloto de Rodrigo de
Bastidas, armó el año de 4 cuatro carabelas con ayuda de Juan de Ledesma,
de Sevilla, y de otros, y con licencia del rey, porque se ofreció a domar los
caribes de aquella tierra. Fue, pues, a desembarcar a Cartagena, y creo que
halló allí al capitán Luis Guerra, y entrambos hicieron la guerra y mal que
pudieron; saltearon la isla de Codego, que cae a la boca del puerto.
Tomaron seiscientas personas, discurrieron por la costa, pensando rescatar
oro; entraron en el golfo de Urabá, y en un arenal halló Juan de la Cosa oro,
que fue lo primero que de allí se presentó al rey. Llevaban muy llenos de
gente los navíos; dieron vuelta a Santo Domingo, que ni hallaban rescate ni
mantenimiento. Alonso de Hojeda fue allá dos veces, y la postrera le mata-
ron setenta españoles; y él, como ya estaban dados a los caribes por esclavos, cogió la gente, oro y ropa que pudo. Pedro de Heredia, natural de
Madrid, pasó a Cartagena por gobernador, el año de 32, con cien españo-
les y cuarenta caballos, en tres carabelas bien artilladas y abastecidas.
Pobló y conquistó, mató indios y matáronle españoles en el tiempo que

gobernó. Tuvo émulos y pecados, por donde vinieron a España él y un su hermano presos; y anduvieron fatigados muchos años tras el Consejo de Indias en Valladolid, Madrid y Aranda de Duero. Nombráronla así los primeros descubridores, porque tienen una isla en el puerto como nuestra Cartagena, aunque mayor, y que se dice Codego. Es larga dos leguas, y ancha media. Estaba muy poblada de pescadores cuando los capitanes Cristóbal y Luis Guerra y Juan de la Cosa la saltearon. Los hombres y mujeres de esta tierra son más altos y hermosos que isleños. Andan desnudos como nacen, aunque se cubren ellas la natura con una tira de algodón, y usan cabellos largos. Traen zarcillos de oro, y en las muñecas y tobillos cuentas, y un palillo de oro atravesado por las narices, y sobre las tetas, bronchas. Ellos se cortan el cabello encima de las orejas; no crían barbas, aunque hay hombres barbados en algunas partes. Son valientes y belicosos. Précianse mucho del arco; tiran siempre con yerba al enemigo y a la caza. Pelea también la mujer como el hombre. Una tomó presa el bachiller Enciso que, siendo de veinte años, había muerto ocho cristianos. En Chimitao van las mujeres a la guerra con huso y rueca; comen los enemigos que matan, y aun hay muchos que compran esclavos para comérselos. Entiérranse con mucho oro, pluma y cosas ricas; sepultura se halló en tiempo de Pedro de Heredia que tuvo veinticinco mil pesos de oro. Hay mucho cobre; oro, no tanto, ca lo traen de otras partes por rescate y trueco de cosas. Los indios que hay son cristianos; tienen su obispo.

LXXI. Santa Marta

Rodrigo de Bastidas, que descubrió a Santa Marta, la gobernó también; fue a eso el año de 24; pobló y conquistó buenamente, que le costó la vida, ca se enojaron de él los soldados en Tarbo, pueblo rico, porque no se lo dejó robar. Enojados, pues, y descontentos, murmuraban de él terriblemente, diciendo que quería más para los indios que para ellos; entró ambición en Pedro de Villafuerte, nacido en Ecija, a quien Bastidas honraba mucho y procuraba de levantar y a quien confiaba sus secretos y hacienda, el cual pensaba que muriendo Bastidas se quedaría él por gobernador, pues tenía la mano en los negocios, así de guerra como de justicia, por la gota y otros males de Bastidas. Con este pensamiento tentó a ciertos soldados, y como los halló aparejados para seguir su voluntad, propuso de matarlo. Juramentóse con cincuenta españoles, de los cuales eran los principales Montesinos, de Librija; Montalvo, de Guadalajara, y un Porras; fue con ellos una noche a casa del gobernador Bastidas, y dióle cinco puñaladas en su propia cama, estando durmiendo, de que al cabo murió. Después fueron gobernadores los adelantados de Tenerife don Pedro de Lugo y su hijo don Alonso Luis de Lugo, que se hubo en la provincia como suelen codiciosos. Alonso de Hojeda pacificó al cacique Jaharo mucho antes que fuese a Urabá, al cual robó Cristóbal Guerra, a quien después mataron indios. Yendo Pedrarias de Avila por gobernador al Darién, quiso tomar puerto, tierra y lengua aquí, juntó los navíos a la costa por asegurar la gente que salía en los bateles; acudieron muchos indios a la marina con armas para defender la tierra, escarmentados de semejantes navíos y hombres, o arregostados a la carne de cristianos. Comenzaron a chiflar y tirar flechas, piedras y varas a las naos; encendidos en ello, entraban en el agua hasta la cinta; muchos descargaron sus carcajes nadando: tanta es su braveza y ánimo. Empavesáronse muy bien los nuestros, por miedo de la yerba, y aun con todo eso fueron heridos dos españoles, que después murieron de ello; jugaron en los indios la artillería, con que hicieron más miedo que daño, ca pensaban que de las naos salían truenos y relámpagos como de nubes. Tuvo Pedrarias consejo si saldrían a tierra o a la mar; hubo diversos pareceres. Al fin pudo más la honrada vergüenza que la sabía cobardía; salieron a tierra, echaron de la marina a los indios, y luego ganaron el pueblo y mucha ropa, oro, niños y mujeres. Cerca de Santa Marta es Gaira, donde mataron cincuenta y cinco españoles a Rodrigo de Colmenares. Hay en Santa Marta mucho oro y cobre, que doran con cierta yerba majada y exprimida; friegan el cobre con ella y sécanlo al fuego: tanto más color toma cuanto más yerba le dan, y es tan fino, que engañó muchos españoles al principio. Hay ámbar, jaspe, calcidonias, zafis, esmeraldas y perlas; la tierra es fértil y de regadío; multiplica mucho el maíz, la yuca, las batatas y ajes. La yuca, que en Cuba, Haití y las otras islas es mortal estando cruda, aquí es sana; cómenla cruda asada, cocida, en cazuela o potajes, y como quiera es de buen sabor; es planta y no simiente; hacen unos montones de tierra grandes y en hila, como cepas de viñas. Hincan en cada uno de ellos los palos de yuca que les parece, dejando la mitad fuera; prenden estos palos, y lo que cubre la tierra hácese como nabo galiciano, y es el fruto lo que no cubre; crece un estado, más o menos. La caña es maciza, gorda y nudosa, pardisca; la hoja es verde y que parece de cáñamo; es trabajosa de sembrar y escardar, pero segura y cierta, por ser raíz; tarda un año a venir, y si la dejan dos es mejor; los ajes y batatas son casi una misma cosa en talle y sabor, aunque las batatas son más dulces y delicadas. Plántanse las batatas como la yuca, pero no crecen así, ca la rama no se levanta del suelo más que la de rubia, y echa la hoja a manera de yedra; tardan medio año a sazonarse para ser buenas; saben a castañas con azúcar o a mazapán; hay muy gran ejercicio de pescar con redes y de tejer algodón y pluma; por causa de estos dos oficios se hacían gentiles mercados. Précianse de tener sus casas bien aderezadas con esteras de junco y palma, teñidas o pintadas; paramentos de algodón y oro y aljófar, de que mucho se maravillaron nuestros españoles; cuelgan en las puntas de las camas sartas de caracoles marinos para que suenen. Los caracoles son de muchas maneras y gentiles, muy grandes y más resplandecientes y finos que nácar. Van desnudos, pero cubren lo suyo en unos como embudos de calabaza o canutillos de oro; ellas se ciñen unos delantales; las señoras traen en las cabezas unas como diademas de pluma grandes, de las cuales cuelgan por las espaldas un chia hasta medio cuerpo. Parecen muy bien con ellas, y mayores de lo que son, y por eso dicen que son dispuestas y hermosas; no son menores las indias que las mujeres de acá, sino que como no traen chapines de a palmo ni de palmo y medio, como ellas, ni aun zapatos, parecen chicas. La obra de las diademas tiene arte y primor; las plumas son de tantas colores y tan vivas, que atraen mucho la vista; muchos hombres visten camisetas estrechas, cortas y con medias mangas. Ciñen faldillas hasta los tobillos, y atan al pecho unas capitas. Son muy putos y précianse de ello, ca en los sartales que traen al cuello ponen por joyel al dios Príapo, y dos hombres uno sobre otro por detrás, relievados de oro; tal pieza de aquellas hay que pesa treinta castellanos. En Zamba, que los indios dicen Nao, y en Gaira, crían los putos cabello y atapan sus vergüenzas como mujeres, que los otros traen coronas como frailes, y así, los llaman coronados; las que guardan virginidad allí siguen mucho la guerra con arco y aljaba; van a caza solos, y pueden matar sin pena al que se lo pide. Caponan los niños por que enternez-can para comer; son éstos de Santa Marta, caribes; comen carne humana, fresca y cecinada; hincan las cabezas de los que matan y sacrifican a las puertas por memoria, y traen los dientes al cuello (como sacamuelas) por bravosidad, y cierto ellos son bravos, belicosos y crueles; ponen por hierro en las flechas hueso de raya, que de suyo es enconado, y úntanlo con zumo de manzanas ponzoñosas o con otra hierba, hecha de muchas cosas, que hiriendo mata. Son aquellas manzanas del tamaño y color que nuestras magrillas; si algún hombre, perro o cualquier otro animal come de ellas se le vuelven gusanos, los cuales en brevísimo tiempo crecen mucho y comen las entrañas, sin que haya remedio, a lo menos muy poco; el árbol que las produce es grande, común, y de tan pestilencial sombra, que luego duele la cabeza al que se pone a ella. Si mucho se detiene allí, hínchasele la cara y túrbasele la vista, y si duerme, ciega; morían y aun rabiando, los españoles heridos de ella, como no sabían ningún remedio, aunque algunos sanaban con cauterios de fuego y agua de mar. Los indios tienen otra yerba que con el zumo de su raíz remedia la ponzoña de esta fruta y restituye la vista y cura todo mal de ojos. Esta yerba que hay en Cartagena dicen que es la hipérbaton con que Alejandro sanó a Ptolomeo, y poco ha se conoció en Cataluña por industria de un esclavo moro, y la llaman escorzonera.

LXXII. Descubrimiento de las esmeraldas
Para ir a la Nueva Granada entran por el río que llaman Grande, diez o doce leguas de Santa Marta al poniente. Estando en Santa Marta el licenciado Gonzalo Jiménez, teniente por el adelantado don Pedro de Lugo, gobernador de aquella provincia, subió el río Grande arriba por descubrir y conquistar en una tierra que nombró San Gregorio. Diéronle ciertas esmeraldas; preguntó de dónde las habían, y fuése al rastro de ellas; subió más arriba, y en el valle de los alcázares se topó con el rey Bogotá, hombre avisado, que por echar de su tierra los españoles, viéndolos codiciosos y atrevidos, dio al licenciado Jiménez muchas cosas de oro, y le dijo cómo las esmeraldas que buscaban estaban en tierra y señorío de Tunja. Tenía Bogotá cuatrocientas mujeres, y cada uno de su reino podía tomar cuantas pudiesen tener, pero no habían de ser parientas; todas se habían muy bien,

que no hacían poco. Era Bogotá muy acatado, ca le volvían las espaldas por no le mirar a la cara, y cuando escupía se hincaban de rodillas los más principales caballeros a tomar la saliva en unas toallas de algodón muy blancas, porque no tocase a tierra cosa de tan gran príncipe; allí son más pacíficos que guerreros, aunque tenían guerra muchas veces con los panches. No tienen yerba ni muchas armas; justifícanse mucho en la guerra que toman; piden respuesta del suceso de ella a sus ídolos y dioses; pelean de tropel; guardan las cabezas de los que prenden; idolatran reciamente, especial en bosques; adoran el Sol sobre todas las cosas; sacrifican aves; queman esmeraldas y sahuman los ídolos con yerbas. Tienen oráculos de dioses, a quien piden consejo y respuesta para las guerras, temporales, dolencias, casamientos y tales cosas; pónense para esto por las coyunturas del cuerpo unas yerbas que llaman jop y osca, y toman el humo. Tienen dieta dos meses al año, como Cuaresma, en los cuales no pueden tocar a mujer ni comer sal; hay unos como monasterios donde muchas mozas y mozos se encierran ciertos años. Castigan recio los pecados públicos, hurtar, matar y sodomía, que no consienten putos; azotan, desorejan, desnarigan, ahorcan y a los nobles y honrados cortan el cabello por castigo, o rásganles las mangas de las camisetas; visten sobre las camisetas ropas que ciñen, pintadas de pincel. Traen en las cabezas, ellas guirnaldas, y los caballeros, cofias de red o bonetes de algodón; traen zarcillos y otras joyas muchas partes del cuerpo; mas han primero de estar en monasterio. Heredan los hermanos y sobrinos, y no los hijos; entiérranse los bogotás en ataúdes de oro. Partió Jiménez de Bogotá, pasó por tierra de Conzota, que llamó valle del Espíritu Santo; fue a Turmeque, y nombróle valle de la Trompeta; de allí a otro valle, dicho San Juan y en su lenguaje Tenesucha. Habló con el señor Somondoco, cúya es la mina o cantera de las esmeraldas; fue allá, que hay siete leguas, y sacó muchas. El monte donde está el minero de las esmeraldas es alto, raso, pelado y cinco grados de la Equinoccial a nosotros. Los indios para sacar las hacen primero ciertos encantes y hechizos por saber cuál es buena veta; vinieron a montón para sacar el quinto y repartir mil y ochocientas esmeraldas, entre grandes y pequeñas, que las comidas y hurtadas no se contaron; riqueza nueva y admirable y que jamás se vio tanta ni tan fina piedra junta. Otras muy muchas se han hallado después acá por aquella tierra; empero este fue el principio, cuyo hallazgo y honra se debe a este letrado Jiménez: notaron mucho los españoles que, habiendo tal bendición de Dios en la alto de aquel serrejón, fuese tan estéril tierra, y en lo llano, que criasen los moradores hormigas para comer, y tan simples los hombres, que no saliesen a trocar aquellas ricas piedras por pan; creo que indios se dan poco por piedras. También hubo el licenciado Jiménez en este viaje, que fue de poco tiempo, trescientos mil ducados en oro; ganó asimismo muchos señores por amigos, que se ofrecieron al servicio y obediencia del emperador. Las costumbres, religión, traje y armas de lo que llaman Nueva Granada son como en Bogotá, aunque algunas gentes se diferencian: los panches, enemigos de bogotás, usan paveses grandes y livianos, tiran flechas como caribes, comen todos los hombres que cautivan, después y antes de ser sacrificados, en venganza; puestos en guerra, nunca quieren paz ni concierto, y si les cumple, sus mujeres la piden, que no pierden ánimo ni honra como perderían ellos. Llevan sus ídolos a la guerra por devoción o esfuerzo; cuando se los tomaban los españoles, pensaban que lo hacían de devotos, y era por ser de oro y por quebrarlos; de que mucho se entristecían. Sepúltanse los de Tunja con mucho oro; y así había ricos enterramientos; las palabras del matrimonio es el dote en mueble, que raíces no dan, ni guardan mucho parentesco. Llevan a la guerra hombres muertos que fueron valientes, para animarse con ellos, y por ejemplo que no han de huir más que ellos, ni dejarlos en poder del enemigo; los tales cuerpos están sin carne, con sola el armadura de los huesos asidos por las coyunturas. Si son vencidos, lloran y piden perdón al Sol de la injusta guerra que comenzaron; si vencen, hacen grandes alegrías, sacrifican los niños, cautivan las mujeres, matan los hombres, aunque se rindan, sacan los ojos al señor o capitán que prenden y hácenle mil ultrajes. Adoran muchas cosas, y principalmente al Sol y Luna; ofrecen tierra, haciendo Granada, como está en la vieja, de solos cuatro oidores.

LXXIII. Venezuela

Todo lo que hay del cabo de la Vela al golfo de la Paria descubrió Cristóbal Colón en el año 1498. Caen en esta costa Venezuela, Curiana, Chiribichi y Cumaná y otros muchos ríos y puertos. El primer gobernador que pasó a

Venezuela fue Ambrosio de Alfínger, alemán, en nombre de los Belzares, mercaderes riquísimos a quien el emperador empeñó esta tierra; fue año de 28. Hizo algunas entradas con los que llevó, conquistó muchos indios, y al fin murió de un flechazo con yerba que le dieron caribes por la garganta, y los suyos vinieron a tanta hambre, que comieron perros y tres indios. Sucedióle Jorge Spira, también alemán, y que fue allá el año de 35; la reina doña Isabel no consentía pasar a Indias, sino a gran importunación, hombre que no fuese su vasallo. El rey Católico dejó ir allá, después que murió ella, a los suyos de los reinos de Aragón; el emperador abrió la puerta a los alemanes y extranjeros en el concierto que hizo con la compañía de estos Belzares, aunque ahora mucho cuidado y rigor se tiene para que no vayan y vivan en las Indias sino españoles. Venezuela es obispado, y la silla está en Coro; el primer obispo fue Rodrigo de Bastidas, y no el descubridor. Díjose Venezuela porque está edificada dentro en agua sobre peña llana, y en un lago que llaman Maracaibo, y los españoles, Nuestra Señora. Son las mujeres más gentiles que sus vecinas; píntanse pecho y brazos; van desnudas; cúbrenselo con un hilo; les es vergüenza si no lo traen, y si alguno se lo quita, las injuria. Las doncellas se conocen en el color y tamaño del cordel, y traerlo así es señal certísima de virginidad; en el cabo de la Vela traen por la horcajadura una lista de algodón no más ancha que un jeme; en Tarare usan sayas hasta en pies con capillas; son tejidas en una pieza, que no llevan costura ninguna; ellos en general meten lo suyo en cañutillos, y los enotos atan la capilla por cubrir la cabeza. Hay muchos sodomíticos, que no les falta para ser del todo mujer sino tetas y parir; adoran ídolos; pintan al diablo como le hablan y ven; también se pintan todos ellos el cuerpo, y el que vence, prende o mata a otro, ora sea en guerra, ora en desafío, con que a traición no sea, se pinta un brazo por la primera vez, la otra los pechos, y la tercera con un verdugo de los ojos a las orejas, y esta es su caballería. Sus armas son flechas con yerba, lanzas de a veinticinco palmos, cuchillos de caña, porras, hondas, adargas muy grandes de corteza y cuero. Los sacerdotes son médicos; preguntan al enfermo si cree que lo pueden ellos sanar; traen la mano por el dolor, llaga o postema, rigtan y chupan con una paja; si no sanan, echan la culpa al paciente o a los dioses (que así hacen todos los médicos). Lloran de noche al señor que muere; el lloro es

141

cantar sus proezas: tuéstanlo, muélenlo y echado en vino se lo beben, y esto es gran honra; en Zompachai entierran los señores con mucho oro, piedras y perlas, y sobre la sepultura hincan cuatro palos en cuadro; emperaméntanlos, y cuelgan allí dentro armas, plumajes y muchas cosas de comer y beber. En Maracaibo hay casas sobre postes en agua, que pasan barcos por debajo; allí aprendió Francisco Martín a curar con humo, soplos y bramidos.

LXXIV. El descubrimiento de las perlas

Antes que más adelante pasemos, pues hay perlas en más de cuatrocientas leguas de costa que ponen del cabo de la Vela al golfo de Paria, es bien decir quién las descubrió. En el viaje tercero que Cristóbal Colón hizo a Indias, año de 1498, o (según algunos) 7, llegó a la isla Cubagua, que llamó de Perlas. Envió un batel con ciertos marineros a tomar una barca de pescadores, para saber qué pescaban y qué gente eran. Los marineros siguieron la barca, que, de miedo, habiendo visto aquellos grandes navíos, huía. No la pudieron alcanzar. Llegaron a tierra, donde los indios pararon su barca y aguardaron. No se alteraron ni llamaron gente, antes mostraron alegría de ver hombres barbados y vestidos a la marinesca. Un marinero quebró un plato de Málaga, y salió a rescatar con ellos y a mirar la pesca, porque vio entre ellos una mujer con gargantillas de aljófar al cuello. Hubo a trueco del plato (que otra cosa no sacó) ciertos hilos de aljófar blanco y granado, con que se tornaron a las naos muy alegres. Colón, por certificarse más y mejor, mandó ir otros con cascabeles, agujas, tijeras y cascos de aquel mismo barro valenciano, pues lo querían y preciaban. Fueron, pues, y trajeron más de seis marcos de aljófar menudo y grueso con muchas buenas perlas entre ello. «Dígovos que estáis, dijo Colón entonces a los españoles, en la más rica tierra del mundo: demos gracias al Señor.» Maravillóse de ser tan crecido todo aquel aljófar, ca de ver tanto no cabía de placer. Entendió que los indios no hacían caso de lo muy menudo por tener harto de lo granado, o por no saber agujerearlo. Dejó Colón la isla y acercóse a tierra, que andaba mucha gente por la marina, para ver si había también allá perlas. Estaba la costa cubierta de hombres, mujeres y niños que salían a mirar los navíos, cosa para ellos extraña. El señor de Cumaná, que así llamaban aquella tierra y río, envió a rogar al capitán de la flota que desembarcase y sería bien recibido. Mas él, aunque hacían gestos de amor los mensajeros, no quiso ir, temiendo alguna zalagarda, o porque los suyos no se quedasen allí, si había tantas perlas como en Cubagua. Tornaron luego muchos indios a las naos; entraron en ellas, y quedaron espantados de los vestidos, espadas y barbas de los españoles; de los tiros, jarcias y obras muertas de las naos, y aun los nuestros se santiguaron y gozaron en ver que todos aquellos indios traían perlas al cuello y muñecas. Colón les demandaba por señas dónde las pescaban. Ellos señalaban con el dedo la isla y la costa. Envió entonces Colón a tierra dos bateles con muchos españoles, para mayor certificación de aquella nueva riqueza, y porque todos le importunaron. Hubo tanto concurso de gente a ver los extranjeros, que no se podían valer. El señor los llevó al lugar a una casa redonda que parecía templo, donde los sentó en banquillos muy labrados de palma negra. Sentóse también él, un hijo suyo y otros que debían ser caballeros; trajeron luego mucho pan y frutas de diversas suertes, y algunas que aún no las conocían españoles. Trajeron eso mismo razonable vino tinto y blanco, hecho de dátiles, grano y raíces, diéronles al cabo perlas en colación por confites. Lleváronlos después a palacio a ver las mujeres y aparato de casa. No había ninguna de ellas aunque había muchas, que no tuvieron ajorcas de oro y gargantillas de perlas. Holgaron, teniendo palacio con ellas, una gran pieza, que eran amorosas, y, para ir desnudas, blancas, y, para ser indias, discretas. Los que van al campo están negros del sol. Volviéronse los españoles a los navíos, admirados de tantas perlas y oro. Rogaron a Colón que los dejase allí; mas él no quiso, diciendo ser pocos para poblar. Alzó velas, corrió la costa hasta el cabo de la Vela, y de allí se vino a Santo Domingo con propósito de volver a Cubagua en ordenando las cosas de su gobernación. Disimuló el gozo que sentía de haber hallado tanto bien, y no escribió al rey el descubrimiento de las perlas, o a lo menos no lo escribió hasta que ya lo sabían en Castilla; lo cual fue gran parte que los Reyes Católicos se enojasen y lo mandasen traer preso a España, según ya contamos. Dicen que lo hizo por capitular de nuevo y haber para sí aquella rica isla, que no era tal que pensase encubrir el descubrimiento al rey, que tiene muchos ojos. Mas tardó a decir y tratarlo con la ocupación que tuvo en lo de Roldán Jiménez.

LXXV. Otro gran rescate de perlas

Los más de los marineros que iban con Cristóbal Colón cuando halló las perlas eran de Palos, los cuales se vinieron a España y dijeron en su tierra lo de las perlas, y aun mostraron muchas y las llevaron a vender a Sevilla, de donde se supo en corte y en palacio. A la mucha fama armaron algunos de allí, como fueron los Pinzones y los Niños. Aquéllos se tardaron por llevar cuatro carabelas, y fueron al cabo de San Agustín, como después diremos. Estos, levantando el pensamiento a la codicia, aprestaron luego un navío, hicieron capitán de él a Peralonso Niño, el cual hubo de los Reyes Católicos licencia de ir a buscar perlas y tierra, con tal que no entrase en lo descubierto por Colón con cincuenta leguas. Embarcóse, pues, el agosto de 1499 con treinta y tres compañeros, que algunos fueran con Cristóbal Colón. Navegó hasta Paria, visitó la costa de Cumaná, Maracapana, Puerto-Flechado y Curiana, que cae junto a Venezuela. Salió allí en tierra, y un caballero que vino a la marina con cincuenta indios lo llevó amigablemente a un gran pueblo a tomar el agua, refresco y rescate que buscaba. Comió, y rescató en un momento quince onzas de perlas a trueco de alfileres, sortijas de cuerno y estaño. Otro día surgió con la nao en par de aquel lugar. Acudió tanta muchedumbre de indios a la ribera por mirar la nave y por haber quinquillería, que los españoles no osaban salir. Convidábanlos a rescatar a la nao, y ellos a la tierra; salieron en fin, como se metían dentro en ella sin armas, y por verlos mansos, simples y ganosos de llevarlos a su pueblo. Estuvieron en el pueblo veinte días feriando perlas. Dábanles una paloma por una aguja, una tórtola por una cuenta de vidrio, un faisán por dos, un gallipavo por cuatro. Dábanles también por aquel precio conejos y cuartos de venado. Preguntaban de qué les servirían las agujas, pues andando desnudos no tenían qué coser. Dijéronles que de sacar espinas, pues iban descalzos. No había cosa en la tienda que más les agradase que cascabeles y espejos, y así daban mucho por ellos. Traían los hombres anillos de oro y joyeles con perlas, hechos aves peces y animalejos. Preguntaron del oro; respondieron que lo traían de Caucheto, seis soles de allí: fueron allá, pero no trajeron sino monas y papagayos. Vieron empero cabezas de hombres clavadas a las puertas por ufanía. Tenían aquellos de Curiana toque para el oro y peso para pesarlo, que no se ha visto en otro cabo de las Indias. Andan los hombres desnudos, sino lo que cubren con cuellos de calabaza o caña de caracol. Algunos empero hay que se lo atan para dentro. Traen los cabellos largos y son algo crespos; traen muy blancos dientes, con traer siempre cierta yerba en la boca, que hiede. Son gentiles olleros; las mujeres labran la tierra, que los hombres atienden a la guerra y caza, y si no, danse al placer; usan vino de dátiles; crían en casa conejos, patos, tórtolas y otras muchas aves. Produce la tierra orchilla y cañafístola. Cargó de ello su nao Peralonso Niño, y vino a España en sesenta días de navegación. Aportó a Galicia con noventa y seis libras de aljófar, en que había grandísima cantidad de perlas finas orientales, redondas, y de cinco y seis quilates, y algunas de más; empero no estaban bien agujeradas, que era mucha falta. Riñeron en el camino sobre la partición, y acusaron ciertos marineros al Peralonso Niño delante Hernando de Vega, señor de Grajales, que a la sazón era gobernador allí en Galicia, diciendo que había hurtado muchas perlas y engañado al rey en su quinto, y res catado en Cumaná y otras partes que había andado. El gobernador prendió al Peralonso, mas no le hizo al que tenerlo en la cárcel mucho tiompo, donde se comió hartas porlaa, y dijo cómo había costeado tres mil leguas de tierra hacia poniente, que se quería ir hasta Higueras.

LXXVI. Cumaná y Maracapana

Cumaná es un río que da nombre a la provincia donde ciertos frailes franciscos hicieron un monasterio, siendo vicario fray Juan Garcés, año de 16, cuando los españoles andaban muy dentro en la pesquería de las perlas de Cubagua. Fueron luego tres frailes dominicos que andaban en aquella isla a Píritu de Maracapana, veinte leguas al poniente de Cumaná. Comenzaron a predicar (como los franciscos) y a convertir, mas comiéronselos unos indios. Sabida su muerte y martirio, pasaron allá otros frailes de aquella orden y fundaron un monasterio en Chiribichi, cerca de Maracapana, que llamaron Santa Fe. Los religiosos que residían en ambos monasterios hicieron grandísimo fruto en la conversión; enseñaron a leer y escribir y responder a misa a muchos hijos de señores y gente principal. Estaban los indios tan amigos de los españoles que los dejaban ir solos la tierra adentro y cien leguas de costa. Duró dos años y medio esta conversión y amistad; ca en fin del año 19 se rebelaron y renegaron todos aquellos indios por su propia malicia, o porque los echaban al trabajo y pesquería de perlas. Maracapaneses mataron en obra de un mes cien españoles recién llegados al rescate. Fueron capitanes de la rebelión dos caballeros mancebos criados en Santa Fe; y donde más crueles se mostraron fue en el mismo monasterio, ca mataron todos los frailes, a uno diciendo misa y a los demás oficiándola. Mataron asimismo cuantos indios dentro estaban, y hasta los gatos; quemaron la casa y la iglesia; los de Cumaná pusieron también fuego al monasterio de franciscos; huyeron los frailes con el Sacramento en una barca a Cubagua; asolaron la casa, talaron la huerta, quebraron la campana, despedazaron un crucifijo y pusiéronlo por los caminos como si fuera hombre, cosa que hizo temblar a los españoles de Cubagua. Martirizaron a un fray Dionisio, que, turbado, no supo o no pudo entrar en la barca con los otros sus compañeros. Estuvo seis días escondido en un carrizal sin comer, esperando que viniesen españoles. Salió con hambre y con esperanza que los indios no le harían mal, pues muchos eran sus hijos en la fe y bautismo. Fue al lugar y encomendóseles; ellos le dieron de comer tres días sin le decir mal, en los cuales estuvo siempre de rodillas llorando y rezando, según después confesaron los malhechores. Debatieron mucho sobre su muerte, ca unos lo querían matar y otros salvar; mas a la fin le arrastraron del pescuezo por consejo de uno que cristiano llamaban Ortega. Acoceáronlo e hiciéronle otros vituperios. Estaba de rodillas puesto en oración cuando le dieron con las porras en la cabeza para matarle, que así lo rogó él. El almirante don Diego Colón, audiencia y oficiales del Rey, que supieron esto, despacharon luego allá a Gonzalo de Ocampo con trescientos españoles, el cual fue año de 20 a Cumaná. Usó de mañoso ardid para tomar los malhechores. Surgió con sus navíos junto a Cumaná y mandó que ninguno dijese cómo venían de Santo Domingo, por que los indios entrasen a las naos y allí los prendiese sin sangre ni peligro. Preguntaron los indios desde la costa de dónde venían. Respondieron que de Castilla. No lo creían, y decían: «Haití. Haití». «No, Castilla, replicaron, Castilla, Castilla, España»;

146

y convidábanlos a las naos. Ellos enviaron a mirar si era verdad con achaque de llevarles pan y cosas de rescate. Gonzalo de Ocampo metió los soldados so sota disimulo; agradecióles su ida y comida, rogándoles que le trajesen más. Creyeron los indios que venían de Castilla muy bozales, como no vieron soldados, y tomaron allá muchos de los rebeldes con pensamiento de sacarlos a tierra y matarlos. Gonzalo de Ocampo sacó los soldados y prendió a los indios. Tomóles su confesión; confesaron la muerte de los españoles y quema de los monasterios. Ahorcólos de las antenas y fuese a Cubagua. Quedaron los indios que miraban de la marina atónitos y medrosos. Asentó Gonzalo de Ocampo real en Cubagua, y venía a Cumaná a hacer guerra y correrías. Mató muchos indios en veces, y los más que prendió justició por rigor. Diéronse perdidos los mezquinos sí aquella guerra duraba, y pidieron perdón y paz. Ocampo la hizo con ellos y con el cacique don Diego, el cual le ayudó a fabricar la villa de Toledo, que hizo a la ribera del río, media legua de mar.

LXXVII. La muerte de muchos españoles

Estaba el licenciado Bartolomé de las Casas, clérigo, en Santo Domingo al tiempo que florecían los monasterios de Cumaná y Chiribichi, y oyó loar la fertilidad de aquella tierra, la mansedumbre de la gente y abundancia de perlas. Vino a España, pidió al emperador la gobernación de Cumaná; informóle cómo los que gobernaban las Indias le engañaban, y prometióle de mejorar y acrecentar las rentas reales. Juan Rodríguez de Fonseca, el licenciado Luis Zapata y el secretario Lope de Conchillos, que entendían en las cosas de Indias, le contradijeron con información que hicieron sobre él; y lo tenían por incapaz del cargo, por ser clérigo y no bien acreditado ni sabedor de la tierra y cosas que trataba. Él entonces favorecióse de monsiur de Laxao, camarero del emperador, y de otros flamencos y borgoñones, y alcanzó su intento por llevar color de buen cristiano en decir que convertiría más indios que otro ninguno con cierta orden que pondría, y porque prometía enriquecer al rey y enviarles muchas perlas. Venían entonces muchas perlas, y la mujer de Xebres hubo ciento y sesenta marcos de ellas que vinieron del quinto, y cada flamenco las pedía y procuraba. Pidió labradores para llevar, diciendo no harían tanto mal como soldados, desuellacaras, avarientos e inobedientes. Pidió que los armase caballeros de espuela dorada, y una cruz roja diferente de la de Calatrava, para que fuesen francos y ennoblecidos. Diéronle, a costa del rey, en Sevilla, navíos y matalotaje y lo que más quiso, y fue a Cumaná el año de 20 con obra de trescientos labradores que llevaban cruces, y llegó al tiempo que Gonzalo de Ocampo hacía a Toledo. Pesále de hallar allí tantos españoles con aquel caballero, enviados por el almirante y Audiencia, y de ver la tierra de otra manera que pensara ni dijera en corte. Presentó sus provisiones, y requirió que le dejasen la tierra libre y desembargada para poblar y gobernar. Gonzalo de Ocampo dijo que las obedecía, pero que no cumplía cumplirlas, ni lo podía hacer sin mandamiento del gobernador y oidores de Santo Domingo, que lo enviaran. Burlaba mucho del clérigo, que lo conocía de allá de la vega por ciertas cosas pasadas, y sabía quién era; burlaba eso mismo de los nuevos caballeros y de sus cruces como de San Benitos. Corríase mucho de esto el licenciado, y pesábale de las verdades que le dijo. No pudo entrar en Toledo, e hizo una casa de barro y palo, junto a donde fue el monasterio de franciscos, y metió en ella sus labradores, las armas, rescate y bastimento que llevaba, y fuese a querellar a Santo Domingo. El Gonzalo de Ocampo se fue también, no sé si por esto o por enojo que tenía de algunos de sus compañeros, y tras él se fueron todos; y así quedó Toledo desierto y los labradores solos. Los indios, que holgaban de aquellas pasiones y discordia de españoles, combatieron la casa y mataron casi todos los caballeros dorados. Los que huir pudieron acogiéronse a una carabela, y no quedó español vivo en toda aquella costa de perlas. Bartolomé de las Casas, como supo la muerte de sus amigos y pérdida de la hacienda del rey, metióse fraile dominico en Santo Domingo; y así, no acrecentó nada las rentas reales ni ennobleció los labradores, ni envió perlas a los flamencos.

LXXVIII. Conquista de Cumaná y población de Cubagua

Perdía mucho el rey en perderse Cumaná, porque cesaba la pesca, trato de las perlas de Cubagua; y para ganarla enviaron allá el almirante y Audiencia a Jácome Castellón con muchos españoles, armas y artillería. Este capitán enmendó las faltas de Gonzalo de Ocampo, Bartolomé de las Casas y otros que habían ido con cargo y gente a Cumaná. Guerreó los indios, recobró la tierra, rehizo la pesquería, hinchó de esclavos a Cubagua y aun a Santo Domingo, edificó un castillo a la boca del río, que aseguró la tierra y la agua. Desde allí, que fue año de 23, anda la pesca del aljófar en Cubagua, donde también comenzó la Nueva Cádiz para morar los españoles. A Cubagua llamó Colón isla de Perlas; boja tres leguas; está en casi diez grados y medio de la Equinoccial acá; tiene a una legua por hacia el norte la isla Margarita, y a cuatro hacia el sur la punta de Araya, tierra de mucha sal; es muy estéril y seca, aunque llana; solitaria, sin árboles, sin agua; no había sino conejos y aves marinas; los naturales andaban muy pintados, comían ostras de perlas, traían agua de Tierra-Firme por aljófar. No se sabe que isla tan chica como ésta rente tanto y enriquezca sus vecinos. Han valido las perlas que se han pescado en ella, después acá que se descubrió, dos millones; mas cuestan muchos españoles, muchos negros y muchísimos indios. Traen ahora leña de la Margarita y agua de Cumaná, que hay siete leguas. Los puercos que llevaron se han diferenciado, ca les crecen un jeme las uñas hacia arriba, que los afea. Hay una fuente de licor oloroso y medicinal, que corre sobre la agua del mar tres y más leguas. En cierto tiempo del año está la mar allí bermeja, y aun en muy gran trecho de la Tierra-Firme, a causa que desovan las ostras o que les viene su purgación, como a mujer, según afirman. Andan asimismo, por que no falten fábulas, cerca de Cubagua peces que de medio arriba parecen hombres en las barbas y cabellos y brazos.

LXXIX. Costumbres de Cumaná

Los de esta tierra son de su color; van desnudos, si no es el miembro, que atan para dentro o que cubren con cuellos de calabazas, caracoles, cañas, listas de algodón y cañutillos de oro. En tiempo de guerra se ponen mantas y penachos; en las fiestas y bailes se pintan o tiznan o se untan con cierta goma o ungüento pegajoso como liga, y después se empluman de muchas colores, y no parecen mal los tales emplumados. Córtanse los cabellos por empar del oído; si en la barba les nace algún pelo, arráncanselo con espinzas, que no quieren allí ni en medio del cuerpo pelos, aunque de suyo son desbarbados y lampiños. Précianse de tener muy negros los dientes, y llaman mujer al que los tiene blancos, como en Curiana, y al que sufre barba, como español, animal. Hacen negros los dientes con zumo o polvo de hojas de árbol, que llaman ahí, las cuales son blandas como de terebinto y hechura de arrayán. A los quince años, cuando comienzan a levantar la cresta, toman estas yerbas en la boca, y tráenlas hasta ennegrecer los dientes como el carbón; dura después la negrura toda la vida, y ni se pudren con ella ni duelen. Mezclan este polvo con otro de cierto palo y con caracoles quemados, que parece cal, y así abrasa la lengua y labios al principio. Guárdanlo en espuertas y cestas de caña y verga, para vender y contratar en los mercados, que de muy lejos vienen por ello con oro, esclavos, algodón y otras mercaderías. Las doncellas van de todo punto desnudas; traen senogiles muy apretados por debajo y encima de las rodillas, para que los muslos y pantorrillas engorden mucho, que lo tienen por hermosura; no se les da nada por la virginidad. Las casadas traen zaragüelles o delantales; viven honestamente; si cometen adulterio, llevan repudio; el cornudo castiga a quien lo hizo. Los señores y ricos hombres toman cuantas mujeres quieren; dan al huésped que a su casa viene la más hermosa; los otros toman una o pocas. Los caballeros encierran sus hijas dos años antes que las casen, y ni salen fuera, ni se cortan el cabello durante aquel encerramiento. Convidan a las bodas a sus deudos, vecinos y amigos. De los convidados, ellas traen la comida, y ellos la casa. Digo que presentan ellas tantas aves, pescado, frutas, vino y pan a la novia, que basta y sobra para la fiesta; y ellos traen tanta madera y paja, que hacen una casa donde meter los novios. Bailan y cantan a la novia mujeres, y al novio hombres; corta uno los cabellos a él, y una a ella, por delante solamente, que por detrás no les tocan. Ataviánlos muy bien, según su traje; comen y beben hasta emborrachar. En siendo noche dan al novio su esposa por la mano, y así quedan velados; éstas deben ser las mujeres legítimas, pues las demás que su marido tiene las acatan y reconocen. Con éstas no duermen los sacerdotes, que llaman piaches, hombres santos y religiosos, como después diré, a quien dan las novias a desvirgar, que lo tienen por honrosa costumbre. Los reverendos padres toman aquel trabajo por no perder su preminencia y devoción, y los novios se quitan de sospecha, queja y pena. Hombres y mujeres traen ajorcas, collares, arracadas de oro y perlas si las tienen, y si no, de caracoles, huesos y tierra, y muchos se ponen coronas de oro o guirnaldas de flores y conchas. Ellos traen unos anillos en las narices, y ellas bronchas en los pechos, con que a prima vista se diferencian. Corren, saltan, nadan y tiran un arco las mujeres tan bien como los hombres, que son en todo diestros y sueltos. Al parir no hacen aquellos extremos que otras, ni se quejan tanto; aprietan a los niños la cabeza muy blando, pero mucho, entre dos almohadillas de algodón para ensancharles la cara, que lo tienen por hermosura. Ellas labran la tierra y tienen cuidado de la casa; ellos cazan o pescan cuando no hay guerra, aunque a la verdad son muy holgazanes, vanagloriosos, vengativos y traidores; su principal arma es flecha enherbolada. Aprenden de niños, hombres y mujeres a tirar al blanco con bodoques de tierra, madera y cera. Comen erizos, comadrejas, murciélagos, langostas, arañas, gusanos, orugas, abejas y piojos crudos, cocidos y fritos. No perdonan cosa viva por satisfacer a la gula, y tanto más es de maravillar que coman semejantes sabandijas y animales sucios cuando tienen buen pan y vino, frutas, peces y carne. El agua del río Cumaná engendra nubes en los ojos; y así ven poco los de aquella ribera, o que lo haga lo que comen. Cierran los huertos y heredades con un solo hilo de algodón, o bejuco que llaman, no en más alto que a la cintura. Es grandísimo pecado entrar en tal cercado por encima o por debajo de aquella pared, y tienen creído que muere presto quien la quebranta.

LXXX. La caza y pesca de cumaneses

Son cumaneses muy continos y certeros cazadores; matan leones, tigres y pardos, venados, jabalíes, puercoespín y toda cuatropea, con flechazo. Toman un animal que llaman capa, mayor que asno, velloso, negro y bravo, aunque huye del hombre; tiene la pata como zapato francés, aguda por detrás, ancha por delante y algo redonda. Persigue los perros de acá, y una capa mata tres y cuatro de ellos juntos. Usan una montería deleitosa con otro animal dicho aranata, que por su gesto y astucia debe ser del género de monas; es del tamaño de galgo, hechura de hombre en boca, pies y manos; tiene honrado gesto y la barba de cabrón; andan en manadas; aúllan recio; no comen carne; suben como gatos por los árboles; huyen el cuerpo al montero; toman la flecha y arrójanla al que la tiró graciosamente. Paran redes a un animal que se mantiene de hormigas, el cual tiene un hocico de palmo y un agujero por boca. Pónese en los hormigueros o hueco de árboles donde las hay, saca la lengua y traga las que suben. Arman lazos en sendas y bebederos a unos gatos monteses, como monos, cuyos hijos son de gran pasatiempo y recreación, graciosos y regocijados; andan con ellos las madres abrazadas de árbol en árbol. Cazan otro animal muy feo de rostro, gesto de zorro, pelo de lobo sarnoso, hediondísimo y que caga culebras delgadas y largas y de poca vida. Los frailes dominicos tuvieron uno de ellos en Santa Fe, que por no poder sufrir el hedor le mataron, y vieron ir al campo las culebrillas que cagó, mas luego se murieron; y siendo tal, lo comen los indios. También hay otro animal cruel, de que se mucho espantan; de miedo del cual llevan tizones de noche por el camino do los hay; nunca parece de día, y pocas veces de noche, y entonces muy temprano; anda por las calles, llora muy recio como un niño para engañar la gente, y si alguno sale a ver quién llora, cómeselo. No es mayor que galgo, según fray Tomás Ortiz y otros frailes dominicos y franciscos contaban; comen encubertados, que hay muchos. Hay tantas yaguanas, que destruyen la hortaliza y sembrados; son golosas por melones que llevaron de acá; y así, matan muchas en melonares. Son mañosos en tomar aves con liga, redes y arco. Es tanta la volatería, especial de papagayos, que pone admiración; y unos como cuervos, pico de águila, grandor de pato, perezosos en volar como avutardas; mas que viven de rapiña y huelen a almizcle. Los murciélagos son grandes y malos; muerden recio, chupan mucho. En Santa Fe de Chiribichi acaeció a un criado de los frailes que, teniendo mal de costado no le hallaron vena para sangrar, y dejáronlo por muerto: vino un murciélago y mordióle aquella noche del tobillo, que topó descubierto; hartóse, dejó abierta la vena, y salió tanta sangre por allí, que sanó el doliente; caso gracioso y que los frailes contaban por milagro. Hay cuatro suertes de mosquitos dañosos, y los menores son peores; los indios, por que no los pique durmiendo en el campo, se entierran o se cubren de yerba o rama. Hay dos maneras de avispas: unas malas, que andan por el campo, y otras peores, que no salen de poblado; tres diferencias de abejas: las dos crían en colmenas buena miel, y la otra es chiquita, negra, silvestre, y saca miel sin cera por los árboles. Las arañas son mucho mayores que las nuestras, de diversas colores y hermosas a la vista; tejen sus telas tan recias, que han de menester fuerzas para romperlas. Hay unas salamandras como la mano, que mordiendo matan, y cacarean de noche como pollas. Pescan de muchas maneras, con anzuelos, con redes, con flechas, fuego y ojeo; no pueden pescar todos ni en todas partes, ca en Anoantal, donde anduvo Antonio Sedeño; al que pesca sin licencia del señor es pena que le coman. Júntanse para pescar a ojeo muchos que sean grandes nadadores, y todos lo son por amor de esto y de las perlas; y a los tiempos de cada pescado, como de besugos en Vizcaya, o en Andalucía de atunes, entran en la mar, pónense en hila, nadan, chiflan, apalean el agua, cercan los peces, enciérranlos como en jábega, y poco a poco los sacan a tierra, y en tanta cantidad, que espanta; esta es la más nueva manera de pescar que he oído. Peligran muchos, porque o se los comen lagartos, o los destripan otros peces por huir, o se ahogan. Otra manera de pescar tienen extraña, empero segura y, como ellos dicen, caballerosa: van de noche en barcas con tizones y teas ardiendo; encandilan los peces, que, abobados o ciegos de la vislumbre, se paran y vienen a las barcas y allí los flechan y arponan; todos los peces de esta pesca son muy grandes; sálanlos o desécanlos al sol, enteros o en tasajos; unos asan para que se conserven, y otros cuecen y amasan; adobándolos, en fin, por que no se corrompan, para vender entre año. Toman grandísimas anguilas o congrios, que se suben de noche a las barcas, y aun a los navíos, matan los hombres y cómenselos.

LXXXI. De cómo hacen la yerba ponzoñosa con que tiran

Las mujeres, como dije, tienen por la mayor parte el cuidado y trabajo de la labranza; siembran maíz, ají, calabazas y otras legumbres; plantan batatas, y muchos árboles, que riegan de ordinario; pero el de que más cuidado tienen es el del hay, por amor de los dientes. Crían tunas y otros árboles que, punzados, lloran un licor como leche, que se vuelve goma blanca, muy buena para sahumar los ídolos; otro árbol mana un humor que se pone como cuajadillas y es bueno de comer; otro árbol hay, que algunos llaman guácima, cuya fruta parece mora y, aunque dura, es de comer y hacen de ella arrope, que sana la ronquera; de la madera, estando seca, sacan lumbre como de pedernal; otro árbol hay muy alto y oloroso que parece cedro, cuya madera es muy buena para cajones y arcas de ropa, por su buen olor;

empero si meten pan dentro, no hay quien lo coma de amargo; es eso mismo buena para naos, que no la come broma ni se carcome. Hay también otro árbol que echa liga, con que toman pájaros y con que se untan y empluman; es grande y no pasa de diez años. Lleva de suyo la tierra cañafístolos, mas ni comen la fruta ni conocen su virtud. Hay tantas rosas, flores y olorosas yerbas, que dañan la cabeza y que vencen al almizcle, aunque lo traigan en las narices; hay tantas langostas, orugas, cocos, arañuelos y otros gusanos, que destruyeron los frutales y sembrados, y gorgojo que roe el maíz; hay un manadero de cierto betún que encendido arde y dura como fuego de alquitrán, del cual se aprovechan para muchas cosas. Tiran con yerba de muchas maneras, simple y compuesta: simples son sangre de las culebras que llaman áspides, una yerba que parece sierra, goma de cierto árbol, las manzanas ponzoñosas que dije, de Santa Marta; la mala es hecha de la sangre, goma, yerba y manzanas que digo, y cabezas de hormigas venenosísimas. Para confeccionar esta mala yerba encierran alguna vieja, danle los materiales y leña con que lo cueza; ella los cuece dos y tres días, y hasta que se purifiquen; si la tal vieja muere del tufo o se desmaya reciamente, loan mucho la fuerza de la yerba; mas si no, derrámanla y castigan la mujer. Esta debe ser con que tiran los caribes y a la que remedio no hallan españoles; cualquier hombre que de la herida escapa, vive doloroso; no ha de beber ni trabajar, que no llore. Las flechas son de palo recio y tostado, de juncos muy duros, y creo que los que los traen acá para gotosos y vicios; pónenles por hierro pedernal y huesos de peces duros y enconados. Los instrumentos que tañen en guerra y bailes son flautas de hueso de venados, flautones de palo como la pantorrilla, caramillos de caña, atabales de madera muy pintados y de calabazas grandes, bocinas de caracol, sonajas de conchas y ostiones grandes. Puestos en guerra son crueles; comen los enemigos que matan y prenden, o esclavos que compran; si están flacos, engórdanlos en caponera, que así hacen en muchos cabos.

LXXXII. Bailes e ídolos que usan

En dos cosas se deleitan mucho estos hombres: en bailar y beber; suelen gastar ocho días arreo en bailes y banquetes. Dejo las danzas y corros que hacen ordinariamente, y digo que para hacer un areíto a bodas, o coronación del rey o señor alguno, en fiestas públicas y alegrías se juntan muchos y muy galanes; unos con coronas, otros con penachos, otros con patenas al pecho, y todos con caracoles y conchas a las piernas, para que suenen como cascabeles y hagan ruido. Tíznanse de veinte colores y figuras; quien más feo va, les parece mejor. Danzan sueltos y trabados de la mano, en arco, en muela, adelante, atrás; pasean, saltan, voltean; callan unos, cantan otros, gritan todos. El tono, el compás, el meneo es muy conforme y a un tiempo, aunque sean muchos. Su cantar y el son tiran a tristeza cuando comienzan, y paran en locura. Bailan seis horas sin descansar; algunos pierden el aliento; el que baila más es mas estimado. Otro baile usan harto de ver, y que parece un ensayo de guerra. Alléganse muchos mancebos para festejar a su cacique, limpian el camino, sin dejar una paja ni yerba. Antes un rato que lleguen al pueblo o a palacio comienzan a cantar bajo, y a tirar los arcos al paso de la ordenanza que traen. Suben poco a poco la voz hasta gañir; canta uno y responden todos; truccan las palabras, diciendo: «Buen señor tenemos; tenemos buen señor, señor tenemos bueno». Adelántase quien guía la danza, y camina de espaldas hasta la puerta. Entran luego todos haciendo seiscientas momerías: unos hacen del ciego, otros del cojo; cuál pesca, cuál teje, quién ríe, quién llora, y uno ora muy en seso las proezas de aquel señor y de sus antepasados. Tras esto siéntanse todos como sastres o en cuclillas. Comen callando y beben hasta enborrachar. Quien más bebe es más valiente y más honrado del señor que les da la cena. En otras fiestas, como de Baco, que acostumbran emborracharse todos, están las mujeres y aun las hijas para llevar borrachos a casa sus maridos, padres y hermanos, y para escanciar; aunque muchas veces se dan uno a otro de beber por la orden que asentados están, que casi es «yo bebo a vos» de Francia; empero siempre al primero da vino una mujer. Riñen después de beodos. Apuñéanse, desafíanse, trátanse de hijos de putas, cornudos, cobardes y semejantes afrentas. No es hombre el que no se embriaga, ni alcanza lo venidero, como piaches dicen. Muchos vomitan para beber de nuevo; beben vinos de palma, yerba, grano y frutas. Para más abundancia toman humo por las narices, de una yerba que mucho encalabria y quita el sentido; cantan las mujeres cantares tristes cuando los llevan a casa, y tañen unos sones que provocan llorar. Idolatran reciamente los de Cumaná.

155

Adoran Sol y Luna; tiénenlos por marido y mujer y por grandes dioses. Temen mucho al Sol cuando truena y relampaguea, diciendo que está de ellos airado. Ayunan los eclipses, en especial mujeres, que las casadas se mesan y arañan y las doncellas se sangran de los brazos con espinas de peces; piensan que la Luna está del Sol herida por algún enojo. En tiempo de algún cometa hacen grandísimo ruido con bocinas y atabales y grita, creyendo que así huye o se consume; creen que las cometas denotan grandes males. Entre los muchos ídolos y figuras que adoran por dioses tienen una aspa como la de San Andrés, y un signo como de escribano, cuadrado, cerrado y atravesado en cruz de esquina a esquina, y muchos frailes y otros españoles decían ser cruz, y que con él se defendían de los fantasmas de noche, y lo ponían a los niños en naciendo.

LXXXIII. Sacerdotes, médicos y nigrománticos

A los sacerdotes llaman piaches: en ellos está la honra de las novias, la ciencia de curar y la de adivinar; invocan al diablo, y, en fin, son magos y nigrománticos. Curan con yerbas y raíces crudas, cocidas y molidas, con saín de aves y peces y animales, con palo, y otras cosas que el vulgo no conoce, y con palabras muy revesadas y que aun el mismo médico no las entiende, que usanza es de encantadores. Lamen y chupan donde hay dolor, para sacar el mal humor que lo causa; no escupen aquello donde el enfermo está, sino fuera de casa. Si el dolor crece, o la calentura y mal del doliente, dicen los piaches que tiene espíritus, y pasan la mano por todo el cuerpo. Dicen palabras de encante, lamen algunas coyunturas, chupan recio y menudo, dando a entender que llaman y sacan espíritu. Toman luego un palo de cierto árbol, que nadie sino el piache sabe su virtud, friéganse con él la boca y gaznates, hasta que lanzan cuanto en el estómago tienen, y muchas veces sangre: tanta fuerza ponen o tal propiedad es la del palo. Suspira, brama, tiembla, patea y hace mil bascas el piache; suda dos horas hilo a hilo del pecho, y en fin, echa por la boca una como flema muy espesa, y en medio de ella una pelotilla dura y negra, la cual llevan al campo los de la casa del enfermo y arrójanla diciendo: «Allá irás, demonio; demonio, allá irás». Si acierta el doliente a sanar, dan cuanto tienen al médico; si muere dicen que era llegada su hora. Dan respuesta los piaches si les preguntan; mas en cosas importantes, como decir si habrá guerra o no, y si la hubiere, qué fin tendrá; el año si será abundante o falto, o enfermo; si habrá mucha pesca; si la venderán bien. Previenen la gente antes que vengan los eclipses; avisan de los cometas y dicen muchas otras cosas. Los españoles, estando en deseo y necesidad, les preguntaron una vez si venían presto naos, y les dijeron que para tal día vendría una carabela con tantos hombres y con tales bastimentos y mercaderías: y fue así como dijeron, que vino el mismo día que señalaron, y trajo los hombres puntualmente y cosas que dijeron. Invocan al diablo de esta manera: entra el piache en una cueva o cámara secreta una noche muy oscura; lleva consigo ciertos mancebos animosos, que hagan las preguntas sin temor. Siéntase él en un banquillo, y ellos están en pie. Llama, vocea, reza versos, tañe sonajas o caracol, y en tono lloroso dice muchas veces: «Prororure, prororure», que son palabras de ruego. Si el diablo no viene a ellas, vuelve el son; canta versos de amenazas con gesto enojado; hace y dice grandes fieros y meneos. Cuando viene, que por el ruido se conoce, tañe muy recio y aprisa, y luego cae y muestra estar preso del demonio, según las vueltas que da y visajes que hace. Llega entonces a él uno de aquellos hombres y pregunta lo que quiere, y él responde. Fray Pedro de Córdoba, fraile dominico, quiso aclarar este negocio; y cuando el piache estuvo en el suelo arrebatado del espíritu maligno, tomó una cruz, estola y agua bendita; entró con muchos indios y españoles, echó una parte de la estola al piache, santiguóle, conjuróle en latín y en romance. Respondióle el endemoniado en indio muy concertadamente. Preguntóle al cabo dónde iban las almas de los indios y dijo que al infierno, y con tanto se feneció la plática, y el fraile quedó satisfecho y espantado, y el piache atormentado y quejoso del diablo, que tanto tiempo lo tuvo así. Esta es la santidad de los piaches. Llevan precio por curar y adivinar, y así son ricos. Van a los banquetes, pero siéntanse aparte y por sí: embriáganse terriblemente, y dicen que cuanto más vino tanto más adivino. Gozan la flor de mujeres, pues les dan que prueben las novias. No curan a parientes, y nadie puede curar si no es piache; aprenden la medicina y mágica desde muchachos, y en dos años que están encerrados en bosques no comen cosa de sangre, no ven mujer, ni aun a sus madres ni padres; no salen de sus chozas o cuevas; van a ellos de noche los maestros y piaches viejos a enseñarles. Cuando acaban de aprender, o es pasado el tiempo del silencio y soledad, toman testimonio de ella, y comienzan a curar y dar respuestas como doctores. Tanto como dicho tengo, y más que callo, afirmaron en Consejo de Indias fray Tomás Ortiz y otros frailes dominicos y franciscos; y dióseles crédito, por ser cierto que los diablos entran algunas veces en hombres y dan respuestas que suelen salir verdaderas. Digamos ya de las sepulturas, donde todos iremos a parar, y concluyamos con las costumbres de Cumaná. Endechan los muertos cantando sus proezas y vida; y o los sepultan en casa, o desecados al fuego los cuelgan y guardan; lloran mucho al cuerpo fresco. Al cabo del año, si es señor el que se enterró, júntanse muchos que para esto son llamados y convidados, con tal que cada uno se traiga su comer, y en anocheciendo desentierran el muerto con muy gran llanto. Trábanse de los pies con las manos, meten las cabezas entre las piernas y dan vueltas alrededor; deshacen la rueda, patean, miran al cielo y lloran voz en grita. Queman los huesos, y dan la cabeza a la más noble o legítima mujer, que la guarde por reliquias en memoria de su marido. Creen, juntamente con esto, que la ánima es inmortal; empero que come y bebe allá en el campo donde anda, y que es el eco que responde al que habla y llama.

LXXXIV. Paria

Armó Cristóbal Colón seis naves a costa de los Reyes Católicos, sin otras dos que delante despachara a su hermano Bartolomé. Partió de Cádiz año de 1497; algunos añaden un año, y otros lo quitan. Dejó el camino de Canaria, por unos corsarios franceses que rodaban yentes y vinientes de Indias y de aquellas islas; fue derecho a la Madera, otra isla más al norte. Envió de allí tres carabelas a la Española, y él tornó la vía de Cabo Verde con otras tres naos. Llevaba propósito de topar la tórrida zona navegando siempre al mediodía, y saber qué tierras tendría. Salió de la isla Buena-Vista, y habiendo corrido más de doscientas leguas al sudeste, hallóse a cinco grados de la Equinoccial y sin viento ninguno. Era por junio, y hacía tanto calor, que no lo podían sufrir. Reventaban las pipas, vertíase el agua, ardía el trigo, y por miedo que no se aprendiese fuego en los navíos, echáronlo en la mar con otra mucha ropa, y aun con todo eso cuidaron perecer, y se acordaron de los antiguos, que afirmaban cómo la tórrida tostaba y quemaba los hombres, y se arrepintieron por haber ido allá. Duró la calma y calor ocho días: el primero fue claro y los otros anublados y lluviosos, con que se avivaba el ardor, como el fuego de la fragua con el hisopo del herrero. Estando en esto, envióles Dios un solano, con que navegaron hasta ver la isla que llamó Colón Trinidad, por devoción o voto que hizo a Su Majestad en la tribulación, y porque a un mismo tiempo vio tres montes altos. Tomó tierra por tomar agua, que morían de sed, entre unos grandes palmares. Era el río salobre y malo, por lo cual se llamó Salado. Rodeó la isla, y entró en el golfo de Paria por la boca que llamó del Dragón; halló agua, frutas, flores, muchas aves y animales nuevos. Era la tierra tan fresca y olorosa, que tuvo creído ser allí el paraíso terrenal; y así lo afirmaba cuando a España preso vino. Afirmaba eso mismo que no era redondo el mundo como pelota, sino como pera, pues en todo aquel viaje había siempre navegado hacia arriba, y que Paria era el pezón del mundo, pues de ella no se veía el norte. Tres cosas decía harto notables, si verdaderas. Cierto es que la tierra toda en sí, juntamente con la mar, es redonda, según al principio lo proveyó Dios; que de otra manera y hechura no la pudiera alumbrar toda el Sol, como la alumbra de una sola vuelta que le da; que Paria esté más alta que España, ser no puede, pues en figura redonda no hay un punto más alto que otro revolviéndola. El mundo es redondísimo, luego igual; y así, está nuestra España tan cerca del cielo como su Paria, aunque no tan debajo el Sol. De aquélla falsa opinión de Cristóbal Colón debió quedar creído en hombres sin letras que iban de España a las Indias cuesta arriba, y venían cuesta abajo. Tenía tanta gana y necesidad de verse en tierra, que se le antojó Paria paraíso; y ¿quién no tenía por paraíso tal tierra, saliendo de tan trabajoso mar? Ninguno se atreve a señalar lugar cierto a paraíso, aunque San Agustín, Sobre el Génesis, apunta que toda la tierra es paraíso de deleite, y otros, asidos de él, lo creen así; esto es, entendido la letra de la Escritura al pie; que alegóricamente unos dicen que el paraíso es la Iglesia, otros que el cielo, y otros que la gloria. Nombró Colón Boca del Drago porque lo parece aquel embocamiento del golfo, y porque pensó ser tragado al entrar de la grandísima corriente. Allí comienza la mar a crecer hacia el estrecho de Magallanes, que muy poco crece en lo que habemos costeado. El suelo, temple y abundancia de Paria es como de Cumaná, y aun las costumbres, traje y religión; y así, no hay que repetirlo aquí. Año de 30 fue a Paria por gobernador y adelantado de la Trinidad Antonio Sedeño, con dos carabelas y setenta españoles. Hizo algunas entradas, mas murió malamente. Fue luego el año de 34 a gobernar allí y poblar Hiéronimo de Ortal, zaragozano, con ciento y treinta españoles, y pobló en lo de Cumaná a San Miguel de Neverí y a otros lugares. Cristóbal Colón costeó de Paria hasta el cabo de Vela, y descubrió a Cubagua, isla de perlas, que lo infamó; y este fue el primer descubrimiento de tierra firme de Indias.

LXXXV. El descubrimiento que hizo Vicente Yañez Pinzón

Ya dije que con las nuevas de las perlas y grandes tierras que descubriera Colón se acodiciaron algunos ir por lana, y vinieron, corno dicen, trasquilados. Estos fueron Vicente Yáñez Pinzón y Arias Pinzón, su sobrino, que armaron cuatro carabelas a su costa en Palos, donde nacieran. Abasteciéronlas muy bien de gente, artillería, vituallas y rescate; que ricos estaban, de los viajes que habían hecho a Indias con Cristóbal Colón. Hubieron licencia de los Reyes Católicos para descubrir y rescatar en donde Colón no hubiese estado. Partieron, pues, de Palos a 13 de noviembre de año de 1500 menos uno, con pensamiento de traer muchas perlas, oro, piedras y otras grandes riquezas. Llegó a Santiago, isla de Cabo Verde; llevó de allí su derrota más al mediodía que Colón, atravesó la corrida y fue a dar al cabo llamado de San Agustín la flota. Estos descubridores salieron a tierra por fin de enero; tomaron agua, leña y la altura del Sol; escribieron en árboles y peñas el día que llegaron, y sus propios nombres y del rey y reina, en señal de posesión, maravillados y penosos de no hallar gente por allí para tomar lengua y tino de aquella tierra y su riqueza. La segunda noche que allí durmieron vieron no muy lejos muchos fuegos, y en la mañana quisieron feriar algo con los que al fuego estaban en ranchos; pero ellos no acarrearon a ello, antes tenían talante de pelear con muy buenos arcos y lanzas que traían. Los nuestros huyeron de ello por ser hombres mayores que grandes alemanes, y de pies muy largos, ca, según después contaban los Pinzones, los tenían por tanto y medio que los suyos. Partieron de allá y fueron a surgir en un río poco hondable, porque muchos indios estaban en un cerro cerca de la marina. Salieron a tierra con las barcas; adelantóse un español y arrojóles un cascabel para cebarlos. Ellos, que armados estaban, echaron un palo dorado, y arremetieron al que se bajó por él a prenderlo. Acudieron los demás españoles, y trabóse una pelea, en que murieron ocho de ellos. Los indios siguieron la victoria hasta meterlos en las naos, y aun pelearon en el río: tan secutivos y bravos eran. Quebraron un esquife; valió Dios que no tenían yerba; si no, pocos escaparan de muchos heridos quedaron. Vicente Yáñez conoció cuán diferente cosa es pelear que timonear. Cautivaron treinta y seis indios en otro río, dicho María Tambal, y corrieron la costa hasta llegar al golfo de Paria. Tocaron en Cabo Primero, angla de San Lucas, tierra de Humos, río Marañón, río de Orellana, río Dulce y otras partes. Tardaron diez meses en ir, descubrir y tornar. Perdieron dos carabelas, con todos los que dentro iban. Trajeron hasta veinte esclavos, tres mil libras de brasil y sándalo, muchos juncos de los preciados, mucho anime blanco, cortezas de ciertos árboles que parecía canela, y un cuero de aquel animal que mete los hijos en el pecho; y contaban por gran cosa haber visto árbol que no le abrazaran dieciséis hombres.

LXXXVI. Río de Orellana

El río de Orellana, si es como dicen, es el mayor río de las Indias y de todo el mundo, aunque metamos entre ellos al Nilo. Unos lo llaman mar Dulce, y le ponen de boca cincuenta y más leguas; otros afirman ser el mismo que Marañón, diciendo que nace en Quito, cerca de Mullubamba, y que entra en la mar pocas más de trescientas leguas de Cubagua. Pero aún no está del todo averiguado, y por eso los diferenciamos. Corre, pues, este río, siempre casi por bajo la Equinoccial, mil y quinientas leguas, y aun más, según Orellana y sus compañeros contaban, a causa de las muchas y grandes vueltas que hace, como una culebra, ca de su nacimiento a la mar, en que cae, no hay setecientas. Tiene muchas islas: crece la marea por él arriba más de cien leguas, a lo que dicen; con la cual suben trescientas leguas manatís, bufeos y otros pescados de mar. Bien puede ser que crezca en sus tiempos como el Nilo y como el río de la Plata; pero como aún no está poblado, no está sabido. Nunca jamás, a lo que pienso, hombre ninguno navegó tantas leguas por río como Francisco de Orellana por éste; ni de río grande se supo tan presto el fin y principio como de éste. Los Pinzones lo descubrieron el año de 1500; Orellana lo anduvo cuarenta y tres años después. Iba Orellana con Gonzalo Pizarro a la conquista que llamaron de la Canela, de la cual adelante diremos; fue por bastimentos a una isla de este mismo río en un bergantín y algunas canoas, con cincuenta españoles, y como se vio lejos de su capitán, fuese por el río abajo con la ropa, oro y esmeraldas que le confiaron; aunque decía él acá que, constreñido de la gran corriente y caída del agua, no pudo tornar arriba. Hizo de las canoas otro bergantinejo; desistió de la tenencia que de Pizarro llevaba, y eligiéronle por capitán. Dijo que quería probar ventura por sí, buscando la riqueza y cabo de aquel río. Así que bajó por él, y quebráronle un ojo los indios peleando; vino, por abreviar, a España, vendió por suyo el descubrimiento y gasto, presentando en Consejo de Indias, que a la sazón estaba en Valladolid, una larga relación de su viaje; la cual era, según después pareció, mentirosa. Pidió la conquista de aquel río y diéronsela con título de adelantado, creyendo lo que afirmaba. Gastó las esmeraldas y oro que traía, y para volver allá con armada no tenía posibilidad, ca era pobre. Casóse, y tomó dineros prestados de los que con él querían pasar, prometiéndoles cargos y oficios en su casa, gobernación y guerra. Estuvo algunos años buscando y aparejando cómo ir. Al fin juntó quinientos hombres en Sevilla, y partióse. Murió en la mar, y desbaratóse su gente y navíos; y así cesó la famosa conquista de las Amazonas. Entre los disparates que dijo fue afirmar que había en este río amazonas, con quién él y sus compañeros pelearan. Que las mujeres anden allí con armas y peleen, no es mucho, pues en Paria, que no es muy lejos, y en otras muchas partes de Indias lo acostumbraban; ni creo que ninguna mujer se corte o queme la teta derecha para tirar el arco, pues con ella lo tiran muy bien, ni creo que maten o destierren sus propios hijos, ni que vivan sin maridos, siendo lujuriosísimas. Otros, sin Orellana, han levantado semejante hablilla de amazonas después que se descubrieron las Indias, y nunca tal se ha visto ni se verá tampoco en este río. Con este testimonio, pues, escriben y llaman muchos río de las Amazonas, y se juntaron tantos para ir allá.

LXXXVII. Río Marañón

Está Marañón tres grados allende la Equinoccial; tiene la boca quince leguas, y muchas islas pobladas. Hay en él mucho incienso y bueno, y más granado y crecido que en Arabia. Amasan el pan, a lo que dicen, con bálsamo o con licor que les parece. Hanse visto en él algunas piedras finas y una esmeralda como la palma, harto fina. Dicen los indios de aquella ribera que hay peñas de ellas el río arriba. También hay muestras de oro y señales de otras riquezas. Hacen vino de muchas cosas, y de unos dátiles tan grandes como membrillos, el cual es bueno y durable. Traen los hombres arracadas y tres o cuatro anillos en los labios, que también se los agujeran por gentileza. Duermen en camas colgadizas, y no en el suelo, que son una manta medio red colgada de las puntas en dos pilares o árboles, y sin otra ropa ninguna; y esta manera de cama es general en Indias, especial del Nombre de Dios hasta el estrecho de Magallanes. Andan por este río malos mosquitos y niguas, que suelen mancar a los que pican si no las sacan luego, como en otro cabo está dicho. Algunos, según poco antes apunté, dicen que todo es un río el Marañón y el de Orellana, y que nace allá en Perú. Muchos españoles han entrado, aunque no poblado, en este río después que lo descubrió Vicente Yáñez Pinzón, año de 1500 menos uno. Y el año de 1531 fue allá por gobernador y adelantado Diego de Ordás, capitán de Fernando Cortés en la conquista de la Nueva España. Mas no llegó a él; ca primero se murió en la mar, y le echaron en ella. Llevó tres naos con seiscientos españoles y treinta y cinco caballos. Por muerte de Ordás fue allá Hierónimo Hortal, de Zaragoza, el año de 34, con ciento y treinta hombres, y tampoco llegó allá, sino que se quedó en Paria, y pobló a San Miguel de Neverí y otros lugares, como se dijo.

LXXXVIII. El cabo de San Agustín

Cae ocho grados y medio más allá de la Equinoccial el cabo de San Agustín. Descubriólo Vicente Yáñez Pinzón en enero de 1500 años, con cuatro carabelas que sacó de Palos dos meses antes. Fueron los Pinzones grandísimos descubridores, y fueron muchas veces a descubrir, y ésta navegaron mucho. Américo Vespucio, florentín, que también él se hace descubridor de Indias por Castilla, dice cómo fue al mismo cabo, y que lo nombró de San

163

Agustín, el año de 1, con tres carabelas que dio el rey Manuel de Portugal, para buscar estrecho en aquella costa por donde ir a las Malucas, y que navegó de esta hecha hasta se poner en cuarenta grados allende la Equinoccial. Muchos tachan las navegaciones de Américo o Alberico Vespucio, como se puede ver en algunos Tolomeos de León de Francia. Yo creo que navegó mucho; pero también sé que navegaron más Vicente Yáñez Pinzón y Juan Díez de Solís yendo a descubrir las Indias. De Cristóbal Colón y de Fernando Magallanes no hablo, pues todos saben lo mucho que descubrieron; ni de Sebastián Gaboto ni de Gaspar Cortes Reales, ca eran éste portugués y aquél italiano, y ninguno fue por nuestros reyes. Unos ponen quinientas leguas y otros más desde el río Marañón al cabo de San Agustín. Están en este estrecho de costa la tierra o punta de Pumos por donde es la raya de la repartición de Indias entre Castilla y Portugal; la cual cae grado y medio tras la Equinoccial, y Cabo-Primero cinco, que suele parecer siempre el primero a los que van de acá. No han poblado esta tierra por la poca no es tan pobre ni estéril como muestra de oro y plata que da. Pienso que del m la hacen, pues está bajo buen cielo; y aun también lo dejan por ser rey de Portugal, ca le cupo a su parte en la partición, según más largo lo cuento en otro lugar.

LXXXIX. El río de la Plata

Del cabo de San Agustín, que cae a ocho grados, ponen setecientas leguas de costa, hasta el río de la Plata. Américo dice que las anduvo el año de 1501 yendo a buscar estrecho para las Malucas y Especiería por mandato del rey don Manuel de Portugal. Juan Díez de Solís, natural de Librija, las costeó legua por legua en el año de 12, a su propia costa. Era piloto mayor del rey; fue con licencia, siguió la derrota de Pinzón, llegó al cabo de San Agustín, y de allí tomó la vía de mediodía; y costeando la tierra, anduvo hasta ponerse casi en cuarenta grados. Puso cruces en árboles, que los hay por allí muy grandes; topó con un grandísimo río que los naturales llaman Paranaguazu, que quiere decir río corno mar o agua grande. Vio en él muestra de plata, y nombrólo de ella. Parecióle bien la tierra y gente, cargó de brasil y volvióse a España. Dio cuenta de su descubrimiento al rey, pidió la conquista y gobernación de aquel río; y como le fue otorgada, armó tres navíos en Lepe, metió en ellos mucho bastimento, armas, hombres para pelear y poblar. Tornó allá por capitán general en septiembre del año de 15, por el camino que primero. Salió a tierra en un batel con cincuenta españoles, pensando que los indios lo recibirían de paz como la otra vez, y según entonces mostraban; pero en saliendo de la barca, dieron sobre él muchos indios que estaban en celada, y lo mataron y comieron todos los españoles que sacó, y aun quebraron el batel. Los otros que de los navíos miraban, alzaron anclas y velas, sin osar tornar venganza de la muerte de su capitán. Cargaron luego de brasil y anime blanco, y volviéronse a España corridos y gastados. Año de 26 fue Sebastián Gaboto al río de la Plata, yendo a los Malucos con cuatro carabelas y doscientos y cincuenta españoles. El emperador le dio navíos y artillería; mercaderes y hombres que con él fueron le dieron, según dicen, hasta diez mil ducados, con que partiese con ellos la ganancia por rata. De aquellos dineros proveyó la flota de vituallas y rescates. Llegó, en fin, al río de la Plata, y en el camino topó una nao francesa que contrataba con los indios del golfo de Todos Santos. Entró por él muchas leguas. En el puerto de San Salvador, que es otro río cuarenta leguas arriba, que entra en el de la Plata, le mataron los indios dos españoles, y no los quisieron comer, diciendo cómo eran soldados, que ya los habían probado en Solís y sus compañeros. Sin hacer cosa buena se tornó Gaboto a España destrozado, y no tanto, a lo que algunos dicen, por su culpa como por la de su gente. Don Pedro de Mendoza, vecino de Guadix, fue también al río de la Plata, el año de 35, con doce naos y dos mil hombres. Este fue el mayor número de gente y mayores naves que nunca pasó capitán a Indias. Iba malo, y volviéndose acá por su dolencia, murió en el camino. Año de 41 fue al mismo río de la Plata, por adelantado y gobernador, Alvar Núñez Cabeza de Vaca, natural de Jerez, el cual como en otra parte tengo dicho, había hecho milagros. Llevó cuatrocientos españoles y cuarenta y seis caballos. No se hubo bien con los españoles de don Pedro que allá estaban, ni aun con los indios, y enviáronlo preso a España con información de lo que hiciera. Pidieron gobernador los que le trajeron, y diéronles a Juan de Sanabria, de Medellín, el cual se obligó a llevar trescientos hombres casados, a su costa, porque le diese cada uno de ellos por sí, y por sus hijos y mujeres, siete ducados y medio. Murió Juan de Sanabria en Sevilla aderezando su partida, y mandaron en Consejo de Indias que fuese su hijo. Tienen muchos por buena gobernación ésta, porque hay allí muchos españoles hechos a la tierra, los cuales saben la lengua de los naturales y han hecho un lugar de dos mil casas, en que hay muchos indios e indias cristianadas, y está cien leguas de la mar a la ribera de mediodía, en tierra de Quirandíes, hombres como jayanes, y tan ligeros, que corriendo a pie toman a manos los venados, y que viven ciento y cincuenta años. Todos los de este río comen carne humana, y van casi desnudos. Nuestros españoles visten de venado curtido con saín de peces, después que se les rompieron las camisas y sayos. Comen pescado, que hay mucho y gordo, y es principal vianda de los indios, aunque cazan venados, puercos, jabalís, ovejas como del Perú y otros animales. Son guerreros: usan los de este río traer en la guerra un pomo con recio y largo cordel, con el cual cogen y arrastran al enemigo para sacrificar y comer. Es tierra fertilísima, ca Sebastián Gaboto sembró cincuenta y dos granos de trigo en septiembre y cogió cincuenta mil en diciembre. Es sana, aunque a los principios probaba los españoles, y echábanlo al pescado; mas engordaban infinito después con ello mismo. Hay peces puercos y peces hombres, muy semejantes en todo al cuerpo humano. Hay también en tierra unas culebras que llaman de cascabel, porque suenan así cuando andan. Hay muestra de plata, perlas y piedras. Llaman a este río de la Plata y de Solís, en memoria de quien lo descubrió. Tiene de boca veinticinco leguas y muchas islas, que tanto hay del cabo de Santa María al cabo Blanco; los cuales están en treinta y cinco grados más allá de la Equinoccial, cuál más, cuál menos. Crece como el Nilo, y pienso que a un mismo tiempo. Nace en el Perú, y engruésanlo Abancay, Vilcas, Purina y Jauja, que tiene sus fuentes en Bombón, tierra altísima. Los españoles que moran en el río de la Plata han subido tanto por él arriba, que muchos de ellos llegaron al Perú en rastro y demanda de las minas de Potosí.

XC. Puerto de Patos

Sería muy largo de contar los ríos, puertos y puntas que hay desde cabo de San Agustín al río de la Plata; y así, no pondré más de lo que baste a señalar la costa, trecho a trecho, casi por un igual. Golfo de Todos Santos, cabo de los Bajos, que cae a dieciocho grados; cabo Frío, que es casi isla, y baja setenta leguas, y está en veintidós grados medio; punta de Buen Abrigo, por donde pasa el trópico de Capricornio, y por donde atraviesa la raya de la demarcación; cosa que le hacen muy notable. Tiene, según nuestra cuenta, el rey de Portugal en esta tierra cerca de cuatrocientas leguas norte a sur, ciento y setenta de este a oeste, y más de setecientas de costa. Es tierra de infinito brasil y aun de perlas, a cuanto dicen algunos. Los hombres son grandes, bravos y comen carne humana. Puerto de Patos está en veinto y ocho grados, y tiene frontero una isla que llaman Santa Catalina. Nombráronlo así por haber infinitos patos negros sin plumas y con el pico cuervo, y gordísimos de comer peces. El año de 38 aportó allí una nao de Alonso Cabrera, que iba por veedor al río de la Plata, el cual halló tres españoles que hablaban muy bien aquella lengua, como hombres que habían estado allí perdidos desde Sebastián Gaboto. Fray Bernaldo de Armenta, que iba por comisario, y otros cuatro frailes franciscos comenzaron a predicar la santa fe de Cristo tomando por faraútes aquellos tres españoles, y bautizaron y casaron hartos indios en breve tiempo. Anduvieron muchas leguas convirtiendo, y eran bien recibidos donde quiera que llegaban, porque tres o cuatro años antes había pasado por allí un indio santo, llamado Otiguara, pregonando cómo presto llegarían cristianos a predicarles, por tanto, que se aparejasen a recibir su ley y su religión, que santísima era, dejando; las muchas mujeres, hermanas y parientas, y todos los otros aborrecibles vicios. Compuso muchos cantares, que cantan por las calles, en alabanza de la inocencia. Aconsejó que tratasen bien los cristianos, y fuése. Por la amonestación de éste creyeron luego la palabra de Dios y se bautizaron, y aun antes habían hecho mucha honra a los españoles que vinieron huyendo allí del río de la Plata, de un reencuentro que con los indios hubieron. Barríanles el camino, y ofrecíanles comida, plumajes e incienso como a dioses.

XCI. Negociación de Magallanes sobre la Especiería

Fernando Magallanes y Ruy Falero vinieron de Portugal a Castilla a tratar en Consejo de Indias que descubrirían, si buen partido les hiciesen, las Malucas, que producen las especias, por nuevo camino y más breve que no el de portugueses a Calicut, Malaca y China. El cardenal fray Francisco Jiménez de Cisneros, gobernador de Castilla, y los del Consejo de Indias les dieron muchas gracias por el aviso y voluntad, y gran esperanza que venido el rey don Carlos de Flandes serían muy bien acogidos y despachados. Ellos esperaron con esta respuesta la venida del nuevo rey, y entre tanto informaron asaz bastantemente al obispo don Juan Rodríguez de Fonseca, presidente de las Indias, y a los oidores, de todo el negocio y viaje. Era Ruy Falero buen cosmógrafo y humanista, y Magallanes, gran marinero; el cual afirmaba que por la costa del Brasil y río de la Plata había paso a las islas de la Especiería, mucho más cerca que por el cabo de Buena-Esperanza. A lo menos antes de subir a setenta grados, según la carta de marcar que tenía el rey de Portugal, hecha por Martín de Bohemia, aunque aquella carta no ponía estrecho ninguno, a lo que oí decir, sino el asiento de los Malucos; si ya no puso por estrecho el río de Plata o algún otro gran río de aquella costa. Mostraba una carta de Francisco Serrano, portugués, amigo o pariente suyo, escrita en los Malucos, en la cual le rogaba que se fuese allá sí quería ser presto rico, y le avisaba cómo se había ido de la India a Java, donde se casara, y después a las Malucas por el trato de las especias. Tenía la relación de Luis Berthoman, boloñés, que fue a Banda, Borney, Bachian, Tidores y otras islas de especias, que caen bajo la Equinoccial, y muy lejos de Malaca, Zamotra, Chantam y costa de la China. Tenía también un esclavo que hubo en Malaca, que por ser de aquellas islas lo llamaban Enrique de Malaco, y una esclava de Zomatra, que entendía la lengua de muchas islas, la cual hubiera en Malaca. Otras cosas fingía él por ser creído, como en el viaje lo mostró, presumiendo que aquella tierra volvía hacia poniente, a la manera que a levante la de Buena-Esperanza, pues ya Juan de Solís había navegado por allá hasta ponerse en cuarenta grados del otro cabo de la Equinoccial, levando la proa algo a la puesta del sol. Y ya que por aquella enderecera no hallase paso, que costeando toda la tierra iría a salir al cabo que responde al de Buena-Esperanza y descubriría nuevas y muchas tierras y camino para la Especiería, como prometía. Era larga esta navegación, difícil y costosa, y muchos no la entendían, y otros no la creían. Empero los más le daban fe, como a hombre que había estado siete años en la India y trato de las especias; y porque, siendo portugués, decían que

Zamotra, Malaca y otras más orientales tierras, donde se ferian las especias, eran de Castilla, y cabían a su parte bien dentro de la raya que se tenía de echar por trescientas y setenta leguas más al poniente de las islas de Cabo-Verde o Azores. Afirmaban asimismo que las Malucas estaban no muy lejos de Panamá y golfo de San Miguel, que descubriera Vasco Núñez de Balboa. Decían cómo en aquellas tierras e islas que pertenecían al rey de Castilla había minas y arenas de oro, perlas y piedras, allende la mucha canela, clavos, pimienta, nueces moscadas, jenjibre, ruibarbo, sándalo, cánfora, ámbar gris, almizcle y otras infinitas cosas de gran valor y riqueza, así para medicina como para gusto y deleite. Los del Consejo de Indias, oídas y bien pensadas todas estas cosas, aconsejaron al rey don Carlos, que aún no era emperador, en llegando a España, que hiciese lo que le suplicaban aquellos portugueses. El rey les dio sendos hábitos de Santiago y la gente y navíos que pedían, no obstante que los embajadores del rey don Manuel le dijeron muchos males de ellos, como de hombres desleales a su rey, y que le harían mil engaños y trampas. Ellos dieron suficientes disculpas y satisfacción de sí, y aun quejas del rey don Manuel; mas prometieron de no ir a las Malucas por su camino. Y con tanto quedó algo contento el rey don Manuel, pensando quo no habían de hallar otro paso ni navegación para la Especiería sino la que él hacía. Hiciéronse, pues, los poderes, libranzas y despachos para su viaje en Barcelona, y fuéronse con ellos a Sevilla, donde se casó Magallanes con hija de Duardo Barbosa, portugués, alcaide de las atarazanas, y enloqueció Ruy Falero, de pensamiento de no poder cumplir con lo prometido, o, como dicen otros, de puro descontento por enojar y deservir a su rey. En fin, él no fue a los Malucos.

XCII. El estrecho de Magallanes

Los de la casa de la Contratación armaron cinco naos; abasteciéronlas muy cumplidamente de bizcocho, harina, vino, aceite, queso, tocino y cosas así de comer y de muchas armas y rescates; hicieron doscientos soldados, y todo a costa del rey. Partió con tanto Magallanes de Sevilla por agosto, y de San Lúcar de Barrameda a 20 de septiembre, año de 1519, y casi tres años después que comenzó a negociar en Castilla esta empresa. Llevó doscientos y treinta y siete hombres, entre soldados y marineros, de los cuales algunos eran portugueses: la nao capitana se nombraba Trinidad, y las otras San Antón, Vitoria, Concepción y Santiago; iba por piloto mayor Juan Serrano, experto marinero. De San Lúcar fue a Tenerife, tina de las Canarias, y de allí a las islas de Cabo-Verde, y de ellas al cabo de San Agustín por entre mediodía y poniente, ca su intento era seguir aquella costa hasta topar estrecho o ver dónde paraba, costeando muy bien la tierra. Estuvieron muchos días en tierra de veintidós y veinte y tres grados allende la Equinoccial, comiendo cañas de azúcar y antas, que parecen vacas; lo mejor que rescataron fue papagayos. Comen los de allí pan de madera rallada y carne humana; visten de pluma con largas colas, o van desnudos; agujéranse las mejillas y bezos bajeros, como las orejas, para traer allí piedras y huesos, píntanse todos; ellos no traen barba ni ellas pelos, ca se los quitan con arte y maestría; duermen en hamacas de cinco en cinco y aun de diez en diez hombres con sus mujeres, tan grandes son aquellas camas y tal su costumbre y hermandad; usan vender sus hijos; las mujeres siguen a sus maridos cargadas de pan o flechas, y los hijos de redes. Llegaron postrero de marzo a una bahía que está en cuarenta grados, donde invernaron aquellos cinco meses siguientes de abril, mayo, junio, julio y agosto, que, como el Sol entonces anda por acá, reina el frío allí, nevando reciamente. Fueron algunos españoles a mirar qué tierra y gente fuese, y sacaron espejos, cascabeles y otras cosillas de hierro, cuero y vidrio para rescatar. Los indios se llegaron a la marina, maravillados de tan grandes navíos y de tan chicos hombres. Metían y sacábanse por el garguero una flecha para espantar los extranjeros, a lo que mostraban, aunque dicen algunos que lo usan para vomitar estando hartos, y cuando han menester las manos o los pies. Traían corona como clérigo, y el demás cabello largo y trenzado con un cordel, en que suelen atar las saetas yendo a caza o a guerra; venían con abarcas y vestidos de pellejas, y algunos muy pintados; todo lo cual, especial en jayanes como ellos, ponía temor, cuanto más admiración. Comenzaron a entrar en plática por señas, que no aprovechaba hablar; nuestros españoles les convidaban a las naos, y ellos a los nuestros a su casa; en fin fueron siete arcabuceros dos leguas dentro en tierra a una casilla tejada de cuero y en medio un espeso bosque, la cual estaba repartida en dos cuartos, uno para hombres y otro para mujeres y niños. Vivían en ella cinco gigantes y trece mujeres y muchachos; todos más negros que requiere la frialdad de aquella tierra. Dieron de cenar a los nuevos huéspedes una anta mal asada, o asno salvaje, sin beber gota, y sendos zamarrones en qué dormir, y echáronse al calor del fuego. Estuvieron todos aquella noche alerta, recatándose unos de otros; en la mañana les rogaron mucho los nuestros que se fuesen con ellos a ver las naves y capitán; y como rehusaban asiéronles para llevarlos por fuerza a que los viese Magallanes. Ellos se enojaron mucho de esto; entraron al aposento de las mujeres, y dende a poco salieron pintadas las caras muy fea y fieramente con muchos colores, y cubiertos con otras pellejas extrañas hasta media pierna, y muy feroces blandeaban sus arcos y flechas, amenazando los extranjeros si no se iban de su casa. Los españoles dispararon por alto un arcabuz para espantarlos; los jayanes entonces quisieron paz, asombrados del trueno y fuego, y fuéronse los tres de ellos con los siete nuestros. Andaban tanto, que los españoles no podían atener con ellos, y con achaque de ir a matar una fiera que pacía cerca del camino, huyeron los dos; el otro que no pudo escabullirse entró en la nao capitana. Magallanes le trató muy bien porque le tomase amor; él tomó muchas cosas, aunque con zuño; bebió bien del vino, hubo pavor de verse a un espejo; probaron qué fuerza tenía, y ocho hombres no lo pudieron atar; echáronle unos grillos, como que se los daban para llevar, y entonces bramaba; no quiso comer, de puro coraje, y murióse. Tomaron para traer a España la medida, ya que no podían la persona, y tuvo once palmos de alto; dicen que los hay de trece palmos, estatura grandísima, y que tienen disformes pies, por lo cual los llaman patagones. Hablan de papo, comen conforme al cuerpo y temple de tierra, visten mal para vivir en tanto frío, atan para adentro lo suyo, tíñense los cabellos de blanco, por mejor color, si ya no fuesen canas; alcohólanse los ojos, píntanse de amarillo la cara, señalando un corazón en cada mejilla; van, finalmente, tales, que no semejan hombres. Son grandes flecheros, persiguen mucho la caza, matan avestruces, zorras, cabras monteses muy grandes y otras fieras. Salió allí en tierra Magallanes e hizo cabañas para estar; mas, como no había lugares ni gente, a lo menos parecía, pasaban triste vida. Padecían frío y hambre y aun murieron algunos de ellos, ca ponía

Magallanes grande regla y tasa en las raciones, porque no faltase pan. Viendo la falta, necesidad y peligro, y que duraban mucho las nieves y mal tiempo, rogaron a Magallanes los capitanes de la flota y otros muchos que se volviese a España y no los hiciese morir a todos buscando lo que no había, y que se contentase de haber llegado donde nunca español llegó. Magallanes dijo que le sería muy gran vergüenza tornarse de allí por aquel poco trabajo de hambre y frío, sin ver el estrecho que buscaba o el cabo de aquella tierra, y que presto se pasaría el frío, y la hambre se remediaría con la orden y tasa que andaba, y con mucha pesca y caza que hacer podían; que navegasen algunos días, venida la primavera, hasta subir a sesenta y cinco grados, pues se navegaban Escocia, Noruega y Islandia, y pues había llegado cerca de allí Américo Vespucio, y si no hallasen lo que tanto deseaba, que se volvería. Ellos y la mayor parte de la gente, suspirando por volverse, le requirieron una y muchas veces que sin ir más adelante diese vuelta; Magallanes se enojó mucho de ello, y mostrándoles dientes, como hombre de ánimo y de honra, prendió y castigó algunos. Revolvióse la heria, diciendo que aquel portugués los llevaba a morir por congraciarse con su rey, y embarcáronse. Embarcóse también Magallanes, y de cinco naos no le obedecían las tres, y estaba con gran miedo no le hiciesen alguna afrenta o mal. Estando en esta cuita, vino hacia su nao una de las otras amotinadas cazando de noche y sin advertencia de los marineros; él, aunque al principio tuvo temor, reconoció lo que era, y tomóla sin escándalo ni sangre, y luego se le rindieron las otras dos. Justició a Luis de Mendoza y a Gaspar Casado y a otros; echó y dejó en tierra a Juan de Cartagena y a un clérigo, que debía revolver el hato, con sendas espadas y una talega de bizcocho, para que allí o se muriesen o los matasen; publicó que lo querían matar. Con este inhumano castigo allanó los demás, y se partió de San Julián día de San Bartolomé. Como miraba las ensenadas para ver si eran estrecho, tardaba mucho en cada parte que llegaba. Cuando emparejó con la Punta de Santa Cruz, vino un torbellino que llevó en peso la menor nao sobre unas peñas; quebróla, y salvóse la gente, ropa y jarcias. Tuvo entonces Magallanes miedo grandísimo, y anduvo desatinado como quien andaba a tientas; estaba el cielo turbado, el aire tempestuoso, la mar brava y la tierra helada. Navegó empero treinta leguas, y llegó a un cabo que nombró de las Vírgenes, por ser día de Santa Ursula. Tomó la altura del Sol, y hallóse en cincuenta y dos grados y medio de la Equinoccial, y con hasta seis horas de noche. Parecióle gran cala, y creyendo ser estrecho, envió las naves a mirar, mandóles que dentro de cinco días volviesen al puesto. Volvieron las dos, y como tardase la otra, embocóse por el estrecho. La nao San Antón, cuyo capitán era Álvaro de Mezquita y piloto Esteban Gómez, no vio las otras cuando volvió al cabo de las Vírgenes; soltó los tiros, hizo ahumadas y esperó algunos días. Álvaro de Mezquita quería entrar por el estrecho, diciendo que por allí iba su tío Magallanes. Esteban Gómez, con casi los demás, deseaba volverse a España, y sobre ello dio al Álvaro una buena cuchillada y lo echó preso, acusándole que fue consejero de la crueldad de Cartagena y del clérigo de misa, y de las muertes y afrentas de los otros castellanos; y con tanto, dieron vuelta. Traían dos gigantes que se murieron navegando, y llegaron a España ocho meses después que dejaron a Magallanes; el cual tardó mucho en pasar el estrecho, y cuando se vio del otro cabo, dio infinitas gracias a Dios. No cabía de gozo por haber hallado aquel paso para el otro mar del Sur, por donde pensaba llegar presto a las islas del Maluco; teníase por dichoso; imaginaba grandes riquezas; esperaba muchas y muy crecidas mercedes del rey don Carlos por aquel tan señalado servicio. Tiene este estrecho ciento y diez leguas, y aun algunos le ponen ciento y treinta; va derecho de este a oeste; y así, están ambas sus dos bocas en una misma altura, que cincuenta y dos grados es y medio. Es ancho dos leguas, y más también, y menos en algunas partes; es muy hondable; crece más que mengua, y corre al sur; hay en él muchas islejas y puertos. Es la costa por entrambos lados muy alta y de grandes peñascos; tierra estéril, que no hay grano, y fría, que dura la nieve casi todo el año, y aun algunos contaban que había nieve azul en ciertos lugares, lo cual debe ser de vieja, o por estar sobre cosa de tal color. Hay árboles grandes y muchos cedros, y ciertos árboles que llevan unas como guindas. Críanse avestruces y otras grandes aves, muchos y extraños animales; hay sardinas, golondrinas que vuelan y que se comen unos a otros, lobos marinos, de cuyos cueros se visten; ballenas, cuyos huesos sirven de hacer barcas, las cuales también hacen de cortezas y las calafatean con estiércol de antas.

XCIII. Muerte de Magallanes

Como acabó Magallanes de pasar el estrecho, volvió las proas a mano derecha y tiró su camino casi tras el Sol para dar en la Equinoccial; porque debajo de ella o muy cerca tenía de hallar las islas Malucas, que iba buscando. Navegó cuarenta días o más sin ver tierra. Tuvo gran falta de pan y de agua; comían por onzas; bebían el agua tapadas las narices por el hedor, y guisaban arroz con agua del mar. No podían comer, de hinchadas las encías; y así murieron veinte y adolecieron otros tantos. Estaban por esto muy tristes, y tan descontentos como antes de hallar el estrecho. Llegaron con esta cuita al otro trópico, que es imposible, y a unas isletas que los desmayaron, y que las llamaron Desventuradas por no tener gente ni comida. Pasaron la Equinoccial y dieron en Invagana, que nombran de Buenas Señales, donde amansaron el hambre; la cual está en once grados y tiene coral blanco. Toparon luego tantas islas, que les dijeron el Archipiélago, y a las primeras, Ladrones, por hurtar los de allí como gitanos; y aun ellos decían venir de Egipto, según refería la esclava de Magallanes, que los entendía. Précianse de traer los cabellos hasta el ombligo, y los dientes muy negros, o colorados de areca, y ellos hasta el tobillo, y se los atan a la cinta; y sombreros de palma muy altos y bragas de lo mismo. Llegaron en conclusión, de isla en isla, a Zebut, que otros nombran Subo; en las cuales moran sobre árboles, como picazas. Puso Magallanes banderas de paz, disparó algunos tiros en señal de obediencia; surgió allí en Zebut, a diez grados o poco más acá de la Equinoccial, e hizo sus mensajeros al rey con un presente y cosas de rescate. Hamabar, que así se llamaba el rey, tuvo placer de su llegada, y respondió que saliese a tierra mucho enhorabuena. Salió, pues, Magallanes y sacó muchos hombres y mercería. Armaron una gran casa con velas y ramos en la marina, donde se dijo misa el día de la Resurrección de Cristo, la cual oyeron el rey y otros muchos isleños con atención y alegría. Armaron luego un hombre de punta en blanco, y diéronle muchos golpes de espada y botes de lanza, para que viesen cómo no había fierro ni fuerzas que bastasen contra ellos; los de la isla se maravillaron de lo uno y de lo otro; mas no tanto cuanto los nuestros pensaron. Dio Magallanes a Hamabar una ropa larga de seda morada y amarilla, una gorra de grana, dos vidrios y algunas cuentas de lo mismo. Dio a un sobrino y heredero suyo una gorra, un paño de Holanda y una taza de vidrio, que tuvo en mucho, pensando ser cosa fina. Predicóles con Enrique, su esclavo, e hizo amistad, tocando las manos al rey y bebiendo. Al tanto hizo Hamabar, y dióle arroz, mijo, higos, naranjas, miel, azúcar, jenjibre, pan y vino de arroz, cuatro puercos, cabras, gallinas y otras cosas de comer, y muchas frutas que no las hay en España, y certinidad de las Malucas y Especicrías, que fue lo principal. Convidólos después a comer, y fue gentil banquete. Fue tal la amistad, plática y conversación, que se bautizó el rey con más de ochocientas personas. Llamóse Hamabar Carlos, como el emperador; la reina, Juana; la princesa, Catalina, y el heredero, Fernando. Sanó Magallanes otro sobrino del rey, que tenía calenturas dos años había, y aun dicen algunos que era mudo. Por lo cual se bautizaron todos los de Zebut y otros ochocientos de Masana, isla, cuyo señor se llamó Juan; la señora, Isabel, y Cristóbal un moro que iba y venía a Calicut y que certificó a Hamabar de la grandeza del emperador Carlos, rey de Castilla, y de lo que era el rey de Portugal. Envió mensajeros Hamabar a las islas comarcanas, a recuesta de Magallanes, rogándoles que viniesen a tomar amistad con tan buenos hombres como los cristianos. Vinieron de algunas pequeñas, por ver el sano y a quien lo sanara con solas palabras y agua, ca lo tuvieron por milagro, y ofreciéronse por el rey de Castilla. Los de Mautan, que es otra isla y pueblo cuatro leguas de allí, no quisieron venir, o no osaron por amor de Cilapulapo, su señor, al cual envió Magallanes a rogar y requerir que viniese o enviase a reconocer al emperador con algunas especies y vituallas. Respondió Cilapulapo que no obedecería a quien nunca conoció, ni Hamabar tampoco; mas, por no ser habido por inhumano, que le daba aquellas pocas cabras y puercos que pedía. Pasó Magallanes allá con cuarenta compañeros, y después de muchas pláticas quemó a Bulaia, lugar pequeño de moros. Afrentados de ello aquellos de Mautan, pensaron en la venganza, y Zula, caballero principal, envió, como en gran secreto, ciertas cabras a Magallanes, rogándole que lo perdonase, pues no podía más por causa de Cilapulapo, que contradecía la paz y contratación; y que, o fuese o le enviase algunos españoles bien armados que resistiesen a su contrario, y que le daría la isla. Magallanes, no entendiendo el engaño, fue allá de noche con sesenta compañeros bien apercibidos, en tres bateles, y con

Carlos Hamabar, que llevó treinta barcas, dichos juncos, llenas de isleños. Quisiera combatir luego a Mautan; mas por lo que obligado era, envió primero a decir a Cilapulapo con Cristóbal, moro, que fuesen amigos. Él respondió bravamente. Sacó tres mil hombres al campo, repartiólos en tres escuadras, púsose cerca del agua y dejó pasar la prisa de los tiros y arcabuces. Salió Magallanes a tierra con cincuenta españoles, el agua a la rodilla, ca por las piedras no pudieron arribar las barcas. Mandó descargar las piezas de fuego y arcabucería, arremetiendo él a los enemigos. Como los vio quedos y sin daño, se tuvo por perdido, y se tornara si cobardía no le pareciera. Andando en la pelea conoció el daño de los suyos, y mandóles retirar. Peleaban gentilmente los mautaneses; y así, mataron algunos zebutines y ocho españoles con Magallanes, e hirieron veinte, los más con yerba y en las piernas, ca les tiraban a ellas, viéndolas desarmadas. Cayó Magallanes de un cañazo que le pasó la cara teniendo ya caída la celada a golpes de piedras y lanzas y una herida de yerba en la pierna. También le dieron una lanzada, aunque después de caído, que lo atravesó de parte a parte. De esta misma manera acabó Magallanes su vida y su demanda, sin gozar de lo que halló, a 27 de abril, año de 21. Muerto que fue Magallanes, eligieron por caudillo a Juan Serrano, piloto mayor de la flota, y con él a Barbosa, según dicen algunos. El cual procuró mucho de haber el cuerpo de Magallanes, su yerno; pero no lo quisieron dar ni vender, sino guardarlo por memoria, que fue mala señal, si lo entendieran, para lo que después les avino. Entendieron en rescatar por la isla oro, azúcar, jenjibre, carne, pan y otras cosas, para irse a las Malucas entre tanto que sanaban los enfermos, y tramando de conquistar a Mautan; y como para lo uno y para la otro era menester Enrique, dábanle prisa a levantar. Él, como sentía mucho la herida de yerba, no podía o no quería, según algunos pensaban; y reñíanle Serrano y Barbosa, amenazándole con doña Beatriz, su ama. Tanto, en fin, que, o por las injurias o por haber libertad, habló con Hamabar y consejóle que matase los españoles si quería ser, como hasta allí, señor de Zebut, diciendo que eran codiciosos en demasía y que trataban guerra al rey Cilapulapo con su ayuda, y usurparle después a él su isla; que así hacían doquiera que hallaban entrada y ocasión. Hamabar lo creyó, y convidó luego a comer al Juan Serrano y a todos los que quisiesen ir, diciendo les quería dar un presente para el emperador, pues se querían partir. Fueron, pues, a casa del rey Juan Serrano y obra de treinta españoles, sin pensamiento de mal, y al mejor tiempo de la comida los mataron a lanzadas y puñaladas, si no fue a Juan Serrano. Cautivaron otros tantos que andaban por la isla, ocho de los cuales vendieron después en la China, y derribaron las cruces e imágenes que Magallanes pusiera, sin mirar al bautismo que recibieron ni a la palabra que dieron.

XCIV. Isla de Zebut

Zebut es grande, rica y abundante isla. Está desviada de la Equinoccial a nosotros diez grados. Lleva oro, azúcar y jenjibre. Hacen porcelanas blancas y que no sufren yerbas. Recuecen el barro cincuenta años, y algunas veces más. Van desnudos por la mayor parte. Úntanse con aceite de coco cuerpo y cabellos, y précianse de tener la boca y dientes rojos, y para los embermejar mascan areca, que es como pera, con hojas de jazmín y de otras yerbas. La reina traía una ropa larga de lienzo blanco y un sombrero de palma, con su corona papal de lo mismo; lo cual y el color de areca que tenía en la boca, no le parecía mal. El rey Hamabar vestía solamente unos pañicos de algodón y una escofia bien labrada. Traía una cadena de oro al cuello y zarcillos de lo mismo, con perlas y piedras muy finas. Tañía vihuela con cuerdas de alambre, y bebía de las porcelanas con una caña, cosa de risa para los nuestros. Teniendo cebada, mijo, panizo y arroz, comen pan de palmas, rallado y fruto. Destilan muy gentil vino blanco de arroz, y encalabria reciamente. También barrenan las palmas y otros árboles para beber lo que lloran. Hay en Zebut una fruta que llaman cocos. Es el coco a manera de melón, más largo que gordo, envuelto en muchas camisillas como palmito, de que hacen hilo como de cáñamo. Tiene la corteza como la calabaza seca, empero muy más dura; la cual, quemada y hecha polvos, es medicinal. La carne que dentro se hace parece mantequilla en lo blanco y blando, y es sabrosa y cordial. Si menean el coco alrededor y lo dejan así algunos días, se torna un licor como aceite, suave y saludable, con que se untan a menudo. Si le echan agua, sale azúcar; si lo dejan al sol, vuélvese vinagre. El árbol es casi palma, y lleva los cocos en racimos. Danles un barreno al pie de una hoja, cogen lo que destilan en cañas como el muslo, y es gentil bebida, sana y tenida en lo que acá el vino. Hay peces que vuelan, y unas aves como grajas, que llaman laganes, las cuales se ponen a la boca de las ballenas y se dejan tragar, y como se ven dentro, cómenles los corazones y mátanlas. Tienen dientes en el pico, o cosa que lo parecen, y son buenos de comer.

XCV. De Siripada, rey de Borney

Los que estaban en las naves alzaron anclas y velas como supieron la crueldad, y fuéronse de allí sin redimir a Juan Serrano, que voceaba de la marina temiendo otra tal traición; y si triste quedaba el capitán y piloto, llorando su desastre, tristes iban los soldados y marineros, temiendo otro mayor. Eran ciento y quince solamente, y no bastaban a gobernar y defender tres naos. Pararon luego en Cohol, y quemando una nao rehicieron las otras dos. Acercábanse a la Equinoccial, que debajo de ella les decían estar las Malucas. Tocaron en muchas islas de negros, y en Calegando hicieron amistad con el rey Calavar sacando sangre de la mano izquierda y tocando con ella el rostro y lengua, que así se usa en aquellas tierras. Llegaron a Borney, o según otros Porney, que está en cinco grados; el lugar, digo, donde desembarcaron, que por otra parte a la Equinoccial toca. Hicieron señal de paz, y pidieron licencia para surgir en el puerto y salir al pueblo. Vinieron a las naos ciertos caballeros en barcas que tenían doradas las proas y popas, muchas banderas y plumajes, muchas flautas y atabales, cosa de ver. Abrazaron a los nuestros, y diéronles cuatro cabras, muchas gallinas, seis cántaros de vino de arroz estilado, haces de cañas de azúcar y una galleta pintada, llena de areca y flor de jazmín y de azahar para colorar la boca. Vinieron luego otros con huevos, miel, azahar y otras cosas; y dijéronles que holgaría el rey Siripada, su señor, que saliesen a tierra a feriar, y por agua y leña y todo cuanto menester les hiciese. Fueron entonces a besar las manos al rey ocho españoles, y diéronle una ropa de terciopelo verde, una gorra de grana, cinco varas de paño colorado, una copa de vidrio con sobre copa, unas escribanías con su herramienta y cinco manos de papel. Llevaron para la reina unas servillas valencianas, una copa de vidrio llena de agujas cordobesas, y tres varas de paño amarillo; y para el gobernador una taza de plata, tres varas de paño colorado y una gorra. Otras muchas cosas sacaron, que dieron a muchos; pero esto fue lo principal. Cenaron y durmieron en casa del gobernador, y en colchones de algodón, que por ser tarde no pudieron ver al rey aquella noche. Otro día los llevaron a palacio doce lacayos en elefantes por unas calles llenas de hombres armados con espadas, lanzas y adargas. Subieron a la sala, do estaban muchos caballeros vestidos de seda de colores, y tenían anillos de oro con piedras, y puñales con cabos de oro, piedras y perlas. Sentáronse allí sobre una alfombra; había más adentro una cuadra entapizada de seda, con las ventanas cubiertas de brocado, en la cual estaban hasta trescientos hombres en pie y con estoques, que debían ser de guarda. En otra pieza comía el rey y con unas mujeres y con su hijo. Servían la mesa damas solamente, y no había adentro más de padre e hijo y otro hombre en pie. Viendo los españoles tanta majestad, tanta riqueza y aparato, no alzaban los ojos del suelo, y hallábanse muy corridos con su vil presente. Hablaban entre sí muy bajo de cuán diferente gente era aquélla que la de Indias, y rogaban a Dios que los sacase con bien de allí. Llegóse uno a ellos, a cabo de gran rato que llegaron, a decirles que no podían entrar ni hablar al rey, y que le dijesen a él lo que querían. Ellos se lo dijeron como mejor sabían, y él lo dijo a otro, y aquél a otro, que con una cerbatana lo dijo al que estaba con el rey, por una reja, el cual finalmente hizo la embajada con gran reverencia, cosa enojosa para español colérico, y los más de aquellos ocho no podían tener la risa. Siripada mandó que llegasen cerca para verlos. Llegaron por conclusión a una gran reja; hicieron tres reverencias, las manos sobre la cabeza, altas y juntas, que así se lo mandaron. Hicieron su embajada de parte del emperador por paz, pan y contratación. Respondió Siripada al que le habló con la cerbatana que se hiciese lo que pedían; y maravillóse de la navegación tan larga que habían hecho aquellos hombres y navíos. Ellos entonces abrieron su presente con harta vergüenza, por haber visto mucho oro, plata, brocado, sedas y otras grandes riquezas en aquella casa y mesa del rey, y saliéronse con sendos pedazos de telilla de oro, que les pusieron al hombro izquierdo por ceremonia. Diéronles colación de canela y clavos confitados y por confitar, y volviéronlos en caballos a casa del gobernador, que los festejó dos noches maravillosísimamente. Trajéronles de palacio doce platos y escudillas de porcelana llenas de fruta y vianda. Sirviéronles a la cena treinta platos y más, y cada treinta veces de vino de arroz estilado, en pequeños vasos. Toda la carne fue asada o en pasteles, y era ternera, capones y otras aves. Los potajes y platillos eran guisados, unos con especias, otros con vinagre, otros con naranjas, y todos con azúcar. Hubo peces muy buenos, que no conocían los nuestros, y frutas ni más ni menos, y entre ellas unos higos muy largos. Había lámparas de aceite y blandones de plata con hachas de cera. El servido fue todo de oro, plata y porcelanas. Los servidores, muchos y bien aderezados a su manera, y el concierto y silencio, mucho. En fin, decían aquellos españoles que ningún rey podía tener mejor casa y servicio. Pasearon la ciudad en elefantes, y vieron en ella cosas notables. Dióles el rey dos cargas de especias, cuanto pudieron llevar dos elefantes, y muchas cosas de comer. Y el gobernador les dio entera noticia de las Malucas, y les dijo cómo las dejaban muy atrás hacia levante, y con tanto, se despidieron. Borney es isla grande y rica, según oído habéis. Carece de trigo, vino, asnos y ovejas; abunda de arroz, azúcar, cabras, puercos, camellones, búfalos y elefantes. Lleva canela, jengibre, cánfora, que es goma de copey, mirabolanos y otras medicinas, unos árboles cuyas hojas en cayendo andan como gusanos. Andan casi desnudos; traen todos cofias de algodón. Los moros se retajan; los gentiles mean en cuclillas, que de ambas leyes hay. Báñanse muy a menudo; límpianse con la izquierda el trasero, porque comen con la derecha. Usan letras con papel de cortezas, como tártaros, que hasta allá llegan. Estiman mucho el vidrio, lienzo, lana, fierro para hacer clavazón, y armas y azogue para unciones y medicinas. No hurtan ni matan. Nunca niegan su amistad ni la paz a quien se la pide. Raras veces pelean; aborrecen al rey guerrero; y así lo ponen el delantero en la batalla. No sale fuera el rey sino es a caza o guerra. Nadie le habla, salvo sus hijos y mujer, sino por cerbatana o caña. Piensan los que idolatran que no hay más de nacer y morir: bestialidad grandísima. La ciudad donde residen los reyes de Borney es grandísima, y toda dentro la mar; las casas de maderas, con portales, si no es palacio y algunos templos y casas de señores.

XCVI. La entrada de los nuestros en los Malucos

Partiéronse de Borney nuestros españoles muy alegres por lo bien que allí les fue y por estar ya cerca de los Malucos, que con tanto deseo y trabajo iban buscando. Llegaron a Cimbubón, y estuvieron en aquella isla más de un mes adobando una nave. Pegáronla con ánime. Hallaron allí cocodrilos y unos peces extraños, porque son todos de un hueso, con una como sillica en el espinazo, barrigudos, cuero durísimo y sin escamas, hocico de puerco, dos huesos en la frente como cuernos derechos, y dos espinas; en fin, parece monstruo. Tomaron también y comieron muchas ostras de perlas, algunas de las cuales tuvieron veinticinco libras de pulpa, y una tuvo cuarenta y cuatro, pero no tenían perlas. Preguntando qué tamañas perlas criaban tan grandes conchas, les fue dicho que como huevos de paloma y aun de gallinas: grandeza increíble y nunca vista. En Sarangán tomaron pilotos para las Malucas, y entraron en Tidore, una de ellas, a 8 de noviembre del año de 21. Dispararon algunos tiros por salva, echaron áncoras y amarraron las naos. Almanzor, rey de Tidore, vino a ver qué cosa era, en una barca, vestido solamente una camisa labrada de oro maravillosamente con aguja, y un paño blanco ceñido hasta tierra, y descalzo, y en la cabeza un velo de seda bien lindo, a manera de mitra. Rodeó las naos, mandó a los marineros que andaban aderezando las hojas entrar en su barca, y díjoles que fuesen bienvenidos, y otras muchas buenas palabras; entró luego en la una nao, y tapóse las narices por el olor de tocino, como era moro. Los españoles le besaron la mano y le dieron una silla de carmesí, una ropa de terciopelo amarillo, un sayón de tela falsa de oro, cuatro varas de escarlata, un pedazo de damasco amarillo, otro de lienzo, un paño de manos labrado de seda y oro, dos copas de vidrio, seis sartales de lo mismo, tres espejos, doce cuchillos, seis tijeras y otros tantos peines. Dieron asimismo a un su hijo que consigo llevaba, una gorra, un espejo y dos cuchillos, y muchas cosas a los otros caballeros y criados. Habláronle de parte del emperador, pidiendo licencia para negociar en su isla. Almanzor respondió que negociasen mucho en buena hora, haciendo cuenta que estaban en tierra del emperador; y si alguno los enojase, que lo matasen. Estuvo mirando la bandera que tenía las armas reales, y pidió la figura del emperador, y que le mostrasen la moneda, el peso y medida que tenían; y desde que lo tuvo bien mirado todo, díjoles cómo él sabía por su astrología que habían de venir allí, por mandado del emperador de cristianos, en busca de las especias que nacían en aquellas sus islas; y que, pues eran venidos, que las tomasen, ca él era y se daba por amigo

181

del emperador. Quitóse con tanto la mitra, abrazólos y fuése. Otros dicen que no lo supo por ciencia, sino por sueño, ca soñara dos años antes que veía venir por mar unas naos y hombres, que punto no les mentían a los españoles, a señorear aquellas islas y especias. Nosotros pensamos que fue conjetura, sabiendo el mandado y trato de portugueses en Calicut, Malaca, Zamotra y costa de la China. Salieron a tierra los nuestros a feriar especias y a ver los árboles que las producen. Estuvieron más de cinco meses allí en Tidore, con mucha conversación de los isleños. Vino a verlos, y a darse al emperador, Corala, señor de Terrenate, que era sobrino de Almanzor (aunque otros lo llaman Colano); el cual tenía cuatrocientas damas en su casa, gentiles en ley y en persona, y cien corcovadas que lo servían de pajes. Vino también Luzfu, rey de Gilolo, amigo de Almanzor, que tenía seiscientos hijos, si ya no se engañan en un cero, pues, como dicen, tanto monta ocho que ochenta; aunque, como tienen muchísimas mujeres, no era mucho tener tantos hijos. Otros muchos señores de aquellas isletas vinieron a Tidore, por ruego de Almanzor, a ofrecerse por amigos y tributarios del rey de Castilla, Carlos, emperador, que no los cuento. Tenía veintiséis hijos e hijas Almanzor, y doscientas mujeres, y cenando, mandaba ir a la cama a la que quería. Era celosísimo, o lo hacía por amor de los españoles, que luego miran y suspiran y hacen del enamorado, aunque, a la verdad, todos aquellos isleños son celosos, teniendo muchas mujeres. Traen bragas; lo demás en carnes vivas. Juró Almanzor sobre su Alcorán de siempre ser amigo del emperador y rey de Castilla. Contrató de dar al fardel de clavos, cada y cuando que allá fuesen castellanos, por treinta varas de lienzo, diez de paño colorado y cuatro de amarillo, y las otras especias conforme a este precio. Hay en Tidore y por aquellas islas unas avecicas que llaman mamucos, las cuales son de mucho menor carne que cuerpo muestran; tienen las piernas largas un palmo; la cabeza chica, más luengo el pico; la pluma de color lindísimo; no tienen alas, y así no vuelan sino con aire. jamás tocan en tierra sino muertas, y nunca se corrompen ni pudren. No saben dónde crían ni qué comen, y algunos piensan que anidan en paraíso, como son moros y como creen en el Alcorán, que les pone otras semejantes y aun peores cosas en su paraíso. Piensan los nuestros que se mantienen del rocío y flor de las especias. Como quiera que sea, ellos no se corrompen. Los españoles los traen por plumajes, y los malucos, por remedio contra heridas y asechanzas.

XCVII. De los clavos y canela y otras especias

Muchas islas hay Malucas, empero comúnmente llaman Malucos a Tidore, Terrenate, Mate, Matil y Machian, las cuales son pequeñas y poco distantes una de otra. Caen debajo y cerca de la Equinoccial, y más de ciento y sesenta grados de nuestra España, y algunos dicen que Zebut está ciento y ochenta, que es el medio camino del mundo, andándolo por la vía del Sol y como lo anduvieron estos nuestros españoles. Todas estas islas, y aun otras muchas por allí, producen clavos, canela, jengibre y nueces moscadas; empero uno se hace más que otro en cada una. En Matil hay mucha canela, cuyo árbol es muy semejante al granado; hiende y revienta la corteza con el sol; quítanla y cúranla al sol; sacan agua de la flor (muy mucho mejor que la de azahar). Hay muchos clavos en Tidore, Mate y Terrenate o Terrate (como dicen algunos), donde murió Francisco Serrano, amigo de Magallanes y capitán de Corola, siete meses antes que llegasen allí aquellas dos naos españolas. El árbol de clavos es grande y grueso, hoja de laurel, corteza de oliva. Echa los clavos en racimos como yedra, o espino, y enebro. Son verdes al principio, y luego blancos, y en madurando colorados, y secos parecen negros, como nos los traen. Mójanlos con agua de mar. Cógense dos veces al año, y guárdanlos en silos. Cógense en unos collados, y allí los cubre cierta niebla una y más veces al día; no se hace en los valles y llanos, a lo menos no llevan fruto; y así, es por demás pensar de los traer y plantar acá, como algunos imaginan. Criar en estas partes, que son calientes, el jengibre, que es raíz, como rubia o azafrán, quizá podrían. Parece carrasca el árbol que cría las nueces moscadas; y así, nacen como bellotas, y aquel dedal que tiene es almástiga.

XCVIII. La famosa nao Vitoria

Como nuestros españoles tuvieron llenas sus dos naos de clavos y otras especias, aparejaron su partida y vuelta para España, tomando las cartas y presentes de Almanzor y de los otros señores al emperador rey de Castilla. Almanzor les rogó que le llevasen muchos españoles para vengar la muerte de su padre, y quien le enseñase las costumbres españolas y la religión cristiana. No pudieron haber más noticia de aquellas islas de la que digo, por falta de lengua, aunque anduvieron muchas para las traer a la devoción del emperador y para saber si aportaban por allí portugueses; y de un Peralfonso que toparon en Bandan entendieron cómo había estado allí una carabela portuguesa feriando clavos. Partieron, pues, de Tidore muy alegres, por llevar noticia de las Malucas y gran cantidad de clavos y otras especias a España, y muchas espadas y mamucos para el emperador; muchos papagayos colorados y blancos, que no hablan bien, y miel de abejas que, por ser pequeñitas, llamaban moscas. Hacía mucha agua la nao capitana, dicha Trinidad, y acordaron que Juan Sebastián del Cano, natural de Guetaria, en Guipúzcoa, se viniese luego a España por la vía de portugueses con la nao Vitoria, cuyo piloto era; y que la Trinidad en adobándose fuese a tomar tierra en Panamá o costa de la Nueva España, que sería más corta navegación, y por tierras del emperador. Partió de Tidore Juan Sebastián por abril con sesenta compañeros, los trece isleños de Tidore. Tocó en muchas islas, y en Tímor tomó sándalo blanco. Hubo allí un motín y brega, en que murieron hartos de la nao. En Eude tomaron más canela; llegaron cerca de Zamotra, y sin tomar tierra pasaron al cabo de Buena Esperanza y arribaron a Santiago, una de las islas de Cabo Verde. Echó en ella trece compañeros con el esquife a tomar agua, que le faltaba, y a comprar carne, pan y negros para dar a la bomba, como venía la nao haciendo agua, que ya no eran sino treinta y un español, y los más enfermos. El capitán portugués que allí estaba los echó presos, porque decían que habían de pagar en clavos lo que compraban, para saber de dónde los traían. Y tomó la barca, y aun procuró de coger la nave. Juan Sebastián alzó de presto las áncoras y velas, y en pocos días llegó a San Lúcar de Barrameda, a los 6 de septiembre de 1522 años, con solamente dieciocho españoles, los más flacos y destrozados que podían ser. Los trece que prendieron en Santiago fueron luego sueltos por mandato del rey don Juan. Contaban, sin lo que dicho tenemos, muchas cosas de su navegación, como decir que los cristianos que echaban a la mar andaban de espaldas y los gentiles de barriga, y que muchas veces les pareció ir el Sol y la Luna al revés de acá; lo cual era por echarles siempre la sombra al sur, cuando se les antojaba aquello,

184

ca está claro que sube por la mano derecha el Sol de los que viven de treinta grados allá de la Equinoccial, mirando el Sol; y para mirarlo han de volver la cara al norte, y así parece lo que dicen. Tardaron en ir y venir tres años menos catorce días; erráronse un día en la cuenta; y así comieron carne los viernes y celebraron la Pascua en lunes; trascordáronse o no contaron el bisiesto, bien que algunos andan filosofando sobre ello, y más yerran ellos que los marineros. Anduvieron diez mil leguas, y aun catorce mil, según cuenta, aunque menos andaría quien fuese caminando derecho. Empero ellos anduvieron muchas vueltas y rodeos, como iban a tiento. Atravesaron la tórrida zona seis veces, contra la opinión de los antiguos, sin quemarse. Estuvieron cinco meses en Tidore, donde son antípodas de Guinea, por lo cual se muestra cómo nos podemos comunicar con ellos, y aunque perdieron de vista el norte, siempre se regían por él, porque le miraba tan de hito la aguja, estando en cuarenta grados del sur, como lo mira en el mar Mediterráneo. Bien que algunos dicen que pierde algo la fuerza. Anda siempre cabe el sur o polo Antártico una nubecilla blanquizca y cuatro estrellas en cruz, y otras tres allí junto, que semejan nuestro septentrión; y éstas dan por señales del otro eje del cielo, a quien llamamos sur. Grande fue la navegación de la flota de Salomón; empero mayor fue la de estas naos del emperador y rey don Carlos. La nave Argos, de Jasón, que pusieron en las estrellas, navegó muy poquito en comparación con la nao Vitoria, la cual se debiera guardar en las atarazanas de Sevilla por memoria. Los rodeos, los peligros y trabajos de Ulises fueron nada en respeto de los de Juan Sebastián; y así, él puso en sus armas el mundo por cimera, y por letra Primus circundedistime, que conforma muy bien con lo que navegó, y a la verdad él rodeó todo el mundo.

XCIX. Diferencias sobre las especias entre castellanos y portugueses

Muy gran contentamiento tuvo el emperador con el descubrimiento de las Malacas y islas de especias, y que se pudiese ir a ellas por sus propias tierras sin perjuicio de portugueses, y porque Almanzor, Luzfu, Corala y otros señores de la Especiería se le daban por amigos y tributarios. Hizo algunas mercedes a Juan Sebastián por sus trabajos y servicio, y porque le pidió albricias de que caían aquellas islas de los Malucos y otras más grandes en su parte, según la bula del Papa; así que se avivó el negocio y debate con portugueses sobre las especias y repartición de Indias, con la venida y relación de Juan Sebastián, que también afirmaba cómo nunca portugueses entraron en aquellas islas. Los del Consejo de Indias pusieron luego al emperador en que continuase la navegación y trato de la Especiería, pues era suya y se había hallado paso por las Indias, como deseaban, y habría de ello gran dinero y renta, y enriquecería sus vasallos y reinos a poca costa. Y como todo esto era verdad, túvose por bien aconsejado, y mandó que se hiciese así. Cuando el rey don Juan de Portugal supo la determinación del emperador, la prisa de los de su Consejo y la vuelta y testimonio de Juan Sebastián del Cano, bufaba de coraje y pesar, y todos sus portugueses querían (como dicen) tomar el cielo con las manos, pensando que tenían de perder el trato de las buenas especias si castellanos se pusiesen en ello; y así suplicó luego el rey al emperador que no enviase armada a las Malucas hasta determinar cúyas eran, ni le hiciese tanto daño como quitarle su trato y ganancia, ni diese ocasión a que se matasen allá portugueses y castellanos, topándose una flota con otra. El emperador, aunque conocía ser dilación todo aquello, holgó que se viese por justicia, para mayor justificación de su causa y derecho; y así, fueron entrambos de acuerdo que lo determinasen los hombres letrados, cosmógrafos y pilotos, prometiendo de pasar por lo que juzgasen aquellos que sobre el mismo caso fuesen nombrados y jura mentados.

C. Repartición de las Indias y mundo nuevo entre castellanos y portugueses

Era importante negocio éste de la Especiería por su riqueza, y muy grave por haberse de rayar el nuevo mundo de Indias; y así, fue necesario y conveniente buscar personas sabias, honradas y expertas, así en navegar como en cosmografía y matemáticas. El emperador escogió y nombró para jueces de posesión al licenciado Acuña, del Consejo Real; al licenciado Barrientos, del Consejo de Ordenes, y al licenciado Pedro Manuel, oidor de chancillería de Valladolid; y por jueces de propiedad a don Fernando Colón, hijo de Cristóbal; al doctor Sancho Salaya, Pedro Ruiz de Villegas, fray Tomás Durán, Simón de Alcazaba y Juan Sebastián de Cano; hizo abogado al licenciado Juan Rodríguez de Pisa, fiscal al doctor Ribera, y secretario a Bartolomé Ruiz de Castañeda. Dijo que fuesen Sebastián Gaboto, Esteban Gómez, Nuño García, Diego Ribero, que eran gentiles pilotos y maestros de hacer cartas de marear, para dar globos, mapas y los instrumentos necesarios a la declaración del sitio de las islas Malucas, sobre las cuales era el pleito; mas no habían de votar ni entrar en la Congregación sino cuando los llamase: fueron, pues, todos estos y aun otros algunos a Badajoz, y vinieron a Elbes otros tantos portugueses y aun más, porque traían dos fiscales y dos abogados. El principal era el licenciado Antonio de Acebedo Cotiño, Diego López de Sequeira, almotacén, que había sido gobernador en la India; Peralfonso de Aguiar; Francisco de Melo, clérigo; Simón de Tavira, que los demás no sé. Antes que se juntasen, estando los unos en Badajoz y los otros en Elbes, hubo hartos graciosos dichos sobre dónde sería la primera junta y quién hablaría primero, ca los portugueses miran mucho en tales puntos; en fin, concluyeron que se viesen y saludasen en Caya, riachuelo que parte término entre Castilla y Portugal, y está en medio el camino de Badajoz a Elbes y después se juntaban un día en Badajoz y otro en Elbes; tomáronse juramento unos a otros de tratar verdad y sentenciar justamente. Recusaron los portugueses a Simón de Alcazaba, portugués, y a fray Tomás Durán, que había sido predicador de su rey, y excluyóse por sentencia el Simón, en cuyo lugar entró el maestro Antonio de Alcaraz. Para echar al fraile no dieron causa. Estuvieron muchos días mirando globos, cartas y relaciones, y alegando cada cual de su derecho y porfiando terribilísimamente. Portugueses decían que las Malucas e islas de especias, sobre las cuales era la junta y disputa, caían en su parte y conquista, y que primero que Juan Sebastián las viese las tenían ellos andadas y poseídas, y que la raya se había de echar desde la isla Buena Vista o de la Sal, que son las más orientales de Cabo Verde, y no por la de San Antón, que es la occidental y que están noventa leguas una de otra. Esto era porfía, y lo otro falso; pero quien mal pleito tiene, a voces lo echa. Aquí conocieron entonces el error que habían hecho en pedir que la raya fuese por trescientas y setenta leguas más al poniente de las islas de Cabo Verde, y no ciento, como el Papa señaló. Castellanos decían y demostraban cómo no solamente Borney, Gilolo,

Zebut e Tidore, con las islas Malucas, empero que también Zamotra, Malaca y buena parte de la China eran de Castilla y caían en su conquista y término; que Magallanes y Juan Sebastián fueron los primeros cristianos que las hollaron y adquirieron por el emperador, según las cartas y dones de Almanzor. Y dado caso que hubieran ido primero portugueses allá, habían ido después de la donación del Papa, y no adquirieron derecho por eso; y que si querían echar la raya por Buena Vista, que mucho en buena hora, pues, así como así, cabrían a Castilla las Malucas y Especiería; empero, que había de ser con aditamento que las islas de Cabo Verde fuesen de castellanos, pues rayando por Buena Vista quedaban dentro en la parte del emperador. Estuvieron dos meses sin poder tomar solución, ca portugueses dilataban el negocio, rehuyendo de la sentencia con achaques y razones frías, por desbaratar aquella junta sin concluir cosa ninguna, que así les cumplía. Los castellanos jueces de la propiedad echaron una raya en el mejor globo, trescientas y setenta leguas de San Antón, isla occidental de Cabo Verde, conforme a la capitulación que había entre los Reyes Católicos y el de Portugal, y pronunciaron sentencia de ello, llamada la parte contraria, en postrero de mayo de 1524, y encima de la puente de Caya. No pudieron los portugueses estorbar, ni siquiera aprobar la sentencia, que justa era, diciendo que no estaba el proceso sustanciado para sentenciar; y partiéronse amenazando de muerte a los castellanos que hallasen en las Malucas, ca ellos ya sabían cómo los suyos habían tomado la nao Trinidad y prendido los castellanos en Tidore. Los nuestros se volvieron también a la corte, y dieron al emperador las escrituras y cuenta de lo que habían hecho. Conforme a esta declaración se marcan y deben marcar todos los globos y mapas que hacen los buenos cosmógrafos y maestros, y ha de pasar poco más o menos la raya de la repartición del nuevo mundo de Indias por las puntas de Humos y de Buen Abrigo, como ya en otra parte dije. Y así parecerá muy claro que las islas de las especias y aun la de Zamotra caen y pertenecen a Castilla; pero cúpole a él la tierra que llaman del Brasil, donde está el cabo de San Agustín, la cual es de punta de Humos a punta de Buen Abrigo, y tiene de costa ochocientas leguas norte sur, y doscientas por algunas partes de este a oeste. Aconteció que, paseándose un día por la ribera de Guadiana Francisco de Melo, Diego López de Sequeira y otros de aquellos portugueses, les preguntó un niño que guardaba los trapos que su madre lavaba si eran ellos los que repartían el mundo con el emperador, y como le respondieron que sí, alzó la camisa, mostró las nalguillas y dijo: «Pues echad la raya por aquí en medio». Cosa fue pública y muy reída en Badajoz y en la congregación de los mismos repartidores, de los cuales unos se corrían y otros se maravillaban. Conversé yo mucho a Pero Ruiz de Villegas, natural de Burgos, que ya no hay vivos sino él y Gaboto. Es Pero Ruiz noble de sangre y condición, curioso, llano, devoto, amigo de andar a lo viejo, con barba y cabello largo; es gentil matemático y cosmógrafo, y muy práctico en las cosas de nuestra España y tiempo.

CI. La causa y autoridad por donde partieron las Indias

Habían debatido castellanos y portugueses sobre la mina de oro de Guinea, que fue hallada el año de 1471, reinando en Portugal don Alonso V. Era negocio rico, porque daban los negros oro a puñados a trueco de veneras y otras cosillas, y en tiempo que aquel rey pretendía el reino de Castilla por su mujer doña Juana la Excelente contra los Reyes Católicos Isabel y Fernando, cuyo era; empero cesaron las diferencias como don Fernando venció al don Alonso en Temulos, cerca de Toro, el cual quiso antes guerrear con los moros de Granada que rescatar con los negros de Guinea. Y así quedaron los portugueses con la conquista de África del estrecho afuera, que comenzó o extendió el infante de Portugal don Enrique, hijo del rey don Juan el Bastardo, y maestre de Avís. Sabiendo, pues, esto el Papa Alejandro VI, que valenciano era, quiso dar las Indias a los reyes de Castilla, sin perjudicar a los de Portugal, que conquistaban las tierras marinas de África, y dióselas de su propio motivo y voluntad, con obligación y cargo que convirtiesen los idólatras a la fe de Cristo, y mandó echar una raya o meridiano norte sur, desde cien leguas adelante de una de las islas de Cabo Verde hacia poniente, porque no tocase en África, que portugueses conquistaban, y para que fuese señal y mojones de la conquista de cada uno y los quitase de reyerta. Hizo gran sentimiento el rey don Juan, segundo de tal nombre en Portugal, cuando leyó la bula y donación del Papa; quejóse de los Reyes Católicos, que le atajaban el curso de sus descubrimientos y riquezas; reclamó de la bula, pidiéndoles otras trescientas leguas más al poniente, sobre las ciento, y envió naves a costear toda África. Los Reyes Católicos holgaron de complacerle, así por ser generosos de ánimo, como por el deudo que con él tenían y esperaban tener, y diéronle, con acuerdo del Papa, otras trescientas y setenta leguas más que la bula decía, en Tordesillas, a 7 de junio, año de 1494. Ganaron nuestros reyes las Malucas y otras muchas y ricas islas, pensando que perdían tierra por dar aquellas leguas, y el de Portugal se engañó o le engañaron los suyos, que aún no sabían de las islas de la Especiería, en pedirlo que pidió, ca le valiera más demandar que aquellas trescientas y setenta leguas fueran antes hacia levante de las islas de Cabo Verde que hacia poniente, y aun dudo con todo eso que las Malucas entraran en su conquista y parte, según común cuenta y medida de pilotos y cosmógrafos. Así que dividieron entre sí las Indias por no reñir, con autoridad del Papa.

CII. Segunda navegación a las Malucas

Acabada la junta de Badajoz y declarada la raya de la partición, como dicho habemos, hizo el emperador dos armadas para enviar a las Malucas, una en pos de otra; envió asimismo Esteban Gómez con un navío a buscar otro estrecho por la costa de Bacallaos y del Labrador, que aquel piloto prometía, para ir por allí más brevemente a traer especias de las Malucas, según en su propio lugar se contó. Mandó poner casa de contratación en la Coruña, aunque más reclamaba Sevilla, por ser muy buen puerto, conveniente para la vuelta de Indias, y cercano a Flandes para la contratación de las especias con alemanes y hombres más septentrionales. Abasteciéronse, pues, en la Coruña, a costa del emperador, siete naos traídas de Vizcaya, y metieron dentro en ellas muchas cosas de rescate, como decir lienzo, paño y buhonería, muchas armas y artillería; nombró el rey por capitán general de ellas a fray Garcijofre de Loaisa, de la orden de San Juan y natural de Ciudad Real, y dióle cuatrocientos y cincuenta españoles, y por capitanes a don Rodrigo de Acuña, don Jorge Manrique de Nájera, Pedro de Vera, Francisco Hoces de Córdoba, Guevara y Juan Sebastián del Cano, que llevaba el segundo lugar en la flota. Hizo Loaisa pleito homenaje en manos del conde don Hernando de Andrada, gobernador de Galicia; los capitanes lo hicieron en las de Loaisa, y cada soldado en las de su capitán; bendijeron el pendón real del emperador, y partiéronse con grande alegría y estruendo por septiembre de 1525; pasaron el estrecho de Magallanes, y la nao menor, que llamaban Pataca o Patax, aportó a la Nueva-España. Desparciéronse las otras con el tiempo y tuvieron mal fin; murió Loaisa en la mar, y en julio del año adelante; llegó su nao capitana, dicha la Vitoria, a Tidore el 1.º de enero de 1527, y el rey Raxamira, que señoreaba entonces, recibió los españoles para que lo ayudasen contra los portugueses, que le daban guerra, y Hernando de la Torre, natural de Burgos, hizo en Gilolo una fortaleza con ciento y veinte españoles. En Bicaia, isla donde aportó don Jorge Manrique, entró el rey Cotoneo en la nao como de paz, y matóle con su hermano don Diego, hiriéndolos con cuchillo de yerba, y prendió a los otros castellanos. En Candiga se perdió otra nao, y en fin vinieron todos a poder de isleños y de portugueses, cuyo capitán era don García Enríquez de Ebora, el cual hacía guerra desde Terrenate, donde tenían un castillo, a Raxamira y a los otros que no querían darse al rey de Portugal ni darle especias. Entonces se supo cómo la nao Trinidad, de Magallanes, que quedara en Tidore adobándose, caminó la vía de la Nueva-España, yendo por capitán un Espinosa de Espinosa de los Monteros, y que se tornó a Tidore por contrarios vientos que tuvo, cinco meses después que partiera, y que cuando volvió estaban allí cinco naos portuguesas con Antonio de Brito, el cual robó setecientos o mil quintales de clavos que la nao Trinidad tenía y que habían allegado Gonzalo de Campos, Luis de Molina, y otros tres o cuatro que se quedaron con Almanzor, y envió presos a Malaca cuarenta y ocho castellanos, quedando él a labrar una fortaleza en Terrenate: hecho que merecía castigo en Portugal cuando en Castilla se supo.

CIII. De otros españoles que han buscado la Especieria

Fernando Cortés envió de la Nueva-España, el año de 1528, a Álvaro de Saavedra Cerón con cien hombres en dos navíos a buscar los Malucos y otras islas por allí que tuviesen especias y otras riquezas, por mandado del emperador, y por hacer camino para ir y venir de aquellas islas a la Nueva España, y aun pensando hallar en medio ricas islas y tierras. Solía él decir por esto:

De aquí aquí me lo encordonedes,
De aquí aquí me lo encordonad.

Pero aún hasta ahora, que sepamos, no se ha descubierto por allí lo que imaginaba. Don Antonio de Mendoza, virrey de México, envió al capitán Villalobos con buenas naos y gente, del puerto de la Navidad, que es en la Nueva-España, el año de 42. Platicó Villalobos en muchas islas de coral, que están a diez grados, y en Mindanao, do estuvo Saavedra Cerón, vio artillería. Estuvo en Tidore y Gilolo, donde los reyes los acogieron muy bien, diciendo que querían más a castellanos que a portugueses, y le pedían algunos para tenerlos consigo. Perdiéronse las naos y vino la gente a poder de portugueses. Entonces halló Bernaldo de la Torre de Granada, queriendo volver a la Nueva-España, una tierra que duraba quinientas leguas, muy cerca de la Equinoccial, de negros, y junto de ellas islas de blancos. También iba Sebastián Gaboto a las Malucas, cuando el año de 26 se volvió del río de la Plata, como ya dijimos, pensando traer la especiería a Panamá o Nicaragua. Américo Vespucio fue a buscar las Malucas por el cabo de San Agustín, con cuatro carabelas que le dio el rey de Portugal, el año de 1; mas no llegó ni aun al río de la Plata. Simón de Alcazaba iba con doscientos y cuarenta españoles a las Malucas el año de 34. No se supo valer ni llevar con la gente; y así lo mataron a puñaladas diez o doce de los suyos en el cabo de Santo Domingo, que es antes de llegar al estrecho de Magallanes. Otro año siguiente envió allá ciertas naos don Gutierre de Vargas, obispo de Plasencia, por amor y consejo del mismo don Antonio, su cuñado, y pensando enriquecer más que otros; pero también se perdieron sin llegar a ellos, aunque una nao de aquéllas pasó el estrecho de Magallanes y aportó en Arequipa, y fue la primera que dio certidumbre de la costa que hay de aquel estrecho hasta Arequipa del Perú. Fueron asimismo a buscar estas islas por hacia el norte Gaspar Cortes Reales, Sebastián Gaboto y Esteban Gómez, según al principio contamos.

CIV. Del paso que podrían hacer para ir más breves a las Malucas
Es tan dificultosa y larga la navegación a las Malucas de España por el estrecho de Magallanes, que hablando sobre ella muchas veces con hom-

bres prácticos de Indias, y con otros historiales y curiosos, habemos oído un buen paso, aunque costoso; el cual no solamente sería provechoso, empero honroso para el hacedor, si se hiciese. Este paso se había de hacer en tierra firme de Indias, abriendo de un mar a otro por una de cuatro partes, o por el río de Lagartos, que corre a la Costa del Nombre de Dios, naciendo en Chagre, cuatro leguas de Panamá, que se andan con carreta, o por el desaguadero de la laguna de Nicaragua, por donde suben y bajan grandes barcas, y la laguna no está de la mar sino tres o cuatro leguas: por cualquiera de estos dos ríos está guiado y medio hecho el paso. También hay otro río de la Veracruz a Tecoantepec, por el cual traen y llevan barcas de una mar a otra los de la Nueva-España. Del Nombre de Dios a Panamá hay diecisiete leguas, y del golfo de Urabá al golfo de San Miguel veinticinco, que son las otras dos partes, y las más dificultosas de abrir; sierras son, pero manos hay. Dadme quien lo quiera hacer, que hacer se puede; no falte ánimo, que no faltará dinero, y las Indias, donde se ha de hacer, lo dan. Para la contratación de la especiería, para la riqueza de las Indias y para un rey de Castilla, poco es lo posible. Imposible parecía, como de verdad era, atajar veinte leguas de mar que hay de Brindez a la Belona; mas Pirro y Marco Varrón lo quisieron y tentaron para ir por tierra de Italia a Grecia. Nicanor comenzó de abrir cien leguas y más que hay de tierra, sin los ríos, para portear especias y otras mercaderías del mar Caspio al Mayor o Póntico; empero, como lo mató Tolomeo Cerauno, no pudo ejecutar su generoso y real pensamiento. Nitocres, Sesostre, Samnietico, Darío, Tolomeo y otros reyes intentaron echar el mar Bermejo en el río Nilo, abriendo la tierra con hierro, para que sin mudar navíos fuesen y viniesen con las especias, olores y medicinas del Océano al Mediterráneo; mas temiendo que anegaría la mar a Egipto si reventase las acequias o creciese mucho, lo dejaron, y porque la mar no estragase el río, pues sin él no valdría nada Egipto. Si este paso que decimos se hiciese, se atajaría la tercia parte de navegación. Los que fuesen a los Malucos irían siempre de las Canarias allá por el Zodíaco y cielo sin frío, y por tierras de Castilla, sin contraste de enemigos. Aprovecharía eso mismo para nuestras propias Indias, ca irían al Perú y a otras provincias en las mismas naves que sacasen de España, y así se excusaría mucho gasto y trabajo.

CV. Empeño de la Especiería

Como el rey de Portugal don Juan el Tercero supo que los cosmógrafos castellanos habían echado la raya por donde nombramos y que no podía negar la verdad, temió perder el trato de las especias y suplicó muy de veras al emperador que no enviase a Jofre de Loaisa ni a Sebastián Gaboto a las Malucas, porque no se arregostasen los castellanos a las especias ni viesen los males y fuerzas que a los de Magallanes habían hecho sus capitanes en aquellas islas, lo cual él mucho encubría; y pagaba todo el gasto de aquellas dos armadas, y hacía otros grandes partidos; mas no lo pudo acabar con el emperador, que bien aconsejado era. Casó el emperador con doña Isabel, hermana del rey don Juan, y el rey don Juan con doña Catalina, hermana del emperador, y resfrióse algo el negocio de la Especiería, aunque no dejaba el rey de hablar en ella, moviendo siempre partido. El emperador supo de un vizcaíno que fue con Magallanes en su nao capitana lo que portugueses hicieron en Tidore a castellanos, y enojóse mucho, y confrontó al marinero con los embajadores de Portugal, que lo negaban a pie juntillas, y que uno de ellos era capitán mayor y gobernador en la India cuando portugueses prendieron los castellanos en Tidore y robaron los clavos, canela y cosas que traían en la nao Trinidad para él. Mas como fue grande la negociación del rey y nuestra necesidad, vino el emperador a empeñarle las Malucas y Especiería para ir a Italia a coronarse, año de 1529, por trescientos y cincuenta mil ducados y sin tiempo determinado, quedando el pleito en el estado que lo dejaron en la puente de Caya; y el rey don Juan castigó al licenciado Acebedo porque dio los dineros sin declarar tiempo. Empeño fue ciego, y hecho muy en contra la voluntad de los castellanos que consultaba el emperador sobre ello; hombres que entendían bien el provecho y riqueza de aquel negocio de la Especiería, la cual podía rentar en un año o en dos, y fueran seis, más de lo que daba el rey sobre ella. Pero Ruiz de Villegas, que fue llamado al contrato dos veces, una a Granada y otra a Madrid, decía ser muy mejor empeñar a Extremadura y la Serena, o mayores tierras y ciudades, que no a los Malucos, Zamatra, Malaca y otras riberas orientalísimas y riquísimas y aún no bien sabidas, por razón que se podría olvidar aquel empeño con el tiempo o parentesco, y no este otro, que se estaba en casa. En conclusión, no miró el emperador lo que empeñaba, ni el rey entendía lo que tomaba. Muchas veces han dicho al emperador que desempeñe aquellas islas, pues con la ganancia de pocos años se desquitará, y aun el año de 1548 quisieron los procuradores de Cortes, estando en Valladolid, pedir al emperador que diese al reino la Especiería por seis años en arrendamiento, y que pagarían ellos al rey de Portugal sus trescientos y cincuenta mil ducados y traerían el trato de ella a la Coruña, como al principio se mandó, y que pasados los seis años, su majestad la continuase y gozase; mas él mandó desde Flandes, donde a la sazón estaba, que ni lo diesen por capítulo de Cortes ni hablasen más en ello; de lo cual unos se maravillaron, otros se sintieron, y todos callaron.

CVI. De cómo hubieron portugueses la contratación de las especias

Haciendo guerra los portugueses a los moros de Fez, reino de Berbería, comenzaron a costear y guerrear la tierra de África del estrecho afuera, y como les sucedía bien, continuáronlo mucho, especialmente don Enrique, hijo del rey don Juan el Bastardo y Primero. Hallaron la mina de oro en Guinea y contratación de negros el año de 1471, siendo rey don Alonso V; el cual, como navegaba mucho por allí y sin contradicción casi ninguna, propuso de enviar al mar Bermejo y haber la contratación de las especias para sí. Antes de armar envió a Pedro de Covillana y Alonso de Paiba, el año de 1487, a buscar y saber el precio y tierra de la Especiería y medicinas que de India venían al mar Mediterráneo por el Bermejo. Envió éstos porque sabían arábigo, desconfiando de otros que antes enviara, que no lo sabían. Dióles dineros y créditos, y una tabla por donde se rigiesen, que sacaron el licenciado Calzadilla, obispo de Viseo, el doctor Rodrigo, maestre Moisén y Pedro de Alcazaba, de un mapa que debía ser de Martín de Bohemia, y de un memorial que quizá era el mismo de Cristóbal Colón, donde se ponía el camino por poniente. Ellos fueron a Hierusalén y al Cairo, y de allí a Aden, Ormuz, Calicut y otras grandes ciudades y ferias de aquellas mercaderías, en Etiopía, Arabia, Persia e India. Paiba murió luego andando por su cabo, y Covillana, como lo detuvo el Preste Gian, no pudo volver, mas escribió al rey lo que pasaba sobre la Especiería. Rabí, Abraham y Josepe de Lamego, zapatero, fueron a Persia y dieron nuevas al rey del trato de las especias. Él los tornó a enviar en busca de Covillana, y volvieron con cartas y avisos de él. El rey don Juan el Segundo de Portugal, que recibió las cartas de Covillana siendo ya muerto el rey don Alonso, su padre, envió carabelas en busca de la Especiería, año de 1494, pero no pasaron el cabo de Buena-Esperanza hasta el de 97, que don Vasco de Gama lo pasó, y llegó a Calicut, pueblo de grandísimo trato de medicinas y especias, que era lo que buscaban. Trajo muchas de ellas a buen precio, y vino maravillado de la grandeza y riqueza de aquella ciudad y de los muchos navíos, aunque chicos, que había en el puerto, ca eran cerca de mil y quinientos, y todos o los más andaban en el trato de las especias y medicinas. Mas no son buenos para navegar sino es con viento en popa, ni para pelear con nuestras naos, que dio avilanteza a los portugueses de tomar aquella contratación; ni tienen aguja de marear, ni buenas áncoras, ni velas, con respecto de las nuestras. Año de 1500 envió el rey don Manuel doce carabelas con Pedro Álvarez a Calicut, y trajo el trato de las especias a Lisboa, y ganó después a Malaca, extendiendo su navegación a la China. Don Juan, su hijo, mucho la ha acrecentado. En la manera y tiempo que digo se trajo a Portugal el trato de la Especiería y se renovó la navegación que antiguamente tenían los españoles en Etiopía, Arabia, Persia y otras tierras de Asia, por causa de mercaderías, y principalmente, según creo, por especias y medicinas.

CVII. Los reyes y naciones que han tenido el trato de las especias

Españoles traían antiquísimamente especias y medicinas del mar Bermejo, Arábigo y Gangético, aunque no en tanta cantidad como ahora; que a eso iban allá, según muchos, con mercaderías y cosas de nuestra España. Los reyes de Egipto tuvieron la contratación de las especias, olores y medicinas orientales mucho tiempo, comprando de alábares, persas, indianos y otras gentes de Asia, y vendiéndolas a scitas, alemanes, italianos, franceses, griegos, moros y otros hombres de Europa. Valía el trato de la Especiería al rey Tolomeo Auleta, padre de Cleopatra, la de Marco Antonio, doce talentos, según Estrabón, cada un año, que son siete millones de nuestra moneda. Romanos tomaron aquel trato con el mismo reino, y dicen que les valía más; empero fuese disminuyendo con la inclinación del imperio, y en fin se perdió. Mercaderes que corren mar y tierra por la ganancia hicieron la contratación en Cafa y otros lugares de la Tana o Tanais; pero con grandísimo trabajo y costa, ca subían las especias por el río Indo al río Uxo, atravesando a Bater, que es la Batriana, en camellos. Por Uxo, que ahora dicen Camu, las metían en el mar Caspio, y de allí las llevaban a muchas partes; mas la principal era Citraca, en el río Ra, dicho al presente Volga, donde iban por ellas armenios, medos, partos, persianos y otros. De Citraca las subían a Tartaria, que antes era Scitia, por la Volga, y en caballos la ponían en Cafa, que antiguamente se dijo Teodosia, y en otros puertos cerca de la Tana, de donde las tomaban alemanes, latinos, griegos, moros y otras gentes de nuestra Europa. Y aún poco ha iban allí por ellas venecianos, genoveses y otros cristianos. Trajeron después las especias y otras mercaderías de la India, que llegaban al mar Caspio, a Trapisonda, bajándolas al mar Mayor o Póntico, por el Hasis, que ahora nombran Faso. Mas perdióse la contratación con aquel imperio, que deshicieron los turcos poco ha. Entonces las portearon por Eufrates arriba, que cae dentro del mar Pérsico, y por cargas desde aquel río a Damasco, Alepo, Barut y otros puertos del mar Mediterráneo, y los soldanes del Cairo tornaron el trato de las especias al mar Bermejo y Alejandría por el Nilo, como solía ser, pero no en tanta abundancia. Los reyes de Portugal la tienen al presente, por la vía y negociación que oístes, en Lisbona y Anvers, no sin envidia de muchos codiciosos y ruines, que importunan al turco y a otros reyes que se lo estorben y quiten; mas con la ayuda de Dios no podrán. Pablo Centurión, de Génova, fue a Moscovia, el año de 20, a inducir al rey Basilio que trajese a su reino el trato y mercadería de las especias, prometiéndole grande ganancia con poco gasto; empero el rey no lo quiso tentar, cuanto más hacer, entendiendo el grande camino y trabajo que sería; ca las tenían que subir por el Indo a tierra de Bater, y de allí en camellos al Camu, y por aquel río a Estrava, y luego a Citraca, que están en el Caspio. De Citraca llevar lo por el Volga a Oca, río grande, y después a Mosco, siempre río arriba, porque todos tres vienen a ser uno hasta Moscovia, ciudad; y de allí por su tierra al mar Germánico y Venédico, donde son Ribalia, Riga, Danzuic, Rostoc y Lubec, pueblos de Libonia, Polonia, Prusia, Sajonia, provincias de Alemania que gastan muchas especias. Más molidas y estragadas vinieran por este camino las especias que no viniesen en las carabelas de Portugal, que no se tocan hasta Lisbona desde que las cargan en la India. Digo esto porque afirmaba este genovés corromperse las especias en tan larga navegación. Solimán, turco, ha también procurado echar de Arabia y de la India los portugueses para tomar él aquel negocio de las especias, y no ha podido; aunque juntamente con ello pretendía dañar a los persianos y extender sus armas y nombre por allá. De manera, pues, que Soleimán, eunuco, Basá pasó galeras del mar Mediterráneo al Bermejo y al Océano por el Nilo y por tierra. El año de 37 fue a Dío, ciudad e isla cabe el Nilo con flota y ejército; sitióla, combatióla reciamente y no la pudo ganar, ca los portugueses la defendieron gentilmente, haciendo maravillas por tierra y por agua, Era medroso como capado, y cruel como medroso. Llevó a Constantinopla las narices y orejas de los portugueses que mató, para mostrar su valentía.

CVIII. Descubrimiento del Perú

De mil y trescientas leguas de tierra que ponen costa a costa del estrecho de Magallanes al río Perú, las quinientas que hay del estrecho a Chirinara o Chile costeó un galeón de don Gutiérrez de Vargas, obispo de Plasencia, el año de 44, y las otras descubrieron y conquistaron en diversas veces y años Francisco Pizarro y Diego de Almagro y sus capitanes y gente. Quisiera seguir en este descubrimiento y conquista la orden que hasta aquí, dando a cada costa su guerra y tiempo, según continuamos la geografía; mas déjolo por no replicar una cosa muchas veces. Así que, trastrocando nuestra propuesta orden, digo que, residiendo Pedrarias de Avila, gobernador de Castilla de Oro, en Panamá, hubo algunos vecinos de aquella ciudad codiciosos de buscar nuevas tierras; empero, unos querían ir hacia levante, al río Perú, a topar con las tierras que debajo la línea Equinoccial están, imaginando sus muchas riquezas; y otros querían ir hacia poniente, a lo de Nicaragua, que tenía fama de rica y fresca tierra, con muchos jardines y frutas; que tal información y lengua tuvo Vasco Núñez de Balboa, y aun para ir allá había hecho y comenzado cuatro navíos, Pedrarias se inclinó más a Nicaragua que a lo oriental, y envió allá, según después diremos, aquellos navíos. Diego de Almagro y Francisco Pizarro, que ricos eran y antiguos en aquellas tierras, hicieron compañía con Hernando Luque, señor de la

Taboga, maestre escuela de Panamá, clérigo rico, y que llamaron Hernando loco por ello. Juraron todos tres de no apartar compañía por gastos ni reveses que les viniesen, y de partir igualmente la ganancia, riquezas y tierras que descubriesen y adquiriesen todos juntos y cada uno por sí. Entró en la capitulación, a lo que algunos dicen, Pedrarias de Avila; mas salióse antes de tiempo por las ruines nuevas que de las tierras de la línea trajera su capitán Francisco Becerra. Concertada, pues, y capitulada la compañía, ordenaron que Francisco Pizarro fuese a descubrir, y Hernando Luque quedase a granjear las haciendas de todos, y Diego de Almagro que anduviese a proveer de gente, armas y comida al Pizarro, dondequiera que descubriese y poblase; y aun también que conquistase él por su parte, si hallase coyuntura y disposición en la tierra que llegase. Año, pues, de 1525, fueron a descubrir y poblar, con licencia del gobernador Pedrarias, según dicen algunos, Francisco Pizarro y Diego de Almagro. El Pizarro partió primero con ciento y catorce hombres en un navío. Navegó hasta cien leguas y tomó tierra en parte que los naturales se le defendieron y le hirieron de flechas siete veces, y aun le mataron algunos españoles; por lo cual se volvió a Chinchama, que cerca es de Panamá, arrepentido de la empresa. Almagro, que por acabar un navío partió algo después, fue con setenta españoles a dar en el río que llamo de San Juan, y como no halló rastro de su compañero, tornó atrás. Salió a tierra, donde vio señales de haber estado allí españoles, y fue al lugar que hirieron a Pizarro, y porque peleando le quebraron los indios un ojo y le maltrataron su gente, quemó el pueblo y dio vuelta a Panamá, pensando que otro tanto había hecho Pizarro. Mas como entendió que estaba en Chinchama, fuése luego allá para comunicar con él la vuelta a la tierra que habían descubierto, ca le pareciera bien y con oro. juntaron allí hasta doscientos españoles y algunos indios de servicio. Embarcáronse con ellos en sus dos navíos y en tres grandes canoas que hicieron. Navega ron con muy gran trabajo y peligro de las corrientes que causa el continuo viento sur en aquellas riberas. Mas a la fin tomaron tierra en una costa anegada, llena de ríos y manglares, y tan lluviosa, que casi nunca escampaba. Viven allí los hombres sobre árboles, a manera de picazas, y son guerreros y esforzados; y así, defendieron su tierra matando hartos españoles. Acudían tantos a la marina con armas, que la henchían, y voceaban reciamente a los nuestros, llamándoles hijos de la espuma del mar, sobre que andaban, o que no tenían padres; hombres desterrados o haraganes, que no paraban en cabo ninguno a cultivar la tierra para tener que comer; y decían que no querían en su tierra hombres de cabellos en las caras, ni vagamundos que corrompiesen sus antiguas y santas costumbres; y eran ellos muy grandes putos, por lo cual tratan mal a las mujeres. Son todos muy ajudiados en gesto y habla, ca tienen grandes narices y hablan de papo. Ellas andan trasquiladas y fajadas con anillos solamente. Ellos visten camisas cortas, que no les cubren sus vergüenzas, y traen coronas como de frailes, sino que cortan todo el cabello por delante y por detrás y dejan crecer los lados. Traen asimismo esmeraldas y otras cosas en las narices y orejas; sartales de oro, turquesas, piedras blancas y coloradas. Pizarro y Almagro deseaban conquistar aquella tierra por las muestras de piedras y oro que los naturales tenían; mas como el hambre y la guerra les habían muerto muchos españoles, no podían sin nuevo socorro. Y así, fue Almagro a Panamá por ochenta españoles, con los cuales y con la comida y refresco, que también trajo, cobraron ánimo los hambrientos que vivos estaban. Habíanse mantenido muchos días con palmitos amargos, mariscos, pesca, aunque poca, y fruta de manglares, que es sin zumo ni sabor, y si alguno tiene, es amargo y salado. Nacen estos árboles ribera de la mar, y están dentro en ella y en tierra salobres. Llevan muy gran fruta y pequeña hoja, aunque muy verde. Son muy altos, derechos y recios; por lo cual hacen de ellos mástiles de naos.

CIX. Continuación del descubrimiento del Perú

Estaban los españoles tan flacos y desesperados en aquellos manglares, y sentíanse tan desiguales para con los naturales de allí, que aun con los ochenta compañeros recién venidos no se atrevieron a guerrearlos; antes se fueron luego a Catámez, tierra sin manglares y de mucho maíz y comida y que restauró a muchos la vida y alegró a todos, porque los de allí traían sembradas las caras de muchos clavos de oro, ca se las horadan por muchos lugares y meten un grano o clavo de oro por cada agujero, y muchos meten turquesas y finas esmeraldas. Ya pensaban Pizarro, y Almagro fenecer allí sus trabajos y enriquecer sobre cuantos españoles en Indias había, y no cabían de gozo ellos ni los suyos; mas luego se les destempló su placer con la muchedumbre de indios armados que a ellos salieron, y ni osaron pelear con ellos ni estar allí, sino que sobre acuerdo Almagro tornó a Panamá por más gente, y Pizarro a la isla del Gallo a lo esperar. Andaban los españoles tan medrosos, descontentos y ganosos de Panamá, que renegaban del Perú y de las riquezas de la Equinoccial; y quisieran muchos de ellos irse con Almagro; mas no los dejaron ir ni aun escribir, porque no infamasen aquella tierra y estorbasen el socorro porque Almagro iba. Empero ni pudieron encubrir a los de Panamá los trabajos y muertes que les habían sucedido en aquella mala tierra, ni estorbar las cartas de nuevas y quejas que algunos escribieron; porque un Sarabia, de Trujillo, envió cartas de ciertos amigos suyos, o, como dicen otros, una suya firmada de muchos, a Pascual de Andagoya, envuelta en un gran ovillo de algodón, so color que le hiciesen de él una manta, que andaba desnudo. Contenía la carta todos los males, muertes y trabajos pasados en el descubrimiento, agravios y fuerzas y quejas de los capitanes, que les impedían la vuelta. Era, en fin, petición para que les diese licencia y mandamiento el gobernador que no les forzasen a estar allí y al pie de la carta puso:

Pues, señor gobernador,
mírelo bien por entero;
que allá va el recogedor,
y acá queda el carnicero.

Era ya venido a Panamá por gobernador, cuando Almagro llegó, Pedro de los Ríos, el cual dio mandamiento y envió a su criado Tafur para que cada uno de los que con Pizarro estaban en la isla del Gallo pudiese libre mente volverse a su casa, poniendo grandes penas a quien se lo impidiese. Con este mandamiento de Pedro de los Ríos huyeron de Almagro todos los que querían ir con él, que gran tristeza le fue; y de Pizarro cuantos con él estaban, sino fueron Bartolomé Ruiz de Moguer, su piloto, y otros doce, entre los cuales fue Pedro de Candía, griego y natural de aquella isla. Cuánto pensamiento y pesar cargó de esto Pizarro no se puede contar. Dio muchas gracias y promesas a los que se quedaron con él, loándolos de buenos y constantes amigos, y por ser pocos se pasó a una isla despoblada, seis leguas de tierra, que llamó Gorgona, por sus muchas fuentes y arroyos. En la cual se sustentaron sin pan ninguno, comiendo cangrejos leonados de tierra, cangrejos de mar, culebras grandes y algo que pescaban, hasta que tornó de Panamá el navío de Almagro; y luego que fue vuelto, navegó Pizarro para Motupe, que cae cerca de Tangarara; de allí volvió a río Chira, y tomó muchas ovejas cervales para comer, y algunos hombres para lengua, en los pueblos que llamaban Pohechos. Hizo salir a tierra en Túmbez a Pedro de Candía, que volvió espantado de las riquezas de la casa del rey Atabaliba; nuevas que alegraron mucho a todos. Pizarro, que había hallado la riqueza y tierra tanto por él deseada, se fue luego a Panamá para venir en España a pedir al emperador la gobernación del Perú, Dos españoles se quedaron allí, no sé si por mandato de Pizarro, para que aprendiesen la lengua y secretos de aquella tierra, entre tanto que él iba y venía, o si por codicia del oro y plata que Candía certificaba; mas sé decir que los mataron indios. Anduvo Francisco Pizarro más de tres años en este descubrimiento, que llamaron del Perú, pasando grandes trabajos, hambre, peligros, temores y dichos agudos.

CX. Francisco Pizarro, hecho gobernador del Perú

Como Pizarro llegó a Panamá comunicó con Almagro y Luque la bondad y riqueza de Túmbez y río Chira. Ellos holgaron mucho con tales nuevas y le dieron mil pesos de oro, y aun buscaron emprestada buena parte de ellos. Porque, aunque todos eran de los más ricos vecinos de aquella ciudad, estaban pobres con los muchos gastos que habían hecho aquellos tres años en el descubrimiento. Vino, pues, a España Francisco Pizarro, pidió la gobernación del Perú, presentando en Consejo de Indias la relación de su descubrimiento y gasto. El emperador lo hizo por ello adelantado, capitán general y gobernador del Perú y Nueva Castilla, que tal nombre pusieron a las tierras allí descubiertas. Francisco Pizarro prometió grandes riquezas y reinos por sus mercedes y títulos. Publicó más riquezas que sabía, aunque no tanta como era, por que fuesen muchos con él, y embarcóse muy alegre y acompañado de cuatro hermanos, que fueron Fernando, Juan y Gonzalo Pizarro y Francisco Martín de Alcántara, hermano de madre. Fernando Pizarro era solamente legítimo; Gonzalo Pizarro y Juan Pizarro eran hermanos de madre. Entraron los Pizarros en Panamá con gran fausto y pompa; mas no fueron bien recibidos de Almagro, que muy corrido y quejoso estaba de Francisco Pizarro porque, siendo tan amigos, lo había excluido de los honores y títulos que para sí traía; y porque, siendo compañeros en los gastos, quería echarlo de la ganancia como de la honra, pues no le dejaba parte en el mando ni gobierno; y lo que mucho sentía era que, habiendo él puesto más hacienda y perdido un ojo en el descubrimiento, no lo había dicho al emperador. Decía, en fin, que quería más honra que hacienda. Francisco Pizarro se le disculpaba con que no había querido el emperador darle nada para él, aunque se lo había suplicado. Prometía de negociarle otra gobernación en la misma tierra y renunciarle luego el adelantamiento, y de no apartar compañía; y decía que, siendo compañeros, era también él gobernador; y así podría mandar y disponer de todo como le pluguiese. Mas aun con todo esto no se aplacaba nada Diego de Almagro. Tanto era su odio o queja que con razón le parecía tener, y creyendo que todo era palabras de cumplimiento e imposible, y como tenía en su poder la poca hacendilla que había quedado, hacía padecer mucha necesidad a los Pizarros, que traían grande costa y pocos dineros. Fernando Pizarro, que mayor de todos era, sentía mucho aquello, tomando por afrenta que Almagro los tratase así. Reprehendió al gobernador, su hermano, porque lo sufría; e indignó a los otros hermanos y a muchos contra él. De donde nació un perpetuo rencor entre Almagro y Fernando Pizarro, que sus hermanos más blandos y amorosos eran. Francisco Pizarro deseaba mucho tornar en gracia de Almagro, porque sin él no podía ir a su gobernación tan presto ni tan honrosa ni provechosamente, y buscó medios para la reconciliación. Intervinieron en ella muchos, especial de los nuevamente venidos de España, que ya se habían comido las capas, y concertáronlos en fin con medios de Antonio de la Gama, juez de residencia. Almagro dio setecientos pesos y las armas y vituallas que tenía, y Pizarro se partió con los más hombres y caballos que pudo, en dos navíos. Tuvo contrario viento para llegar a Túmbez, y desembarcó en la tierra propiamente del Perú, de la cual tomaron nombre las grandes y ricas provincias que se descubrieron y conquistaron, buscando a ella sola. Quien primero tuvo nueva del río Perú fue Francisco Becerra, capitán de Pedrarias de Avila, que, partiendo del Comagre con ciento y cincuenta españoles, llegó a la punta de Piñas; mas volvióse de allí porque los del río Jumeto le dijeron que la tierra del Perú era áspera y la gente belicosa. Algunos dicen que Balboa tuvo relación de cómo aquella tierra del Perú tenía oro y esmeraldas. Sea así o no sea, es cierto que había en Panamá gran fama del Perú cuando Pizarro y Almagro armaron para ir allá. Eran tan mala tierra donde Pizarro salió y llevaba ojo a la de Túmbez, que no paró allí. Siguió la costa por tierra, que, como es áspera, se despeaban en ella hombres y caballos. Y como tiene muchos ríos, a la sazón crecidos, se ahogaron algunos que no sabían nadar, y aun Francisco Pizarro, según cuentan, pasaba los enfermos a cuestas, que muchos adolecieron luego con la mudanza de aires y falta de comida. Andando así, llegaron a Coaque, lugar bien proveído y rico, donde se refrescaron asaz cumplidamente y hubieron mucho oro y esmeraldas, de las cuales quebraron algunas para ver si eran finas, porque hallaban también muchas piedras falsas de aquel mismo color. Apenas habían satisfecho el cansancio y hambre, cuando les sobrevino un nuevo y feo mal, que llamaban verrugas, aunque, según atormentaban y dolían, eran bubas. Salían aquellas verrugas o pupas a las cejas, narices, orejas y otras partes de la cara y cuerpo, tan grandes como nueces, y muy sangrientas. Como era nueva enfermedad, no sabían qué hacerse, y renegaban de la tierra y de quien a ella los trajo, viéndose tan feos; pero como no tenían en qué tornarse a Panamá, sufrían. Pizarro, aunque sentía la dolencia y muertes de sus compañeros, no dejó la empresa, antes envió veinte mil pesos de oro a Diego de Almagro para que le enviase de Panamá y de Nicaragua los más hombres, caballos, armas y vituallas que pudiese, y para abonar la tierra de su conquista, que tenía ruin fama. Caminó tras este despacho hasta Puerto Vicio, a veces peleando con los indios y a veces rescatando. Estando allí vinieron Sebastián de Benalcázar y Juan Fernández, con gente y caballos, de Nicaragua; que no poca alegría y ayuda fueron para pacificar aquella costa de Puerto Viejo.

CXI. La guerra que Francisco Pizarro hizo en la isla Puna
Dijeron a Francisco Pizarro sus lenguas que eran Felipe y Francisco, natural de Pohechos, cómo cerca de allí estaba Puna, isla rica, aunque de hombres valientes. Pizarro, que tenía ya muchos españoles, acordó ir allá, y mandó a los indios hacer balsas en qué pasar los caballos y aun hombres. Son las

balsas hechas de cinco o siete o nueve vigas largas y livianas, a manera de la mano de un hombre, porque la madera de medio en más larga que por entrambas partes, y cada una de las otras es más corta cuanto más al cabo está. Van llanas y atadas, y es ordinario navegar en ellas. Al pasar de tierra a la isla quisieron los indios cortar las cuerdas a las balsas y ahogar los cristianos, según a Pizarro avisaron sus farautes; y así, mandó a los españoles que llevasen desenvainadas las espadas, por meter miedo a los indios. Fue Pizarro bien y pacíficamente recibido del gobernador de Puna; mas no mucho después ordenó matar los españoles por lo que hacían en las mujeres y ropa. Pizarro lo prendió luego que lo supo, sin alborozo ninguno. Los isleños cercaron otro día en amaneciendo el real de cristianos, amenazándolos de muerte si no les daban su gobernador y hacienda. Pizarro ordenó su gente para la batalla y envió corriendo ciertos de caballo a socorrer los navíos, que también los indios combatían en sus balsas. Pelearon los indios, como esforzados que eran, por cobrar su capitán, y ropa; empero fueron vencidos, quedando muchos de ellos muertos y heridos. Murieron también tres o cuatro españoles, y quedaron heridos muchos, y peor que ninguno Fernando Pizarro en una rodilla. Con esta victoria hubieron mucho despojo en ropa y oro, la cual repartió luego Pizarro entre los que tenía, por que después no pidiesen parte de ello los que venían de Nicaragua con Fernando de Soto. Comenzaron tras esto a enfermar los españoles, como la tierra los probaba, a cuya causa y porque se andaban los isleños con balsas entre los manglares sin hacer paz ni guerra, determinó Pizarro de ir a Túmbez, que cerca estaba; pero antes que digamos lo que le avino allá es bien decir algo de esta isla, pues en ella tuvo Pizarro la primera nueva de Atabaliba. Puna boja doce leguas y está de Túmbez otras tantas. Estaba llena de gente, de ovejas cervales y de venados. Eran los hombres amigos de pescar y de cazar; eran esforzados, y en la guerra diestros y temidos de sus comarcanos. Peleaban con hondas, porras, varas arrojadizas, hachas de plata y cobre, lanzas con los hierros de oro. Visten algodón de muchos colores. Ellos traen por caperuzas unas madejas de color y muchas sortijas, zarcillos y joyas de oro y piedras finas, como sus mujeres. Tenían muchas vasijas de oro y plata para su servicio. Una novedad hallaron en Puna harto inhumana, de que usaba el gobernador como celoso: que cortaba las narices y miembro, y aun los brazos, a los criados que guardaban y servían sus mujeres.

CXII. Guerra de Túmbez y población de San Miguel de Tangarara

Halló Pizarro en la Puna más de seiscientas personas de Túmbez cautivas, que, según pareció, eran de Atabaliba, el cual, guerreando el año atrás aquella tierra contra su hermano Guaxcar, quiso ganar la Puna, juntó muchas balsas en qué pasar a ella con gran ejército. El gobernador que allí estaba por Guaxcar, inca y señor de todos aquellos reinos, armó todos los isleños y una gran flota de balsas. Salióle al encuentro y dióle batalla, y vencióla, como eran los suyos más diestros en el mar que los enemigos, o porque Atabaliba fue mal herido en un muslo peleando, y convínole retirarse, y luego irse a Caxamalca a curar y a juntar su gente para ir al Cuzco, donde su hermano Guaxcar estaba con gran ejército. El gobernador de Puna, de que supo su ida, fue a Túmbez y saqueólo. No desplugo nada a Pizarro ni a sus españoles la disensión y revuelta entre los hermanos y reyes de aquellas tierras; y habiendo de pasar a ellas, quisieron ganar la voluntad y amistad de Atabaliba, que más a mano les cala, y enviaron a Túmbez los seiscientos cautivos, que prometían hacer mucho por ellos; mas como se vieron libres, propusieron la obligación de su libertad, diciendo cómo los cristianos se aprovechaban de las mujeres y se tomaban cuanta plata y oro topaban, y lo hacían barrillas, con lo cual indignaron el pueblo contra ellos. Embarcóse, pues, Pizarro en los navíos para Túmbez; envió delante tres españoles con ciertos naturales en una balsa a pedir paz y entrada. Los de Túmbez recibieron aquellos tres españoles devotamente, ca luego los entregaron a unos sacerdotes que los sacrificasen a cierto ídolo del Sol, llamado Guaca; llorando, y no por compasión, sino por costumbre que tienen de llorar delante la Guaca, y aun guaca es lloro, y guay voz de recién nacidos. Cuando los navíos llegaron a tierra no había balsas para salir, que las trasportaron los indios como se pusieron en armas. Salió Pizarro a tierra en una balsa con otros seis de caballo, que ni hubo lugar ni tiempo para más; y no se apearon en toda la noche, aunque venían mojados, como andaba mareta, y se les trastornó la balsa al tomar tierra, no la sabiendo regir. Otro día salieron los demás a placer, sin que los indios hiciesen más de mostrarse, y volvieron los navíos por los españoles que habían quedado en Puna, y Francisco Pizarro corrió dos leguas de tierra con cuatro de caballo, que no pudo haber habla con ningún indio. Asentó real sobre Túmbez e hizo mensajeros al capitán, rogándole con la paz y amistad; el cual no los escuchaba y hacía burla de los barbudos, como eran pocos, y dábales cada día mil rebates con los del pueblo, y mataba que por yerba y comida salían con los que fuera tenía los indios de servicio del real, sin recibir daño ninguno. Pizarro hubo ciertas balsas, en que paso el río con cincuenta de caballo una noche, sin que fuese de los enemigos sentido. Anduvo por mal camino y espesura de espinares, y amaneció sobre los enemigos, que descuidados estaban en su suerte. Hizo gran daño y matanza en ellos y en los vecinos por los tres españoles que sacrificaran. El gobernador entonces vino de paz y se le dio por amigo, y aun dio un gran presente de oro y plata y ropa de algodón y lana. Pizarro, que tan bien había acabado esta guerra, pobló a San Miguel en Tangarara, riberas del Chira. Buscó puerto para los navíos, que fuese bueno, y halló el de Paita, que es tal. Repartió el oro, y partióse para Caxamalca a buscar a Atabaliba.

CXIII. Prisión de Atabaliba

Viendo Pizarro tanto oro y plata por allí, creyó la grandísima riqueza que le decían del rey Atabaliba; y concertando las cosas de la nueva ciudad de San Miguel y sus pobladores, se partió a Caxamalca. Atrajo de paz en el camino los pueblos que llaman Pohechos, por medio de Filipillo y de su compañero Francisquillo, que eran de allí y sabían español. Entonces vinieron ciertos criados de Guaxcar a pedir su amistad y favor contra Atabaliba, que tiránicamente se le alzaba con el reino, y le prometieron grandes cosas si lo hacía. Pasaron nuestros españoles un despoblado de veinte leguas sin agua, que los fatigó. En subiendo la sierra toparon con un mensajero de Atabaliba, que dijo a Pizarro se volviese con Dios a su tierra en sus navíos, y que no hiciese mal a sus vasallos ni les tornase cosa ninguna, por los dientes y ojos que traía en la cara; y que si así lo hiciese le dejaría ir con el oro robado en tierra ajena, y si no, que lo mataría y despojarla. Pizarro le respondió que no iba a enojar a nadie, cuanto más a tan grande príncipe, y que luego se volviera a la mar, como él lo mandaba, si embajador no fuera del papa y del emperador, señores del inundo; y que no podía sin gran vergüenza suya y de sus compañeros volverse sin verle y hablarle a lo que venía, que eran cosas de Dios y provechosas a su bien y honra. Atabaliba vio por esta respuesta la determinación que los españoles llevaban de verse con él por mal o por bien; pero no hacía caso de ellos, por ser tan pocos, y porque Maicabelica, señor entre los pohechos, le había hecho cierto que los extranjeros barbudos no tenían fuerzas ni aliento para caminar a pie ni subir una cuesta sin ir encima o asidos de unos grandes pacos, que así llamaban a los caballos, y que ceñían unas tablillas relucientes, como las que usaban sus mujeres para tejer. Esto decía Maicabelica, que no había probado el corte de las espadas y presumía de gran corredor, ejercicio y prueba de indios nobles y esforzados; empero otra cosa publicaban los heridos de Túmbez que en la corte estaban; así que Atabaliba tornó a enviar otro, mensajero a ver sí caminaban todavía los barbudos y a decir al capitán que no fuese a Caxamalca si amaba la vida. Respondió Pizarro al mensajero cómo no dejaría de llegar allá. Entonces el indio le dio unos zapatos pintados y unos puñetes de oro, que se pusiese, para que Atabaliba, su señor, lo conociese cuando a él llegase; señal, a lo que, se presumió, para mandarle prender o matar sin tocar en los demás. Él tomó y dijo riendo que así lo haría. Llegó Pizarro con su ejército a Caxamalca, y a la entrada le dijo un caballero que no se aposentase hasta que lo mandase Atabaliba; mas él se aposentó sin volverle respuesta, y envió luego al capitán Hernando de Soto con algunos otros de caballo, en que iba Filipillo, a visitar a Atabaliba, que de allí una legua estaba en unos baños, y decirle cómo era ya llegado, que le diese licencia y hora de hablarle. Llegó Soto haciendo corvetas con su caballo, por gentileza o por admiración de los indios, hasta junto a la silla de Atabaliba, que no hizo mudanza ninguna aunque le resolló en la cara el caballo y mandó matar a muchos de los que huyeron de la carrera y vecindad de los caballos, cosa que de los suyos escarmentaron y los nuestros se maravillaron. Apeóse Soto, hizo gran reverencia y díjole a lo que iba. Atabaliba estuvo muy grave, y no le respondió a él, sino hablaba con un su criado, y aquél con Filipillo, que refería la respuesta al Soto. Decían que se enojó con él porque se llegó tanto con el caballo, caso de gran desacato para la gravedad de tan grandísimo rey. Fue luego Fernando Pizarro, y hablóle por ser hermano del capitán, respondiendo en pocas palabras a las muchas; y por conclusión dijo que sería buen amigo del emperador y del capitán si volviese todo el oro, plata y otras cosas que había tornado a sus vasallos y amigos y se fuese luego de su tierra, y que otro día siguiente sería con él en Caxamalca para dar orden en la vuelta y a saber quién era el papa y el emperador, que de tan lejas tierras le enviaban embajadores y requerimientos. Fernando Pizarro volvió espantado de la grandeza y autoridad de Ataliba y de la mucha gente, armas y tiendas que había en su real y aun de la respuesta, que parecía declaración de guerra. Pizarro habló a los españoles, porque algunos ciscaban con ver tan cerca tantos indios de guerra, esforzándolos a la batalla con ejemplo de la victoria de Túmbez y Puna. En esto y en aderezar sus armas y caballos pasaron aquella noche, y en asestar la artillería a la puerta del tambo por do había de entrar Ataliba; y como día fue, puso Francisco Pizarro una escuadra de arcabuceros en una torrecilla de ídolos que señoreaba el patio. Metió en tres casas a los capitanes Fernando de Soto, Sebastián de Benalcázar y Fernando Pizarro, que general era, con cada veinte de caballo; y él se estuvo a la puerta de otra con la infantería, que, sin los indios de servicio, serían hasta ciento y cincuenta. Mandó que ninguno hablase ni saliese a los de Ataliba hasta oír un tiro o ver el estandarte. Ataliba animó también los suyos, que braveaban y tenían en poco los cristianos, y pensaban de hacer de ellos, si peleasen, un solemnísimo sacrificio al Sol. Puso a su capitán Ruminagui con cinco mil soldados por la parte que los españoles les entraron en Caxamalca, por, si huyesen, que los prendiese o matase. Tardó Ataliba en andar una legua cuatro horas: tan de reposo iba, o por cansar los enemigos. Venía en litera de oro, chapada y forrada de plumas de papagayos de muchas colores, que traían hombres en hombros, y sentado en un tablón de oro sobre un rico cojín de lana guarnecido de muchas piedras. Colgábale una gran borla colorada de lana finísima de la frente, que le cubría las cejas y sienes, insignias de los reyes del Cuzco. Traía trescientos o más criados con librea para la litera y para quitar las pajas y piedras del camino, y bailaban y cantaban delante, y muchos señores en andas y hamacas, por majestad de su corte. Entró en el tambo de Caxamalca, y como no vio los de caballo ni menear a los peones, pensó que de miedo. Alzóse en pie, y dijo: «Estos rendidos están». Respondieron los suyos que sí, teniéndolos en poco. Miró a la torrecilla, y, enojado, mandó echar de allí o matar los cristianos que dentro estaban. Llegó entonces a él fray Vicente de Valverde, dominico, que llevaba una cruz en la mano y su breviario, o la Biblia como algunos dicen, Hizo reverencia, santiguóse con la cruz, y díjole: «Muy excelente señor: cumple que sepáis cómo Dios trino y uno hizo de nada el mundo y formó al hombre de la tierra, que llamó Adán, del cual traemos origen y carne todos. Pecó Adán contra su criador por inobediencia, y en él cuantos después han nacido y nacerán, excepto Jesucristo, que, siendo verdadero Dios, bajó del cielo a nacer de María virgen, por redimir el linaje humano del pecado. Murió en semejante cruz que esta, y por eso la adoramos. Resucitó al tercero día, subió desde a cuarenta días al cielo, dejando por su vicario en la tierra a San Pedro y a sus sucesores, que llaman papas; los cuales habían dado al potentísimo rey de España la conquista y conversión de aquellas tierras; y así, viene ahora Francisco Pizarro a rogaros seáis amigos y tributarios del rey de España, emperador de romanos, monarca del mundo, y obedezcáis al papa y recibáis la fe de Cristo, si la creyéredes, que es santísima, y la que vos tenéis es falsísima. Y sabed que haciendo lo contrario os daremos guerra y quitaremos los ídolos, para que dejéis la engañosa religión de vuestros muchos y falsos dioses». Respondió Ataliba muy enojado que no quería tributar siendo libre, ni oír que hubiese otro mayor señor que él; empero, que holgaría de ser amigo del emperador y conocerle, ca debía ser gran príncipe, pues enviaba tantos ejércitos como decían por el mundo; que no obedecería al papa, porque daba lo ajeno y por no dejar a quien nunca vio el reino que fue de su padre. Y en cuanto a la religión, dijo que muy buena era la suya, y que bien se hallaba con ella, y que no quería ni menos debía poner en disputa cosa tan antigua y aprobada; y que Cristo murió y el Sol y la Luna nunca morían, y que ¿cómo sabía el fraile que su Dios de los cristianos criara el mundo? Fray Vicente respondió que lo decía aquel libro, y dióle su breviario. Ataliba lo abrió, miró, hojeó, y diciendo que a él no le decía nada de aquello, lo arrojó en el suelo. Tomó el fraile su breviario y fuése a Pizarro voceando: «Los evangelios en tierra; venganza, cristianos; a ellos, a ellos, que no quieren nuestra amistad ni nuestra ley». Pizarro, entonces mandó sacar el pendón y jugar la artillería, pensando que los indios arremeterían. Como la seña se hizo, corrieron los de caballo a toda furia por tres partes a romper la muela de gente que alrededor de Atabaliba estaba, y alancearon muchos. Llegó luego Francisco Pizarro con los de pie, que hicieron gran riza en los indios con las espadas a estocadas. Cargaron todos sobre Atabaliba, que todavía estaba en su litera, por prenderle, deseando cada uno el prez y gloria de su prisión. Como estaba alto, no alcanzaban, y acuchillaban a los que lo tenían; pero no era caído uno, que luego no se pusiesen otros y muchos a sostener las andas, por que no cayese a tierra su gran señor Atabaliba. Viendo esto Pizarro, echóle mano del vestido y derribólo, que fue rematar la pelea. No hubo indio que pelease, aunque todos tenían armas; cosa bien notable contra sus fieros y costumbre de guerra. No pelearon porque no les fue mandado, ni se hizo la señal que concertaran para ello, si menester fuese, con el grandísimo rebato y sobresalto que les dieron, o porque se cortaron todos de puro miedo y ruido que hicieron a un mismo tiempo las trompetas, los arcabuces y artillería y los caballos, que llevaban pretales de cascabeles para espantarlos. Con este ruido, pues, y con la prisa y heridas que los nuestros les daban, huyeron sin curar de su rey. Unos derribaban a otros por huir, y tantos cargaron a una parte, que, arrimados a la pared, derrocaron un lienzo de ella, por donde tuvieron salida. Siguieron los Fernando Pizarro y los de caballo hasta que anocheció, y mataron muchos de ellos en el alcance. Rumínagui huyó también cuando sintió los truenos del artillería, que barruntó lo que fue, como vio derribado de la torre al que le tenía de hacer señal. Murieron muchos indios a la prisión de Atabaliba, la cual aconteció año de 1533 y en el tambo de Caxamalca, que es un gran patio cercado. Murieron tantos porque no pelearon y porque andaban los nuestros a estocadas, que así lo aconsejaba fray Vicente, por no quebrar las espadas hiriendo de tajo y revés. Traían los indios morriones de madera, dorados, con plumajes, que daban lustre al ejército; jubones fuertes embastados, porras doradas, picas muy largas, hondas, arcos, hachas y alabardas de plata y cobre y aun de oro, que a maravilla relumbraban. No quedó muerto ni herido ningún español, sino Francisco Pizarro en la mano, que al tiempo de asir de Atabaliba tiró un soldado una cuchillada para darle y derribarle, por donde algunos dijeron que otro le prendió.

CXIV. El grandísimo rescate que prometió Atabaliba por que le soltasen

Harto tuvieron que hacer aquella noche los españoles en alegrarse unos con otros de tan gran victoria y prisionero y en descansar del trabajo, ca en todo aquel día no habían comido, y a la mañana fueron a correr el campo. Hallaron en el baño y real de Atabaliba cinco mil mujeres, que, aunque tristes y desamparadas, holgaron con los cristianos; muchas y buenas tiendas, infinita ropa de vestir y de servicio de casa, y lindas piezas y vasijas de plata y oro, una de las cuales pesó, según dicen, ocho arrobas de oro. Valió, en fin, la vajilla sola de Atabaliba cien mil ducados. Sintió mucho las cadenas Atabaliba y rogó a Pizarro que le tratase bien, ya que su ventura así lo quería. Y conociendo la codicia de aquellos españoles, dijo que daría por su rescate tanta plata y oro labrado que cubriese todo el suelo de una muy gran cuadra donde estaba preso. Y como vio torcer el rostro a los españoles que presentes estaban, pensó que no le creían, y afirmó que les daría dentro de cierto tiempo tantas vasijas y otras piezas de oro y plata, que hinchiesen la sala hasta lo que él mismo alcanzó con la mano en la pared, por donde hizo echar una raya colorada alrededor de toda la sala para señal; pero dijo que había de ser con tal condición y promesa que ni le hundiesen ni quebrasen las tinajas, cántaros y vasos que allí metiese, hasta llegar a la raya. Pizarro lo conhortó y prometió tratarlo muy bien y poner en libertad trayendo allí el rescate prometido. Con esta palabra de Pizarro despachó Atabaliba mensajeros por oro y plata a diversas partes, y rogóles que tornasen presto si deseaban su libertad. Comenzaron luego a venir indios cargados de plata y oro; mas como la sala era grande y las cargas chicas, aunque muchas, abultaba poco, y menos henchían los ojos que la sala, y no por ser poco, sino por tardarse a repartir; y así decían muchos que Atabaliba usaba de maña dilatando su rescate por juntar entre tanto gente que matase los cristianos. Otros decían que por soltarle, y algunos que le matasen, y aun dice que lo hicieran, sino por Fernando Pizarro. Atabaliba, que se temía, cayó en ello, y dijo a Pizarro que no tenían razón de andar descontentos ni de acusarle, pues el Quito, Pachacama y Cuzco, de donde principalmente se había de traer el oro de su rescate, estaban lejos, y que no había quien más prisa diese a su libertad que el mismo preso; y que si querían saber cómo en su reino no se juntaba gente sino a traer oro y plata, que fuesen a verlo y se llegasen algunos de ellos al Cuzco a ver y traer el oro. Y como tampoco se confiaban de los indios con quien habían de ir, se rió mucho, diciendo que temían y desconfiaban de su palabra porque tenía cadena. Entonces dijeron Hernando de Soto y Pedro del Barco que irían, y fueron al Cuzco, que hay doscientas leguas, en hamacas, casi por la posta, porque se mudan los hamaqueros de trecho en trecho, y así como van corriendo tornan al hombro la hamaca, que no paran un paso, y aquel es caminar de señores. Toparon a pocas jornadas de Caxamalca a Guaxcar, inca, que le tenían preso Quizquiz y Calicuchama, capitanes de Atabaliba, y no quisieron volver con él, aunque mucho se lo rogó, por ver el oro del Cuzco. Fue también Fernando Pizarro con algunos de caballo a Pachamana, que cien leguas estaba de Caxamalca, por oro y plata. Encontró en el camino, cerca de Quachuco, a Illescas, que traía trescientos mil pesos de oro y grandísima cuantía de plata para el rescate de su hermano Atabaliba. Halló Fernando Pizarro gran tesoro en Pachacana; redujo a paz un ejército de indios que alzados estaban. Descubrió muchos secretos en aquella jornada, aunque con grandes trabajos, y trajo harta plata y oro. Entonces herraron los caballos con plata, y algunos con oro, porque se gastaba menos, y esto a falta de hierro. De la manera que dicho es se juntó grandísima cantidad de oro y plata en Caxamalca para rescate de Atabaliba.

CXV. Muerte de Guaxcar, por mandado de Atabaliba
Habían prendido (como después contaremos) Quizquiz y Calicuchama a Guaxcar, soberano señor de todos los reinos del Perú, casi al mismo tiempo que Atabaliba fue preso, o muy poco antes. Pensó al principio Atabaliba que lo mataran, y por eso no quiso matar entonces a su hermano Guaxcar. Mas como tuvo palabra de su libertad y vida por el grandísimo rescate que prometió a Pizarro, mudó pensamiento, y ejecutólo cuando supo lo que Guaxcar había dicho a Soto y Barco; lo cual en suma fue que se tornasen con él a Caxamalca, porque no le matasen aquellos capitanes, sabida la prisión de su amo, que hasta allí no lo sabían. Que no solamente cumpliría hasta la raya, empero que henchiría toda la sala, hasta la techumbre, de oro y plata, que era tres tanto más, de los tesoros de Guaynacapa, su padre; y

que Atabaliba, su hermano, dar no podría lo que prometió sin robar los templos del Sol; y, finalmente, les dijo cómo él era el derecho señor de todos aquellos reinos, y Atabaliba, tirano. Que, por tanto, quería informar y ver al capitán de cristianos, que deshacía los agravios, y le restituiría su libertad y reinos, ca su padre Guaynacapa le mandara al tiempo de su muerte fuese amigo de las gentes blancas y barbudas que viniesen allí, porque habían de ser señores de la tierra. Era gran señor aquél y prudente, y sabiendo lo que habían hecho españoles en Castilla de Oro, adivinó lo que harían allí si viniesen. Atabaliba, pues, temió mucho estas razones, que verdad eran, y mandóle matar, y dijo a Pizarro que muriera de enojo y pesar. Algunos dicen que Atabaliba estuvo muchos días mustio, lloroso, sin comer ni decir por qué para descubrir la voluntad de los españoles y engañar a Pizarro; al cabo de los cuales dijo por muchos ruegos cómo Quizquiz había muerto a Guaxcar, su señor, y lloró, al parecer de todos, muy de veras. Disculpóse de aquella muerte, y aun de la guerra y prisión, diciendo que había hecho aquello por defenderse de su hermano, que le quiso tomar el reino de Quito, y concertarse con él; que para eso lo mandaba traer. Pizarro lo consoló y dijo que no tuviese pena, pues era la muerte tan natural a todos, y porque les llevaría poca ventaja, y porque, informado de la verdad, él castigaría los matadores. Como Atabaliba conoció que no se daban nada por la muerte de Guaxcar, hízole matar. Sea como fuere, que Atabaliba mató a Guaxcar, y tuvieron alguna culpa Hernando de Soto y Pedro del Barco en no lo acompañar y traer a Caxamalca, pues le toparon cerca, y él se lo rogó; pero ellos quisieron más el oro del Cuzco que la vida de Guaxcar, con excusa de mensajeros que no podían traspasar la orden y mandamiento de su gobernador. Todos afirman que si ellos le tomaran en su poder, no le matara Atabaliba, ni escondieran los indios la plata, oro, piedras y joyas del Cuzco y otras muchas partes; que, según la fama de las riquezas de Guaynacapa, era sin comparación muy mucho más que lo que hubieron españoles, aunque fue harto del rescate de Atabaliba. Dijo Guaxcar cuando lo mataban: «Yo he reinado poco, y menos reinará el traidor de mi hermano, ca le matarán como me mata».

CXVI. Las guerras y diferencias entre Guaxcar y Atabaliba

Guaxcar, que soga de oro significa, reinó pacíficamente por muerte de Guaynacapa, cuyo hijo mayor y legítimo era, en el Cuzco y todos los señoríos del padre, que muchos eran y grandes, excepto en el Quito, que de Atabaliba era. Mas no le duró mucho aquella paz, porque Atabaliba ocupó a Tumebamba, provincia rica de minas, y al Quito, vecina, diciendo que le pertenecía como tierra de su herencia. Guaxcar, que de ello fue presto sabidor, envió allá un caballero por la posta a rogar a su hermano que no alterase la tierra y que le diese los orejones y criados de su padre: y a los cañares, que así se llamaban los de allí, guardasen la fe y obediencia que dada le tenían. El caballero retuvo los cañares en obediencia, y como vio en armas a los de Quito, envió a pedir a Guaxcar dos mil orejones para reprimir y castigar los rebeldes; y en viniendo, se juntaron con él todos los cañares, chaparras y paltas, que vecinos eran. Atabaliba, que lo supo, fue luego sobre ellos con ejército, pensando estorbar o deshacer aquella junta. Requirióles antes de la batalla que le dejasen libre la tierra que por herencia y testamento de su padre poseía; y como ellos respondieron ser de Guaxcar, universal heredero de Guaynacapa, dióles batalla. Perdióla, y fue preso en la puente de Tumebamba yendo de huida. Otros dicen Guaxcar movió la guerra, y que duró la pelea tres días, en los cuales murieron muchos de ambas partes, y a la fin Atabaliba fue preso; por cuya prisión y victoria hicieron los orejones del Cuzco alegrías y grandes borracherías. Atabaliba entonces, como era de noche, rompió una gruesa pared con una barra de plata y cobre que cierta mujer le dio, y fuése al Quito sin que los enemigos lo sintiesen. Convocó sus vasallos, hízoles un gran razonamiento, persuadiéndolos a su venganza; díjoles que el Sol le había convertido en culebra para salir de prisión por un agujeruelo de la cámara donde lo tenían cerrado, y prometido victoria si guerra diese. Ellos, o porque les pareció milagro, o porque lo amaban, respondieron que muy prestos estaban a seguirle; y así allegó un muy buen ejército, con el cual volvió a los enemigos y los venció una y más veces, con tanta matanza de gentes, que aun hoy día hay grandes montones de huesos de los que allí murieron. Entonces metió a cuchillo sesenta mil personas de los cañares, y asoló a Tumebamba, pueblo grande, rico y hermoso, que junto a tres caudales ríos estaba, con lo cual le cobraron todos miedo, y el ánimo de ser inca en cuantas tierras su padre tuvo. Comenzó luego a guerrear la tierra de su hermano; destruía y mataba a los que se le defendían y a los que se le rendían daba muchas franquezas y el despojo de los muertos. Por esta libertad lo seguían unos, y por la crueldad otros; y así conquistó hasta Túmbez y Caxamalca, sin mayor contradicción que la de Puna, donde, según ya conté, fue herido. Envió muy gran ejército con Quizquiz y Calicuchama, sabios, valientes y amigos suyos, contra Guaxcar, que del Cuzco venía con innumerable hueste. Cuando entrambos ejércitos cerca estuvieron, quisieron los capitanes de Atabaliba tomar los enemigos por través, y apartáronse del camino real. Guaxcar, que poco entendía de guerra, se desvió a caza, dejando ir su ejército adelante por hacia donde caminaban los contrarios, sin echar corredores ni pensar en peligro ninguno, y topó con el campo contrario en parte que huir no pudo. Pelearon él y ochocientos hombres que llevaba hasta ser rodeado de los enemigos y presos. Apenas eran rendidos, cuando a más andar venían a socorrerlos; y eran tantos, que ligeramente lo libraran, matando a los de Atabaliba, si Calicuchama y Quizquiz no los engañaran diciendo estuviesen quedos, si no, que matarían a Guaxcar; y pusiéronse a ello. Entonces temió él, y mandóles soltar las armas y llegar a consejo veinte señores y capitanes los más principales de su ejército a dar medio entre él y su hermano, pues lo querían, aunque fingidamente, aquellos dos capitanes; los cuales descabezaron en llegando a los veinte, y dijeron que otro tanto harían a Guaxcar si no se iban cada uno a su casa. Con esta crueldad y amenaza se deshizo el ejército, y quedó Guaxcar preso y solo en poder de Quizquiz y Calicuchama, que lo mataron, como dicho habemos, por mandado de Atabaliba.

CXVII. Repartimiento de oro y plata de Atabaliba

Desde a muchos días que Atabaliba fue preso, dieron prisa los españoles que lo prendieron a la repartición de su despojo y rescate, aunque no era tanto cuanto prometiera, queriendo luego cada uno su parte, ca temían no se levantasen los indios y se lo quitasen, y aun los matasen sobre ello. No querían así mismo esperar que cargasen más españoles antes de repartirlo. Francisco Pizarro hizo pesar el oro y plata; después de quilatado, hallaron cincuenta y dos mil marcos de plata y un millón y trescientos veintiseis mil y quinientos pesos de oro, suma y riqueza nunca vista en uno. Cupo al rey, e su quinto, cerquita de cuatrocientos mil pesos. Cupieron a cada español de caballo ocho mil y novecientos pesos de oro y trescientos y setenta marcos de plata; a cada peón, cuatro mil y cuatrocientos y cincuenta pesos de oro y ciento y ochenta marcos de plata; a los capitanes, a treinta y a cuarenta mil pesos. Francisco Pizarro hubo más que ninguno, y como capitán general, tomó del montón el tablón de oro que Atabaliba traía en su litera, que pesaba veinticinco mil castellanos. Nunca soldados enriquecieron tanto, tan breve ni tan sin peligro, ni jugaron tan largo, ca hubo muchos que perdieron su parte a los dados y dobladilla. También se encarecieron las cosas con el mucho dinero, y llegaron a valer unas calzas de paño treinta pesos; unos borceguís, otros tantos; una capa negra, ciento; una mano de papel, diez; un azumbre de vino, veinte, y un caballo, tres y cuatro y aun cinco mil ducados; en el cual precio se anduvieron algunos años después. También dio Pizarro a los que con Almagro vinieron, aunque no era obligado, a quinientos y a mil ducados, porque no se amotinasen, ca, según se lo habían escrito él, y ellos venían con propósito de conquistar por sí aquella tierra y hacerle cuanto mal y enojo y afrenta pudiesen; mas Almagro ahorcó al que tal escribió, y sabida la prisión y riqueza de Atabaliba, se fue a Caxamalca y se juntó con Pizarro por haber su mitad, conforme a la capitulación y compañía que tenía hecha, y estuvieron muy amigos y conformes. Envió Pizarro el quinto y relación de todo al emperador con Fernando Pizarro, su hermano; con el cual se vinieron a España muchos soldados ricos de veinte, treinta, cuarenta mil ducados; en fin, trajeron casi todo aquel oro de Atabaliba, e hinchieron la contratación de Sevilla de dinero, y todo el mundo de fama y deseo.

CXVIII. Muerte de Atabaliba

Urdióse la muerte de Atabaliba por donde menos pensaba, ca Filipillo, lengua, se enamoró y amigó de una de sus mujeres, por casar con ella si él moría. Dijo a Pizarro y a otros que Atabaliba juntaba de secreto gente para matarlos cristianos y librarse. Como esto se comenzó a sonruir entre los españoles, comenzaron ellos a creerlo; y unos decían que lo matasen para seguridad de sus vidas y de aquellos reinos; otros, que lo enviasen al emperador y no matasen tan gran príncipe, aunque culpa tuviese. Esto fuera mejor; mas hicieron lo otro, a instancia, según muchos cuentan, de los que Almagro llevó; los cuales pensaban, o se lo decían, que mientras Atabaliba viviese no tendrían parte en oro ninguno, hasta henchir la medida de su rescate. Pizarro, en fin, determinó matarlo, por quitarse de cuidado, y pensando que muerto tendrían menos que hacer en ganar la tierra. Hízole proceso sobre la muerte de Guaxcar, rey de aquellas tierras, y probóse también que procuraba matar los españoles. Mas esto fue maldad de Filipillo, que declaraba los dichos de los indios que por testigos tomaban como se le antojaba, no habiendo español que lo mirase ni entendiese. Atabaliba negó siempre aquello, diciendo que no cabía en razón tratar él tal cosa, pues no podría salir con ella vivo, por las muchas guardas y prisiones que tenía; amenazó a Filipillo, y rogó que no le creyesen. Cuando la sentencia oyó, se quejó mucho de Francisco Pizarro, que, habiéndole prometido de soltarlo por rescate, lo matase; rogóle que lo enviase a España y que no ensangrentase sus manos y fama en quien jamás le ofendió y lo había hecho rico. Cuando le llevaban a justiciar pidió el bautismo por consejo de los que lo iban consolando, que otramente vivo lo quemaran; bautizáronlo y ahogáronlo a un palo atado; enterráronle a nuestra usanza entre otros cristianos, con pompa; puso luto Pizarro, e hízole honradas obsequias. No hay que reprender a los que le mataron, pues el tiempo y sus pecados los castigaron después, ca todos ellos acabaron mal, como en el proceso de su historia veréis. Murió Atabaliba con esfuerzo, y mandó llevar su cuerpo al Quito, donde los reyes, sus antepasados por su madre, estaban. Si de corazón pidió el bautismo, dichoso él, y si no, pagó las muertes que había hecho. Era bien dispuesto, sabio, animoso, franco y muy limpio y bien traído; tuvo muchas mujeres y dejó algunos hijos. Usurpó mucha tierra a su hermano Guaxcar; mas nunca se puso la borla hasta que lo tuvo preso; ni escupía en el suelo, sino en la mano de una señora muy principal, por majestad. Los indios se maravillaron de su temprana muerte, y loaban a Guaxcar por hijo del Sol, acordándose cómo adivinara cuánto presto había de ser muerto Atabaliba, que matarlo mandaba.

CXIX. Linaje de Atabaliba

Los hombres más nobles, ricos y poderosos de todas las tierras que llamamos Perú son los incas, los cuales siempre andan trasquilados y con grandes zarcillos en las orejas, y no los traen colgados, sino engeridos dentro, de tal manera, que se les agrandan, y por esto los llaman los nuestros orejones. Su naturaleza fue de Tiquicaca, que es una laguna en el Collao, cuarenta leguas del Cuzco, la cual quiere decir isla de plomo, ca de muchas isletas que tienen pobladas alguna lleva plomo, que se llama tiqui. Boja ochenta leguas; recibe diez o doce ríos grandes y muchos arroyos; despídelos por un solo río, empero muy ancho y hondo, que va a parar en otra laguna cuarenta leguas hacia el oriente, donde se sume, no sin admiración de quien la mira. El principal inca que sacó de Tiquicaca los primeros, que los acaudilló, se nombraba Zapalla, que significa solo señor. También dicen algunos indios ancianos que se llamaba Viracocha, que quiere decir grasa del mar, y que trajo su gente por la mar. Zapalla, en conclusión, afirman que pobló y asentó en el Cuzco, de donde comenzaron los incas a guerrear la comarca, y aun otras tierras muy lejos, y pusieron allí la silla y corte de su imperio. Los que más fama dejaron por sus excelentes hechos fueron Topa, Opangui y Guaynapaca, padre, abuelo y bisabuelo de Atabaliba. Empero, a todos los incas pasó Guaynacapa, que mozo rico suena; el cual, habiendo conquistado el Quito por fuerza de armas, se casó con la señora de aquel reino, y hubo en ella a Atabaliba y a Illescas. Murió en Quito; dejó aquella tierra a Atabaliba, y el imperio y tesoros del Cuzco a Guaxcar. Tuvo, a lo que dicen, doscientos hijos en diversas mujeres, y ochocientas leguas de señorío.

CXX. Corte y riqueza de Guaynapaca

Residían los señores incas en el Cuzco, cabeza de su imperio. Guaynapaca, empero, continuó mucho su vivienda en el Quito, tierra muy apacible, por haberla él conquistado. Traía siempre consigo muchos orejones, gente de guerra y armada, por guarda y reputación, los cuales andaban con zapatos y plumajes y otras señales de hombres nobles y privilegiados por el arte militar. Servíase de los hijos mayores o herederos de todos los señores de su imperio, que muy muchos eran, y cada uno se vestía a fuer de su tierra, porque todos supiesen de dónde eran; y así había tanta diversidad de trajes y colores, que a maravilla honraban y engrandecían su corte. Tenía también muchos señores grandes y ancianos en su corte para consejo y estado; éstos, aunque traían gran casa y servicio, no eran iguales en los asientos y honras, ca unos precedían a otros; unos andaban en andas, otros en hamacas, y algunos a pie. Unos se sentaban en banquillos altos y grandes, otros en bajos y otros en el suelo. Empero, siempre que cualquiera de todos ellos venía de fuera a la corte, se descalzaba para entrar en el palacio y se cargaba algo a los hombros para hablar con Guaynapaca, que pareciese vasallaje. Llegaban a él con mucha humildad, y hablábanle teniendo los ojos bajos, por no mirarlo a la cara; tanto acatamiento le tenían. Él estaba con mucha gravedad, y respondía en pocas palabras; escupía, cuando en casa estaba, en la mano de una señora, por majestad. Comía con grandísimo aparato y bullicio de gente; todo el servicio de su casa, mesa y cocinera era de oro y de plata, y cuando menos de plata y cobre, por más recio. Tenía en su recámara estatuas huecas de oro, que parecían gigantes, y las figuras al propio y tamaño de cuantos animales, aves, árboles, y yerbas produce la tierra, y de cuantos peces cría la mar y agua de sus reinos. Tenía asimismo sogas, costales, cestas y trojes de oro y plata, rimeros de palos de oro que pareciesen leña rajada para quemar; en fin, no había cosa en su tierra que no la tuviese de oro contrahecha, y aun dicen que tenían los incas un vergel en una isla cerca de la Puna, donde se iban a holgar cuando querían mar, que tenía la hortaliza, las flores y árboles de oro y plata; invención y grandeza hasta entonces nunca vista. Allende de todo esto, tenía infinitísima cantidad de plata y oro por labrar en el Cuzco, que se perdió por la muerte de Guaxcar, ca los indios lo escondieron, viendo que los españoles se lo tomaban y enviaban a España. Muchos lo han buscado después acá y no le hallan: por ventura sería mayor la fama que la cuantía, aunque le llamaban mozo rico, que tal quiere decir Guaynacapa. Todas estas riquezas heredó Guaxcar juntamente con el imperio, y no se habla de él tanto como de Atabaliba, no sin agravio suyo; debe ser porque no vino a poder de nuestros españoles.

CXXI. Religión y dioses de los incas y otras gentes

Hay en esta tierra tantos ídolos como oficios, no quiero decir hombres, porque cada uno adora lo que se le antoja. Empero es ordinario al pescador adorar un tiburón o algún otro pez; al cazador, un león, o un oso o una raposa, y tales animales, con otras muchas aves y sabandijas; el labrador adora el agua y tierra; todos, en fin, tienen por dioses principalísimos al Sol y Luna y Tierra, creyendo ser ésta la madre de todas las cosas, y el Sol, juntamente con la Luna, su mujer, criador de todo; y así, cuando juran tocan la tierra y miran al Sol. Entre sus muchas guacas (así llaman los ídolos) había muchas con báculos y mitras de obispos; mas la causa de ello aún no se sabe; y los indios, cuando vieron obispo con mitra, preguntaban si era guaca de los cristianos. Los templos, especialmente del Sol, son grandes y suntuosos y muy ricos; el de Pachacama, el del Collao y del Cuzco y otros estaban forrados por dentro de tablas de oro y plata, y todo su servicio era de lo mismo, que no fue poca riqueza para los conquistadores. Ofrecían a los ídolos, muchas flores, yerbas, frutas, pan, vino y humo, y la figura de lo que pedían hecha de oro y plata; y a esta causa estaban tan ricos los templos. Eran eso mismo los ídolos de oro y plata, aunque muchos había de piedra, barro y palo. Los sacerdotes visten de blanco; andan poco entre la gente; no se casan; ayunan mucho, aunque ningún ayuno pasa de ocho días, y es al tiempo de sembrar y segar y de coger oro y hacer guerra o hablar con el diablo, y aun algunos se quiebran los ojos para semejante habla, y creo que lo hacían de miedo, porque todos ellos se tapan los ojos cuando hablan con él, y hablábanle muchas veces para responder a las preguntas que los señores y otras personas hacen. Entran en los templos llorando y guayando, que guaca eso quiere decir. Van de bruces por tierra hasta el ídolo, y hablan con él en lenguaje que los seglares no entienden. No le tocan con las manos sin tener en ellas unas toallas muy blancas y limpias; sotierran dentro el templo las ofrendas de oro y plata. Sacrifican hombres, niños, ovejas, aves y animales bravos y silvestres, que ofrecen cazadores. Catan los corazones, que son muy agoreros, para ver las buenas o malas señales del sacrificio, y cobrar reputación de santos adivinos, engañando la gente. Vocean reciamente a los tales sacrificios, y no callan todo aquel día y noche, especial si es en el campo, invocando los demonios; untan con la sangre los rostros del diablo y puertas del templo, y aun rocían las sepulturas. Si el corazón y livianos muestran alegre señal, bailan y cantan alegremente, y si triste, tristemente; mas tal cual fuere la señal, no dejan de emborracharse muy bien los que se hallan en la fiesta. Muchas veces sacrifican sus propios hijos, que pocos indios lo hacen, por más crueles y bestiales que son todos ellos en su religión; mas no los comen, sino sécanlos y guárdanlos en grandes tinajones de plata. Tienen casas de mujeres, cerradas como monasterios, de donde jamás salen; capan y aun castran los hombres que las guardan, y aun les cortan narices y bezos, porque no los codiciasen ellas; matan a la que se empreña y peca con hombre; mas si jura que la empreñó Pachacama, que es el Sol, castíganla de otra manera por amor de la casta; al hombre que a ellas entra cuelgan de los pies. Algunos españoles dicen que ni eran vírgenes ni aun castas; y es cierto que corrompe la guerra muchas buenas costumbres. Hilaban y tejían estas mujeres ropa de algodón y lana para los ídolos, y quemaban la que sobraba con huesos de ovejas blancas, y aventaban los polvos hacia el Sol.

CXXII. La opinión que tienen acerca del diluvio y primeros hombres

Dicen que al principio del mundo vino por la parte septentrional un hombre que se llamó Con, el cual no tenía huesos. Andaba mucho y ligero; acortaba el camino abajando las sierras y alzando los valles con la voluntad solamente y palabra, como hijo del Sol que decía ser. Hinchó la tierra de hombres y mujeres que crió y dióles mucha fruta y pan, con lo demás a la vida necesario. Mas empero, por enojo que algunos le hicieron, volvió la buena tierra que les había dado en arenales secos y estériles, como son los de la costa, y les quitó la lluvia, ca nunca después acá llovió allí. Dejóles solamente los ríos, de piadoso, para que se mantuviesen con regadío y trabajo. Sobrevino Pachacama, hijo también del Sol y de la Luna, que significa criador, y desterró a Con y convirtió sus hombres en los gatos, gesto de negros que hay; tras lo cual crió él de nuevo los hombres y mujeres como son ahora, y proveyóles de cuantas cosas tienen. Por gratificación de tales mercedes tomáronle por dios, y por tal lo tuvieron y honraron en Pachacama, hasta que los cristianos lo echaron de allí, de que muy mucho se maravillaban. Era el templo de Pachacama que cerca de Lima estaba famosísimo en aquellas tierras y muy visitado de todos por su devoción y oráculos, ca el diablo aparecía y hablaba con los sacerdotes que allí moraban. Los españoles que fueron allá con Fernando Pizarro, tras la prisión de Atabaliba, lo despojaron del oro y plata, que fue mucha, y después de sus oráculos y visiones, que cesaron con la cruz y sacramento, cosa para los indios nueva y espantosa. Dicen asimismo que llovió tanto un tiempo, que anegó todas las tierras bajas y todos los hombres, sino los que cupieron en ciertas cuevas de unas muy altas sierras, cuyas chiquitas puertas taparon de manera que agua no les entrase; metieron dentro muchos bastimentos y animales. Cuando llover no sintieron, echaron fuera dos perros; y como tornaron limpios, aunque mojados, conocieron no haber menguado las aguas. Echaron después más perros, y tornando enlodados y enjutos, entendieron que habían cesado, y salieron a poblar la tierra, y el mayor trabajo que para ellos tuvieron y estorbo, fueron las muchas y grandes culebras que de la humedad y cieno del diluvio se criaron, y ahora las hay tales; mas al fin las mataron y pudieron vivir seguros. También creen en el fin del mundo; empero, que precederá primero grandísima seca, y se perderán el Sol y Luna, que adoran; y por aquello dan grandes alaridos y lloran cuando hay eclipses, mayormente del Sol, temiendo que se van a perder él y ellos y todo el mundo.

CXXIII. La toma del Cuzco, ciudad riquísima

Informado Francisco Pizarro de la riqueza y ser de Cuzco, cabeza del Imperio de los incas, dejó a Caxamalca y fue allá. Caminó a recaudo, porque Quizquiz andaba corriendo la tierra con gran ejército que hiciera de la gente de Ataibaliba y de otra mucha. Topó con ellos en Jauja, y sin pelear llegó a Vilcas, donde Quizquiz, pensando aprovecharse de los enemigos, por tener la cuesta, dio sobre la vanguardia, que Soto llevaba, mató seis españoles e hirió otros muchos, y presto, los desbaratara; mas sobrevino la noche, que los esparció. Quizquiz se subió a lo alto con alegría, y Soto se rehizo con los que Almagro trajo. Apenas era amanecido el día siguiente, cuando ya peleaban los indios. Almagro, que capitaneaba, se retrajo a lo llano para aprovecharse allí de ellos con los caballos. Quizquiz, no entendiendo aquel ardid ni el nuevo socorro, pensó que huían; y comenzó a ir tras ellos, peleando sin orden. Revolvieron los de caballo, alancearon infinitos indios de los de Quizquiz, que con el tropel de los de caballo y espesa niebla que hacía no sabían de sí, y huyeron. Llegó Pizarro con el oro y resto del ejército; estuvo allí cinco días, a ver en qué paraba la guerra. Vino Mango, hermano de Atabaliba, a dársele; él lo recibió muy bien, y lo hizo rey, poniéndole la borla que acostumbran los incas. Siguió su camino con grandes compañías de indios, que a servir su nuevo inca venían. Llegando cerca del Cuzco, se descubrieron muchos grandes fuegos, y envió corriendo allá la mitad de los caballos a estorbar o remediar el fuego, creyendo que los vecinos quemaban la ciudad porque no gozasen de ella los cristianos; empero no era fuego para daño sino para señal y humo. Salieron tantos hombres con armas a ellos, que les hicieron huir a puras pedradas la sierra abajo. Llegó en esto Pizarro, que amparó los huidos y peleó con los perseguidores tan animosamente, que los puso en huida. Ellos, que se veían huidos y acosados, dejaron las armas y pelea y a más correr se metieron en la ciudad. Tomaron su hato, saliéronse luego aquella misma noche los que sustentaban la guerra; entraron otro día los españoles en el Cuzco sin contradicción ninguna, y luego comenzaron unos a desentablar las paredes del templo, que de oro y plata eran; otros, a desenterrar las joyas y vasos de oro que con los muertos estaban; otros, a tomar ídolos, que de lo mismo eran; saquearon también las casas y la fortaleza, que aún tenía mucha plata y oro de lo de Guaynacapa. En fin, hubieron allí y a la redonda más cantidad de oro y plata que con la prisión de Atabaliba habían habido en Caxamalca. Empero, como eran muchos más que no allá, no les cupo a tanto; por lo cual, y por ser segunda vez y sin prisión de rey, no se sonó acá mucho. Tal español hubo que halló, andando en un espeso soto, sepulcro entero de plata, que valía cincuenta mil castellanos; otros lo hallaron de menos valor, mas hallaron muchos, ca usaban los ricos hombres de aquellas tierras enterrarse así por el campo a par de algún ídolo. Anduvieron asimismo buscando el tesoro de Guaynacapa y reyes antiguos del Cuzco, que tan afamado era; pero ni entonces ni después se halló. Mas ellos, que con lo habido no se contentaban, fatigaban a los indios cavando y trastornando cuanto había, y aun les hicieron hartos malos tratamientos y crueldades porque dijesen de él y mostrasen sepulturas.

CXXIV. Calidades y costumbres del Cuzco

El Cuzco está más allá de la Equinoccial diecisiete grados. Es áspera tierra y de mucho frío y nieves. Tienen casas de adobes de tierra, cubiertas con esparto, que hay mucho por las sierras; las cuales llevan también de suyo nabos y altramuces. Los hombres andan en cabello, mas véndanse las cabezas; visten camisa de lana y pañicos. Las mujeres traen sotanas sin mangas, que fajan mucho con cintas largas, y mantellinas sobre los hombros, prendidas con gordos alfileres de plata o cobre, que tienen las cabezas anchas y agudas, con que cortan muchas cosas. Comen cruda la carne y el pescado. Aquí son propiamente los orejones, que se abren y engrandan mucho las orejas, y cuelgan de ellas unos sortijones de oro. Casan con cuantas quieren, y aun algunos con sus propias hermanas; mas los tales son soldados. Castigan de muerte los adulterios; sacan los ojos al ladrón, que me parece su propio castigo. Guardan mucha justicia en todo, y aun dicen que los mismos señores la ejecutan. Heredan los sobrinos, y no los hijos; solamente heredan los incas a sus padres, como mayorazgos. El que toma la borla ayuna primero. Todos se entierran: los pobres y oficiales llanamente, aunque les ponen sobre las sepulturas una alabarda o morrión si es soldado, un martillo si platero, y si cazador, un arco y flechas. Para los incas y señores hacen grandes hoyos o bóveda, que cubren de mantas, donde cuelgan muchas joyas, armas y plumajes; ponen dentro vasos de plata y oro con agua y vino y cosas de comer. Meten también algunas de sus amadas mujeres, pajes y otros criados que los sirvan y acompañen; mas éstos no van en carne, sino en madera. Cúbrenlo todo de tierra, y echan de continuo por encima de aquéllos sus vinos. Cuando españoles abrían estas sepulturas y esparcían los huesos, les rogaban los indios que no lo hiciesen, por que juntos estuviesen al resucitar, ca bien creen la resurrección de los cuerpos y la inmortalidad de las almas.

CXXV. La conquista de Quito

Ruminagui, que con cinco mil hombres huyó de Caxamalca cuando Atabaliba fue preso, caminó derecho al Quito, y alzóse con él, barruntando la muerte de su rey. Hizo muchas cosas como tirano. Mató a Illescas por que no le impidiese su tiranía, yendo por los hijos de Atabaliba, su hermano de padre y madre, y a rogarle mantuviese lealtad y paz y justicia en aquel reino. Desollóle, y hizo del cuerpo un atambor, que no hacen más los diablos. Desenterraron el cuerpo de Atabaliba dos mil indios de guerra, y lleváronlo al Quito, como él mandara. Ruminagui los recibió en Liribamba muy bien, y con la pompa y ceremonias que a los huesos de tan gran príncipe acostumbran. Hízoles un banquete y borrachera, y matólos, diciendo que por haber dejado matar a su buen rey Atabaliba. Tras esto juntó mucha gente de guerra, y corrió la provincia. de Tumebamba. Pizarro escribió a Sebastián de Benalcázar, que por su teniente estaba en San Miguel, fuese al Quito a castigar a Ruminagui y remediar a los cañares, que se quejaban y pedían ayuda. Benalcázar se partió luego con doscientos peones españoles y ochenta de caballo, y los indios de servicio y carga que le pareció. Acudían al Perú con la fama del oro tantos españoles, que presto se despoblaran Panamá, Nicaragua, Cuauhtemallán, Cartagena y otros pueblos e islas, y a esta jornada fueron de buena gana, porque decían ser el Quito tan rico como Cuzco, aunque habían de caminar ciento y veinte leguas antes de llegar allá, y pelear con hombres mañosos y esforzados. Ruminagui, que de esto aviso tuvo, esperó los españoles a la raya de su tierra con doce mil hombres bien armados a su manera; hizo muchas cavas y albarradas en un mal paso, que guardar propuso: llegaron los españoles allí, acometieron el fuerte los de pie, rodearon los de caballo y pasaron a las espaldas, y en breve espacio de tiempo rompieron el escuadrón y mataron muchos indios. Ellos hirieron muchos españoles y mataron algunos, y tres o cuatro caballos, con cuyas cabezas hicieron alegrías, ca preciaban más degollar un animal de aquéllos, que tanto los perseguía, que diez hombres, y siempre las ponían después donde las viesen cristianos, con muchas flores y ramos, en señal de victoria. Rehizo su ejército Ruminagui, y probando ventura, dióles batalla en un llano, en la cual le mataron infinitos, ca los caballos pudieron bien correr y revolverse allí. Empero no perdió por eso ánimo, aunque no osó pelear más en batalla ni de cerca. Hincó una noche muchas estacas agudas por arriba en un llano, y dio muestra de batalla para que arremetiesen los caballos y se mancasen. Benalcázar lo supo de las espías que traía, y desvióse de la estacada. Los indios entonces se retiraron primero que llegase e hicieron en otro valle muchos hoyos grandes para que cayesen los caballos, y enramados para que no los viesen. Los españoles pasaron muy lejos de ellos, ca fueron avisados, y quisieron pelear, mas no tuvieron lugar. Hicieron luego los indios en el camino mismo infinitos hoyuelos del tamaño de la pata de caballo, y pusiéronse cerca para que los acometiesen y mancasen los caballos allí. Mas como ni en aquel ni en los otros sus primeros ardides no pudieron engañar los españoles, se fueron al Quito, diciendo que los barbudos eran tan sabios como valientes. Dijo Ruminagui a sus mujeres: «Alegráos, que ya vienen los cristianos, con quien os podréis holgar». Riéronse algunas, como mujeres, no pensado quizá mal ninguno. Él entonces degolló las risueñas, quemó la recámara de Atabaliba con mucha y rica ropa y desamparó la ciudad. Entró en Quito Benalcázar con su ejército, sin estorbo; empero no halló la riqueza publicada, que mucho desplugó a todos los españoles. Desenterraron muertos, y ganaron para la costa. Ruminagui, o enojado de esto, o arrepentido por no haber quemado a Quito, o por matar los cristianos, trasnochó con su gente y puso fuego a la ciudad por muchos cabos, y sin esperar al día ni a los españoles, se volvió antes que amaneciese.

CXXVI. Lo que aconteció a Pedro de Alvarado en el Perú

Publicada la riqueza del Perú, negoció Pedro de Alvarado con el emperador una licencia para descubrir y poblar en aquella provincia donde no estuviesen españoles: y habida, envió a Garci Holguín con dos navíos a entenderlo que allá pasaba; y como volvió loando la tierra y espantado de las riquezas que con la prisión de Atabaliba todos tenían, y diciendo que también eran muy ricos Cuzco y el Quito, reino cerca de Puerto Viejo, determinóse de ir allá él mismo. Armó en su gobernación, el año de 1535, más de cuatrocientos españoles y cinco naos, en que metió muchos caballos. Tocó en Nicaragua una noche, y tomó por fuerza dos buenos navíos que se aderezaban para llevar gentes, armas y caballos a Pizarro. Los que habían de ir en aquellos navíos holgaron de pasar con él antes que esperar otros; y así tuvo quinientos españoles y muchos caballos. Desembarcó en Puerto Viejo con todos ellos y caminó hacia Quito, preguntando siempre por el camino. Entró en unos llanos de muy espesos montes, donde presto perecieran sus hombres de sed, la cual remediaron acaso, ca toparon unas muy grandes cañas llenas de agua. Mataron el hambre con carne de caballos, que para eso degollaban, aunque valían a mil y más ducados. Llovióles muchos días ceniza, que lanzaba el volcán del Quito a más de ochenta leguas, el cual echa tanta llama y trae tanto ruido cuando hierve, que se ve más de cien leguas, y según dicen, espanta más que truenos y relámpagos. Abrieron a manos buena parte del camino: tales boscajes había. Pasaron también unas muy nevadas sierras, y maravilláronse del mucho nevar que hacía tan debajo la Equinoccial. Heláronse allí sesenta personas; y cuando fuera de aquellas nieves se vieron, daban gracias a Dios, que de ellas los librara, y daban al diablo la tierra y el oro, tras que iban hambrientos y muriendo. Hallaron muchas esmeraldas y muchos hombres sacrificados, ca son los de allí muy crueles, idólatras, viven como sodomitas, hablan como moros y parecen judíos.

CXXVII. Cómo Almagro fue a buscar a Pedro de Alvarado

Quizquiz, capitán de Atabaliba, viendo enajenarse el imperio de los incas, procuró restaurarlo cuanto en su mano fue, ca tenía gran autoridad entre los orejones. Dio la borla a Paulo, hijo de Guaynacapa. Recogió mucha gente que andaba descarriada con la pérdida del Cuzco y púsola en la provincia que llaman Condesuyo, para dañar los cristianos. Pizarro envió allá a Hernando de Soto con cincuenta caballos; mas cuando llegó era partido Quizquiz a Jauja con pensamiento de matar y robar los españoles que allí estaban con el tesorero Alonso Riquelme. Acometiólos, mas defendiéronse. Fue Pizarro avisado de esto, y despachó corriendo a Diego de Almagro con muchos de caballo, ca le mucho escocía haber dejado en Jauja gran dinero con chico recado, y también para que fuese, después de socorrido Jauja, a saber de Pedro de Alvarado, que tenía nueva cómo venía al Perú con mucha gente; y, o no consentirle desembarcar, o comprarle la armada. Fue, pues, Almagro, juntóse con Soto y corrieron entrambos de Jauja a Quizquiz; y con tanto se partió para Túmbez a mirar si venía o andaba por aquella costa Pedro de Alvarado con su flota. Supo allí cómo Alvarado desembarcara en Puerto Viejo. Volvió a San Miguel por más hombres y caballos, y caminó a Quito. En llegando allá se le sometió Benalcázar. Comenzó a capitanear, conquistó algunos pueblos y palenques de aquel reino que no se habían podido ganar; pasó el río de Liribamba con mucho peligro, por ir muy crecido y por haber quemado los indios el puente, los cuales estaban a la otra ribera con armas. Peleó con ellos, venció y prendió al capitán, que les dijo cómo a dos jornadas de allí estaban quinientos cristianos combatiendo un peñol del señor Zopozopagui. Almagro envió luego siete de caballo a ver si aquello era verdad, para proveer lo que conviniese siendo Alvarado o alguno otro que quisiese usurpar aquella tierra. Alvarado cogió los siete corredores, informóse de ello muy por entero de todo lo que Francisco Pizarro había hecho y hacía y del mucho oro y gente que tenía y cuántos eran los españoles que con Almagro estaban. Soltólos, y acercóse al real de Almagro, con propósito de pelear con él y echarlo de allí. Almagro que lo supo, temió; y por no arriscar su vida y su honra si a las manos viniesen, ca tenía doblada gente menos, acordó irse al Cuzco y dejar allí a Benalcázar, como primero estaba. Filipillo de Pohechos, que descontento y enojado estaba, se pasó al real de Alvarado con un indio cacique y le dijo la determinación de Almagro; y si le quería prender, que fuese luego aquella misma noche y hallaría poca resistencia, y él sería la guía. Ofrecióle asimismo de acabar con los señores y capitanes de toda aquella tierra que fuesen sus amigos y tributarios, que ya lo había recabado con los que tenía presos Almagro. Holgó Alvarado con tales nuevas; caminó con su gente, y fue a Liribamba con las banderas tendidas y orden de pelear. Almagro, que sin gran vergüenza suya no podía partirse, esforzó sus españoles, hizo dos escuadras de ellos y aguardó los contrarios entre unas paredes, por más fuerte. Ya estaban a vista unos de otros para romper, cuando comenzaron muchos de ambas partes a decir: «Paz, paz». Estuvieron todos quedos, y pusieron treguas por aquel día y noche para que se viesen y hablasen entrambos capitanes. Tomó la mano del negocio el licenciado Caldera, de Sevilla, y concertólos así: que diese Alvarado toda su flota, como la traía, a Pizarro y Almagro por cien mil pesos de buen oro, y que se apartase de aquel descubrimiento y conquista, jurando de nunca volver allá en vida de ellos; el cual concierto no se publicó entonces por no alterar los de Alvarado, que bravos y deseosos eran; antes dijeron que habían hecho compañía en todo, con que Alvarado prosiguiese el descubrimiento por mar y ellos las conquistas de tierra; y con esto no hubo escándalo ninguno. Aceptó Alvarado este partido, por no ver tan rica tierra como le decían; y Almagro ganó mucho en darle tantos dineros.

CXXVIII. La muerte de Quizquiz

No tuvo Almagro de qué pagar los cien mil pesos de oro a Pedro de Alvarado por su armada en cuanto se halló en aquella conquista, aunque hubieran en Caramba un templo chapado de plata, o no quiso sin Pizarro, o por llevarlo primero donde no pudiese deshacer la venta, así que se fueron ambos a San Miguel de Tangarara. Alvarado dejó muchos de su compañía a poblar en Quito con Benalcázar, y llevó consigo los más y mejores. Benalcázar pasó mucho trabajo en su conquista, así por ser la gente muy guerrera, que también pelean con honda las mujeres como sus maridos. Almagro y Alvarado supieron en Tumebamba cómo Quizquiz iba huyendo de Soto y de Juan y de Gonzalo Pizarro, que lo perseguían a caballo, y que llevaba una gran presa de hombres y ovejas, y más de quince mil soldados. Almagro no lo creyó, ni quiso llevar los cañares que se le ofrecían dar en las manos a Quizquiz con todo su ejército y cabalgada. Cuando llegaron a Chaparra toparon a deshora con Sotaurco, que iba con dos mil hombres descubriendo el camino a Quizquiz, y prendiéronle peleando. Sotaurco dijo cómo Quizquiz venía detrás una gran jornada con el cuerpo de ejército, y a los lados y espaldas cada dos mil hombres recogiendo vituallas, que así acostumbraba caminar en tiempo de guerra. Aguijaron presto los de caballo, por llegar a Quizquiz antes que la nueva. Era el camino tan pedregoso y cuesta abajo, que se desherraron casi todos los caballos. Herráronse a media noche con lumbre, y aun con miedo no los tomasen los enemigos embarazados. Otro día en la tarde llegaron a vista del real de Quizquiz; el cual, como los vio, se fue con el oro y mujeres por una parte, y echó por otra que muy agra era toda la gente de guerra con Guaypalcón, hermano de Atabaliba. Guaypalcón se hizo fuerte en unas altas peñas, y echaba galgas, que dañaron mucho a los nuestros. Mas fuese luego aquella noche, porque se vio sin comida y atajado. Corrieron tras él los de caballo y no lo pudieron desbaratar, aunque le mataron algunos. Quizquiz y Guaypalcón se juntaron y se fueron a Quito, pensando que pocos o ningunos españoles quedaron allá, pues venían allí tantos. Hubieron un reencuentro con Sebastián de Benalcázar, y fueron perdidosos. Dijeron los capitanes a Quizquiz que pidiese paz a los españoles, pues eran invencibles, y que le guardarían amistad, pues eran hombres de bien, y no tentase más la fortuna, que tanto los perseguía. Él los amenazó porque mostraban cobardía, y mandó que le siguiesen para rehacerse. Replicaron ellos que diese batalla, pues les sería más honra y descanso morir peleando con los enemigos que de hambre por los despoblados. Quizquiz los deshonró por esto, jurando castigar los amotinadores. Guaypalcón entonces le tiró un bote de lanza por los pechos; acudieron luego con hachas y porras otros muchos, y matáronlo; y así acabó Quizquiz con sus guerras, que tan famoso capitán fue entre orejones.

CXXIX. Alvarado da su armada y recibe cien mil pesos de oro

A pocas leguas de camino, ya que Quizquiz iba huyendo, toparon nuestros españoles su retaguardia, que como los vio se puso a defender que no pasasen un río. Eran muchos, y unos guardaron el paso y otros pasaron el río por muy arriba a pelear, pensando matar y tomar en medio los cristianos. Tomaron una serrezuela muy áspera por ampararse de los caballos. Y allí pelearon con ánimo y ventaja. Mataron algunos caballos, que con la maleza de la tierra no podían revolverse, e hirieron muchos españoles, y entre ellos a Alonso de Alvarado, de Burgos, en un muslo, que se le pasaron, y presto mataran a Diego de Almagro. Quemaron la ropa que no pudieron llevar. Dejaron quince mil ovejas y cuatro mil personas que por fuerza llevaban, y subiéronse a lo alto. Eran las ovejas del Sol, oo tenían los templos, cada uno en su tierra, grandes rebaños de ellas. Y nadie las podía matar, so pena de sacrilegio, salva el rey en tiempo de guerra y caza. Inventaron esto los reyes del Cuzco para tener siempre bastimento de carne en las continuas guerras que hacían. Llegados que fueron los nuestros a San Miguel, despachó Alvarado a Garci Holguín a Puerto Viejo a entregar los navíos de su flota a Diego de Mora, capitán de Almagro, el cual entonces hizo grandes dádivas y socorros en dineros, armas y caballos a los suyos y a los de Alvarado. Fundó luego a Trujillo, como Pizarro escribió. Dejó por teniente a Miguel de Astete, y vínose a Pachacama, donde Francisco Pizarro recibió muy bien a Pedro de Alvarado y le pagó de contado los cien mil pesos de oro que Almagro prometió por la flota. No faltaron ruines que dijesen a Pizarro prendiese a Alvarado por haber entrado con mano armada en su jurisdicción y lo envíase a España, y que no le pagase; y ya que pagar le quisiese, no le diese sino cincuenta mil pesos, pues más no valían los navíos, dos de los cuales eran suyos. Pizarro no lo quiso hacer, antes le dio otras muchas cosas y lo dejó ir libremente, como supo estar las naos en San Miguel y en poder de Diego de Mora. Fuese Alvarado a Cuauhtemallán casi solo, y quedaron en el Perú los suyos, que como eran nobles y valientes, y aun bravosos, llegaron a ser después muy principales en aquella tierra.

CXXX. Nuevas capitulaciones entre Pizarro y Almagro

Francisco Pizarro pobló tras esto la ciudad de Los Reyes, a la ribera de Lima, río fresco y apacible, cuatro leguas de Pachacama, y cerca de la mar. Pasó a ella los vecinos de Jauja, que no era tan buena vivienda. Envió al Cuzco a Diego de Almagro con muchos españoles a regir la ciudad. Y él fuése a Trujillo a repartir la tierra e indios entre los pobladores. Tuvo nuevas y cartas Almagro, estando en el Cuzco, de cómo el emperador le había hecho mariscal del Perú y gobernador de cien leguas de tierra más adelante que Pizarro gobernaba; y quiso serlo luego y antes de tener la provisión. Y como el Cuzco no entraba en la gobernación de Pizarro y había de caer en la suya, comenzó a repartir la tierra y mandar y vedar por sí, dejando los poderes del compañero y amigo; y le faltaron para ello favor y consejo de muchos, entre los cuales eran Hernando de Soto. Envió corriendo Pizarro a Verdugo con poder para Juan Pizarro y revocación de Almagro. Contradijéronle reciamente Juan y Gonzalo Pizarro y los más del regimiento; y así no salió con su intento. Llegó Pizarro en esto por la posta, y apaciguólo todo amigablemente. Juraron de nuevo sobre la hostia consagrada Pizarro y Almagro su vieja compañía y amistad, y concertaron que Almagro fuese a descubrir la costa y tierra de hacia el estrecho de Magallanes, porque decían los indios ser muy rica tierra el Chili, que por aquella parte estaba; y que si buena y rica tierra hallase, que pedirían la gobernación para él, y si no, que partirían la de Pizarro, como la demás hacienda, entre sí; harto buen concierto era, si engañoso no fuera. juraron, empero, entrambos de nunca ser el uno contra el otro, por bien ni mal que les fuese, y aun afirman muchos que dijo Almagro, cuando juraba, que Dios le confundiese cuerpo y alma si lo quebrantaba ni entraba con treinta leguas en el Cuzco, aunque el emperador se lo diese. Otros, que dijo: «Dios le confunda el cuerpo y alma al que lo quebrantare».

CXXXI. La entrada que Diego de Almagro hizo al Chili

Aderezóse Almagro para ir al descubrimiento de Chili, como estaba concertado. Dio y emprestó muchos dineros a los que iban con él, porque llevasen buenas armas y caballos, y así juntó quinientos y treinta españoles muy lucidos y que de buena gana querían ir tan lejos por su liberalidad y por la gran fama de oro y plata de aquellas tierras. Muchos también hubo que dejaron su casa y repartimientos por ir con él, pensando mejorarlos. Almagro, pues, dejó allí en el Cuzco a Juan de Rada, criado suyo, haciendo más gente. Envió delante a Juan de Saavedra, de Sevilla, con ciento, y él partióse luego con los otros cuatrocientos y treinta, y con Paulo y Villaoma, gran sacerdote, Filipillo y otros muchos indios honrados y de servicio y carga. Topó Saavedra en los Charcas ciertos chileses, que traían al Cuzco, no sabiendo lo que pasaba, su tributo en tejuelas de oro fino, que pesaron ciento y cincuenta mil pesos. Fue principio de jornada, si tal fin tuviera. Quiso prender allí al capitán Gabriel de Rojas, que por Pizarro estaba. Mas él se guardó y se volvió al Cuzco por otro camino con su gente. De los Charcas al Chile pasó Almagro mucho trabajo, hambre y frío, ca peleó con grandes hombres de cuerpo, y diestros flecheros. Heláronsele muchos hombres y caballos, pasando unas grandes sierras nevados, donde también perdió su fardaje. Halló ríos que corren de día y no de noche, a causa que las nieves se derriten con el sol y no hielan con la luna. Visten los de Chile cueros de lobos marinos; son altos y hermosos; usan arcos en la guerra y caza; es la tierra bien poblada y del temple que nuestra Andalucía, sino que allá es de noche cuando acá día, y su verano cuando nuestro invierno. En fin, podemos decir que son antípodas nuestros. Hay muchas ovejas, como en el Cuzco, y muchos avestruces. Españoles los mataban a caballo, poniéndose en paradas; que un caballo no corre tanto como trota un avestruz.

CXXXII. Vuelta de Fernando Pizarro al Perú

Poco después que Almagro se partió a Chili, llegó Fernando Pizarro a Lima, ciudad de los Reyes. Llevó a Francisco Pizarro título de marqués de los Atavillos, y a Diego de Almagro la gobernación del nuevo reino de Toledo, cien leguas de tierra contadas de la raya de la Nueva Castilla, jurisdicción y distrito de Pizarro, hacia el sur y levante. Pidió servicio a los conquistadores para el emperador, que decía pertenecerle, como a rey, todo el rescate de Atabaliba, que también era rey. Ellos respondieron que ya le habían dado su quinto, que le venía de derecho, y presto hubiera motín, porque los motejaban de villanos en España y Corte, y no merecedores de tanta parte y riquezas; y no digo entonces, pero antes y después lo acostumbraban decir acá los que no van a Indias; hombres que por ventura merecen menos lo que tienen, y que no se habían de escuchar. Francisco Pizarro los aplacó diciendo que merecían aquello por su esfuerzo y virtud, y tantas franquezas y preeminencias como los que ayudaron al rey Don Pelayo y a los otros reyes a ganar a España de los moros. Dijo a su hermano que buscase otra manera para cumplir lo que había prometido, pues ninguno quería dar nada, ni él les tomaría lo que les dio. Fernando Pizarro entonces tomaba un tanto por ciento de lo que hundían, por lo cual incurrió en gran odio de todos; mas él no alzó la mano de aquello, antes se fue al Cuzco a otro tanto, y trabajó de ganar la voluntad a Mango, inca, para sacarle alguna gran cuantía de oro para el emperador, que muy gastado estaba con las jornadas de su coronación, del turco en Viena y de Túnez; y para sí también.

CXXXIII. La rebelión de Mango, inca, contra españoles

Mango, hijo de Guaynacapa, a quien Francisco Pizarro dio la borla en Vilcas, se mostró bullicioso y hombre de valor, por lo cual fue metido en la fortaleza del Cuzco en prisiones de hierro. Mas desde allí, y aun antes que le prendiesen, tramó matar los españoles y hacerse rey como su padre fue. Hizo hacer muchas armas de secreto y grandes sementeras para tener el pan abasto en las guerras y cercos que poner esperaba. Concertó con su hermano Paulo, con Villaoma y Filipillo, que matasen a Diego de Almagro con todos los suyos en los Charcas, o donde más aparejo hallasen, que así haría él a Pizarro y a cuantos estaban en Lima, Cuzco y las otras poblaciones. No podía Mango ejecutar su propósito estando preso; y rogó a Juan Pizarro, que conquistando andaba sobre el Collao, lo soltase antes que viniese Fernando Pizarro, prometiendo ser muy leal y obediente al gobernador. Como se vio suelto, hízose muy familiar de Fernando Pizarro, que le pedía dineros, para huir del Cuzco a su salvo con su amistad y favor. Así que pidió licencia a Fernando Pizarro para ir a una solemne fiesta que se hacía en Hincay, y que le traería de allá una estatua de oro maciza, que al propio tamaño de su padre estaba labrada. Fuese la Semana Santa del año de 1536. Cuando en Hincay estuvo, mofaba y blasfemaba de los españoles. Convocó muchos señores y otras personas, y dio conclusión en el alzamiento que pensaba. Hizo matar muchos españoles que andaban en las minas, y cuantos indios los servían. Envió un capitán con buen ejército al Cuzco; el cual llegó y entró tan súbito, que tomó la fortaleza, sin que los españoles estorbarlo pudiesen, y la sostuvo seis o siete días. En fin de los cuales la recobraron los nuestros peleando reciamente. Murieron sobre ella algunos, y Juan Pizarro, de una pedrada que de noche le dieron en la cabeza. Sobrevino Mango, cercó la ciudad, púsole fuego, y combatíala cada lleno de Luna.

CXXXIV. Almagro tomó por fuerza el Cuzco a los Pizarros

Estando Almagro guerreando a Chile, llegó Juan de Rada con las provisiones de su gobernación, que había traído Fernando Pizarro, con las cuales, aunque le costaron la vida, se holgó más que con cuanto oro ni plata había ganado, ca era codicioso de honra. Entró en consejo con sus capitanes sobre lo que hacer debía, y resumióse, con parecer de los demás, de volver al Cuzco a tomar en él, pues en su jurisdicción cabía, la posesión de su gobernación. Bien hubo muchos que le dijeron y rogaron poblase allí o en los Charcas, tierra riquísima, antes que ir, y enviase a saber entre tanto la voluntad de Francisco Pizarro y del cabildo del Cuzco, porque no era justo descompadrar primero. Quien más atizó la vuelta fueron Gómez de Alvarado, Diego de Alvarado y Rodrigo Orgoños, su amigo y privado. Almagro, en fin, determinó volver al Cuzco a gobernar por fuerza, si de grado los Pizarros no quisiesen, y también porque decían estar alzado el inca, lo cual se publicó por huir del campo Paulo y Villaoma, no hallando gente ni coyuntura para matar los cristianos, como traían urdido. Almagro envió tras Filipillo, que, como era participante de la conjuración, también huyera, e hízolo cuartos porque no le avisó y porque se pasó a Pedro de Alvarado en Liribamba. Confesó el malvado, al tiempo de su muerte, haber acusado falsamente a su buen rey Atabaliba, por yacer seguro con sus mujeres. Era un mal hombre Filipillo de Puechos, liviano, inconstante, mentiroso, amigo de revueltas y sangre, y poco cristiano, aunque bautizado. Tuvo Almagro muchos trabajos a la vuelta; comió los caballos que se murieron a la ida, cosa bien de notar, porque al cabo de cuatro meses o más tiempo estaban por corromper, y tan frescos, según dicen, como recién muertos. Estábanse también los españoles arrimados a las peñas con las riendas en las manos, que parecían vivos. Proveyó de agua su ejército en los despoblados con ovejas, que llevaban a cuatro y más arrobas de ella en odres y zaques de otras ovejas, y aun muchos españoles fueron cabalgando en ellas; aunque no es caballería, para su cólera. Maravilláronse mucho los de Almagro, cuando al Cuzco llegaron, en verlo cercado de los indios; y él trató con el inca la paz, diciendo, si alzaba el cerco, que le perdonaría lo hecho, como gobernador, y si no, que lo destruiría, que a eso venía. Mango respondió que se viesen, y que holgaba de su venida y gobernación. Almagro, sin pensar en la malicia, fue a recaudo por otros inconvenientes, dejando en guarda de su real a Juan de Saavedra. Fernando Pizarro, que supo estas vistas, salió a hablar con Saavedra. Dábale cincuenta mil castellanos porque se metiese con él dentro del Cuzco. No le osó enojar, que tenía mucha gente y muy fuerte plaza, y tornóse bien triste y desconfiado. Tampoco pudo Mango prender a Almagro y perdió esperanza de recobrar el Cuzco. Y porque no le tomasen entre puertas los de Almagro y Pizarro, dejó el cerco y fuese a los Andes, que llaman una gran montaña sobre Guamanga. Llegó Almagro su ejército al Cuzco, las banderas altas. Requirió al regimiento y hermanos de Francisco Pizarro que lo recibiesen luego pacíficamente por gobernador, conforme a las provisiones reales del emperador. Fernando Pizarro, que mandaba, respondió que sin voluntad de Francisco Pizarro, gobernador de aquella tierra, por cuyo poder él allí estaba, no podía ni debía, según honra y conciencia, admitirlo por gobernador. Mas, si entrar quería como privado y particular, que lo aposentaría muy bien con todos los que traía; y entre tanto avisarían a su hermano, si vivo era, que estaba en Los Reyes, de su llegada y pedimento; y que confiaba en su antigua y buena amistad que se conformaría, declarando la raya y mojones de cada gobernación a dicho de sabios cosmógrafos. Tuvo Almagro por dilación esta respuesta e insistió en su demanda; y como hallaba contraste en Fernando Pizarro, entróse dentro una noche de gran niebla y oscuridad. Cercó la casa donde los Pizarros y cabildo estaban fuertes, y púsole fuego porque no se daban. Ellos, por no quemarse, rindiéronse. Echó Almagro presos a Fernando y Gonzalo Pizarro y a otros. El regimiento y vecinos lo recibieron luego en siendo de día por gobernador. Dicen unos que Almagro quebró las treguas que habían puesto, para entre tanto esperar la respuesta de Francisco Pizarro; otros, que no las hubo ni las quiso, porque no le habían de recibir sino por fuerza; otros, que tuvo favor de los vecinos para entrar; y como fueron bandos, cada uno habla en favor del suyo. Y es cierto que por fuerza entró, y que murieron dos españoles, uno de cada parte, y que Almagro matara a Fernando Pizarro, según voluntad de casi todos, sino por Diego de Alvarado. Esto y el alzamiento del inca pasó año de 1536, sin que Francisco Pizarro lo supiese.

CXXXV. Los muchos españoles que indios mataron por socorrer el Cuzco

Bien temió Pizarro, cuando supo la rebelión del inca y el cerco del Cuzco; mas no pensó al principio que tan de veras era, ni con tanta gente como fue, y así, envió luego a Diego Pizarro con setenta españoles, que los más eran peones. A todos los cuales mataron indios en la cuesta de Parcos, cincuenta leguas del Cuzco; mataron asimismo al capitán Morgovejo, con muchos españoles que al socorro llevaba, en un mal paso donde los atajaron; hicieron el estrago con galgas, que no se atrevieron venir a las lanzadas. Algunos se escaparon con la oscuridad de la noche, mas ni pudieron ir al Cuzco, ni tornar a Los Reyes; envió también Pizarro a Gonzalo de Tapia con otros ochenta españoles, y también los mataron indios de puro cansados. Mataron eso mismo al capitán Gaete con cuarenta españoles en Jauja. Pizarro estaba espantado cómo no le escribían sus hermanos ni aquellos sus capitanes, y temiendo el mal que fue, despachó cuarenta de caballo con Francisco de Godoy, para que le trajese nuevas de todo; el cual volvió, como dicen, rabo entre piernas, trayendo consigo dos españoles de Gaete que se habían escapado a uña de caballo y que dieron a Pizarro las malas nuevas; las cuales lo pusieron en muy gran cuita. Llegó luego a Los Reyes huyendo Diego de Agüero, que dijo cómo los indios andaban todos en armas y le habían querido quemar en sus pueblos, y que venía muy cerca un gran ejército de ellos. Nueva que atemorizó mucho la ciudad, y tanto más cuanto menos españoles había; Pizarro envió a Pedro de Lerma, de Burgos, con setenta de caballo y muchos indios amigos y cristianos a estorbar que los enemigos no llegasen a Los Reyes, y él salió detrás con los demás españoles que allí había. Peleó Lerma muy bien, y retrajo los enemigos a un peñol, y allí los acabaran de vencer y deshacer si Pizarro a recoger no tañera. Murió aquel día y batalla un español de caballo; fueron heridos muchos otros, y a Pedro de Lerma quebraron los dientes; los indios dieron muchas gracias al Sol, que los escapó de tanto peligro, haciéndole grandes sacrificios y ofrendas, y pasaron su real una sierra cerca de Los Reyes, el río en medio, do estuvieron diez días haciendo arremetidas y escaramuzas con españoles, que con otros indios no querían, y muchos indios cristianos, mozos de españoles, iban a comer y estar con los contrarios, y aun a pelear contra sus amos, y se tornaban de noche a dormir en la ciudad.

CXXXVI. El socorro que vino de muchas partes a Francisco Pizarro

Como Pizarro se vio cercado, y muertos cerca de cuatrocientos españoles y doscientos caballos, temió la furia y muchedumbre de los enemigos, aun creyó que habían muerto a Diego de Almagro en Chili, y a sus hermanos en el Cuzco. Envió a decir a Alonso de Alvarado que dejase la conquista de los cachapoyas y se viniese luego con toda su gente a socorrerle; envió un navío a Trujillo para en que llevasen de allí las mujeres, hijos y hacienda, mandando a los hombres desamparasen el lugar y viniesen a Los Reyes; despachó a Diego de Ayala en los otros navíos a Panamá, Nicaragua y Cuauhtemallán por socorro, y escribió a las islas de Santo Domingo y Cuba, y a todos los otros gobernadores de Indias, el estrecho en que quedaba. Alonso de Fuenmayor, presidente y obispo de Santo Domingo, envió con Diego de Fuenmayor, su hermano, natural de Yanguas, muchos españoles arcabuceros que habían llegado entonces con Pedro de Veragua; Fernando Cortés envió, con Rodrigo de Grijalva, en un propio navío suyo, desde la Nueva España, muchas armas, tiros, jaeces, aderezos, vestidos de seda y una ropa de martas; el licenciado Gaspar de Espinosa llevó de Panamá, Nombre de Dios y Tierra Firme buena copia de españoles; Diego de Ayala volvió con harta gente de Nicaragua y Cuauhtemallán. También vinieron otros de otras partes, y así tuvo Pizarro un florido ejército y más arcabuceros que nunca; y aunque no los hubo mucho menester para contra indios, aprovecháronle infinito para contra Diego de Almagro, como después diremos; por lo cual acertó a pedir estos socorros, aunque fue notado entonces de pusilanimidad por pedirlos.

CXXXVII. Dos batallas con indios, que Alonso de Alvarado dio y venció

A la hora en que Alonso de Alvarado recibió las cartas de Pizarro, en que lo llamaba para socorro, dejó la empresa de los cachapoyas, que muy adelante iba, y se fue a Trujillo, que camino era para Los Reyes. Hizo quedar a los vecinos, que ya tenían fuera su hato y mujeres y se querían ir a Pizarro, desamparando la ciudad; llegó a Los Reyes con alegría de todos, por ser el primero que al socorro venía, y Pizarro lo hizo su capitán general, quitando el cargo a Pedro de Lerma, el cual lo tuvo a deshonra, y como valiente, y que lo había hecho bien, desmandóse de lengua; era de Burgos, y conocía al Alvarado. Descansó Alvarado, y aderezó trescientos españoles a pie y a caballo para echar de allí los indios, y no parar hasta deshacerlos y destruir y descercar el Cuzco, no sabiendo lo que allá pasaba entre los españoles; hubo una batalla cerca de Cachacama con Tizoyo, capitán general de Mango, y aun dicen que se halló en ella el mismo Mango, inca, la cual fue muy recia y sangrienta, ca los indios pelearon como vencedores, y los españoles por vencer; en Jauja lo alcanzó Gómez de Tordoya, de Barcarrota, con doscientos españoles que Pizarro le enviaba para engrosar el campo. Alvarado caminó sin embarazo hasta Lumichaca, puente de piedra, con todos quinientos españoles; allí cargaron muchísimos indios, pensando matar los cristianos al paso, a lo menos desbaratarlos; mas Alvarado y sus compañeros, aunque rodeados por todas partes de los enemigos, pelearon de tal manera, que los vencieron, haciendo en ellos muy gran matanza. Costaron estas batallas hartos españoles y muchos indios amigos que los servían y ayudaban; de Lumichaca a la puente de Abancay, que habrá veinte leguas, hubo muchas escaramuzas, mas no que de contar sean; supo Alvarado allí las revueltas y mudanzas del Cuzco y la prisión de Fernando y

Gonzalo Pizarro, y paró a esperar lo que Pizarro mandaba sobre aquello, pues ya los indios eran idos del Cuzco; fortificó su real entre tanto que la respuesta e instrucción venía, por amor de muchos indios que bullían por allí con Tizoyo y Mango, y por si viniese Almagro.

CXXXVIII. Almagro prende al capitán Alvarado, y rehusa los partidos de Pizarro

Como Almagro entendió que Alvarado estaba con tanta gente y pujanza en Abancay, pensó que iba contra él, y apercibióse; envióle a requerir con las provisiones que no estuviese con ejército en su gobernación, o le obedeciese. Alvarado prendió a Diego de Alvarado con otros ocho españoles, que fue al requerimiento, y respondió que las habían de notificar a Francisco Pizarro, y no a él; Almagro se volvió del camino, que también salió con gente, no tornando sus mensajeros, a guardar el Cuzco, ca podía ir Alvarado allá por otro cabo. Mas luego tuvo aviso y cartas que Pedro de Lerma se le quería pasar con más de sesenta compañeros, por enojo que tenía de Pizarro por haberle quitado el cargo de capitán general y haberlo dado al Alonso de Alvarado, y tornó con ejército sobre Alvarado, y prendió a Perálvarez Holguín, que andaba corriendo el campo, en una celada. Alvarado, desde que lo supo, quiso prender a Pedro de Lerma; empero él se huyó del real aquel mismo punto de la noche, con las firmas de sus amigos, que a ellos no pudo llevar por la prisa; llegó Almagro con la oscuridad al puente, sabiendo que le aguardaban Gómez de Tordoya y Villalva y otros, y echó buena parte de los suyos por el vado, a donde estaban los que se le habían de pasar. Cuando Alvarado sintió los enemigos en el real, comenzó a pelear tocando al arma; pero como tenía muchos guardando los pasos fuera del fuerte y muchos sin picas, que se las habían echado al río los amigos de Lerma, no pudo resistir la carga del contrario, y fue roto y preso sin sangre ninguna, aunque de una pedrada quebraron los dientes a Rodrigo de Orgoños. Recogió Almagro el campo y tornóse al Cuzco, tan ufanos los suyos, que decían que no dejarían pizarra ninguna en todo el Perú en qué tropezar, y que se fuese Francisco Pizarro a gobernar los manglares de la costa. Usó Almagro de la victoria piadosamente, aunque dicen que trataba mal los prisioneros. Pizarro, que iba con seiscientos españoles a descercar el Cuzco, supo en Nasca cuanto atrás dicho habemos, e hizo gran sentimiento de ello, y volvióse a Los Reyes para aderezar mejor, si guerra hubiese de haber, ca el competidor era recio y tenía muchos españoles. Entre tanto que se apercibía quiso concertarse de bien a bien, pues era mejor mala concordia que próspera guerra, y envió al licenciado Gaspar de Espino a negociar; el cual se declaró, porque otros no gozasen sus trabajos las manos enjutas, a que fuesen amigos y que Almagro soltase a Fernando y Gonzalo Pizarro y a Alfonso de Alvarado y se estuviese en el Cuzco gobernando, sin bajar a los llanos, hasta tener declaración por el emperador de lo que cada uno hubiese de gobernar. Murió el licenciado entendiendo en esto, y aun pronosticando la destrucción y muertes de ambos gobernadores. Almagro, con la pujanza y consejeros que tenía, rehusó aquel partido, diciendo que había de dar y no tomar leyes en su jurisdicción y prosperidad. Dejó a Gabriel de Rojas en guarda del Cuzco y de los presos, y llevando consigo a Fernando Pizarro, bajó con ejército y quinto del rey a la marina. Hizo un pueblo en término de Los Reyes, como en posesión, y asentó el real en Chincha.

CXXXIX. Vistas de Almagro y Pizarro en mala sobre concierto

Sabiendo esto Pizarro, sonó atambor en Los Reyes, dio grandes pagas y ventajas y juntó más de setecientos españoles con muchos caballos y arcabuces, que daban reputación al ejército; y casi toda esta gente era venida y llamada contra indios en socorro del Cuzco y de Los Reyes. Hizo capitanes de arcabucería a Nuño de Castro y a Pedro de Vergara, que la trajera de Flandes, donde casado estaba; hizo capitán de piqueros a Diego de Urbina, y de caballos a Diego de Rojas y a Peranzures y a Alonso de Mercadillo. Puso por maestre de campo a Pedro de Valdivia, y por sargento mayor a Antonio de Villalva; estando en esto, llegaron Gonzalo Pizarro y Alonso de Alvarado, e hízolos generales, a su hermano de la infantería y al otro de la caballería. Estaban presos en el Cuzco, sobornaron a hasta cincuenta soldados, y con su ayuda salieron de la prisión, quitaron las sogas de las campanas, porque no repicasen tras ellos, y huyeron a caballo con aquellos cincuenta y con Gabriel de Rojas, que prendieron; publicaba Pizarro que hacía esta gente para su defensa como hombre acometido, y habló en concierto a consejo de muchos. Almagro vino luego también en ello, y envió con poder para tratar del negocio a don Alonso Enríquez, Diego de Mercado, factor, y Juan de Guzmán, contador. Hablaron con Pizarro, y él lo comprometió en Francisco de Bobadilla, provincial de la Merced, y ellos en fray Francisco Husando; los cuales sentenciaron que Almagro soltase a Fernando Pizarro y restituyese al Cuzco; que deshiciesen entrambos los ejércitos, enviasen la gente a conquistas, escribiesen al emperador y se viesen y hablasen en Mala, pueblo entre Los Reyes y Chincha, con cada doce caballeros, y que los frailes se hallasen a las pláticas. Almagro dijo que holgaba de verse con Pizarro, aunque tenía por muy grave la sentencia, y cuando se partió a las vistas con doce amigos, encomendó a Rodrigo de Orgoños, su general, que con el ejército estuviese a punto, por si algo Pizarro hiciese, y matase a Fernando Pizarro, que le dejaba en poder, si a él fuerza le hiciesen. Pizarro fue al puesto con otros doce, y tras él Gonzalo Pizarro con todo el campo; si lo hizo con voluntad de su hermano, o sin ella, nadie creo que lo supo. Es empero cierto que se puso junto a Mala, y que mandó al capitán Nuño de Castro se emboscase con sus cuarenta arcabuceros en un cañaveral junto al camino por donde Almagro tenía de pasar; llegó primero a Mala Pizarro, y en llegando Almagro se abrazaron alegremente y hablaron en cosas de placer. Acercóse uno de Pizarro, antes que comenzasen negocios, a Diego de Almagro y díjole al oído que se fuese luego de allí, ca le iba en ello la vida; él cabalgó presto y volvióse sin hablar palabra en aquello ni en el negocio a que viniera. Vio la emboscada de arcabuceros, y creyó; quejóse mucho de Francisco Pizarro y de los frailes, y todos los suyos decían que de Pilatos acá no se había dado sentencia tan injusta. Pizarro, aunque le aconsejaban que lo prendiese, lo dejó ir, diciendo que había venido sobre su palabra, y se disculpó mucho en que ni mandó venir a su hermano ni sobornó los frailes.

CXL. La prisión de Almagro
Aunque las vistas fueron en vano y para mayor odio e indignación de las partes, no faltó quien tornase a entender muy de veras y sin pasión entre Pizarro y Almagro. Diego de Alvarado, en fin, los concertó, que Almagró soltase a Fernando Pizarro, y que Francisco Pizarro diese navío y puerto

seguro a Almagro, que no lo tenía, para que libremente pudiese enviar a España sus despachos y mensajeros; que no fuese ni viniese uno contra otro, hasta tener nuevo mandado del emperador. Almagro soltó luego a Fernando Pizarro sobre pleitesía que hizo, a ruego y seguro de Diego de Alvarado, aunque Orgoños lo contradijo muy mucho, sospechando mal de la condición áspera de Fernando Pizarro, y el mismo Almagro se arrepintió y lo quisiera detener. Mas acordó tarde, y todos decían que aquél lo había de revolver todo, y no erraron, ca suelto él, hubo grandes y nuevos movimientos, y aun Pizarro no anduvo muy llano en los conciertos, porque ya tenía una provisión real en que mandaba el emperador que cada uno estuviese donde y como la tal provisión notificada les fuese, aunque tuviese cualquiera de ellos la tierra y jurisdicción del otro. Pizarro, pues, que tenía libre y por consejero a su hermano, requirió a Almagro que saliese de la tierra que había él descubierto y poblado, pues era ya venido nuevo mandamiento del emperador. Almagro respondió, leída la provisión, que la oía y cumplía estándose quedo en el Cuzco y en los otros pueblos que al presente poseía, según y como el emperador mandaba y declaraba por aquella su real cédula y voluntad, y que con ella misma le requería y rogaba lo dejase estar en paz y posesión como estaba. Pizarro replicó que, teniendo él poblado y pacífico el Cuzco, se lo había tomado por fuerza, diciendo que caía en su gobernación del nuevo reino de Toledo; por tanto, que luego se lo dejase y se fuese; si no, que lo echaría, sin quebrar el pleito homenaje que había hecho, pues teniendo aquella nueva provisión del rey era cumplido el plazo de su pleitesía y concierto. Almagro estuvo firme en su respuesta, que concluí llanamente; y Pizarro fue con todo su ejército a Chincha, llevando por capitanes los que primero, y por consejero a Fernando Pizarro, y por color que iba a echar sus contrarios de Chincha, que manifiestamente era de su gobernación. Almagro se fue la vía del Cuzco por no pelear; empero, como lo seguían, cortó muchos pasos de mal camino y reparó en Gaitara, sierra alta y próspera. Pizarro fue tras él, que tenía más y mejor gente; y una noche subió Fernando Pizarro con los arcabuceros aquella sierra, que le ganaron el paso. Almagro entonces, que malo estaba, se fue a gran prisa y dejó a Orgoños detrás, que se retirase concertadamente y sin pelear. El lo hizo como se lo mandó, aunque, según Cristóbal de Sotelo y otros decían, mejor hiciera en dar batalla a los pizarristas, que se marearon en la sierra, ea es ordinario a los españoles que de nuevo o recién salidos de los calorosos llanos suben a las nevadas sierras, marcarse. Tanta mudanza hace tan poca distancia de tierra. Así que Almagro, recogida su gente al Cuzco, quebró los puentes, labró armas de plata y cobre, arcabuces, otros tiros de fuego, abasteció de comida la ciudad y reparóla de algunos fosados. Pizarro se volvió a los llanos por el inconveniente que digo, y desde a dos meses a Los Reyes; empero solo, porque envió todo su ejército al Cuzco, con achaque de restituir en sus casas y repartimientos a ciertos vecinos que Almagro había despojado, y para esto hizo justicia mayor a Fernando Pizarro, que gobernaba el campo, siendo general su hermano Gonzalo. Fue, pues, Fernando Pizarro al Cuzco por otro camino que Almagro, y llegó allá a los 26 de abril de 1538 años. Almagro, que tan determinados los vio venir, metió los aficionados a Pizarro en dos cubos de la fortaleza, donde algunos se ahogaron, de muy apretados. Envió al encuentro a Rodrigo Orgoños con toda su gente y muchos indios, ca él no podía pelear, de flaco y enfermo. Orgoños se puso en el camino real entre la ciudad y la sierra, orilla de una ciénaga. Puso la artillería en conveniente parte, y los caballos también, que llevaban a cargo Francisco de Chaves, Vasco de Guevara y Juan Tello. Por hacia la sierra echó muchos indios con algunos españoles que socorriesen a la mayor necesidad y peligro. Fernando Pizarro, dicha la misa, bajó al llano en ordenanza, con pensamiento de tomar un alto que sobre la ciudad estaba, y que no lo aguardarían los contrarios llevando tanta pujanza. Mas como los vio quedos y con semblante de no rehusar batalla, mandó al capitán Mercadillo que con sus caballos anduviese sobresaliente, o para contra los indios contrarios, o para remediar otra cualquiera necesidad; y dijo a sus indios que arremetiesen a los otros, y por allí se comenzó la batalla que llaman de las Salinas, obra de media legua del Cuzco. Entraron en la ciénaga los arcabuceros de Pedro de Vergara y desbarataron una compañía de caballos contrarios, que fue gran desmán para los de Orgoños, que, conociendo el daño, hizo soltar un tiro, el cual mató cinco españoles de Pizarro y atemorizó los otros; pero Fernando Pizarro los animó bien y a sazón, y dijo a los arcabuceros que tirasen a las picas arboladas, y quebraron más de cincuenta de ellas, que mucha falta hicieron a los de Almagro. Orgoños hizo señal de romper con los enemigos; y como se tardaban algo los suyos, arremetió con su escuadrón solamente a Fernando Pizarro, que guiaba el lado izquierdo de su ejército con Alonso de Alvarado. Esperó dos españoles con su lanza, tiró una estocada a un criado de Fernando Pizarro, pensando que su amo fuese, y metióle por la boca el estoque. Hacía Orgoños maravillas de su persona; mas duró poco tiempo, porque cuando arremetió le pasaron la frente con un perdigón de arcabuz, de que vino a perder la fuerza y la vista. Fernando Pizarro y Alonso de Alvarado encontraron los enemigos de través, y derribaron cincuenta de ellos, y los más juntamente con los caballos. Acudieron luego los de Almagro y Gonzalo Pizarro por su parte, y pelearon todos, como españoles, bravísimamente, mas vencieron los Pizarros y usaron cruelmente de la victoria, aunque cargaron la culpa de ello a los vencidos con Alvarado en el puente de Abancay, que no eran muchos y queríanse vengar. Estando Orgoños rendido a dos caballeros, llegó uno que lo derribó y degolló. Llevando también uno tendido y a las ancas al capitán Rui Díaz, le dio otro una lanzada que lo mató, y así mataron otros muchos después que sin armas los vieron; Samaniego, a Pedro de Lerma a puñaladas en la cama, de noche. Murieron peleando los capitanes Moscoso, Salinas y Hernando de Alvarado, y tantos españoles, que si los indios, como lo habían platicado, dieran sobre los pocos y heridos que quedaban, los pudieran fácilmente acabar. Mas ellos se embebieron en despojar los caídos, dejándolos en cueros, y en robar los reales, que nadie los guardaba, porque los vencidos huían y los vencedores perseguían. Almagro no peleó por su indisposición; miró la batalla de un recuesto, y metióse en la fortaleza como vio vencidos los suyos. Gonzalo Pizarro y Alonso de Alvarado lo siguieron y prendieron, y lo echaron en las prisiones en que los había tenido.

CXLI. Muerte de Almagro
Con la victoria y prendimiento de Almagro enriquecieron unos y empobrecieron otros, que usanza es de guerra, y más de la que llaman civil, por ser hecha entre ciudadanos, vecinos y parientes. Fernando Pizarro se apoderó del Cuzco sin contradicción, aunque no sin murmuración. Dio algo a muchos, que a todos era imposible; mas como era poco para lo que cada

uno que con él se halló en la batalla pretendía, envió los más a conquistar nuevas tierras, donde se aprovechasen; y por no quedar en peligro ni cuidado, enviaba los amigos de Almagro con los suyos. Envió también a Los Reyes, en son de preso, a don Diego de Almagro, porque los amigos de su padre no se amotinasen con él. Hizo proceso contra Almagro, publicando que para enviarlo juntamente con el preso a Los Reyes y de allí a España; mas como le dijeron que Mesa y otros muchos habían de salir al camino y soltarlo, o porque lo tenía en voluntad, por quitarse de ruido sentenciólo a muerte. Los cargos y culpas fueron que entró en el Cuzco mano armada; que causó muchas muertes de españoles; que se concertó con Mango contra españoles; que dio y quitó repartimientos sin tener facultad del emperador; que había quebrado las treguas y juramentos; que había peleado contra la justicia del rey en Abancay y en las Salinas. Otras hubo también que callo, por no ser tan acriminadas. Almagro sintió grandemente aquella sentencia. Dijo muchas lástimas y que hacían llorar a muy duros ojos. Apeló para el emperador; mas Fernando, aunque muchos se lo rogaron ahincadamente, no quiso otorgar la apelación. Rogóselo él mismo, que por amor de Dios no le matase, diciendo que mirase cómo no le había él muerto, pudiendo, ni derramado sangre de pariente ni amigo suyo, aunque los había tenido en poder; que mirase cómo él había sido la mayor parte para subir Francisco Pizarro, su caro hermano, a la cumbre de honra y riqueza que tenía; díjole que mirase cuán viejo, flaco y gotoso estaba, y que revocase la sentencia por apelación para dejarle vivir en la cárcel siquiera los pocos y tristes días que le quedaban para llorar en ellos y allí sus pecados. Fernando Pizarro estuvo muy duro a estas palabras, que ablandaran un corazón de acero, y dijo que se maravillaba que hombre de tal ánimo temiese tanto la muerte. Él replicó que, pues Cristo la temió, no era mucho temerla él; mas que se confortaría con que, según su edad, no podía vivir mucho. Estuvo Almagro recio de confesar, pensando librarse por allí, ya que por otra vía no podía. Empero confesóse, hizo testamento y dejó por herederos al rey y a su hijo don Diego. No quería consentir la sentencia, de miedo de la ejecución, ni Fernando Pizarro otorgar la apelación, por que no la revocasen en Consejo de Indias y porque tenía mandamiento de Francisco Pizarro. En fin la consintió. Ahogáronle, por muchos ruegos, en la cárcel, y después lo degollaron públicamente en la plaza del Cuzco, año de 1540. Muchos sintieron mucho la muerte de Almagro y lo echaron menos; y quien más lo sintió sacando a su hijo, fue Diego de Alvarado, que se obligó al muerto por el matador y que libró de la muerte y de la cárcel al Fernando Pizarro, del cual nunca pudo sacar virtud sobre aquel caso, por más que se lo rogó; y así vino luego a España a querellar de Francisco Pizarro y de sus hermanos y a demandar la palabra y pleitesía a Fernando Pizarro delante el emperador, y andando en ello murió en Valladolid, donde la corte estaba; y porque murió en tres o cuatro días dijeron algunos que fue de yerbas. Era Diego de Almagro natural de Almagro; nunca se supo de cierto quién fue su padre, aunque se procuró. Decían que era clérigo y no sabía leer. Era esforzado, diligente, amigo de honra y fama; franco, mas con vanagloria, ca quería supiesen todos lo que daba. Por las dádivas lo amaban los soldados, que de otra manera muchas veces los maltrataba de lengua y manos. Perdonó más de cien mil ducados, rompiendo las obligaciones y conocimientos, a los que fueron con él al Chili. Liberalidad de príncipe más que de soldado; pero cuando murió no tuvo quien pusiese un paño en su degolladero. Tanto pareció peor su muerte, cuanto él menos cruel fue, ca nunca quiso matar hombre que tocase a Francisco Pizarro. Nunca fue casado, empero tuvo un hijo en una india de Panamá, que se llamó como él y que se crió y enseñó muy bien, mas acabó mal, como después diremos.

CXLII. Las conquistas que se hicieron tras la muerte de Almagro

Pedro de Valdivia fue con muchos españoles a continuar la conquista de Chili, que Almagro comenzó. Pobló y comenzó a contratar con los naturales, que lo habían recibido pacíficamente, aunque con engaño, ca luego en cogiendo el grano y cosas de comer se armaron y dieron tras los cristianos, y mataron catorce españoles que andaban fuera de poblado. Valdivia fue al socorro, dejando en la ciudad la mitad de la gente con Francisco de Villagrán y Alonso de Monroy. Entre tanto vinieron hasta ocho mil chileses sobre la ciudad. Salieron a ellos Villagrán y Monroy con treinta de caballo y otros algunos de pie, y pelearon desde la mañana hasta que los despartió la noche, y todos holgaron de ello, los nuestros de cansados y heridos con flechas, los indios por la carnicería que de los suyos había y por las fieras lanzadas y cuchilladas que tenían, aunque no por eso dejaron las armas, antes daban guerra siempre a los españoles y no les dejaban indio de servicio, a cuya falta los nuestros mismos cavaban, sembraban y hacían las otras cosas que para se mantener son necesarias. Mas con todo este trabajo y miseria descubrieron mucha tierra por la cos ta, y oyeron decir que había un señor dicho Leuchen Golma, el cual juntaba doscientos mil combatientes para contra otro rey vecino suyo y enemigo, que tenía otros tantos, y que Leuchen Golma poseía una isla, no lejos de su tierra, en que había un grandísimo templo con dos mil sacerdotes, y que más adelante había amazonas, la reina de las cuales se llamaba Guanomilla, que suena cielo oro, de donde argüían muchos ser aquella tierra muy rica; mas pues ella está, como dicen, en cuarenta grados de altura, no tendrá mucho oro; empero, ¿qué digo yo, pues aún no han visto las amazonas, ni el oro, ni a Leuchen Golma, ni la isla de Salomón, que llaman por su gran riqueza? Gómez de Alvarado fue a conquistar la provincia de Guanuco; Francisco de Chaves, a guerrear los conchucos, que molestaban a Trujillo y a sus vecinos, y que traían un ídolo en su ejército, a quien ofrecían el despojo de los enemigos, y aun sangre de cristianos. Pedro de Vergara fue a los Bracamoros, tierra junto al Quito por el norte; Juan Pérez de Vergara fue hacia los Chachapoyas, y Alonso de Mercadillo, a Mullubamba, y Pedro de Candía, a encima del Collao; el cual no pudo entrar donde iba por la maleza de aquella tierra o por la de su gente, ca se le amotinó mucha de ella; que amigos eran de Almagro con Mesa, capitán de la artillería de Pizarro. Fue allá Fernando Pizarro y degolló al Mesa por amotinador y porque había dicho mal de Pizarros y tratado de ir a soltar a Diego de Almagro si a Los Reyes lo llevasen. Dio los trescientos hombres de Candía a Peranzures y enviólo a la misma tierra y conquista. De esta manera se esparcieron los españoles y conquistaron más de setecientas leguas de tierra en largo, de este a casi oeste, con admirable presteza, aunque con infinitas muertes. Fernando y Gonzalo Pizarro sujetaron entonces el Collao, tierra rica de oro, que chapan con ello los oratorios y cámaras, y abundante de ovejas, que son algo acamelladas de la cruz adelante, aunque más parecen ciervos. Las que llaman pacos crían lana muy fina; llevan tres y cuatro arrobas de carga, y aun sufren hombres encima, mas andan muy despacio: cosa contra la impaciente cólera de los españoles. Cansadas, vuelven la cabeza al caballero y échanle una hedionda agua. Si mucho se cansan, cáense, y no se levantan hasta quedar sin peso ninguno, aunque las matasen a palos. Viven en el Collao los hombres cien años y más; carecen de maíz y comen unas raíces que parecen turmas de tierra y que llaman ellos papas. Tornóse Fernando Pizarro al Cuzco, donde se vio con Francisco Pizarro, que hasta entonces no se habían visto desde antes que Almagro fuese preso. Hablaron muchos días sobre lo hecho y en cosas de gobernación. Determinaron que Fernando viniese a España a dar razón de ambos al emperador, con el proceso de Almagro y con los quintos y relaciones de cuantas entradas habían hecho. Muchos de sus amigos, que sabían las verdades, aconsejaron al Fernando Pizarro que no viniese, diciendo que no sabían cómo tomaría el emperador la muerte de Almagro, especial estando en corte Diego de Alvarado, que los acusaba, y que muy mejor negociarían desde allí que allá. Fernando Pizarro decía que le había de hacer grandes mercedes el emperador por sus muchos servicios y por haber allanado aquella tierra, castigando por justicia a quien la revolviera. A la partida rogó a su hermano Francisco que no se fiase de almagrista ninguno, mayormente de los que fueron con él al Chile, porque los había él hallado muy constantes en el amor del muerto, y avisóle que no los dejase juntar, porque le matarían, ca él sabía cómo en estando juntos cinco de ellos trataban de matarlo. Despidióse con tanto, vino a España y a la corte con gran fausto y riqueza; mas no se tardó mucho que lo llevaron de Valladolid a la Mota de Medina del Campo, de donde aún no ha salido.

CXLIII. La entrada que Gonzalo Pizarro hizo a la tierra de la Canela

Entre otras cosas que Fernando Pizarro tenía de negociar con el emperador era la gobernación del Quito para Gonzalo, su hermano, y con tal confianza hizo Francisco Pizarro gobernador de aquella provincia al susodicho Gonzalo Pizarro. El cual para ir allá y a la tierra que llamaban de la Canela armó doscientos españoles, y a caballo los ciento, y gastó en su persona y compañeros bien cincuenta mil castellanos de oro, aunque los más prestó. Tuvo en el camino algunos encuentros con indios de guerra. Llegó al Quito, reformó algunas cosas del gobierno, proveyó su ejército de indios de carga y servicio y de otras muchas cosas necesarias a su jornada y partióse en demanda de la Canela, dejando en Quito por su teniente a Pedro de Puelles, con doscientos y más españoles, con ciento y cincuenta caballos, con cuatro mil indios y tres mil ovejas y puercos. Caminó hasta Quijos, que es al norte de Quito y la postrera tierra que Guaynacapa señoreó. Saliéronle allí muchos indios como de guerra, mas luego desaparecieron. Estando en aquel lugar tembló la tierra terriblemente y se hundieron más de sesenta casas y se abrió la tierra por muchas partes. Hubo tantos truenos y relámpagos, y caló tanta agua y rayos, que se maravillaron. Pasó luego unas sierras, donde muchos de sus indios se quedaron helados, y aun, allende del frío, tuvieron hambre. Apresuró el paso hasta Cumaco, lugar puesto a las faldas de un volcán, y bien proveído. Allí estuvo dos meses, que un solo día no dejó de llover, y así se les pudrieron los vestidos. En Cumaco y su comarca, que cae bajo o cerca de la Equinoccial, hay la canela que buscaban. El árbol es grande y tiene la hoja como de laurel, y unos capullos como de bellotas de alcornoque. Las hojas, tallos, corteza, raíces y fruta son de sabor de canela, mas los capullos es lo mejor. Hay montes de aquellos árboles, y crían muchos en heredades para vender la especiería, que muy gran trato es por allí. Andan los hombres en carnes, y atan lo suyo con cuerdas que ciñen al cuerpo; las mujeres traen solamente pañicos. De Cumaco fueron a Coca, donde reposaron cincuenta días y tuvieron amistad con el señor. Siguieron la corriente del río que por allí pasa y que muy caudoloso es. Anduvieron cincuenta leguas sin hallar puente ni paso; mas vieron cómo el río hacía un salto de doscientos estados con tanto ruido, que ensordecía, cosa de admiración para los nuestros. Hallaron una canal de peña tajada, no más ancha que veinte pies, do entraba el río, la cual, a su parecer, era honda otros doscientos estados. Los españoles hicieron una puente sobre aquella canal y pasaron a la otra parte, que les decían ser mejor tierra, aunque algo se lo defendieron los de allí; fueron a Guema, tierra pobre y hambrienta, comiendo frutas, yerbas y unos como sarmientos, que sabían a ajos. Llegaron, en fin, a tierra de gente de razón, que comían pan y vestían algodón; mas tan lluviosa, que no tenían lugar de enjugar la ropa. Por lo cual, y por las ciénagas y mal camino, hicieron un bergantín, que la necesidad los hizo maestros. La brea fue resina; la estopa, camisas viejas y algodón, y de las herraduras de los caballos muertos y comidos labraron la clavazón, y a tanto llegaron, que comieron los perros. Metió Gonzalo Pizarro en el bergantín el oro, joyas, vestidos y otras cosillas de rescate, y diólo a Francisco de Orellana en cargo, con ciertas canoas en que llevase los enfermos y algunos sanos para buscar provisión. Caminaron doscientas leguas, según les pareció, Orellana por agua y Pizarro por la ribera, abriendo camino en muchas partes a fuerza de manos y fierro. Pasaba de una ribera a otra por mejorar camino; mas siempre paraba el bergantín donde él hacía su rancho. Como en tanta tierra no hallase comida ni riqueza ninguna de aquellas del Cuzco, Collado, Jauja y Pachacama, renegaban los suyos. Preguntó si había el río abajo algún pueblo abastado, donde reposar y comer pudiesen. Dijéronle que a diez soles había una buena tierra, y dieron por señal que se juntaba en ella otro gran río con aquél. Con esto envió a Orellana que le trajese comida de allí, o le esperase a la junta de los ríos; mas ni volvió ni esperó, sino fuese, como en otra parte se dijo, el río abajo, y él caminó sin parar y con gran trabajo, hambre y peligro de ahogarse en ríos que topó. Cuando llegó al puesto y no halló el bergantín en que llevaba su esperanza y hacienda, cuidaron él y todos perder el seso, ca no tenían pies ni salud para ir adelante, y temían el camino y montañas pasadas, donde habían muerto cincuenta españoles y muchos indios. Dioron finalmente la vuelta para Quito, tomando a la ventura otro camino, el cual, aunque bellaco, no fue tan malo como el que llevaron. Tardaron en ir y volver año y medio. Caminaron cuatrocientas leguas. Tuvieron gran trabajo con las continuas lluvias. No hallaron sal en las más tierras que anduvieron. No volvieron cien españoles, de doscientos y más que fueron. No volvió indio ninguno de cuantos llevaron, ni caballo, que todos se los comieron, y aun estuvieron por comerse los españoles que se morían, ca se usa en aquel río. Cuando llegaron donde había españoles, besaban la tierra. Entraron en Quito desnudos y llagadas las espaldas y pies, por que viesen cuáles venían, aunque los más traían cueras, caperuzas y abarcas de venado. Venían tan flacos y desfigurados, que no se conocían; y tan estragados los estómagos del poco comer, que les hacía mal lo mucho y aun lo razonable.

CXLIV. La muerte de Francisco Pizarro

Vuelto que fue Francisco Pizarro a Los Reyes, procuró hacer su amigo a don Diego de Almagro; mas él no quería, ni aun mostró serlo, porque de suyo y por consejo de Juan Rada, a quien el padre le encomendara cuando murió, estaba puesto en tomar venganza de él, matándole. Pizarro le quitó los indios, porque no tuviese qué dar de comer a los de Chile que se llegaban, pensando necesitarlo por allí a que viniese a su casa y estorbar la junta y monipodio que contra él podían hacer. Él y ellos se indignaron mucho más por esto, y traían, aunque a escondidas, cuantas armas podían a casa de don Diego. Avisaron de ello a Pizarro; mas él no hizo caso, diciendo que harta mala ventura tenía sin buscar más. Ataron una noche tres sogas de la picota, y pusiéronlas una en derecho de casa de Pizarro, otra del teniente y doctor Juan Velázquez y otra del secretario Antonio Picado; mas ningún castigo tú pesquisa por ello se hizo, que dio mucha osadía a los almagristas, y así vinieron de doscientas y más leguas muchos a tratar con don Diego la muerte de Pizarro; que a río revuelto, ganancia de pescadores. No querían matarle, aunque determinados estaban, hasta ver primero respuesta de Diego de Almagro, que, como dije, había ido a España a acusar a los Pizarros; mas apresuráronse a ello con la nueva que iba el licenciado Vaca de Castro, y con que les decían que Pizarro los quería matar; lo cual, si verdad no era, fue malicia de algunos que, deseando la muerte de Pizarro, tiraban la piedra y escondían la mano. Tornaron a decir a Pizarro cómo sin duda ninguna le querían matar, que se guardase. Él respondió que las cabezas de aquéllos guardarían la suya, y que no quería traer guarda, porque no dijese Vaca de Castro que se armaba contra él. Fue Juan de Rada con cuatro compañeros a casa de Pizarro a descubrir lo que allá pasaba. Preguntóle por qué quería matar a don Diego y a sus criados. Juró Pizarro que tal no quería ni pensaba; mas antes ellos lo querían matar a él, según muchos le certificaban, y para eso compraban armas. Rada respondió que no era mucho que comprasen ellos corazas, pues él compraba lanzas. Atrevida y determinada respuesta y gran descuido y desprecio del Pizarro, que oyendo aquello y sabiendo lo otro no lo prendía. Pidióle Rada licencia para irse don Diego de aquella tierra con sus criados y amigos. Pizarro, que no entendía la disimulación, cogió unas naranjas, ca se paseaba en el jardín, y dióselas, diciendo que eran de las primeras de aquella tierra, y si tenía necesidad, que la remediaría. Con tanto Rada se despidió y se fue a contar esta plática a los conjurados, que juntos estaban, los cuales determinaron de matar a Pizarro estando en misa el día de San Juan. Uno de los determinados descubrió la conjuración al cura de la iglesia Mayor, el cual habló luego aquella noche a Pizarro, y al mismo Pizarro, dándole noticia de la traición. Pizarro, que cenando estaba con sus hijos, se demudó algo; mas de ahí a un poco dijo que no lo creía, porque no había mucho que Juan de Rada le habló, y que el descubridor decía aquello por echarle cargo. Envió con todo por Juan Velázquez, su teniente; y como no vino, por estar en la cama malo, fue luego allá con solo Antonio Picado y unos pajes con hachas, y dijo al doctor que remediase aquel monipodio. El respondió que podía estar seguro, teniendo él la vara en la mano. De Picado me maravillo, que no avivó la tibieza del gobernador ni del teniente en remediar tan notorio peligro. Pizarro descuidó con su teniente, y no fue a la iglesia, siendo día de San Juan, por los conjurados, que propuesto tenían de matarlo en misa; mas oyóla en casa. El teniente Francisco de Chaves y otros caballeros se fueron, saliendo de misa mayor, a comer con Pizarro, y cada vecino a su casa. Viendo los conjurados que Pizarro no salió a misa, entendieron cómo eran descubiertos y aun perdidos ni no hacían presto. Eran muchos los de Chile que favorecían a don Diego, y pocos los escogidos y ofrecidos al hecho, ca no querían mostrarse hasta ver cómo salía el trato que traía Juan de Rada. Él, que mañoso era y esforzado, tornó luego once compañeros muy bien armados, que fueron Martín de Bilbao, Diego Méndez, Cristóbal de Sosa, Martín Carrillo, Arbolancha, Hinojeros, Narváez, San Millán, Porras, Velázquez Francisco Núñez; y como todos estaban comiendo, fue adonde Pizarro comía, las espadas sacadas, y voceando por medio de la plaza. «Muera el tirano, muera el traidor, que ha hecho matar a Vaca de Castro.» Esto decían por indignar la gente. Pizarro, sintiendo las voces y ruido, conoció lo que era, cerró la puerta de la sala. Dijo a Francisco de Chaves que la guardase con hasta veinte hombres que dentro había, y entróse a armar. Rada dejó un compañero a la puerta de la calle, que dijese cómo ya era muerto Pizarro, para que acudiesen a lo favorecer todos los de Chile, que serían doscientos, y subió con los otros diez. Chaves abrió la puerta, pensando detenerlos y amansarlos con su autoridad y palabras. Ellos, por entrar antes que cerrasen, diéronle una estocada por respuesta. Él echó mano a la espada, diciendo: «¡Cómo, señores!, ¿y a los amigos también?». Y diéronle luego una cuchillada que le llevó la cabeza a cercén, y rodó el cuerpo las escaleras abajo. Como esto vieron los que dentro estaban, descolgáronse por las ventanas a la huerta, y el doctor Velázquez el primero, con la vara en la boca, porque no le embarazase las manos. Solamente quedaron y pelearon en la sala siete; los dos quedaron heridos y los cinco muertos; Francisco Martín de Alcántara, medio hermano de Pizarro; Vargas y Escandón, pajes de Pizarro; un negro, y otro español criado de Chaves. Defendieron la puerta de la cámara do se armaba Pizarro una pieza. Cayeron los pajes muertos. Salió Pizarro bien armado, y como no vio más de a Francisco Martín, dijo: «¡A ellos, hermano; que nosotros bastamos para estos traidores!». Cayó luego Francisco Martín, y quedó solo Francisco Pizarro, esgrimiendo la espada tan diestro, que ninguno se acercaba, por valiente que fuese. Reempujó Rada a Narváez, en que se ocupase. Embarazado Pizarro en matar aquél, cargaron todos en él y retrujéronlo a la cámara, donde cayó de una estocada que por la garganta le dieron. Murió pidiendo confesión y haciendo la cruz, sin que nadie dijese «Dios te perdone», a 24 de junio, año de 1541.

Era hijo bastardo de Gonzalo Pizarro, capitán en Navarra. Nació en Trujillo, y echáronlo a la puerta de la iglesia. Mamó una puerca ciertos días, no se hallando quien le quisiese dar leche. Reconociólo después el padre, y traído a guardar los puercos, y así no supo leer. Dióles un día mosca a sus puercos, y perdiólos. No osó tornar a casa de miedo, y fuése a Sevilla con unos caminantes, y de allí a las Indias. Estuvo en Santo Domingo, pasó a Urabá con Alonso de Hojeda, y con Vasco Núñez de Balboa a descubrir la mar del Sur, y con Pedrarias a Panamá. Descubrió y conquistó lo que llaman el Perú, a costa de la compañía que tuvieron él y Diego de Almagro y Hernando Luque. Halló y tuvo más oro y plata que otro ningún español de cuantos han pasado a Indias, ni que ninguno de cuantos capitanes han sido por el mundo. No era franco ni escaso; no pregonaba lo que daba. Procuraba mucho por la hacienda del rey. Jugaba largo con todos, sin hacer diferencia entre buenos y ruines. No vestía ricamente, aunque muchas veces se ponía una ropa de martas que Fernando Cortés le envió. Holgaba de traer los zapatos blancos y el sombrero, porque así lo traía el Gran Capitán. No sabía mandar fuera de la guerra, y en ella trataba bien los soldados. Fue grosero, robusto, animoso, valiente y honrado; mas negligente en su salud y vida.

CXLV. Lo que hizo don Diego de Almagro después de muerto Pizarro

Al ruido que mataban al gobernador Pizarro acudieron sus amigos, y a las voces de que ya era muerto venían los de Almagro; y así hubo muchas cuchilladas y muertes entre pizarristas y almagristas; mas cesaron presto, porque los matadores hicieron que don Diego cabalgase luego por la ciudad, diciendo que no había otro gobernador ni aun rey sino él en el Perú. Saquearon la casa de Pizarro, que rica estaba, y la de Antonio Picado y otros muchos y ricos hombres. Tomaron las armas y caballos a cuantos vecinos no querían decir «Viva don Diego de Almagro», aunque pocos osaron contradecir al vencedor. Hicieron también que los del regimiento y oficiales del rey recibiesen y jurasen por gobernador al don Diego hasta mandar otra cosa el emperador. Todo lo pudieron hacer a su salvo, por estar Fernando Pizarro en España y Gonzalo en lo de la canela; que si entrambos o el uno estuviera allí, quizá no le mataran. Estaba en tanto por enterrar el cuerpo de Francisco Pizarro, y había muchos llantos de mujeres allí en Los Reyes, por los maridos que tenían muertos y heridos; y no osaban tocar Francisco Pizarro sin voluntad de don Diego y de los que lo mataron. Juan de Barbarán y su mujer hicieron a sus negros llevar los cuerpos de Francisco Pizarro y de Francisco Martín a la iglesia; y con licencia de don Diego los sepultaron, gastando de suyo la cera y ofrenda, y aun escondieron los hijos, porque no los matasen aquellos que andaban encarnizados. Don Diego quitó y puso las varas de justicia como le plugo; echó preso al doctor Velázquez y Antonio Picado, Diego de Agüero, Guillén Juárez, licenciado Caravajal, Barrios, Herrera y otros. Hizo su capitán general a Juan de Rada, y dio cargos y capitanías a García de Alvarado, a Juan Tello, a otro Francisco de Chaves y a otros, en el ejército que juntó, de ochocientos españoles. Tomó los bienes de los difuntos y ausentes y los quintos del rey, que fueron muchos, para dar a los soldados y capitanes. Hubo entre ellos pasión sobre mandar, y quisieron matar a Juan de Rada, que lo mandaba todo. Y por eso hizo don Diego dar un garrote a Francisco de Chaves y castigó a muchos otros, y aun degolló a Antonio de Origüela, recién llegado de España, porque dijo en Trujillo que todos aquéllos eran tiranos. Escribió don Diego a todos los pueblos que lo admitiesen por gobernador, y muchos de ellos lo admitieron por amor de su padre, y algunos por miedo. Alonso de Alvarado, que con cien españoles estaba en los Chachapoyas, prendió los mensajeros que tales nuevas y recado llevaban. Don Diego despachó luego que lo supo a García de Alvarado por mar a Trujillo y a San Miguel para tomar las armas y caballos a los vecinos que favorecían a Alonso de Alvarado, con las cuales fuese sobre él. García de Alvarado tomó en Piura mucha plata y oro, que los vecinos tenían en Santo Domingo, y lo dio a los soldados, y ahorcó a Montenegro, y prendió a muchos; y en Trujillo quitó el cargo a Diego de Mora, teniente de Pizarro, porque avisaba de todo a Alonso de Alvarado, y en San Miguel cortó las cabezas a Villegas, a Francisco de Vozmediano y Alonso de Cabrera, mayordomo de Pizarro, que con los españoles de Guanuco huían de don Diego. Diego Méndez, que fue a la villa de la Plata con veinte de caballo, tomó en Porco once mil y setenta marcos de plata cendrada, y puso en cabeza de don Diego las minas y haciendas de Francisco, Fernando y Gonzalo Pizarro, que riquísimas eran, y las de Peranzures, Diego de Rojas y otros.

CXLVI. Lo que hicieron en el Cuzco contra don Diego

Diego de Silva, de Ciudad-Rodrigo, y Francisco de Caravajal, alcaldes del Cuzco, usaron de maña con don Diego, ca le demandaron más cumplidos deberes que los que había enviado para recibirle por gobernador, y entre tanto apellidaron gente de la comarca. Gómez de Tordoya supo, andando a caza, la muerte de Pizarro y el pedimento de don Diego. Torció la cabeza de su halcón, diciendo que más tiempo era de pelear que de cazar. Entró en la ciudad de noche, habló con el cabildo de secreto, partió antes del día para donde estaba Nuño de Castro, y avisaron entrambos de todas estas cosas a Peranzures, que residía en los Charcas, y a Perálvarez Holguín, que andaba conquistando en Choquiapo, y a Diego de Rojas, que estaba en la villa de la Plata, y a los de Arequipa y otros lugares. Trataban éstos secretamente, porque había en el Cuzco muchos almagristas, que procuraban por don Diego, tomando la voz del rey, e hicieron su capital y justicia mayor a Perálvarez Holguín, y se obligaron a pagar el dinero del rey, que tomaban para sustentar la guerra, si el emperador no le diese por bien gastado. Perálvarez hizo su maestre de campo a Gómez de Tordoya; capitanes de caballo, a Peranzures y a Carcilaso de la Vega, y de infantería, a Nuño de Castro y a Martín de Robles, alférez del pendón real. Matriculáronse a la reseña ciento y cincuenta de caballo, noventa arcabuceros y otros doscientos y más peones. Como los que hacían por don Diego vieron esto, ciscábanse de miedo y saliéronse huyendo más de cincuenta. Fueron tras ellos Nuño de Castro y Hernando Bachicao con muchos arcabuceros, y trajéronlos presos. Perálvarez, que avisado era del intento de don Diego, salió del Cuzco a recoger los que andaban remontados por miedo, y a juntarse con Alonso de Alvarado para ir a Los Reyes a dar batalla a don Diego, entendiendo que se le pasarían muchos a su parte de los que con él estaban. Don Diego, que supo esto, envió por García de Alvarado, y en viniendo se partió de Los Reyes con cien arcabuceros, ciento y cincuenta piqueros y trescientos de caballo y muchos indios de servicio. Y por que con su ausencia no se alzasen, echó de allí los hijos de Francisco Pizarro. Atormentó reciamente a Picado por saber de los dineros de su amo, y matóle. Llegó a Jauja y paró allí, porque adoleció y murió Juan de Rada, que su deseo y seguro era desbaratar a Perálvarez antes que se juntase con Alvarado ni con Vaca de Castro, que ya estaba en el Quito, y escrito a Jerónimo de Aliaga, Francisco de Barrionuevo y fray Tomás de San Martín, provincial dominico. De allí se le fueron el provincial, Gómez de Alvarado, Guillén Juárez de Caravajal, Diego de Agüero, Juan de Saavedra y otros muchos; y Perálvarez le tomó ciertos espías, que lo informaron de todo. Ahorcó tres de ellos, y prometió tres mil castellanos a otro porque espiase lo que don Diego hacía, diciendo que quería dar con él por un atajo despoblado y nevado; mas era engaño para descuidarlos. Don Diego prendió al hombre en llegando, por sospecha de la tardanza, dióle tormento, confesó la verdad y ahorcólo por espía doble. Fuese luego a poner en aquella traviesa nevada y estuvo allí tres días con su campo, sufriendo gran frío. Entre tanto se le pasó Perálvarez y se juntó con Alvarado en Guaraiz, tierra de los Guaylas, y escribieron ambos a Vaca de Castro que viniese a tomar el ejército y la tierra por el emperador. Don Diego siguió diez leguas a Perálvarez, y como no lo podía alcanzar, tiró la vía del Cuzco, robando lo que hallaba.

CXLVII. Cómo Vaca de Castro fue al Perú

Sabidas por el emperador las revueltas y bandos del Perú y la muerte de Almagro y otros muchos españoles, quiso entender quién tenía la culpa, para castigar los revoltosos; que castigados aquéllos se apaciguarían los demás. Envió allá con bastante poder e instrucción al licenciado Vaca de Castro, natural de Mayorga, que oidor era de Valladolid; y porque fuese le dio el consejo real y el hábito de Santiago y otras mercedes, y todo a intercesión del cardenal fray García de Loaisa, arzobispo de Sevilla y presidente de Indias, que le favoreció mucho por amor del conde de Siruela, su amigo. Fue, pues, Vaca de Castro al Perú, y con tormenta que tuvo después que salió de Panamá paró en puerto de Buenaventura, gobernación de Benalcázar y tierra desesperada, como los manglares de Pizarro. No quiso o no pudo ir por mar a Lima, y caminó al Quito. Pensó perecer, antes de llegar allá, de hambre, dolencias y otros veinte trabajos. Recibióle muy bien Pedro de Puelles, que Gonzalo Pizarro aún no era vuelto de la Canela, y avisó de su venida a muchos pueblos. Vaca de Castro descansó en Quito, proveyó algunas cosas y partióse a Trujillo a tomar la gente que tenía Perálvarez y Alvarado para resistir a don Diego. Cuando llegó allá llevaba más de doscientos españoles, con Pedro de Puelles, Lorenzo de Aldana, Pedro de Vergara, Gómez de Tordoya, Garcilaso de la Vega y otros principales hombres que acudían al rey. Presentó sus provisiones al cabildo y ejército, y fue recibido por justicia y gobernador del Perú. Volvió las varas y oficios de regimiento a quien se las entregó y las banderas y compañías a los mismos capitanes, reservando para sí el estandarte real. Envió a Jauja con el cuerpo del ejército a Perálvarez, maestro de campo. Dejó allí en Trujillo a Diego de Mora por su teniente, y él fuése a Los Reyes, donde hizo armas y gente para engrosar el ejército, y para lo pagar tomó prestados cien mil ducados de los vecinos de allí, los cuales se pagaron después de quintos y haciendas reales. Puso por teniente a Francisco de Barrionuevo, de Soria, y por capitán de los navíos a Juan Pérez de Guevara, mandándoles que si don Diego viniese allí se embarcasen ellos con todos los de la ciudad, y él partió a Jauja con la gente que había armado y con muchos arcabuces y pólvora. En llegando hizo alarde, y halló seiscientos españoles, de los cuales eran ciento y setenta arcabuceros, y trescientos y cincuenta de caballo. Nombró por capitanes de caballo a Perálvarez, Alonso de Alvarado, Gómez de Alvarado, Pedro de Puelles y otros; y a Pedro de Vergara, Nuño de Castro, Juan Vélez de Guevara, de arcabuceros. Hizo maestro de campo al mismo Perálvarez Holguín y alférez mayor a Francisco de Caravajal, por cuya industria y seso se gobernó el ejército. Estando en esto vinieron cartas del Quito cómo era vuelto Gonzalo Pizarro y quería venir a ver a Vaca de Castro; mas el mandó luego que no viniese hasta que se lo escribiese, porque no estorbase los tratos de don Diego, que andaba por concertarse, o quizá porque le alzasen los del ejército por cabeza y gobernador por respeto de su hermano Francisco Pizarro, cuyo amor y memoria estaban en las entrañas de los más capitanes y soldados.

CXLVIII. Apercibimiento de guerra que hizo don Diego en el Cuzco

Al tiempo que don Diego llegó al Cuzco andaban revueltos los vecinos porque fue Cristóbal Sotelo delante con despachos y gente, estando ya dentro Gómez de Rojas, que tenía la posesión por Vaca de Castro; mas estuvieron quedos todos, y él apoderóse de la ciudad y tierra. Hizo luego pólvora y artillería y muchas armas de cobre y plata, y dio cuanto pudo a sus capitanes y soldados. Riñeron en aquel medio tiempo García de Alvarado y Cristóbal Sotelo, y el García mató al Cristóbal a estocadas. Intentó matar a don Diego, robar la ciudad e irse al Chile con sus amigos. Y para hacerlo a su salvo convidólo a comer a su casa. Supo don Diego la traición, e hízose malo aquel día, y metió en su recámara secretamente a Juan Balsa, Diego Méndez, Alonso de Saavedra, Juan Tello y otros amigos de Sotelo. García de Alvarado tomó ciertos amigos suyos y fue a llamar y traer a don Diego, y no se quiso tornar del camino aunque Martín Carrillo y Salado le avisaron de la celada. Rogó a don Diego que se fuese a comer, pues era hora y estaba guisado. Dijo él: «Mal dispuesto me siento, señor Alvarado; empero, vamos». Levantóse de sobre la cama y tomó la capa. Comenzaron a salir los de Alvarado, y uno de don Diego cerró la puerta, dejando dentro y solo al García de Alvarado, y matáronlo, y aun dicen que don Diego le hirió primero. Alborotóse mucho la gente por su muerte, que tenía grandes amigos, mas luego don Diego la puso en paz, aunque algunos se le fueron a Jauja. Aderezó su ejército, que serían obra de setecientos españoles, los doscientos con arcabuces, otros doscientos y cincuenta con caballos y los demás con picas y alabardas, y todos tenían corazas o cotas, y muchos de caballos arneses. Gente tan bien armada no la tuvo su padre ni Pizarro. Tenía también mucha artillería y buena, en que confiaba, y gran copia de indios, con Paulo, a quien su padre hiciera inca. Salió del Cuzco muy triunfante, y no paró hasta Vilcas, que hay cincuenta leguas. Llevó por su general a Juan Balsa y por maestro de campo a Pedro de Oñate, que Juan de Rada ya se había muerto.

CXLIX. La batalla de Chupas entre Vaca de Castro y don Diego

Fue Vaca de Castro de Jauja a Guamanga con todo su ejército, que hay doce leguas, a gran prisa, por entrar allí primero que don Diego, ca le decían cómo venían los enemigos a meterse dentro. Es fuerte Guamanga por las barrancas que la cercan e importante para la batalla. Escribió a don Diego, con Idiáquez y Diego de Mercado, que le perdonaría cuantas muertes, robos, agravios e insultos había hecho si entregaba su ejército, y le daría diez mil indios donde los quisiese, y que no procedería contra ninguno de sus amigos y consejeros. Respondió que lo haría si le daba la gobernación del nuevo reino de Toledo y las minas y repartimientos de indios que su padre tuvo. Andando en demandas y respuestas llegó a Guaraguaci un clérigo, que dijo a don Diego cómo venía de Panamá, y que lo había perdonado el emperador y hecho gobernador del nuevo Toledo; por tanto, que le diese las albricias. Dijo asimismo que Vaca de Castro tenía pocos españoles, mal armados y descontentos, nuevas que, aunque falsas y no creídas, animaron mucho a sus compañeros. Tomaron también los corredores del campo a un Alonso García, que iba en hábito de indios con cartas del rey y Vaca de Castro para muchos capitanes y caballeros, en que les prometían grandes repartimientos y otras mercedes. Ahorcólo don Diego por el traje y mensaje, y quejóse mucho de Vaca de Castro porque, tratando con él de conciertos, le sobornaba la gente. Fue gran constancia o indignación la del ejército de don Diego, porque ninguno lo desamparó. Escribieron desvergüenzas a los del rey, y que no fiasen de Vaca de Castro ni del cardenal Loaisa, que lo enviaba, pues no traía provisiones del emperador; y si las traía, no valían, por ser hechas contra la ley, pues le hacían gobernador si muriese Pizarro, Don Diego, si le dieran un perdón general firmado del rey, se diera por la renta y gobierno del padre, según dicen; mas, o enojado o confiado; publicó la batalla en presencia de Idiáquez y Mercado. Y prometió a sus soldados las haciendas y mujeres de los contrarios que matasen: palabra de tirano. Movió luego el real y artillería de Vilcas, y fue a ponerse en una loma dos leguas de Guamanga. Vaca de Castro, que supo su determinación y camino, dejó a Guamanga, por ser áspera para los caballos, que tenía muchos más que don Diego y púsose en un llano alto, que llamaban Chupas, a 15 de septiembre, año de 1542. Estaban los ejércitos cerquita y los corazones lejos, ca los de don Diego deseaban la batalla y los otros la temían; y así decían que Fernando Pizarro estaba preso porque dio la batalla de las Salinas, y que venía él a castigar los demás. Vaca de Castro los animó a la batalla, y porque peleasen condenó a muerte a don Diego de Almagro y a todos los que le seguían. Firmó la sentencia y pregonóla; y así repartió luego a otro día, con voluntad de todos, los caballos en seis escuadras. Echó delante a Nuño de Castro con cincuenta arcabuceros que trabase una escaramuza, y él subió un gran recuesto a mucho trabajo, donde asentó su artillería Martín de Valencia el capitán. Y si don Diego les defendiera la subida, los desbaratara, según iban desordenados y cansados. No había entre los ejércitos más de una lomilla, y escaramuzaban ligeramente, hablándose unos a otros. Don Diego estaba en aventajado lugar y orden, si no se mudara. Tenía la infantería en medio, y a los lados los de caballo, y delante la artillería en parte rasa y anchurosa para jugar de hito en los enemigos que le acometiesen. Puso también a su mano derecha a Paulo, inca, con muchos honderos y que llevaban dardos y picas. Vaca de Castro hizo un largo razonamiento a los suyos y se puso en la delantera con la lanza en puño para romper de los primeros, pues así lo quería don Diego. Ellos, respondiendo fiel y animosamente, les rogaron e hicieron que fuese detrás; y así quedó en la retaguardia con treinta de caballo, Puso a la mano derecha los medios caballos con Alonso de Alvarado y con el pendón real, que llevaba Cristóbal de Barrientos, y los otros a la izquierda con Perálvarez y los otros capitanes, y en medio a los peones. Mandó a Nuño de Castro que anduviese sobresaliente con cincuenta arcabuceros. Era ya muy tarde cuando esto pasaba, y jugaba tan recio la artillería de don Diego, que hacía temer a muchos; y un mancebo, por guardarse de ella, se puso tras una gran piedra; dióle la pelota en ello, saltó un pedazo y matóle. Quisiera Vaca de Castro dejar la batalla para otro día, con parecer de algunos capitanes; mas Alonso de Alvarado y Nuño de Castro porfiaron que la diese, aunque peleasen de noche, diciendo que si la dilataba se resfriarían los soldados y se pasarían a don Diego, pensando que de miedo la dejaba, por ser más y mejores los enemigos. Tuvieron otro inconveniente para no pelear, y era que no podían ir derechos sin recibir mucho daño de los tiros. Francisco de Caravajal y Alonso de Alvarado guiaron el ejército por un vallejo o quebrada que hallaron a la parte izquierda, por donde subieron a la loma de don Diego sin recibir golpe de artillería, que se pasaba por alto, y aun dejaron la suya por la subida y porque un tiro de ella mató cinco personas de las que la llevaban. Don Diego caminó hacia los enemigos con la orden que tenía, por no mostrar flaqueza, que así fue aconsejado de sus capitanes; empero fue contra la de Pero Suárez, sargento mayor, que sabía de guerra más que todos. Y dicen por muy cierto que si quedo estuviera, él venciera esta batalla. Mas vino a ponerse a la punta de la loma, y no pudo aprovecharse de su artillería. Comenzaron los indios de Paulo a descargar sus hondas y varas con mucha grita. Fue a ellos Castro con sus arcabuceros, y retrájolos. Socorrióles Marticote, capitán de arcabucería, y comenzóse la escaramuza. Comenzaron a subir a lo alto y llano los escuadrones de Vaca de Castro al son de unos atambores. Disparó en ellos la artillería y llevó una hilera entera, y los hizo abrir y aun ciar; mas los capitanes los hicieron cerrar y caminar delante con las espadas desnudas, y por romper fueran rompidos, si Francisco de Caravajal, que regía las haces, no los detuviera hasta que acabase de tirar la artillería. Mataron en esto los arcabuceros de don Diego a Perálvarez Holguín y derribaron a Gómez de Tordoya, por lo cual, y por el daño que los tiros hacían en la infantería, dio voces Pedro de Vergara, que también herido estaba, a los de caballo que arremetiesen.

Sonó la trompeta, y corrieron para los enemigos. Don Diego salió al encuentro con gran furia. Cayeron muchos de cada parte con los primeros golpes de lanza y muchos más con los de espada y hacha. Estuvo en peso buen rato la batalla sin declarar victoria por ninguna de las partes, aunque los peones de Vaca de Castro habían ganado la artillería y los de don Diego habían muerto muchos contrarios y tenían dos banderas enteras. Anochecía ya y cada uno quería dormir con victoria; y así peleaban como leones, y mejor hablando como españoles, ca el vencido había de perder la vida, la honra, la hacienda y señorío de la tierra, y el vencedor ganarlo. Vaca de Castro arremetió con sus treinta caballeros al cuerno izquierdo contrario, donde muy enteros y como vencedores estaban los enemigos, y trabóse allí como de nuevo otra pelea; mas al fin venció, aunque le mataron al capitán Jiménez, a Mercado de Medina y otros muchos. Don Diego, viendo los suyos de vencida, se metió en los enemigos, porque le matasen peleando, mas ninguno lo hirió, o porque no lo conocieron o porque peleaba animosísimamente. Huyó, en fin, con Diego Méndez, Juan Rodríguez Barragán, Juan de Guzmán y otros tres al Cuzco, y llegó allá en cinco días. Cristóbal de Sosa se nombraba también, y Martín de Bilbao, diciendo: «Yo maté a Francisco Pizarro»; y así los hicieron pedazos combatiendo. Muchos se salvaron por ser de noche, y hartos de tomar a los caídos de Vaca de Castro las bandas coloradas que por señal llevaban. Los indios, que como los lobos aguardaban al fin de la batalla, mataron a Juan Balsa, a un comendador de Rodas, su amigo, y muy muchos otros que huyendo iban a otro inca. Murieron trescientos españoles de la parte del rey, y muchos, aunque no tantos, de la otra; así que fue muy carnicera batalla, y pocos capitanes escaparon vivos: tan bien pelearon. Quedaron heridos más de cuatrocientos, y aun muchos de ellos se helaron aquella noche: tanto frío hizo.

CL. La justicia que hizo Vaca de Castro en don Diego de Almagro y en otros muchos

Gran parte de la noche gastó Vaca de Castro en hablar y loar sus capitanes y otros caballeros y hombres principales que a él llegaban a darle la norabuena de la victoria, y a la verdad ellos merecían ser loados y él ensalzado. Saquearon el real de don Diego, que mucha plata y oro tenía, no sin muertes de los que lo guardaban. No dejaron las armas, con recelo de los enemigos, ca no sabían por entero cuán de veras habían huido. Pasaron fríos y hambres, y aun lástima por las voces y gemidos y quejas que los heridos daban sintiéndose morir de hielo y desnudar de los indios, ca los achocaban también algunos con porras que usan, por despojarlos. Corrieron el campo en amaneciendo, curaron los heridos y enterraron los muertos, y aun llevaron a sepultar en Guamanga a Perálvarez Holguín, a Gómez de Tordoya y otros pocos. Arrastraron y descuartizaron el cuerpo de Martín de Bilbao, que mataron en la batalla, según dije, porque mató a Francisco Pizarro. Otro tanto hicieron por la misma causa Martín Carrillo, Arbolancha, Hinojeros, Velázquez y otros; en lo cual gastaron todo aquel día, y otro siguiente en ir a Guamanga, donde Vaca de Castro comenzó a castigar los almagristas, que presos y heridos estaban; ca bien más de ciento y sesenta se recogieron allí, y entregaron las armas a los vecinos que los prendieron. Cometió la causa al licenciado de la Gama, y en pocos días se hicieron cuartos los capitanes Juan Tello, Diego de Hoces, Francisco Peces, Juan Pérez, Juan Diente, Marticote, Basilio, Cárdenas, Pedro de Oñate, maestro de campo y otros treinta que por brevedad callo. Vaca de Castro desterró también algunos y perdonó los demás. Envió a sus casas casi todos los que con él estaban que tenían repartimiento y cargo. Envió a Pedro de Vergara a poblar los Bracamoros, que había conquistado, y fuese al Cuzco, que lo llaman, porque no les quitasen a don Diego algunos que bien lo querían. Acogióse don Diego con solos cuatro al Cuzco, pensando rehacerse allí. Mas su teniente Rodrigo de Salazar, de Toledo, y Antón Ruiz de Guevara, alcalde, y otros vecinos, lo echaron preso, como lo vieron vencido y solo. Vaca de Castro lo degolló en llegando, ahorcó a Juan Rodríguez Barragán y al alférez Enrique y a otros. Diego Méndez Orgoños se soltó y se fue al inca, que estaba en los Andes, y allá le mataron después los indios. Con la muerte de don Diego quedó tan llano el Perú como antes que su padre y Pizarro descompadrasen, y pudo muy bien Vaca de Castro regir y mandar los españoles. Loaban muchos el ánimo de don Diego, aunque no la intención y desvergüenza que tuvo contra el rey, ca siendo tan mozo vengó, a consejo de Juan de Rada, la muerte de su padre, sin querer tomar nada de Pizarro, aunque tuvo necesidad. Supo conservar los amigos y gobernar los pueblos que lo admitieron, aunque usó algún rigor y robos por amor de los soldados. Peleó muy bien y murió cristianamente. Era hijo de india, natural de Panamá, y más virtuoso que suelen ser mestizos, hijos de indias y españoles, y fue el primero que tomó armas y que peleó contra su rey. También se maravillaban de la constante amistad que los suyos le tuvieron, ca nunca lo dejaron hasta ser vencidos, por más perdón y mercedes que les daban: tanto puede el amor y bandos una vez tomados. Había muchos soldados que no tenían hacienda ni qué hacer; y porque no causasen algún bullicio como los pasados, y también por conquistar y convertir los indios, envió Vaca de Castro muchos capitanes a diversas partes, como fue a los capitanes Diego de Rojas, Felipe Gutiérrez, de Madrid, y Nicolás de Heredia, que llevaron mucha gente. Envió a Monroy en socorro de Valdivia, que tenía gran necesidad en el Chili; y también fue a Mullubamba Juan Pérez de Guevara, tierra comenzada a conquistar y rica de minas de oro, y entre los ríos Marañón y de la Plata, o por mejor decir nacen en ella, y crían unos peces del tamaño y hechura de perros, que muerden al hombre. Anda la gente casi desnuda, usan arco, comen carne humana y dicen que cerca de allí, hacia el norte, hay camellos, gallipavos de México y ovejas menores que las del Perú, y amazonas de Orellana. Llamó a Gonzalo Pizarro y dióle licencia que fuese a otro pueblo y repartimiento de los Charcas. Encomendó a los indios que vacos estaban, aunque muchos se quejaban por no les alcanzar parte. Hizo muchas ordenanzas en gran utilidad de los indios, los cuales comenzaron a descansar y cultivar la tierra, ca en las guerras civiles pasadas habían sido muy mal tratados, y aun dicen que murieron y mataron millón y medio en ellas, y más de mil españoles. Residió Vaca de Castro en el Cuzco año y medio, y en aquel tiempo se descubrieron riquísimas minas de oro y de plata.

CLI. Visita del Consejo de Indias

De las revueltas del Perú que contado habemos resultó visita del Consejo de Indias y nuevas leyes para regir aquellas tierras, causadoras de grandes muertes y males, no por ser muy malas, sino por ser rigurosas, como luego diremos. Hizo la visita el doctor Juan de Figueroa, oidor del Consejo y Cámara del Rey. Eran oidores de aquel Consejo el doctor Beltrán, el licenciado Gutiérrez Velázquez, el doctor Juan Bernal de Luco y el licenciado Juan Suárez de Caravajal, obispo de Lugo; fiscal, el licenciado Villalobos; secretario, Juan de Sámano, y presidente, fray García de Loaisa, cardenal y arzobispo de Sevilla. El emperador, vista la información y testigos, quitó de la audiencia al doctor Beltrán y obispo de Lugo. El obispo perseveró en corte, y desde a cuatro o cinco años lo hizo el rey comisario general de la Cruzada. El doctor Beltrán se fue a Nuestra Señora de Gracia, de Medina del Campo, donde tenía casa, y también le perdonó el emperador y le mandó dar su hacienda y salario acostumbrado en su casa; mas la cédula de estas mercedes llegó con la muerte. Daba gracias a Dios que lo dejó morir sin negocios, sin juegos ni trapazas. Era agudo y resoluto; tuvo muchos y grandes salarios siendo abogado; dejólos por el Consejo Real, y removiéronle de él. Vile llorar sus desventuras, quejándose de sí mismo porque dejó la abogacía por la audiencia. Fue muy tahúr, y jugaban mucho su mujer e hijos, que lo destruyeron. A toda suerte de hombres está mal el juego, y peor a los que tienen negocios, y negocios de rey y reinos. No faltó quien tachase al cardenal, pensando suceder en la presidencia; mas él era libre, acepto al emperador y amigo del secretario Francisco de los Cobos, que tenía la masa de los negocios.

CLII. Nuevas leyes y ordenanzas para las Indias
Sabiendo el emperador los desórdenes del Perú y malos tratamientos que se hacían a los indios, quiso remediarlo todo, como rey justiciero y celoso del servicio de Dios y provecho de los hombres. Mandó al doctor Figueroa tomar sobre juramento los dichos de muchos gobernadores, conquistadores y religiosos que habían estado en Indias, así para saber la calidad de los indios con el tratamiento que se les bacía, y aun porque le decían algunos frailes que no podía hacer la conquista de aquellas partes. Así que buscó personas de ciencia y de conciencia que ordenasen algunas leyes para gobernar las Indias buena y cristianamente; las cuales fueron el cardenal fray García de Loaisa, Sebastián Ramírez, obispo de Cuenca y presidente de Valladolid, que había sido presidente en Santo Domingo y en México; don Juan de Zúñiga, ayo del príncipe don Felipe y comendador mayor de Castilla; el secretario Francisco de los Cobos, comendador mayor de León;

don García Manrique, conde de Osorno y presidente de Ordenes, que había entendido en negocios de Indias mucho tiempo, en ausencia del cardenal; el doctor Hernando de Guevara y el doctor Juan de Figueroa, que eran de la Cámara, y el licenciado Mercado, oidor del Consejo Real; el doctor Bernal, el licenciado Gutiérrez Velázquez, el licenciado Salmerón, el doctor Gregorio López, que oidores eran de las Indias, y el doctor Jacobo González de Artiaga, que a la sazón estaba en consejo de Órdenes. Juntábanse a tratar y disputar con el cardenal, que posaba en casa de Pero González de León, y ordenaron, aunque no con voto de todos, obra de cuarenta leyes, que llamaron ordenanzas, y firmólas el emperador en Barcelona y en 20 de noviembre, año de 1542.

CLIII. La grande alteración que hubo en el Perú por las ordenanzas

Tan presto como fueron hechas las ordenanzas y nuevas leyes para las Indias, las enviaron los que de allá en corte andaban a muchas partes: isleños a Santo Domingo, mexicanos a México, peruleros al Perú. Donde más alteraron con ellas fue en el Perú, ca se dio un traslado a cada pueblo; y en muchos repicaron campanas de alboroto, y bramaban leyéndolas. Unos se entristecían, temiendo la ejecución; otros renegaban, y todos maldecían a fray Bartolomé de las Casas, que las habían procurado. No comían los hombres, lloraban las mujeres y niños, ensorberbecíanse los indios, que no poco temor era. Carteáronse los pueblos para suplicar aquellas ordenanzas, enviando al emperador un grandísimo presente de oro para los gastos que había hecho en la ida de Argel y guerra de Perpiñán. Escribieron unos a Gonzalo Pizarro y otros a Vaca de Castro, que holgaban de la suplicación, pensando excluir a Blasco Núñez por aquella vía y quedar ellos con el gobierno de la tierra, no digo entrambos juntos, sino cada uno por sí, que también fuera malo, porque hubiera sobre ello grandes revoluciones. Platicaban mucho la fuerza y equidad de las nuevas leyes entre sí y con letrados que había en los pueblos para escribirlo al rey y decirlo al virrey que viniese a ejecutarla. Letrados hubo que afirmaron cómo no incurrían en deslealtad ni crimen por no obedecerlas, cuanto más por suplicar de ellas, diciendo que no las quebrantaban, pues nunca las habían consentido ni guardado; y no eran leyes ni obligaban las que hacían los reyes sin común consentimiento de los reinos que les daban la autoridad, y que tampoco pudo el emperador hacer aquellas leyes sin darles primero parte a ellos, que eran el todo del reino del Perú: esto cuanto a la equidad. Decían que todas eran injustas, sino la que vedaba cargar los indios, la que mandaba tasar los tributos, la que castiga los malos y crueles tratamientos, la que dice sean enseñados los indios en la fe con mucho cuidado, y otras algunas. Y que ni era ley, ni habían de aconsejar al emperador que firmase, con las otras, la que manda se ocupen ciertas horas cada día los oidores y oficiales a mirar cómo el rey sea más aprovechado, ni la que nombra por presidente al licenciado Maldonado, y otras que más eran para instrucciones que para leyes, y que parecían de frailes. Con esto, pues, se animaban mucho los conquistadores, y soldados a suplicar de las ordenanzas, y aun a contradecirlas, y también porque tenían dos cédulas del emperador que les daba los repartimientos para sí y a sus hijos y mujeres porque se casasen, mandándoles expresamente casar; y otra, que ninguno fuese despojado de sus indios y repartimientos sin primero ser oído a justicia y condenado.

CLIV. De cómo fueron al Perú Blasco Nuñez Vela y cuatro oidores

Cuando fueron hechas las ordenanzas de Indias, dijeron al emperador que enviase hombre de barba con ellas al Perú, por cuanto eran recias y los españoles de allí revoltosos. Él, que bien lo conocía, escogió y envió, con título de virrey y salario de dieciocho mil ducados, a Blasco Núñez de Vela, caballero principal y veedor general de las guardas, hombre recio, que así se requería para ejecutar aquellas leyes al pie de la letra. Hizo también una Chanchillería en el Perú, que hasta allí a Panamá iban con las apelaciones y pleitos. Nombró por oidores al licenciado Diego de Cepeda, de Tordesillas; al doctor Lisón de Tejada, de Logroño; al licenciado Pero Ortiz de Zárate, de Orduña, y al licenciado Juan Álvarez. Y porque nunca se había tomado cuenta a los oficiales del rey después que se descubrió el Perú, envió a tomárselas a Agustín de Zárate, que era secretario del Consejo Real. Partió, pues, Blasco Núñez con la Audiencia y llegó al Nombre de Dios a 10 de enero de 1544. Halló allí a Cristóbal de Barrientos y otros peruleros de partida para España, con buena cantidad de oro y plata, y requirió a los alcaldes embarazasen aquel oro hasta que se averiguase de qué lo llevaban, ca le dijeron cómo aquellos hombres habían vendido indios y traídolos en minas, cosa de que mucho se alteraron y quejaron los vecinos y los dueños del oro, así por el daño como por no ser aquella ciudad de su jurisdicción y gobierno. Y si por los oidores no fuera, se lo confiscara, conforme a la instrucción y cédula que llevaba contra los que hubiesen traído indios en minas. Fue a Panamá, puso en libertad cuantos indios pudo haber de las provincias del Perú, y envióles a sus tierras a costa de los amos y del rey. Algunos hubo que se escondieron por no ir, diciendo que mejor estaban con dueño que sin él. Otros se quedaron en Puerto-Viejo y por allí a ser putos, que se usa mucho, y se cortaron el cabello a la usanza bellaca. Desembargó Blasco Núñez el oro a los del Nombre de Dios, y porque no se alborotasen más los españoles de aquellos dos pueblos, dijo que solamente procedería contra Vaca de Castro que traía y mandaba traer indios a las minas. Comenzaron a diferir él y los oidores en algunas cosas. Estuvieron malos ellos y ocupados, y él partióse sin esperarlos, aunque mucho se lo rogaron y aconsejaron, porque supo la negociación y escándalo del Perú. Llegó a Túmbez a 4 de marzo, libertó los indios, quitó las indias que por amigas españoles tenían, y mandóles que ni diesen comida sin paga, ni llevasen carga contra su voluntad, lo cual entristeció tanto a los españoles cuanto alegró a los indios. Entrando en San Miguel mandó a unos españoles pagar los indios de carga que llevaban, ya que no se podía excusar el cargarlos. Pregonó las ordenanzas, despobló los tambos, dio libertad a los indios esclavos y forzados, tasó los tributos y quitó los indios de repartimiento a Alonso Palomino, porque había sido allí teniente de gobernador, que así lo disponían las nuevas leyes; por lo cual le quitaban el habla y la comida, como a descomulgado, y a la salida del lugar le dieron gritas las españolas y lo maldijeron como si llevara consigo la ira de Dios. Y en Piura dijo que ahorcaría a los que suplicaban de sus provisiones, refrendadas de un su criado, que no era escribano del rey; y los vecinos de allí se escandalizaban más de sus palabras y aspereza que de las ordenanzas.

CLV. Lo que pasó Blasco Núñez con los de Trujillo

Entró Blasco Núñez en Trujillo con gran tristeza de los españoles; hizo pregonar públicamente las ordenanzas, tasar los tributos, ahorrar los indios y vedar que nadie los cargase por fuerza y sin paga. Quitó los vasallos que por aquellas ordenanzas pudo, y púsolos en cabeza del rey. Suplicó el pueblo y cabildo de las ordenanzas, salvo de la que mandaba tasar los tributos y pechos y de la que vedaba cargar los indios, aprobándolas por buenas. Él no les otorgó la apelación, antes puso muy graves penas a las justicias que lo contrario hiciesen, diciendo que traía expresísimo mandamiento del emperador para ejecutarlas, sin oír ni conceder apelación alguna. Díjoles, empero, que tenían razón de agraviarse de las ordenanzas; que fuesen sobre ello al emperador, y que él le escribiría cuán mal informado había sido para ordenar aquellas leyes. Visto por los vecinos su rigor y dureza, aunque buenas palabras, comenzaron a renegar. Unos decían que dejarían las mujeres, y aun algunos las dejaran si les valiera, ca se habían casado muchos con sus amigas, mujeres de seguida, por mandamiento que les quitaran las haciendas si no lo hicieran. Otros decían que les fuera mucho mejor no tener hijos ni mujer que mantener, si les habían de quitar los esclavos, que los sustentaban trabajando en minas, labranzas y otras granjerías; otros pedíanle pagase los esclavos que les tomaba, pues los habían comprado de los quintos del rey y tenían su hierro y señal. Otros daban por mal empleados sus trabajos y servicios, si al cabo de su vejez no habían de tener quien los sirviese; éstos mostraban los dientes caídos de comer maíz tostado en la conquista del Perú; aquéllos, muchas heridas y pedradas; aquellos otros, grandes bocados de lagartos; los conquistadores se quejaban que, habiendo gastado sus haciendas y derramado su sangre en ganar el Perú al emperador, le quitaban esos pocos vasallos que les había hecho merced. Los soldados decían que no irían a conquistar otras tierras, pues les quitaban la esperanza de tener vasallos, sino que robarían a diestro y a siniestro cuando pudiesen; los tenientes y oficiales del rey se agraviaban mucho que los privasen de sus repartimientos sin haber maltratado los indios, pues no los hubieron por el oficio, sino por sus trabajos y servicios. Decían también los clérigos y frailes que no podrían sustentarse ni servir las iglesias si les quitaban los pueblos; quien más se desvergonzó contra el virrey y aun contra el rey fue fray Pedro Muñoz, de la Merced, diciendo cuán mal pago daba su majestad a los que tan bien le habían servido, y que olían más aquellas leyes a interés que a santidad, pues quitaban los esclavos que vendió sin volver los dineros, y porque tomaban los pueblos para el rey, quitándolos a monasterios, iglesias, hospitales y conquistadores que los habían ganado, y, lo que peor era, que imponían doblado pecho y tributo a los indios que así quitaban y ponían en cabeza del rey, y aun los mismos indios lloraban por esto. Estaban mal aquel fraile y el virrey porque lo acuchilló una noche en Málaga siendo corregidor.

CLVI. La jura de Blasco Núñez y prisión de Vaca de Castro

Vaca de Castro, que había visto las ordenanzas y cartas en el Cuzco, donde residía, se aderezó para ir a Los Reyes a recibir a Blasco Núñez; empero, con muchos españoles en orden de guerra, que dio gran sospecha de su voluntad, ca los vecinos de Los Reyes, como supieron que con armas venía, le enviaron a decir que no viniese, pues ya no era gobernador, temiendo algún castigo por no haber admitido los días atrás un su teniente, y escribieron a Blasco Núñez algunos particulares que apresurase el paso para entrar primero que Vaca de Castro, porque si se tardaba quizá no le recibirían a la gobernación. Vaca de Castro dejó las armas, y casi todos los que traía, donde supo la voluntad de aquéllos; fue requerido de los suyos se volviese al Cuzco y lo tuviese por el rey, suplicando de las ordenanzas; nunca quiso sino llegar primero a Lima, donde halló diversas intenciones, ca unos querían al virrey y otros no. Gaspar Rodríguez, viendo venir cerca a Blasco Núñez, dejó a Vaca de Castro y tornóse al Cuzco, llevando consigo muchos vecinos de él, y las armas que habían quedado en el camino, para levantar la tierra por quien pudiese; Blasco Núñez partió de Trujillo aprisa, llegó al tambo que dicen de la Barranca, donde no halló qué comer, mas halló un mote que decía: «El que me viniere a quitar mi hacienda, mire por sí, que podrá ser que pierda la vida». Maravillóse de tal dicho, y preguntado quién lo pudo escribir, le dijeron ciertos malsines que Juárez de Caravajal, factor del rey, que poco antes había estado allí. En este tambo estuvo Gómez Pérez con cartas del inca Mango y de Diego Méndez y otros seis españoles del bando de don Diego de Almagro, en los cuales pedían licencia y salvoconducto para se venir a Blasco Núñez con el inca; él holgó de perdonarlos y que viniesen; mas ellos fueron muertos a cuchillo por ceguedad del Gómez Pérez. Solían jugar a la bola él y Mango, y jugaron como llegó; era porfiado el Gómez y mal comedido en medir las bolas, por lo cual dijo Mango a su criado que lo matase la primera vez que porfiase, bajándose a medir la bola; avisó de esto al Gómez una india. Él, sin mirar adelante, dio de estocadas al inca. Como los indios vieron muerto a su señor, matáronle a él y a los otros españoles y tomaron por inca un hijuelo del muerto, con el cual se han estado en unas asperísimas montañas sin querer más amistad con cristianos. Antes de llegar a Lima entendía Blasco Núñez cómo los de aquella ciudad estaban con propósito de no recibirlo dentro si primero no se les otorgaba la suplicación de las ordenanzas, jurando de no ejecutarlas, y si no, que lo enviarían preso y atado fuera del Perú; supo asimismo que todos estaban indignados contra él por ejecutar las ordenanzas tan de hecho, y que decían mil males de su recia condición. Para deshacer esto y otras veinte cosas que publicaban, envió delante a Diego Agüero, regidor de Los Reyes, el cual aplacó algo la indignación del pueblo, diciendo cómo Blasco Núñez traía mudado el rigor en mansedumbre, por ver el daño y descontento que todos recibían con la ejecución de las ordenanzas. Antes de entrar en Los Reyes Blasco Núñez, le tomó juramento en nombre del cabildo el factor Guillén Juárez que les guardaría los privilegios, franquezas y mercedes que del emperador tenían los conquistadores y pobladores del Perú, y que les otorgaría la suplicación de las nuevas ordenanzas que traía; él juró que haría todo lo que cumpliese al servicio del emperador y bien de la tierra; los vecinos y españoles que allí estaban dijeron luego que había jurado con cautela, entendiendo la ejecución de las ordenanzas ser bien de los indios y servidos del emperador. Entró en la ciudad con gran silencio y tristeza de todo el pueblo; nunca hombre así fue aborrecido como él, en do quiera que del Perú llegase, por llevar aquellas ordenanzas. Pregonó las ordenanzas y comenzólas a ejecutar, aunque muy mucho le rogaron no lo hiciese, diciendo que se alborotarían los españoles y querían conservar sus repartimientos; mas él se hizo sordo a todo, por cumplir la voluntad y mandado del emperador. Procuró saber qué intención era la de Vaca de Castro, qué trataba Gonzalo Pizarro en el Cuzco, quiénes y cuántos se mostraban de veras contra las ordenanzas. Habló a los indios que se amotinaban y querían alzarse sin hacer la, sementeras. Encarceló a Vaca de Castro, diciendo que firmaba cédulas de repartimiento y pleitos como gobernador, estando él allí, y que indignaba la gente hablando mal de las ordenanzas, y porque dejó volver al Cuzco a Gaspar Rodríguez y a los otros. Hubo gran ruido, y división sobre la prisión de Vaca de Castro, don Luis de Cabrera y de los otros que con él prendió.

CLVII. Lo que Gonzalo Pizarro hizo en el Cuzco contra las ordenanzas

Tantas cosas escribieron a Gonzalo Pizarro muchos conquistadores del Perú, que lo despertaron allá en Los Parcas, donde estaba, y le hicieron venir al Cuzco después que Vaca de Castro se fue a Los Reyes. Acudieron muchos a él como fue venido, que temían ser privados de sus vasallos y esclavos, y otros muchos que deseaban novedades por enriquecer, y todos le rogaron se opusiese a las ordenanzas que Blasco Núñez traía y ejecutaba sin respeto de ninguno, por vía de apelación, y aun por fuerza, si necesario fuese; que ellos, que por cabeza lo tomaban, lo defendían y seguirían. Él, por probarlos o por justificarse, les dijo que no se lo mandasen, pues contradecir las ordenanzas, aunque por vía de suplicación, era contradecir al emperador, que tan determinadamente ejecutarlos mandaba, y que mirasen cuán ligeramente se comenzaban las guerras, que tenían sus medios trabajosos y dudosos los fines; y no quería complacerlos en deservicio del rey, ni aceptar cargo de procurador ni de capitán. Ellos, por persuadirlo, le dijeron muchas cosas en

justificación de su empresa: unos decían que siendo justa la conquista de Indias, lícitamente podían tener por esclavos los indios tomados en guerra; otros, que no podía justamente quitarles el emperador los pueblos y vasallos que una vez les dio durante el tiempo de la donación, en especial que se los dio a muchos como en dote por que se casasen; otros, que podían defender por armas sus vasallos y privilegios como los hidalgos de Castilla sus libertades, las cuales tenían por haber ayudado a los reyes a ganar sus reinos de poder de moros, como ellos por haber ganado el Perú de manos de idólatras; decían, en fin, todos que no caían en pena por suplicar de las ordenanzas, y muchos, que ni aun por contradecirlas, pues no les obligaban antes de consentirlas y recibirlas por leyes. No faltó quien dijese cuán recio y loco consejero era emprender guerra contra su rey so color de defender sus haciendas, y hablar aquellas cosas que no eran de su arte ni de su lealtad; empero aprovecha poco hablar a quien no quería escuchar, ca no solamente decían aquello que algo en su favor era, pero desmandábanse, como soldados, a decir mal del emperador y rey, su señor, pensando torcerle el brazo y espantarlo por fieros. Decían eso mismo que Blasco Núñez era recio, ejecutivo, enemigo de ricos, almagrista, que había ahorcado en Túmbez un clérigo y hecho cuartos un criado de Gonzalo Pizarro, porque fue contra Diego de Almagro; que traía expreso mandado para matar a Pizarro y para castigar los que fueron con él en la batalla de las Salinas; y para conclusión de ser mal acondicionado, decían que vedaba beber vino y comer especias y azúcar, y vestir seda y caminar en hamacas. Con estas cosas, pues, parte fingidas, parte ciertas, holgó Pizarro ser capitán general y procurador, pensando, como lo deseaba, entrar por la manga y salir por el cabezón. Así que lo eligieron por general procurador el cabildo del Cuzco, cabeza del Perú, y los cabildos de Guamanga y de la Plata y otros lugares, y los soldados por capitán, dándole todos su poder cumplido y llenero. Él juró en forma lo que en tal caso se requería; alzó pendón, tocó atambores, tomó el oro de la arca del rey, y como había muchas armas de la batalla de Chupas, armó luego hasta cuatrocientos hombres a caballo y a pie, de que mucho se escandalizaron y arrepintieron los del regimiento de lo que habían hecho, pues Gonzalo Pizarro se tomaba la mano dándole solamente el dedo. Pero no le revocaron los poderes, aunque de secreto protestaron muchos del poder que le habían dado; entre los cuales fueron Altamirano, Maldonado, Garcilaso de la Vega.

CLVIII. La asonada de guerra que hizo Blasco Nuñez Vela

Como Blasco Núñez vio alterados a los vecinos y gente que estaban en Los Reyes porque no consintió la apelación y por la prisión de Vaca de Castro y los otros, hizo cincuenta soldados arcabuceros y diólos al capitán Diego de Urbina, que lo acompañase con ellos. Envió al Cuzco, luego que supo la junta, al provincial dominico fray Tomás de San Martín, y tras él a fray Jerónimo de Loaisa, primer obispo y arzobispo de Los Reyes, a certificar a Gonzalo Pizarro que no traía provisión ninguna en su daño, sino que antes tenía voluntad el emperador de gratificarle muy bien su servicio y trabajos, y que le rogaba se dejase de aquello y se viniese llanamente a ver con él y hablarían del negocio. Gonzalo Pizarro no dejaba entrar al obispo ni aun le quiso escuchar después de haber entrado, antes trató que lo proveyesen de gobernador, y envió por veinte piezas de artillería a Guamanga, y aderezó muchas cosas de guerra. Blasco Núñez, que supo la ruin intención de Pizarro, que comenzaba la gente a temer, hizo llamamiento de gente y juntó cerca de mil hombres, ca luego acudieron a él los almagristas y muchos pueblos, especial los septentrionales a la ciudad de Los Reyes, y ordenó ejército y paga con gana de muchos, y con parecer de los oidores y oficiales del rey, que firmaron la guerra en el libro del acuerdo; hizo general a Vela Núñez, su hermano; alférez del pendón, a Francisco Luis de Alcántara; capitanes de caballo, a don Alonso de Montemayor y a Diego Cueto, su cuñado, y capitanes de peones, a Pablo de Meneses y a Martín de Robles y a Gonzalo Díez; maestro de campo, a Diego de Urbina, que tenía muchos arcabuceros, y a otros, ca tenía doscientos caballos y otros tantos arcabuces, y la ciudad fortalecida para defensa. Dio grandes pagas y socorros a los soldados y gente, en que gastó los quintos y oro del rey que Vaca de Castro tenía para enviar a España, y aun tomó prestados buenos dineros de mercaderes para el ejército. Llegaron en esto allí Alonso de Cáceres y Jerónimo de la Serna en dos naos, de Arequipa. El Serna venía del Cuzco, enviado por Gaspar Rodríguez a decir a Blasco Núñez lo que allá pasaba y a pedirle un mandamiento para matar o prender a Gonzalo Pizarro, ca se ofrecían a ello el Rodríguez con ayuda de sus amigos; y de camino persuadió al Cáceres que se viniese al virrey con aquellas dos naos, y no a Pizarro, como quería. Blasco Núñez holgó con su venida; mas pesóle de que Pizarro tuviese tantas armas y artillería y la gente tan favorable. Suspendió las ordenanzas por dos años y hasta que otra cosa el emperador mandase; aunque se dijo luego el protesto que hizo y asentó en el libro del acuerdo cómo la suspensión era por fuerza, y que ejecutaría las ordenanzas en apaciguando la tierra: cosa de odio para todos. Dio mandamiento, y pregonólo, para que pudiesen matar a Pizarro y a los otros que traía, y prometió al que los matase sus repartimientos y hacienda, cosa que indignó mucho a los del Cuzco y que no agradó a todos los de Lima, y aun dio luego algunos repartimientos de los que se habían pasado a Pizarro. Decía públicamente que todos eran traidores sino los de Chili; y decía a éste que era traidor aquél, y a aquél, que éste, y que los había de castigar a todos. Tuvo mandado que matasen a Diego de Urbina y a Martín de Robles, cuando a su casa viniesen, si señalaba con el dedo; mas como el Robles le habló sabrosamente, que era gracioso y avisado, no hizo la señal, y así no murieron; empero díjoles a ellos mismos el concierto, como no sabía tener secreto, por lo cual ellos y aun otros no osaban dormir en sus casas.

CLIX. La muerte del factor Guillén Juárez de Caravajal

Temiendo Blasco Núñez el suceso de los negocios por la gente de Gonzalo Pizarro, envió a muchas partes por españoles; como decir a Hernando de Alvarado a Trujillo y a Villegas a Guanuco. Vinieron muchos de diversos pueblos, y entre ellos Gonzalo Díez de Pinera con hartos del Quito, y Pedro de Puelles, de Guanuco, donde era corregidor; los cuales, aunque traían poderes de sus pueblos para negociar con el virrey, se pasaron a Pizarro; el Puelles con quince amigos, en que fueron Francisco de Espinosa, de Valladolid, y el Serna, que lo llamara Gonzalo Díez con su compañía, yendo tras Puelles con Vela Núñez. De los Chachapoyas también se fue al Cuzco entonces Gómez de Solís, de Cáceres, con Diego Bonifaz, Villalobos y otros veinte hombres escogidos. Desconfió con esto Blasco Núñez de dar ni ganar batalla y tapió las calles de Lima, dejando troneras y traveses, a guisa de hombre cercado, por donde acabó de desanimar a los suyos y a los vecinos, y no le tuvieron por tan esforzado como decían. Trajo antes y a vueltas de esto Luis García, de San Mamés, que por corregidor estaba en Jauja, unas cartas en cifra del licenciado Benito de Caravajal al factor Guillén Juárez, su hermano; el virrey sospechó mal de la cifra, ca no estaba bien con el factor, y mostró las cartas a los oidores, preguntando si lo podría matar; dijeron que no, sin saber primero lo que contenían, y para saberlo enviaron por él. Vino el factor; no se demudó por lo que dijeron, aunque fueron palabras recias, y leyó las cartas, notando el licenciado Juan Álvarez. La suma de la cifra era la gente, armas e intención que traía Pizarro, quién y cuáles estaban mal con él, y que luego se vendría él a servir al señor virrey, en pudiendo descabullirse, como el mismo factor se lo mandaba. Envió luego por el abecedario, y concertó con lo que leyera; y así vino a

Lima el licenciado Caravajal dos o tres días después que Blasco Núñez fue preso, sin saber la muerte del factor. Desde a ciertos días que Gonzalo Díez huyera, se fueron a Pizarro Jerónimo de Caravajal y Escovedo, sobrinos del factor, con Diego de Caravajal, el Galán, vecino de Plasencia, que posaban en casa del mismo factor y que también fueron causa de su muerte. Fuéronse también con ellos don Baltasar de Castilla, hijo del conde de la Gomera; Pedro Caravajal y Rojas, de Antequera; Gaspar Mejía, de Mérida; Pero Martín, de Sicilia; Rodrigo de Salazar, el Corcovado, toledano, y otros veinte buenos soldados que hacían falta en el ejército. Hubo muy gran enojo e ira el virrey con la ida de éstos, y mayormente porque se fueron a casa del factor y con sus sobrinos. Envió tras ellos al capitán don Alonso de Montemayor con cincuenta de caballo, al cual prendieron los huídos por malicia de sus compañeros. Envió a llamar al factor aquella misma noche, domingo, a 14 de diciembre, y viniendo, díjole: «Señor, ¿qué traición es ésta, pecador de mí?». O según otros: «En mal hora vengas, traidor». Respondió el factor: «Yo soy tan buen criado y servidor del rey como vuestra señoría»; y otras cosas. El virrey, que tenía cólera, replicó: «Traiciones y bellaquerías son enviar vuestros sobrinos con tanta gente de bien a Pizarro y escribir aquello en el tambo, y no dar mula a Baltasar de Loaisa en que llevase mis despachos al Cuzco, y justificar vuestro hermano el licenciado la causa de Gonzalo Pizarro». Tras esto, como replicaba el factor en disculpa de aquellas cosas, dióle dos puñaladas con una daga, voceando: «Mátenle, mátenle». Llegaron sus criados y acabáronle, aunque algunos otros le echaban ropa encima para que no le matasen. Mandó echarlo por los corredores abajo, y unos negros le sacaron por los pies arrastrando. Alonso de Castro, teniente de alguacil mayor por Vela Núñez, lo hizo llevar a enterrar en un repostero. De esta manera lo contaban Lorenzo Mejía de Figueroa, Lorenzo de Estopiñán, Rivadeneyra y otros caballeros que se hallaron presentes a todo lo susodicho, aunque Blasco Núñez juraba que no le hirió ni quisiera que muriera. Causó mucho bullicio la muerte del factor, que tan principal persona era en aquellas partes, y tanto miedo, que se ausentaban de noche los vecinos de sus propias casas; y aun el mismo Blasco Núñez dijo a los oidores y otros muchos cómo aquella muerte lo había de acabar, conociendo el yerro que había hecho.

CLX. La prisión del virrey Blasco Núñez Vela

Murmuraban en Lima reciamente la muerte del factor, diciendo que otro día mataría el virrey a quien se le antojase, y deseaban a Pizarro. Blasco Núñez sentía mucho esto, y por no estar donde tan mal le querían, cuando viniese, propuso de irse a Trujillo con toda la Audiencia y la Contaduría del rey; y para llevar las mujeres y hacienda armó dos o tres naos, e hizo capitán de ellas a Jerónimo de Zurbano, vizcaíno, y aun para guardar la costa; que decían cómo armaba Pizarro dos navíos en Arequipa para señorear la mar. Metió en aquellas naos al licenciado Vaca de Castro y a los hijos del marqués Francisco Pizarro, con don Antonio de Ribera, de Soria, que los tenía en cargo, juntamente con su mujer, doña Inés, y encomendó la guarda de todos ellos a Diego Álvarez Cueto. Habló a los oidores tres días después de muerto el factor, persuadiéndoles la ida de Trujillo con llevar sus mujeres y todo el oro y fierro que había; que llevar las mujeres de los oidores y vecinos de Los Reyes era para obligarlos a seguirle, y el oro y plata para sustentar el ejército, y el fierro, para que no lo hubiese Pizarro, que tenía falta de ello para herraduras y para arcabuces. Contradijéronle los oidores, diciendo que ni debían ni podían salir de aquella ciudad de Los Reyes, por cuanto les mandaba el emperador en las ordenanzas residir allí, y por no mostrar temor a Gonzalo Pizarro, que aún estaba setenta leguas de ellos y no se sabía que viniese a prenderlos, y por no desanimar a los vecinos y a los que allí estaban para servir y seguir al rey. Por estas razones y otras que le dijeron les prometió de no irse; pero en saliendo ellos de su casa, donde tenían audiencia, envió por los oficiales del rey y capitanes del ejército, y vinieron Alonso Riquelme, tesorero; Juan de Cáceres, contador; García de Saucedo, veedor; Diego Álvarez Cueto, Vela Núñez, don Alonso de Montemayor, Diego de Urbina, Pablo de Meneses, Martín de Robles, Jerónimo de la Serna, que hubo la bandera de Gonzalo Díez, y Pedro de Vergara, que aún no tenía compañía; a los cuales dijo el virrey su intención y las causas que le movían para dejar a Los Reyes e irse a Trujillo; y mandóles estar a punto para otro día, que sin duda se partirían, él por la mar, y mujeres y Vela Núñez por tierra con la gente de guerra. Ninguno de ellos le contradijo, de pusilánimes, ca si le contradijeran como los oidores, no se determinara a irse tan total y prestamente; y así, ni entonces le prendieran, ni después lo mataran. Fueron, empero, a decirlo a todos los oidores, los cuales se juntaron en casa de Cepeda y se resumieron, después de bien pensado el negocio, en no salir de allí, ni dejar ir a los vecinos, creyendo que Pizarro no traía tan dañadas entrañas como después mostró; y ordenaron un requerimiento para el virrey por que no se fuese, y una provisión para que no le dejasen los vecinos embarcar sus mujeres, ya que él se fuese. Pretendían ellos, estando quedos en Los Reyes, que se iría Blasco Núñez a España a dar cuenta al emperador del negocio, viéndose solo, y que Gonzalo Pizarro desharía su campo otorgándole la suplicación de las ordenanzas; y si no quisiese, que fácilmente le prenderían o la matarían, pues quedarían ellos con el mando y con el palo. Ordenaron esta provisión Cepeda y Álvarez; escribióla Acebedo, sellóla Bernaldino de San Pedro, que era chanciller, el cual trajo en blanco dos sellos, con Tejada, que fue por ellos; eran amigos y naturales de Logroño. En esto pasaron los oidores aquel día, y el virrey en cargar los navíos y aderezar cabalgaduras. Cepeda forneció luego aquella noche una torre que había en su casa de armas y vitualla, con diez o doce amigos y criados, para si menester le fuese. Tejada, que tuvo miedo, pidió diez arcabuceros al virrey. En la mañana se juntaron los oidores a casa de Cepeda; y como parecía casa de munición más que de audiencia, fue corriendo un arcabucero de aquellos de Tejada a decir al virrey que se armaban los oidores contra él. Levantóse luego el virrey a tales nuevas y mandó tocar arma por la ciudad. Acudieron a su casa Vela Núñez, Meneses y Serna con sus compañías de infantes, y Francisco Luis de Alcántara con la caballería. De suerte que se juntaron en breve cuatrocientos españoles de los más principales y bien armados de Lima; algunos de los cuales, que les pesaba con la estada del virrey en el Perú, le rogaron que se metiese dentro en casa y no se pusiese a peligro. Él se metió, que no debiera, con obra de cincuenta caballeros, de lo cual unos se holgaron y otros desmayaron; y cierto si él no se metiera en casa, que pareció cobardía, no le prendieran, ca su presencia los animara y detuviera. Quedó Vela Núñez con el escuadrón, esperando lo que sería, ca se hundía la ciudad a gritos de las mujeres. Los oidores, que no tenían treinta hombres, se vieron perdidos, y pregonaron la provisión que dije. Francisco de Escobar, natural de Sahagún (que llamaban el Tío), les dijo: «Salgamos, cuerpo de Dios, señores, a la calle, y muramos peleando como hombres, y no encerrados como gallinas». Salieron, pues, los oidores fuera, y caminaron para la plaza. Martín de Robles y Pedro de Vergara acudieron a los oidores, o por no ser con el virrey, o por cumplir la provisión real, o porque, como dicen, estaban de acuerdo con ellos; acudieron asimismo muchos otros a pie y a caballo, y aun apellidando libertad, a lo que oí decir, para levantar el pueblo. Tiráronse algunos arcabuzazos de la boca de la calle que sale a la plaza, y si Vela Núñez acometiera, los rompiera y prendiera. Estando así, salió Ramírez el Galán, alférez de Martín de Robles, y campeó la bandera en la plaza; arremetió delante el capitán Vergara con su espada y adarga; salieron luego todos muy determinadamente. Los capitanes del virrey huyeron a su casa, y los más soldados se pasaron con los oidores, que estaban asentados en un escaño, a la puerta de la iglesia; no hubo sangre, como se temía. Unos ponen la culpa de huir a los capitanes, que tuvieron poca gana de pelear; otros a los soldados y vecinos, que volvían las picas y arcabuces hacia atrás. Combatieron la casa del virrey, que se defendía bien, y algunos con ánimo de hacerle mal y afrenta, según la pasión que sobre esto se hizo después donde dicen: «Su sangre sobre nos y sobre nuestros hijos», y otras cosas tan verdaderas como graciosas. Ventura Beltrán y otros decían: «¡Al combate!» que se guardaban para aquel día. Antonio de Robles entró solo dentro de la casa, hizo que abriesen las puertas, diciendo al virrey que se diese. Blasco Núñez, que tal no podía hacer, se entregó a Martín de Robles, Pedro de Vergara, Lorenzo de Aldana y Jerónimo de Aliaga, rogando que lo llevasen a Cepeda. Algunos dicen cómo el virrey quería morir antes de rendirse; mas que se dio a ruegos de frailes y caballeros, que lo aseguraron si se iba del Perú. Algunos de los que llevaban a Blasco Núñez iban diciendo: «Viva el Rey». «Pues, ¿quién me mata?», preguntaba él; y Padarve, criado del factor Guillén Juárez, encaró el arcabuz para matarle, y le matara, sino que no soltó ni prendió, aunque ardió el polvorín: otras befas y escarnios hicieron de él por la calle. El virrey, como fue delante los oidores, que muy acompañados estaban, se demudó y dijo: «Mirad por mí, señor Cepeda, no me maten»; él respondió no tuviese miedo, porque no le tocarían más que a su vida; y así, lo llevaron a casa de Cepeda, aunque dicen que no le quitaron las armas.

CLXI. La manera como los oidores repartieron los negocios

Grande arrepentimiento mostraron al virrey los oidores de su prisión, y le decían palabras de tristeza, si ya no eran fingidas, jurando que no habían sido en prenderle ni lo habían mandado, y que a qué árbol se arrimarían faltándoles él, y otras cosas tales; mas no que le soltarían; antes le dijo Cepeda delante Alonso Riquelme, Martín de Robles y otros: «Señor, juro por Dios que mi pensamiento nunca fue de prender a vuestra señoría; pero ya que está preso, entienda que lo tengo de enviar al emperador con la información de lo que se ha hecho; y si tentare de amotinar la gente o revolverla más, sepa que le daré de puñaladas, aunque yo me pierda; y si estuviere paciente, servirle y darle su hacienda». Blasco Núñez respondió: «Por nuestro Señor, que es vuestra merced hombre, y que siempre le tuve por tal, y no esos otros, que, habiéndolo ellos urdido, han llorado conmigo»; y rogóle que vendiese su ropa entre los vecinos, que valía muchos dineros, para gastar por el camino. Diego de Agüero y el licenciado Niño, de Toledo, y otros le dijeron muchas cosas; mas dejando esto, por cosa larga y enojosa, digo que los oidores, para despachar negocios con más brevedad y atender a todo, partieron los oficios de esta manera: que Cepeda, como más entendido y animoso, atendiese a las cosas de la gobernación y de la guerra, por donde algunos dijeron que se llamaba presidente, gobernador y capitán; Tejada y Zárate, que entendiesen en las cosas de justicia; y que Juan Álvarez ordenase los despachos para España y la información contra el virrey. Tras esto, luego aquel mismo día que fue preso llevó Juan Álvarez al virrey a la mar para meterlo en las naos, y tomarlas y tenerlas a su mandado, por que nadie escribiese a España primero que ellos y por que no las hubiese Pizarro. Llevaron también a Vela Núñez, que, como no pudo entrar en casa de su hermano, con la prisa o con el miedo, se acogiera a Santo Domingo, el cual fue a las naves y se quedó dentro sin volver con respuesta. Blasco Núñez dio al licenciado Álvarez por el camino, sabiendo que lo había de llevar a España, una esmeralda de quinientos castellanos, que pidió y no pagó, a Nicolás de Ribera. Cueto y Zurbano soltaron a los hijos del marqués Francisco Pizarro con todos los otros presos, sino a Vaca de Castro, que no quiso salir; mas no quisieron recibir al virrey ni entregar las naos, por concierto que había entre ellos. Voceaban de tierra que diese los navíos; si no, que matarían al virrey; y hacían tantas cosas, que vino Zurbano con el batel bien esquifado de hombres y tiros a preguntar qué querían. Y como le respondieron que las naos o la muerte del virrey, dijo que no se las daría, mas que tomaría al virrey. Reprendiólos mucho, y soltó un tiro y algunos arcabuces, dando vuelta para los navíos. Ellos entonces le deshonraron tirándole de arcabuzazos, y aun maltrataron al virrey, diciendo: «Hombre que tales leyes trajo, tal galardón merece. Si viniera sin ellas, adorado fuera. Ya la patria es libertada, pues está preso el tirano». Y con estos villancicos lo volvieron a Cepeda, que posaba en casa de María de Escobar, donde le tuvieron sin armas y con guarda, que le hacía el licenciado Niño; empero comía con Cepeda y dormía en su misma cama. Blasco Núñez, temiéndose de yerbas, dijo a Cepeda la primera vez que comieron juntos, y estando presentes Cristóbal de Barrientos, Martín de Robles, el licenciado Niño y otros hombres principales: «¿Puedo comer seguramente, señor Cepeda? Mirad que sois caballero». Respondió él: «¡Cómo, señor! ¿Tan ruin soy yo que si le quisiese matar no lo haría sin engaño? Vuestra señoría puede comer como con mi señora doña Brianda de Acuña (que era su mujer); y para que lo crea, yo haré la salva de todo». Y así la hizo todo el tiempo que lo tuvo en su casa. Entró un día fray Gaspar de Caravajal a Blasco Núñez y díjole que se confesase, que así lo mandaban los oidores. Preguntóle el virrey si estaba allí Cepeda cuando se lo dijeron, y respondió que no, más de los otros tres señores. Hizo llamar a Cepeda, y se le quejó. Cepeda lo confortó y aseguró, diciendo que ninguno tenía poder para tal cosa sino él; lo cual decía por la partición que habían hecho de los negocios. Blasco Núñez entonces lo abrazó y besó en el carrillo delante el mismo fraile.

CLXII. De cómo los oidores embarcaron al virrey para España

Estaban presos muchos españoles de cuando el virrey. Don Alonso de Montemayor, Pablo de Meneses, Jerónimo de la Serna y otros de aquellos presos ordenaron un motín por salir de la cárcel y librar al virrey. Mas sintiéronlo los oidores y remediáronlo. También hubo muchos de los de Chili que importunaron a los oidores que matasen al Virrey. Cepeda prendió los más culpados para mostrar cómo no quería matarlo; empero luego los soltó porque Pizarro no los matase cuando viniese, que eran grandes enemigos suyos; y aun ayudó para el camino a Juan de Guzmán, Saavedra y a otros. Andaban las cosas revueltas en Los Reyes con la prisión de Blasco Núñez y venida de Gonzalo Pizarro, ca unos querían que llegase Pizarro, otros no querían. Muchos querían matar o echar de allí al virrey, y muchos soltarle. Quién holgaba con los oidores, y quién no. El virrey temía la muerte y suspiraba por España. Los oidores no sabían qué hacerse, en especial los tres que no se les diera mucho por aquella muerte. Mas al cabo determinaron enviarlo a España, según al principio pensaron, confiando de sí que se darían tan buena maña en allanar y gobernar la gente que se tuviese por bien servido el emperador; y en que el mismo virrey se tenía la culpa de su prisión, según la información que enviaban. Acordaron que lo llevase o el licenciado Rodrigo Niño o Antonio de Robles o Jerónimo de Aliaga, vecinos de Los Reyes; pero Cepeda porfió que lo llevase Juan Álvarez, oidor, que lo tenía por más amigo y por más letrado para saber hablar en Castilla e informar al emperador. Contradijéronle terriblemente los otros dos oidores; y el licenciado Zárate le dijo delante los oidores y de Alonso Requelme, Juan de Cáceres y García de Saucedo, que estaban en la consulta, que era muy confiado y que no conocía como él a Juan Álvarez; y que los había de vender. Y quejándose de esto el Álvarez, replicó Zárate: «Sí, juro a Dios que vos nos tenéis de vender; y si vos no quedárades acá, Cepeda lo había de llevar». Llegó a Lima en este medio Aguirre, gran amigo del factor Guillén Juárez, y dijo malas palabras al virrey; el cual, oyéndolas y entendiendo que llegaba el licenciado Benito de Caravajal, temió que le matasen, y rogó a Cepeda, según dicen, que lo enviase a España. Cepeda, que lo deseaba, lo envió a la isla que está en el puerto de Lima, mandando al licenciado Niño que lo guardase con otros ciertos vecinos de Los Reyes. Cuando Blasco Núñez vio que lo embarcaban, dijo a Simón de Alcate, escribano, que le diese por testimonio cómo lo enviaban sus propios oidores a una isla despoblada y en una balsilla de juncos para que se ahogase, y que lo echaban de la tierra del rey para darla a Gonzalo Pizarro. Cepeda mandó al mismo escribano que asentase cómo llevaban al señor virrey porque así lo pedía su señoría, por que no lo matasen sus enemigos por lo que había hecho; y que aquellas barcas de paja eran los navíos que usan allí; y que iban con él Juan de Salas, hermano de Fernando Valdés, presidente del Consejo Real de Castilla; el licenciado Niño y otros muchos vecinos de Lima. Así que lo llevaron a la isla y lo tuvieron ocho días o más. Estaba Cepeda acongojado por no tener navíos para enviar a España a Blasco Núñez ni para tener la mar libre y segura. Temía no viniesen Zurbano, Cueto y Vela Núñez a tomar al virrey de la isla y juntando gente le matasen. Encargó al capitán Pedro de Vergara que con cincuenta buenos soldados procurase de coger las naos de Zurbano, que estaban en Guaura, dieciocho leguas de Lima. Escogió Vergara cincuenta compañeros y comenzó a buscar en qué ir entre los barcos del puerto que quemara Jerónimo Zurbano; y por no hallar ni saber hacer en qué ir, ca era poco ingenioso, o por ser cinco las naos, volvió diciendo que no hallaba quien quisiese ir con él a tal empresa. Cepeda hizo llevar muchas carretas de tablas y otros materiales a la mar, en casa del veedor García de Saucedo, con las cuales adobó de presto algunos barcos y mandó a su maestre de campo Antonio de Robles que enviase luego gente para tomar las naos. A la noche dijo Antonio de Robles, cenando, a Cepeda que no hallaba soldados para ir a tan peligroso negocio. Respondió Cepeda que tomar cinco naos con trescientos mil ducados de Vaca de Castro y del virrey y de otros, que guardaban veinte hombres, no era mucho; mas que él hallaría quien fuese, y que no irían sino aquellos a quien él quisiese enriquecer. A la voz de tanto ducado hubo luego más de cincuenta soldados que se ofrecieron a ir. Cepeda entonces encomendó el negocio a García de Alfaro, que era hombre diestro en mar, el cual fue a Guaura con veinte y cuatro compañeros, ca en los barcos no cupieron más, y escondióse entre unas peñas, llegando de noche, a esperar los que iban por tierra. Fueron por tierra Ventura Beltrán, señor de Guaura; don Juan de Mendoza y otros pocos; capearon a los navíos. Pensaron los de las naos que eran algunos amigos y salió a recogerlos Vela Núñez en dos barcos con la más gente que tenían. Mas en pasando de las peñas arremetieron a él los de García de Alfaro, y tornóse atrás. Alcanzáronlo, y rindióse por no aventurar la vida, aunque hizo muestra de quererse defender; y un Piniga, vizcaíno, hizo todo su posible por defender el barco en que venía. Con medio de Vela Núñez tomó Alfaro cuatro naos, que la otra llevara poco antes Zurbano. Llevaron al virrey a Guaura, y metiéronlo en una nave con muy buen recaudo. Fue luego el licenciado Álvarez a guardarlo y llevarlo a

España con una larga información. Diéronle porque fuese seis mil ducados, repartidos entre vecinos de Lima, y todo el salario de un año; con lo cual, y con otras cosas suyas que vendió, hizo hasta diez mil castellanos; riqueza, que nunca pensó. Dieron también a los soldados y marineros de la nao dos mil ducados porque no fuesen descontentos. De la misma manera que dicho habemos fue preso y echado el virrey Blasco Núñez Vela, al cabo de siete meses que llegó al Perú.

CLXIII. Lo que Cepeda hizo tras la prisión del virrey

Luego que fue preso el virrey partieron los oidores, según ya dije, los negocios, y Cepeda, que gobernaba, deshizo las albarradas de la ciudad que hizo Blasco Núñez, dio pagas a los soldados y comida; repartió a cada vecino como tenía, hizo y aderezó arcabuces y otras armas; nombró por capitanes de la infantería a Pablo de Meneses, Martín de Robles, Mateo Ramírez, Manuel Estacio, y a Jerónimo de Aliaga de los caballos; por maestre de campo, a Antonio de Robles, y a Ventura Beltrán por sargento mayor. Ordenó dos provisiones, con acuerdo de los oidores y oficiales del rey, para Gonzalo Pizarro, en que le mandaba dejar y deshacer la gente de guerra, so pena de ser traidor, si quería venir a Los Reyes; y si no quería venir, que enviase procuradores con poderes e instrucciones bastantes a suplicar de las ordenanzas, como publicaba; que la Audiencia le oiría y guardaría justicia, pues el virrey, de quien se temía, no estaba allí; envió la una de aquellas provisiones con Lorenzo de Aldana, el cual se comió la provisión sin presentarla; porque si la presentara en el real de Pizarro o guardara en el pecho, lo ahorcara Francisco de Caravajal, maestro de campo, y aun así lo quiso ahorcar; mas valióle Gonzalo Pizarro, que fueran amigos y prisioneros de Almagro. La otra envió con Agustín de Zárate, contador mayor de cuentas, dándole por acompañado a don Antonio de Ribera, amigo y cuñado de Pizarro, ca era casado con doña Inés, mujer que fue de Francisco Martín, hermano de madre del marqués Francisco Pizarro. Cuando las provisiones llegaron había muerto Pizarro a Felipe Gutiérrez, Arias Maldonado y Gaspar Rodríguez, y no osó o no quiso fiarse de los oidores ni deshacer su gente. Envió a Hierónimo de Villegas que detuviese y atemorizase al contador Zárate para que cuando llegase al real no osase hacer sino lo que él y sus capitanes quisiesen; y por esto Zárate no pudo hacer otra diligencia ni traer más recaudo del que ellos mismos le dieron; la suma del cual fue que hiciesen los oidores gobernador a Gonzalo Pizarro; si no, que los mataría.

CLXIV. De cómo Gonzalo Pizarro se hizo gobernador del Perú

Al tiempo que pasaba en Los Reyes lo que dicho es entre Blasco Núñez y los oidores, se aderezó Gonzalo Pizarro en el Cuzco de lo que menester hubo para la jornada que comenzaba. Partióse para el virrey, publicando ir a suplicar de las ordenanzas, como procurador general del Perú, mas otro tenía en el corazón, y aun lo mostraba en la gente y artillería que llevaba, y en que no quiso aceptar los partidos del virrey, que le hacía el provincial. Uno de los cuales era que por el otorgamiento de la suplicación de las ordenanzas hiciesen al emperador un buen presente, y otro, que pagasen los gastos hechos sobre aquel caso. De Xaquixaguana se le huyeron a Pizarro Gabriel de Rojas, Pedro del Barco, Martín de Florencia, Juan de Saavedra, Rodrigo Núñez y otros; mas cuando llegaron a Los Reyes estaba ya preso el virrey. Grande alboroto causó la ida de aquellos en el real de Pizarro, que eran principales hombres, y aun el Pizarro temió mucho. Volvió al Cuzco, rehízose de más gente y para pagarla tomó dineros y caballos a los vecinos que se quedaban Dejó por su lugarteniente a Diego Maldonado, y caminó para Los Reyes. Topó a Pedro de Puelles y a Gómez de Solís, que le dijeron grande ánimo y esperanza, con la mucha gente que llevaban. Vio los despachos del virrey, que llevaba Baltasar de Loaisa, clérigo de Madrid; a Gaspar Rodríguez y a otros, ca se los tomaron los Caravajales cuando de Los Reyes huyeron. Vino Loaisa por un perdón o salvoconducto para muchos que se querían pasar al virrey y temían, y a dar aviso del camino, gente y ánimo que Pizarro traía. El virrey se le dio para todos, salvo para Pizarro, Francisco de Caravajal y licenciado Benito de Caravajal, y otros así; de que mucho se enojaron Pizarro y su maestre de campo; y dieron garrote a Gaspar Rodríguez, Felipe Gutiérrez y Arias Maldonado, que se carteaban con el virrey. Este fue el comienzo de la tiranía y crueldad de Gonzalo Pizarro. Quemó dos caciques cerca de Parcos, y tomó hasta ocho mil indios para carga y servicio, de los cuales escaparon pocos, con el peso y trabajo. Espantó a Zárate y a Lorenzo de Aldana, según poco ha contamos, y amenazó a los oidores si no lo hacían gobernador, que era muy contrario al pleito homenaje que no mucho antes les enviara con el provincial fray Tomás de San Martín y con Diego Martín, su capellán; donde juraba cómo su voluntad ni la de los suyos era apelar solamente de las ordenanzas y obedecer a la Audiencia como a señora, e informar al emperador de lo que a su majestad cumplía, contándole toda verdad; y que si por sobrecarta mandase guardar y ejecutar sus nuevas leyes, que lo haría llanamente aunque viese perder la tierra y los españoles, y que de solo virrey se temía, por ser hombre recio y favorecedor de las cosas de Almagro. Muchos tuvieron este homenaje por engaño. Llegó Pizarro a la ciudad de Los Reyes y asentó real a media legua, como si la hubiera de cercar y combatir. Pidió la gobernación, amenazando el pueblo; los más que dentro estaban querían que se diesen, temiendo la muerte o el saco, y porque deseaban desterrar para siempre las ordenanzas por aquella vía. Cepeda quisiera darle batalla, pues ya no le aprovechaban mañas, por estar suelto el virrey; requirió la gente y capitanes, y como le dijeron que no la podían dar, por habérseles ido a Pizarro muchos de sus soldados, ni convenía al servicio del rey ni a la seguridad de la tierra, por las muertes que haber podía, lo dejó. Entró Francisco Caravajal en la ciudad, sin contradicción ninguna de noche. Prendió a Martín de Floronoia, Pedro de Barco y Juan de Saavedra, y ahorcólos, porque dejaron a Pizarro, y aun por tomar sus repartimientos, que muy buenos eran; y dijo que así haría a los que no quisiesen al señor Pizarro por gobernador. Mucho temor puso esta crueldad a muchos, y sospecha en algunos, y en otros deseo de Blasco Núñez; y todos en fin dijeron que recibiesen por gobernador a Gonzalo Pizarro. Cepeda rehusaba, por quedar él en el gobierno y por no saber cómo lo trataría Gonzalo Pizarro. Mas empero, como no podía ofender ni resistir al contrario, y temía más al virrey, que libre andaba, que no a otro ninguno, fue del parecer que todos. Entró, pues, Gonzalo Pizarro en la ciudad de Los Reyes por orden de guerra, con más de seiscientos españoles bien armados, llevando su artillería delante, y con más de diez mil indios. Plantó los tiros en la plaza, e hizo alto allí con los soldados. Envió por los oidores, que estaban en audiencia en casa de Zárate, por estar enfermo, y dióles una petición, firmada de Diego Centeno y de todos los procuradores del Perú, que con él venían, en la cual les pedían que hiciesen gobernador a Gonzalo Pizarro, por cuanto así cumplía al servicio del rey, sosiego de los españoles y bien de los naturales. Ellos entonces le dieron una provisión de gobernador con el sello real, y a los cabildos otra para que le obedeciesen por consejo y voto de los oficiales del rey y de los obispos del Quito, Cuzco y Reyes y del provincial de los dominicos, y tomáronle pleito homenaje que dejaría el cargo en mandándolo el emperador, y que ejercitaría el oficio bien y fielmente a servicio de Dios y del rey y al provecho de los indios y españoles, conforme a las leyes y fueros reales. Pizarro lo juró así, y dio fianzas de ello ante jerónimo de Aliaga. Protestaron del nombramiento y elección los oidores Cepeda y Zárate, diciendo cómo lo habían hecho de miedo, y asentáronlo en el libro de acuerdo. Tejada dijo que lo hacía de su voluntad y no forzado, ca temió que lo matarían si contradecía, aunque sospecharon algunos que se hablaban con Pizarro y que todo aquello era fingido.

CLXV. Lo que Gonzalo Pizarro hizo en siendo gobernador

Proveía oficios Gonzalo Pizarro y despachaba negocios por audiencia, en nombre del rey; empero, recelándose mucho de Cepeda, ca pensó que la prisión del virrey fuese trato doble, pues ya estaba suelto y hacía gente en Túmbez con el oidor Juan Álvarez, y porque Juan de Salas, el licenciado Niño y otros, por congraciarse, le decían cuán mañoso, entendido y animoso era, y que lo prendería o mataría cuando menos pensase, ca por eso sustentó la gente de guerra y procuró darle batalla, y así dicen que entendía mejor que todos los del Perú la guerra y gobernación. Dicen también cómo Francisco de Caravajal, que gobernaba al gobernador, y otros capitanes del ejército trataron de matar los oidores, y nombradamente a Cepeda, temiendo que, o los mataría o desprivaría si tuviese cabida con el gobernador. Pizarro dijo que tenía por amigo a Cepeda, y que los otros no eran para nada; pero que lo tentasen, preguntándole algo en la consulta de lo que a él y a ellos tocase, y si respondiese a su gusto, que se fiasen de él, y si no, que le matasen. Fue Cepeda avisado de esto por Cristóbal de Vargas, regidor de Lima, y por don Antonio de Ribera, cuñado, y alférez de Pizarro, y hablaba en las consultas tan a favor de ellos, que luego ganó la gracia del gobernador y vino después a mandarlo todo y a tenerlos debajo el pie y tener ciento y cincuenta mil

ducados de renta. No se daba Pizarro buena maña en contentar la gente, y
así se le huyeron en un barco Íñigo Cardo, Pero Antón, Pero Vello, Juan de
Rosas y otros, y se fueron al virrey, que hacía gente en Túmbez, y hubo sobre
ello algún bullicio, y Francisco de Caravajal ahogó al capitán Diego de Gumiel
en su casa una noche, y lo sacó después a degollar a la picota, diciendo que
con aquello escarmentaría, y lo colgó con un título a los pies: «por amotinador». Parece que había hablado libremente contra el gobernador y maestro
de campo, y reprehendido a un soldado que entrando en Los Reyes matara a
un señor indio con arcabuz por su pasatiempo, el cual miraba la entrada de
Pizarro en una ventana de Diego de Agüero. Tomó Pizarro cuarenta mil ducados de la caja del rey, con acuerdo de los oidores, oficiales y capitanes, para
pagar los soldados, diciendo que los pagaría de sus rentas, y que lo hacía
también por tenerlos sujetos, pues metían prendas, votando que los tomase
y diese para contra el rey. También dicen que repartió un empréstito entre los
que tenían indios para sustentación del ejército; proveyó a muchos, de quien
se confiaba, por sus tenientes, como fueron Alonso de Toro al Cuzco,
Francisco de Almendras a los Charcas, Pedro de Fuentes a Arequipa,
Hernando de Alvarado a Trujillo, Jerónimo de Villegas a Piura, Gonzalo Díez al
Quinto, y otros a otras villas; muchos de los cuales hicieron por el camino
robos y muertes. Armó el navío donde estaba preso Vaca de Castro, para
enviar a Túmbez contra el virrey; mas Vaca de Castro se fue con él a Panamá,
enviando a decir a Pizarro con un Hurtado cuán mal lo había hecho en hacerse gobernador y en descoyuntar con tormentos a sus criados Bobadilla y
Pérez, por saber del tesoro que no había. Sacó también Pizarro poderes de
todos los cabildos para el doctor Tejada y Francisco Maldonado, que los
escogió por sus procuradores para enviar al emperador sobre la revocación
de las ordenanzas y por confirmación del oficio de gobernador, y a informar
a su majestad cómo todo lo sucedido en aquellos reinos fuera culpa del
virrey.

CLXVI. De cómo Blasco Núñez se libró de la prisión, y lo que tras ella hizo

El oidor Juan Álvarez, que, como dicho queda, tomó encargo de llevar preso
a España al virrey, lo soltó en Guaura, juntamente con Vela Núñez y Diego

de Cueto, por perdón que le dio, por ganar mercedes del rey y porque ya estaba rico. Pensó ganar con él como cabeza de lobo, y aun Blasco Núñez pensó que lo tenía todo hecho en verse puesto en libertad; mas después se arrepintió muchas veces, diciendo que Juan Álvarez lo había destruido en soltarle; que si lo llevara a España, el emperador se tuviera por muy bien servido de él y el Perú quedara en paz porque Cepeda se aviniera con Pizarro de otra manera que se avino, si el virrey no se soltara, y Pizarro estuviera por el rey si el virrey se fuera a España; de manera que a todos hizo mal la libertad del virrey, y más a él mismo que a otro, y luego a Juan Álvarez, que murió por ello. El daño viose por el suceso, que la intención y principios buenos fueron. Fuése, pues, Blasco Núñez, como estaba suelto, a Túmbez, donde hizo gente y audiencia, llamando los pueblos comarcanos. Tomó todo el dinero del rey y de mercaderes que pudo, en Túmbez, Puerto Viejo, Piura, Guayaquil y otros. Envió a Vela Núñez por dineros a Chira, el cual se hubo mal en el camino, y ahorcó un soldado bracamoro dicho Argüello. Envió a Juan de Guzmán por su gente y caballos a Panamá; despachó a Diego Álvarez Cueto a España con una muy larga carta para el emperador de cuanto le había sucedido hasta entonces con los oidores y con Gonzalo Pizarro y con los otros españoles que perseguido le habían. Muchos acudieron a Túmbez a la fama de la libertad y ejército del virrey, y otros a su llamamiento. Vino Diego de Ocampo con muchos de Quito, don Alonso de Montemayor con los que huyeron de Pizarro, y Gonzalo Pereira con los que estaban en los Bracamoros, al cual saltearon una noche Jerónimo de Villegas, Gonzalo Díez de Pineda y Hernando de Alvarado y lo ahorcaron, tomando los de Bracamoros que venían al virrey, y en Túmbez comenzaron a temer por esto. Sobrevino Hernando Bachicao por mar, y acometiólos con más ánimo que gente, por lo cual huyó de allí Blasco Núñez, y aun por desconfiar de los que con él estaban, ca ciertos de ellos le hacían e hicieron tratos dobles con Pizarro. Llegó a Quito Blasco Núñez muy fatigado porque no hallara de comer en más de cien leguas que hay de Túmbez allá; pero fue bien recibido y proveído de dineros, armas y caballos; por lo cual prometió de no ejecutar las ordenanzas. Hizo arcabuces y pólvora; envió por Sebastián de Benalcázar y por Juan Cabrera, que trajeron muchos españoles; por manera que allegó en poco tiempo más de cuatrocientos españoles y muchos caballos. Hizo general a Vela Núñez; capitanes de caballo, a Diego de Ocampo y a don Alonso de Montemayor, y de peones, a Juan Pérez de Guevara, Jerónimo de la Serna y Francisco Hernández de Aldana, y maestre de campo, a Rodrigo de Ocampo. Llegaron en aquello a Quito ciertos soldados de Pizarro, que dijeron cómo estaba muy malquisto de todos los de Lima, y que si el virrey fuese allá se les pasarían los más del ejército; y a la verdad ello fue así al principio que entró en la gobernación; mas entonces era muy al contrario. Blasco Núñez lo creyó, y queriendo probar ventura, caminó para Los Reyes a grandes jornadas. Supo cómo en la sierra de Piura estaban Jerónimo de Villegas, Hernando de Alvarado y Gonzalo Díez, capitanes de Pizarro, con mucha gente, mas no junta. Fue callando, amaneció sobre ellos, y como los tomó a sobresalto, desbaratólos fácilmente. Usó de clemencia con los soldados, por cobrar fama y amor, ca les volvió su ropa, armas y caballos, con tal que le ayudasen. Quedó Blasco Núñez con este vencimiento muy ufano, y los suyos muy soberbios, que así es la guerra. Entró, en San Miguel, hizo justicia de algunos pizarristas, que de los suyos no osó, aunque saquearon el lugar; reparó las armas, haciendo algunas de cuero de bueyes, y acrecentó su gente de tal manera que pudiera defenderse del contrario, y aun ofenderle.

CLXVII. Lo que Hernando Bachicao hizo por la mar

No se hallaba seguro Gonzalo Pizarro con saber que Blasco Núñez Vela estaba suelto y juntaba gente y armas en Túmbez, y para asegurarse de la Audiencia, que siempre la temía, pensó cómo deshacerla, y deshízola con enviar a España, so color de su procuración, al doctor Alisón de Tejada, y por que fuese dióle cinco mil y quinientos castellanos en rieles de oro y pedazos de plata, y el repartimiento de Mesa, vecino del Cuzco, que con Blasco Núñez estaba. Casó a su hermano de madre, Blas de Soto, con doña Ana de Salazar, hija del licenciado Zárate, por tenerlo de su mano; aunque por vía de temor poco caso hacía de él, que andaba muy malo. A Cepeda traíale consigo. Quiso también Pizarro señorear la mar por asegurar la tierra; y como no tenía ni naos ni las había, armó dos bergantines con cincuenta buenos soldados e hizo capitán de ellos a Hernando Bachicao, hombre de gentil denuedo y apariencia, que lo escogieran entre mil para cualquiera afrenta, pero cobarde como libre; y así solía él decir: «Ladrar, pese a tal, y no morder». Era hombre bajo, mal acostumbrado, rufián, presuntuoso, renegador, y que se había encomendado al diablo, según él mismo decía; gran allegador de gente baja y mayor amotinador; buen ladrón por su persona, con otros, así de amigos como enemigos, y nunca entró en batalla que no huyese. Tal lo pintan a Bachicao; pero él hizo una jornada por mar de animoso capitán; porque partiendo de Lima con dos bergantines y cincuenta compañeros, entró en Panamá con veintiocho navíos, cuatrocientos soldados. De Lima fue Bachicao a Trujillo, y allí tomó y robó tres navíos. En Túmbez, salió a tierra con cien hombres, y tan denodadamente, que hizo huir al virrey Blasco Núñez Vela, que tenía doblada gente y mejor armada: muchas veces quien acomete vence. Pensó el virrey que traía Bachicao trescientos soldados, y no se confiaba de algunos que consigo tenía y que después castigó de muerte. Robó el pueblo y no mató a nadie; pero dicen que llevaba mandamiento de matar al virrey. Tomó luego siete mil y ochocientos pesos de oro a Alonso de San Pedro, natural de Medellín. Tomó después una nao, y prendió a Bartolomé Pérez, capitán de ella por el virrey. Hubo en Guayaquil la ropa del licenciado Juan Álvarez, ya que a él no pudo, por huir a uña de caballo. En Puerto-Viejo tomó los navíos que había, saqueó el lugar, soltó a Juan de Olmos y a sus hermanos; prendió a Santillana, teniente del virrey; afrentaba a quien no le daba obediencia y comida, iba tan soberbio, que temblaban de él doquiera que llegaba. En Panamá hubo gran miedo de Bachicao, porque Juan de Llanes, que fue huyendo de él, contó sus maldades, aunque no las sabía todas. Juan de Guzmán, que hacía gente para el virrey, y otros muchos, no lo querían acoger en el puerto. Los vecinos y mercaderes no se querían poner en armas por no perder las mercaderías que allí y en el Perú tenían. Estando en esto, envióles a decir Bachicao que no iba más que a poner allí los procuradores del Perú que pasaban al emperador, y que luego se volvería sin hacerles daño ni enojo. Pedro de Casaos, que gobernaba la ciudad, dijo que no debían impedir el paso a los embajadores ni dar ocasión que hubiese guerra ni muertes de hombres; y así se salieron Juan de Guzmán en un bergantín y Juan de Llanes en su nao, viendo cerca a Bachicao, el cual entró en el puerto con seis o siete naos, llevando colgado de una antena a Pedro Gallego, de Sevilla, porque no amainó las velas de su nao a «viva Pizarro» y aun mató dos hombres combatiendo aquella nao. Apoderóse de más de veinte navíos que allí estaban; huyeron muchos vecinos viendo tales principios; echó en tierra sus soldados, y entró en Panamá en ordenanza con son de atambores, pífanos y chirimías, y tirando arcabuces por alto, y aun uno pasó el brazo a Francisco de Torres, que los miraba de su ventana. Apañó luego la artillería, y atrajo los soldados que Juan de Guzmán hacía, dándoles de comer a costa del pueblo y ofreciéndoles pasaje franco al Perú, y así tuvo en breve más de cuatrocientos soldados y veinte y ocho navíos. Tomaba los dineros y ropa que se le antojaba a los vecinos y mercaderes; vendía licencias para ir al Perú; comía a discreción; en fin, hacia como capitán de tiranía. El doctor Tejada, que a todo esto fue presente, y Francisco Maldonado, se fueron al nombre de Dios y luego a España; mas el doctor se murió antes de llegar a ella. Visto cuán disoluto y dañoso andaba Bachicao, trataron muchos de matarle. Adelantáse Bartolomé Pérez por ganar la honra, o porque lo había querido ahorcar en Túmbez, y conjuróse con el capitán Antonio Hernández y con el alférez Cajero, los cuales, no atreviéndose, requirieron a un Marmolejo, que descubrió el secreto. Bachicao, desde que lo supo, degollólos a todos tres el mismo día que matarlo querían, y degollara a Luis de Torres, a don Pedro de Cabrera, a Cristóbal de Peña, a Hernando Mejía y a otros, que los hallaba culpados, si no huyeran. Con tanto se volvió Bachicao para el Perú en cabo de cuatro meses que a costa y daño de los vecinos estuvo en Panamá. Desembarcó en Guayaquil con cuatrocientos hombres, por carta que de Pizarro tuvo para ir contra el virrey.

CLXVIII. De cómo Gonzalo Pizarro corrió a Blasco Nuñez Vela

Determinó Gonzalo Pizarro, después de partido Bachicao, de ir contra el Virrey, ca le iba su vida en la muerte o destierro de Blasco Núñez. Puso tenientes en todos los pueblos que tuviesen la tierra por él; dijo a los más principales de cada lugar que le siguiesen, por meterlos en la culpa; y así fueron con él Pedro de Hinojosa, Cristóbal Pizarro, Juan de Acosta, Pablo de Meneses, Orellana y otros vecinos de los Charcas. De Guamanga, Vasco Juárez, Garcí Martínez, Garay y Sosa. De Arequipa, Lucas Martínez con otros.

Del Cuzco, Diego Maldonado el Rico Pedro de los Ríos, Francisco de Caravajal, que era maestre de campo, Garcilaso de la Vega, Martín de Robles, Juan de Silvera, Benito de Caravajal, García Herrezuelo, Juan Díez, Antonio de Quiñones, Porras y otros muchos. De Lima, Guanuco, Chachapoyas y otros pueblos fueron los más vecinos. Vino a Los Reyes Pedro Núñez, un fraile buen arcabucero, de quien ya en otra parte hablamos, que solicitaba el bando de Pizarro, con la nueva del desbarato que habían hecho Hernando de Alvarado, Gonzalo Díez, Hierónimo de Villegas, de la gente de los Bracamoros que llevaba Gonzalo Pereira al virrey; por lo cual se partió luego Pizarro, dejando en Lima por su lugarteniente a Lorenzo de Aldana. Fue por mar hasta Santa Marta en un bergantín con los licenciados Cepeda, Niño, León, Caravajal y bachiller Guevara, y con Pedro de Hinojosa, Blasco de Soto y otros criados suyos. El mismo día que llegó a Trujillo llegó también Diego Vázquez, natural de Avila, con la nueva que Blasco Núñez desbaratara a Gonzalo Díez, Hernando de Alvarado y Hierónimo de Villegas cerca de Piura, y se tomara la más gente, y que habían muerto Gonzalo Díez de hambre, por huir, y Alvarado a manos de indios. Pesóle mucho esto a Pizarro, por las fuerzas que iba cobrando el virrey. Llamó a consejo sus letrados y capitanes sobre lo que hacer debía, y determinaron ir al virrey, que estaba en San Miguel, con los pocos que eran, y porque no fuesen sentidos, enviaron al capitán Juan Alonso Palomino con doce buenos soldados a tomar el camino. Hubo muchos hombres ricos que de miedo dijeron cómo era locura ir sobre Blasco Núñez con tan poca gente, y que enviasen primero por Bachicao; mas como llegase a otro día Francisco de Caravajal y confirmase lo acordado, salieron de Trujillo. En Colbique se les juntaron Gómez de Alvarado y Juan de Saavedra con los que traían de Guanuco, Levanto y Chachapoyas; de Motupe envió Pizarro a Juan de Acosta con veinte y cuatro de caballos, hombres de confianza, por el camino de los Xuagueyes, que es el real, pero sin agua; y él con todo el campo fue por Cerrán, que es otro camino para ir a Piura, más a la sierra, a fin que Blasco Núñez acudiese a Juan de Acosta, pensando que iba por allí todo el ejército; mas deshízole su ardid un yanacona de Juan Rubio que iba con Juan de Acosta, ca fue preso de los contrarios yéndose a Piura, su naturaleza, y dijo lo que hacía Pizarro. Blasco Núñez tuvo miedo de que lo supo y huyó al Quito por el camino de Cajas. Salieron a él los de San Miguel, que andaban por los montes, y tornáronle gran parte del bagaje, diciendo que se pagaban del saco. Pizarro dijo luego aquella tarde a Francisco de Caravajal, delante Hinojosa y Cepeda, cómo quería enviar a Juan de Acosta con ochenta buenos arcabuceros tras el virrey, que le dijese su parecer. Él respondió que le parecía tan bien, que lo había querido hacer él; y preguntado cómo lo pensaba hacer, dijo: «¿A mí me lo dice vuestra señoría? (que era su manera de hablar). Yo los tomaré a todos como en red barredera». Díjole Pizarro entonces que tenía ganado el juego si lo alcanzaba; por tanto, que caminase toda la noche, ca si hallaba sin centinelas a los enemigos podía matar cuantos quisiese, y si en la sierra, que los entretuviese por aquellos estrechos pasos hasta el día, que todo el campo sería con él. Fue, pues, Caravajal con más de cincuenta de caballo y alcanzó los enemigos, tres horas de noche, durmiendo tan descuidadamente, que certísimo los mataba y prendía si quisiera. Mas él no quería acabar la guerra, sino sustentarla, por tener mando y señorío. Toco arma con una trompeta que llevaba, contra el parecer de los suyos, que alancearlos querían viéndolos dormidos. Blasco Núñez sintió el negocio, diciendo que Caravajal usaba de maña, y, como valiente hombre se puso a la defensa, tomando a la par de sí a su primo Sancho Sánchez de Avila y a Figueroa de Zamora, que eran muy esforzados; mas viendo ciar los contrarios, se fue a su paso y orden. Caravajal, que lo vio ido, prendió ciertos del virrey, ahorcó algunos y esperó al ejército. Estuvieron tan mal con él porque no peleó con Blasco Núñez, Pizarro y todos, que le mandaban cortar la cabeza; y se la cortaran, sino por Cepeda y Benito de Caravajal, que se les encomendó. Pizarro mandó seguir el virrey al licenciado Caravajal con doscientos hombres, por serle tan enemigo, que haría el deber. El licenciado fue muy alegre de ello, así por tornar en gracia de Pizarro como por ir a vengar la muerte del factor su hermano, ca le quitara el repartimiento de indios y le pusiera la soga a la garganta, mandándole confesar. Pidió a Francisco de Caravajal un escogido puñal que tenía; juró si alcanzaba al virrey de matarlo con él. Caminó mucho, y antes de Atabaca, que son catorce leguas desde Cajas y de áspero camino, tomó mucha gente del virrey, y él se le escapó con hasta setenta, muchos de los cuales le siguieron por miedo de Pizarro y no por amor del rey, siendo los de Chili y de los renegados que llamaban. El maestre de campo Caravajal, que iba con el licenciado, ahorcó en Ayacaba a Montoya, que traía cartas del virrey a Pizarro; a Rafael Vela, mulato, pariente de Blasco Núñez, y a otros tres vecinos de Puerto-Viejo y de allí. Leyó Pizarro las cartas del virrey públicamente, y contenían que le pagase lo que había gastado suyo y del rey y de particulares en las guerras, y que se iría a España, de lo cual, o por otras cosas que dirían, se enojó y mandó matar al Montoya y envió tras Blasco Núñez a Juan de Acosta, con sesenta compañeros de caballo a la ligera, por que aguijasen. El virrey anduvo lo posible hasta Tumebamba con tanto trabajo y hambre cuanto miedo; alanceó a Jerónimo de la Serna y a Gaspar Gil, sus capitanes, sospechando que se carteaban con Pizarro, y diz que no hacían, a lo menos Pizarro nunca recibió carta de ellos entonces. Hizo también matar a estocadas, por la misma sospecha, a Rodrigo de Ocampo, su maestre de campo, que no tenía culpa, según todos decían, y que no se lo merecía, habiéndole sustentado y seguido. Llegado a Quito, mandó al licenciado Álvarez que ahorcase a Gómez Estacio y Álvaro de Caravajal, vecinos de Guayaquil, porque conjuraron de matarle, y de hecho lo mataran, que eran valientes y osados y no les faltaba favor, sino que manifestó la traición Sarmiento, cuñado del Gómez, y sin esto merecía cualquiera castigo, ca en Túmbez se fue a Bachicao, y viendo la poca y ruin gente que traía, se volvió al virrey con achaque que iba por sus caballos. Supo luego el virrey cómo Bachicao se había juntado con Pizarro en Muliambato y que caminaban al Quito a perseguirle, y fuése a Pasto, cuarenta o más leguas de Quito, que es en la provincia de Popayán, pensando que no irían más tras él. Pizarro fue también a Pasto con su ejército; mas cuando llegó era ido Blasco Núñez a Popayán casi sin gente. Envió en seguimiento de él al licenciado Caravajal, aunque deseó ir Francisco de Caravajal por enmendar lo de la otra vez; mas el licenciado se volvió presto con algunos hombres y ganado que tomó al virrey; y con tanto se volvió Pizarro a Quito, habiendo corrido a Blasco Núñez de todo el Perú. Quiso también matar entonces el virrey un Olivera, que había sido su paje, y aun por mandado de Pizarro (según la fama), el cual no siendo cuerdo, ni aun valiente, se descubrió a Diego de Ocampo para que le ayudase, con decir que así vengaría la muerte de su tío Rodrigo de Ocampo. El virrey lo mandó matar, por más que prometía de matar él a Gonzalo Pizarro.

CLXIX. Lo que hizo Pedro de Hinojosa con la armada

Eran tantas las quejas que daban a Pizarro sobre los agravios y robos de Bachicao, que se determinó en consejo que fuese otro capitán hombre de bien a pagarlos, o en la misma ropa o en dineros del mismo Pizarro. Llamaban de Pizarro todo lo que tenía entonces. Hubo dificultad y negociación sobre quién iría, ca Pizarro y los más querían que fuese Pedro de Hinojosa, hombre de bien y valiente. Francisco de Caravajal y Guevara, capitán de arcabuceros; Bachicao, que tenía las voluntades de la mayor parte del ejército, y otras principales personas querían que volviese el mismo Bachicao; así que Pizarro no todas veces hacía lo que quería, sino lo que podía. Habló a Martín de Robles y a Pedro de Puelles, que mal estaban con Caravajal y Bachicao, porque llevaban tras sí los más soldados, para que hiciesen, juntamente con Cepeda, en la consulta, que Bachicao no fuese. Cepeda, teniendo palabra de ellos que serían con él, dijo muchas razones por donde no cumplía que volviese Bachicao, sino Hinojosa; y así, lo eligieron. Bachicao, que a todo fue presente, calló; Caravajal replicó, pero no prevaleció. Tomó Pedro de Hinojosa la armada para ir a Panamá y pagar buenamente lo que Bachicao tomara y para no dejar juntar un navío con otro en toda aquella costa; ya tenía por cierto, como era, que, siendo señor del mar, senoreária la tierra. Llegando a Buenaventura, prendió a Vela Núñez, que hacía gente para su hermano, y a otros muchos, y cobró un hijo de Gonzalo Pizarro que allí tenían y veinte mil castellanos, con que compraban caballos y armas para el virrey. Antes de llegar a Panamá escribió al cabildo con Rodrigo de Caravajal la intención que llevaba; mas no le creyeron, y Juan de Llanes, Juan Fernández de Rebolledo, Juan Vendrell, catalán; Baltasar Díez, Arias de Acebedo y Muñoz de Avila, vecinos de la ciudad, llamaron a Pedro de Casaos que trajese gente del Nombre de Dios, donde estaba; el cual vino y se puso a la defensa con los que trajo y con los que allí había; y respondieron que, hostigados de Bachicao, no le querían recibir con toda la gente y flota; mas que, dejando los navíos en Taboga, isla, y viniendo con solos cuarenta hombres que bastaban para compañía, lo recibirían y hospedarían en tanto que paga los robos de Bachicao. Él, no aceptando tal condición, tomó los navíos del puerto y requirió a los de la ciudad con un fraile que lo acogiesen de paz, pues no venía a hacerles mal, sino bien.

Ellos, no fiándose del fraile, pidieron caballeros y hombres honrados con quien tratar el negocio: él les envió a Pablo de Meneses y al mismo Rodrigo de Caravajal; mas antojándosele que tardaban, caminó para la ciudad, topóles, y como le dijeron que los de Panamá en armas estaban, desembarcó una legua de la ciudad, sacó la gente a tierra, caminó con ella en escuadrón, llevando cerca las barcas con artillería. Pedro de Casaos, Juan de Llanes y otros capitanes sacaron su gente y artillería hacia Hinojosa. Como a vista unos de otros llegaron, se ordenaron todos a la batalla; los de Panamá eran más personas; los de la flota, más arcabuceros y tenían ventaja en el sitio y barcas. Ya los escuadrones querían arremeter, cuando don Pedro de Cabrera y Andrés de Areiza, diciendo: «Paz, paz», fueron a demandar treguas al Hinojosa para entre tanto dar un buen corte en aquel negocio, y concertaron con él que enviase toda la flota y gente a Taboga y entrase con cincuenta compañeros en la ciudad. Él lo hizo así, y otro día entró, con placer de todos, y comenzó a entender lo que iba: envió a Lima presos a Vela Núñez, Rodrigo Mejía, Lerma, Saavedra, que después degolló Pizarro; hacía o decía cosas por donde los soldados de la ciudad se fueron a Taboga. Llanes se le quejó de ello; y viendo que todos acostaban al bando de Pizarro, entregó las armas, munición y artillería que tenía al cabildo y al doctor Ribera, juez de residencia, y fuese a Santa Marta con algunos que seguirle quisieren. Estaba entonces en Nicaragua Melchor Verdugo haciendo gente para Blasco Núñez, el cual había tomado dineros y un navío a los de Trujillo, con mandamiento del virrey; e ido allí Hinojosa, por ser contra Pizarro, envió allá a Juan Alonso Palomino con una nao bien armada de hombres y tiros, para echar a fondo los navíos de Nicaragua si no quisiesen dársele. Palomino fue y tomó los navíos que halló, y volvióse; Verdugo metió en ciertas barcas ochenta españoles y fuése por el desaguadero de la laguna al Nombre de Dios, con propósito de dañar por allí el partido de Pizarro y de Francisco de Caravajal, que mal quería; entró casi sin que lo viesen, cercó y puso fuego a las casas de Hernando Mejía y de su suegro don Pedro de Cabrera, que allí estaban con gente de Hinojosa y Pizarro: ellos huyeron a Panamá, y él se apoderó del lugar e hizo lo que quiso con trescientos soldados que juntó. Quejáronse los vecinos del Nombre de Dios al doctor Ribera de los daños, costa y agravios que Verdugo les hacía en su jurisdicción: él pidió favor a Hinojosa para castigarlo; Hinojosa le dio ciento cuarenta arcabuceros y se fue con él: tomaron las escuchas de Verdugo, y sabiendo cuán pujante y fuerte estaba, lo requirió el doctor que se fuese de allí, haciendo primero enmienda de los daños y gastos hechos; y como le respondió soberbiamente, arremetieron a ellos arcabuceros de Hinojosa y retrajéronlo a la mar, donde tenía una nao y barcos a tierra pegados, hiriendo y matando. Verdugo, aunque peleó bien con sus trescientos hombres, se metió en la nao y huyó; Hinojosa dejó allí a don Pedro de Cabrera y a Hernán Mejía como antes los tenía, y volvióse a Panamá.

CLXX. Robos y crueldades de Francisco de Caravajal, con los del bando del rey

Lope de Mendoza, enojado porque le habían quitado su repartimiento, impuso a Diego Centeno, de Ciudad-Rodrigo, alcalde de la villa de la Plata, en que matasen a Francisco de Almendras, teniente de Pizarro, y se alzasen por el rey. Centeno, que muy contento se estaba, vino en ello por no ser notado de traidor y cobarde, ca era valiente hombre, y juntó en su casa secretamente a Lope de Mendoza, Luis de León, Diego de Rivadeneyra, Alonso Pérez de Esquivel, Luis Perdomo, Francisco Negral y otros cuatro o cinco, y díjoles que quería matar a Francisco de Almendras, que había quitado los repartimientos a muchos y muerto a don Gómez de Luna, y alzarse por el rey con aquella villa y tierra. Ellos, loando la determinación, respondieron que le ayudarían; él entonces se fue con Lope de Mendoza, que le había puesto en aquello, a casa del Francisco de Almendras, su vecino y amigo; díjole que había sabido cómo el virrey tenía preso a Gonzalo Pizarro en el Quito; y como se turbó con la nueva, abrazóse con él diciendo: «Sed preso». Sobrevinieron sus diez compañeros, degolláronlo, y con un criado suyo y con otros que loaran la prisión del virrey; pusieron la justicia y bandera por el emperador, e hicieron capitán general a Diego Centeno, el cual convocó gente de guerra; dióle paga de su hacienda y de la del rey; tomó por maestro de campo a Lope de Mendoza y por sargento a Hernán Núñez de Segura; pregonó guerra contra Pizarro, y caminó para el Cuzco con doscientos españoles a caballo y a pie, pensando hacer allí otro tanto; mas como salió a él Alonso de Toro, teniente del Cuzco por Pizarro, con trescientos hombres, dio la vuelta, y como le dejaron por ella los soldados, metióse a las montañas, no osando parar en los Charcas. Alonso de Toro lo siguió, robó los Charcas, puso en la Plata con gente a Alonso de Mendoza, y tornóse al Cuzco, donde ahorcó a Luis Álvarez y degolló a Martín de Candía porque hablaban mal de Pizarro. Diego Centeno, desde que lo supo, volvió sobre la Plata, rogó a Alonso de Mendoza que, pues era caballero, siguiese al rey; y como no lo quiso escuchar, ganó la villa, reformó el pueblo, rehizo el ejército, púsose en campo. Alonso de Mendoza se retiró con treinta hombres casi cien leguas sin perder un hombre. Es Alonso de Mendoza uno de los señalados hombres de guerra que hay en el Perú, con quien ninguna comparación tenía Centeno ni Caravajal. Sabiendo Gonzalo Pizarro la muerte de Francisco de Almendras y alzamiento de Centeno, por carta de Alonso de Toro, que trajo Machín de Vergara, envió de Quito a la Plata, que hay quinientas leguas, a Francisco de Caravajal con gente a castigar a Centeno y a los otros que contra él se habían mostrado. Caravajal fue robando la tierra so color de pagar su gente y los gastos de Pizarro hechos contra Blasco Núñez; ahorcó en Guamanga cuatro españoles sin culpa, y en el Cuzco cinco, entre los cuales fueron Diego de Narváez, Hernando de Aldana y Gregorio Setiel, hombres riquísimos y honrados; tomóles sus repartimientos, diólos a sus soldados y caminó para Centeno, publicando que no le quería hacer mal, sino reducirlo en gracia de Pizarro. Centeno rehusó su vista y habla; dejó en Chaian, donde tenía el real, a Lope de Mendoza con la infantería, y salióle al camino con ciento de caballo; dio sobre Caravajal una noche apellidando al rey, ca pensaba que se le pasarían muchos oyendo aquella voz, entre tanto que decían: «¡Arma, arma!» Empero ninguno se le pasó, trabó una escaramuza, como fue salido el sol, por el mismo efecto; mas como los vio tan firmes, tornóse a Chaian, desconfiado de poder guardar la tierra por el rey. Caravajal corrió tras él, desbaratóle y siguióle hasta Arequipa, que hay ochenta leguas; ahorcó en el alcance doce españoles, y los más sin confesión. Diego Centeno, aunque iba huyendo, levantaba la tierra contra Pizarro, diciendo que se guardasen del cruel Caravajal; hizo escribir a don Martín de Utrera una carta para el Cuzco, en que decía cómo Diego Centeno había muerto a Francisco de Caravajal, y que iba sobre ellos. Alonso de Toro creyó la carta, por ser vecino de aquella ciudad el don Martín, y huyó con los más que pudo; pero luego tornó, sabida la verdad y ahorcó a Martín de Salas, que alzó banderas por el rey, y a Martín Manzano, Hernando Díez, Martín Fernández, Baptista el Galán y Sotomayor, y otros que mostrado se habían contra Pizarro. De que Centeno tan perseguido se vio de Caravajal y con no más de cincuenta compañeros, envió los quince con Diego de Rivadeneyra por un navío en qué salvarse; mas no le dio tanto vagar su enemigo; y como se vio perdido y casi en las manos de Caravajal, lloró con sus treinta compañeros la desventura del tiempo; abrazólos, y rogándoles que se guardasen del tirano, se partió de ellos y se fue a esconder con un su criado y con Luis de Ribera a unos lugares de indios que tenía Cornejo, vecino de Arequipa: cada uno echó por donde mejor le pareció, temiendo morir presto a cuchillo o hambre. Lope de Mendoza se fue con doce o quince de ellos a unos pueblos suyos; juntó hasta cuarenta españoles; y queriendo meterse con ellos en los Andes, que son asperísimas sierras, supo de Nicolás de Heredia, que venía con ciento y cuarenta hombres, de la entrada que hicieron Diego de Rojas y Felipe Gutiérrez el río de la Plata abajo en tiempo de Vaca de Castro, y juntóse con él, y entrambos se hicieron fuertes y a una contra los pizarristas. Caravajal fue con sus cuatrocientos soldados en sabiéndolo, y púsose a vista como en cerco. Lope de Mendoza, confiando en muchos caballos que tenía, dejó el lugar fuerte, por ser áspero o porque no le cercasen y tomasen por hambre, y asentó real en un llano. Caravajal con un ardid que hizo se metió en la fortaleza, escarneciendo la ignorancia de los enemigos. Lope de Mendoza, queriendo enmendar aquel error, con osadía acometió la fortaleza luego aquella noche con los peones por una puerta, y Heredia por otra con los caballos: los de pie entraron gentilmente y pelearon matando y muriendo; los de caballo no atinaron a la puerta con la gran oscuridad de la noche, y convínoles retirar y huir. Caravajal fue herido de arcabuz en una nalga malamente; mas ni lo dijo ni se quejó hasta vencer y echar fuera los enemigos: curóse y corrió tras ellos; alcanzólos a cinco leguas, orillas de un gran río; y como estaban cansados y adormidos, desbaratólos fácilmente; prendió muchos, ahorcó hartos y degolló al Lope de Mendoza y a Nicolás de Heredia; despojó los Charcas, saqueó la Plata, ahorcando y descuartizando en ella nueve o diez españoles de Lope de

Mendoza que halló allí; fue a Arequipa, robóla y ahorcó otros cuatro; caminó luego al Cuzco y ahorcó otros tantos. Hacía tantas crueldades y bellaquerías, que nadie osaba contradecirle ni parecer delante.

CLXXI. La batalla en que murió Blasco Núñez Vela

Después de lanzado el virrey y despachados Hinojosa a Panamá y Caravajal contra Centeno, se estuvo Gonzalo Pizarro en Quito festejando damas y cazando, y aun dijeron que matara un español por gozar de su mujer; y Francisco de Caravajal le dijo, a la que se partía, que se hiciese y llamase rey si quería bien librar, o porque siempre fue de este consejo, o por soldarla quiebra de no acabar al virrey en Caxas; tornó aviso de lo que Blasco Núñez hacía en Popayán, y procuró de engañarlo, y engañólo de esta manera: tomó los caminos para que nadie pasase a él sino por su mano; publicó que se volvía a Lima, y por que lo creyesen en Popayán hizo a unas mujeres de Quito escribir a sus maridos, que allá estaban, cómo era vuelto. Esto negoció Puelles, que por ausencia de Caravajal era maestre de campo. Lo mismo escribió una espía del virrey, que tomaron por dádivas y por miedo. Blasco Núñez creyó, por las muchas cartas, que Pizarro era vuelto a lo de Centeno, considerando la razón que había para no dejar la riqueza y grandeza del Perú en aquellas alteraciones por guardar la frontera de Quito. Había llegado Blasco Núñez a Popayán muy destrozado, y aun en el camino se comiera ciertas yeguas por hambre. Maldijo la hora que al Perú viniera y los hombres que halló en él, tan corajudos y desleales. Quería vengar su saña, y no tenía posibilidad; sentía mucho la prisión de su hermano Vela Núñez y pérdida de los veinte mil castellanos que Hinojosa tomara. No confiaba de todos los que tenía; pero no perdía esperanza de prevalecer en el Perú, entrando en Quito y después en Trujillo; y así corno creyó que Pizarro se había tornado a Los Reyes aderezó para entrar al Quito con hasta cuatrocientos españoles, que bastaban para trescientos que había allá, según decían; y por mucho que algunos se lo contradijeron, no quiso otra mayor certidumbre, ca el tiempo descubre los secretos. Estaba Juan Marqués en un su lugarejo con ciertos soldados, veinte y cuatro leguas de Quito; espiaba con sus indios a Blasco Núñez y avisaba a Pizarro cada día. Nunca Blasco Núñez supo de Pizarro, que fue grandísimo descuido, hasta Otavalo, nueve leguas de Quito, o más cerca que se lo dijo Andrés Gómez, espía. Pizarro, dejando a Quito, se fue a poner real cuatro leguas de la ciudad, a par del río Guailabamba, en lugar fortísimo, por seguridad y por impedir o vencer allí al enemigo. Blasco Núñez entendió el intento, reconoció el sitio, hizo muestra de subir, mandando bajar al río alguna gente; encendió muchos fuegos para desmentir los enemigos, y fuése a prima noche por lugares asperísimos y sin camino; anduvo toda la noche con gran diligencia, y a mediodía entró en Quito, que sin guarnición estaba. Informado de la gente y fortaleza de Pizarro, temió él y su ejército. Aconsejábanle el adelantado Sebastián de Benalcázar, el oidor Juan Álvarez y otros que se entregase a Pizarro con ciertos buenos partidos. Blasco Núñez, respondiendo que más quería morir, y animando a los soldados, fue contra Pizarro con más ánimo que prudencia, ca si en Quito se fortificara se defendiera, a lo que dicen; pero él no quería que le cercasen, por no ser preso y muerto, sino pelear en campo, por salvarse si vencido fuese; ordenó de esta manera su gente: puso todos los peones en un escuadrón, dejando algunos arcabuceros sobresalientes, que trabasen la escaramuza y encomendólos a Juan Cabrera, su maestre de campo, y a los capitanes Sancho Sánchez de Avila, Francisco Hernández de Cáceres, Pedro de Heredia, Rodrigo Núñez de Bonilla, tesorero. Hizo de los caballos dos escuadrones: el mayor y mejor tomó él, y dio el otro a Cepeda, de Plasencia, y a Benalcázar y a Bazán. Pizarro siguió aquella misma orden, porque la reconoció primero. Tenía setecientos españoles; los doscientos eran arcabuceros y los ciento y cuarenta de caballo; puso a la mano izquierda delante a Guevara con sus arcabuceros y luego los piqueros, tras quien iba el licenciado Cepeda, Gómez de Alvarado y Martín de Robles, con hasta ciento de caballo, los más principales de la hueste. Llevaron la mano derecha Juan de Acosta, con arcabuces, y tras él los piqueros, y al cabo el licenciado Caravajal, Diego de Urbina, Pedro de Puelles, que capitaneaban cada trece o cada quince de caballo. Cubrió Pizarro por esta forma la caballería con las picas, que fue ardid, y estúvose quedo. Blasco Núñez, que traía cólera, comenzó la pelea. jugaron sus arcabuces los pizarristas y mataron muchos contrarios, y entre ellos a Juan de Cabrera, a Sancho Sánchez y al capitán Cepeda. Desatinaron con esto los de caballo, y juntáronse todos con el virrey, y juntos arremetieron al escuadrón del licenciado Caravajal, y rompiéronlo, derribando algunos; y Blasco Núñez derrocó a Alonso de Montalvo, zamorano. Viendo esto, arremetió a ellos el escuadrón de Cepeda por detrás de su infantería, y como los tomó de través, fácilmente los desbarató. Huyeron, viéndose perdidos; siguiéronlos Cepeda, Alvarado y Robles, y no se les fue hombre de ellos, si no fueron Íñigo Cardo y un Castellanos; mas después trajeron de Pasto al Castellanos y lo ahorcaron, y al Íñigo Cardo mató el licenciado Polo de los Charcas. Húbose Pizarro con los vencidos piadosamente; no mató sino a Pedro de Heredia, Pero Bella, Pero Antón, Íñigo Cardo, que lo dejaron por el virrey; fue también fama que dieron yerbas al oidor Juan Álvarez, con que murió. Desterró a cuantos pensaba que le serían contrarios, por no matarlos, como algunos se lo aconsejaron; y después se arrepintió. Soltó a los demás, y ayudó con armas y dineros a muchos, como fue Sebastián de Benalcázar, para volver a su gobernación de Popayán, no mirando a lo que había hecho contra su hermano Francisco Pizarro, que se le alzó; así que ni la batalla ni la victoria fue cruel, ni murieron más de cinco o seis de los de Pizarro. Hernando de Torres, vecino de Arequipa, encontró y derrocó a Blasco Núñez, y aun en el alcance, según algunos, sin conocerlo, ca llevaba una camisa india sobre las armas. Llególe a confesar Herrera, confesor de Pizarro, como lo vio caído; preguntóle quién era, que tampoco lo conocía; díjole Blasco Núñez: «No os va en eso nada; haced vuestro oficio». Temíase alguna crueldad. El caballo en que peleó tenía catorce clavos en cada herradura, por do pensaron muchos que quisiera huir viéndose desbaratado. Un soldado que fuera suyo lo conoció y lo dijo a Pedro de Puelles, y Puelles al licenciado Caravajal, para que se vengase. Caravajal mandó a un negro que le cortase la cabeza porque Puelles no le dejó apear, diciendo ser bajeza; y el mismo Puelles tomó la cabeza y la llevó a la picota, mostrándola a todos. Dicen que le pelaron las barbas algunos capitanes y las guardaron y trajeron por empresa. Pizarro mandó llevar casa de Vasco Juárez, que era de Ávila, el cuerpo y la cabeza, como supo que estaba en la picota, y otro día lo enterraron honradamente; y trajo luto Pizarro. También pagaron después en dinero la muerte del virrey a sus hijos los que le mataron.

CLXXII. Lo que Blasco Núñez dijo y escribió a los oidores

Decía muchas veces Blasco Núñez que le habían dado el emperador y su Consejo de Indias un mozo, un loco, un necio, un tonto por oidores, y que así lo habían hecho, como ellos eran. Mozo era Cepeda, y llamaba loco a Juan Álvarez, y necio a Tejada, que no sabía latín. Desde Panamá comenzaron a estar mal los oidores y el virrey sobre si era su superior o no y sobre la manera del proveer cosas de justicia y gobernación, a causa que unas provisiones hablaban con presidente y oidores y otras con sólo el virrey. Trajo Juan Álvarez su amiga, que de Castilla llevaba, del Nombre de Dios a Panamá en hamaca, y enojóse del virrey porque se lo afeó. Libraron pleitos, soltaron y prendieron hombres sin ser recibidos por oidores; y Juan Álvarez tuvo en Trujillo a un caballero sobre un asno, y le diera cien azotes sino por buenos rogadores. Cargaban indios de su ropa sin pagarlos, contra las ordenanzas. Porque Alonso Palomino, alcalde ordinario de San Miguel, no se apeó y acompañó a Juan Álvarez, fue reprehendido y aun afrentado de palabra. Comieron muchos días a costa de sus huéspedes, hombres ricos que se habían de reformar por sus excesivos repartimientos, como era Cristóbal de Burgos, y aun echar del Perú los cristianos nuevos, conforme a una provisión del emperador. Decían por el camino que no eran justas las ordenanzas, y que no las pudo hacer el rey con derecho, ni ejecutar el virrey, y que no valía nada cuanto sin ellos se hacía, por más que lo autorizase con el nombre del emperador. Salíanse al campo a tratar contra el virrey, como que iban a pasearse, porque no se les impidiese él la congregación. Nunca holgaron que hubiese concordia entre Blasco Núñez y Gonzalo Pizarro, ni firmaron de buena gana el perdón y seguro que llevó el provincial dominico para los que se pasasen al rey, ni el que pidió Baltasar de Loaisa, porque exceptuaba al Pizarro y al licenciado Caravajal y a otros pocos, diciendo que semejantes delitos sólo el rey perdonarlos podía. Loaban a don Diego de Almagro porque se había puesto en otro tanto como Gonzalo Pizarro, cuyo partido justificaban. Dejáronse sobornar de Benito Martín, un capellán de Pizarro, y pidieron cada seis mil castellanos de salario por año, si no, que no harían más audiencia de cuanto durase el de 44. Oían pleitos sobre indios antes y después de haber prendido al virrey, contra la cédula, ordenanza y voluntad del emperador, diciendo que no podían negar justicia a quien la pedía. Tomaron a Blasco Núñez todas sus escrituras, por aprovecharse de las que hablaban con presidente y oidores. Pidió Blasco Núñez el guión, estando preso, porque no lo podía traer sino virrey y capitán general, y Cepeda dijo que lo había él menester, pues era gobernador, presidente y capitán general. Estas y otras cosas escribió al emperador Blasco Núñez, y ellos mismos confirmaron muchas de ellas con los desatinos que hicieron, según la historia cuenta. Aunque también decían ellos que no podían sufrir la recia condición de Blasco Núñez, que los apocaba y ultrajaba de palabra, y que no le mandaron prender y que no le soltaron pensando acertar a servir mejor al emperador, y que no pudieron hacer al don Gonzalo Pizarro, que los matara. Pero no fueron tan creídos, con el fin que tuvieron los negocios, como fue Blasco Núñez en la carta que escribió al emperador con Diego Álvarez Cueto, su cuñado, desde Túmbez.

CLXXIII. Que Gonzalo Pizarro se quiso llamar rey

Nunca Pizarro, en ausencia de Francisco de Caravajal, su maestre de campo, mató ni consintió matar español sin que todos o los más de su consejo lo aprobasen, y entonces con proceso en forma de derecho, y confesados primero. Mandó con prisiones que no cargasen indios, que era una de las ordenanzas, ni rancheasen, que es tomar a los indios su hacienda por fuerza y sin dineros, so pena de muerte. Mandó asimismo que todos los encomenderos tuviesen clérigos en sus pueblos para enseñar a los indios la doctrina cristiana, so pena de privación del repartimiento. Procuró mucho el quinto y hacienda del rey, diciendo que así lo hacía su hermano Francisco Pizarro. Mandó que de diez se pagase uno solamente, y que, pues ya no había guerra, muerto Blasco Núñez, que sirviesen todos al rey, por que revocase las ordenanzas, confirmase los repartimientos y les perdonase lo pasado. Todos entonces loaban su gobernación, y aun Gasca dijo, después que vio los mandamientos, que gobernaba bien para ser tirano. Este buen gobierno duró, como al principio dije, hasta que Pedro de Hinojosa entregó la armada a Gasca, que fue poco tiempo; que después muy al revés anduvieron las cosas, ca escribieron a Pizarro Francisco de Caravajal y Pedro de Puelles que se llamase rey, pues lo era, y no curase de enviar procuradores al emperador, sino tener muchos caballos, coseletes, tiros y arcabuces, que eran los verdaderos procuradores, y que se aplicase a sí los quintos, pueblos y rentas reales, y los derechos que Cobos, sin merecer los llevaba. No le pesó de esto a Pizarro, ca todos querían ser reyes; mas no osó declararse por rey, aunque muchos otros lo acosaban por ello, a causa de algunos grandes amigos suyos que se lo afeaban, o por esperar que viniese Caravajal de los Charcas y Puelles de Quito, que eran los que lo habían de haber. Entonces no salía nadie del Perú sin su licencia, ni sacaba oro ni plata sin perder la vida. Mataban sin justicia ni confesión; quitaban las vidas por las haciendas; quitaron los derechos de la escobilla a Cobos, que valían treinta mil castellanos. Unos decían que no darían al rey la tierra si no les daba repartimientos perpetuos; otros, que harían rey a quien les pareciese, que así habían hecho en España a Pelayo y Garci Jiménez; otros, que llamarían turcos si no daban a Pizarro la gobernación del Perú y soltaban a su hermano Fernando Pizarro; y todos, en fin, decían cómo aquella tierra era suya y la podían repartir entre sí, pues la habían ganado a su costa, derramando en la conquista su propia sangre.

CLXXIV. De cómo Pizarro degolló a Vela Núñez

Hizo Pizarro justicias de tres vecinos de Quito, que seis meses había estaban condenados por el licenciado León, cuyos repartimientos y mujeres dio luego a otros, según dicen algunos. Otros, que loan su clemencia, lo niegan. Ordenó las cosas de aquella ciudad y territorio, y fuése a Los Reyes como cabeza del Perú, para residir allí y gobernar todo lo demás. Tres leguas antes de llegar a Lima, donde le hiciera grandes fiestas don Antonio de Ribera, lo alcanzó Diego Velásquez, mayordomo de Hernando Pizarro, con cartas de Pedro de Hinojosa y de otros capitanes que estaban en Panamá, en las cuales le avisaban el vencimiento de Verdugo y la venida de Gasca. Alababa mucho Hinojosa a Gasca en dos cartas, y ofrecíase a sacarle lo que traía, por más callado ni astuto que fuese, con buenos medios que tenía; y si no trajese lo que les cumplía, que lo mataría de presto. Estas cartas destruyeron a Pizarro, que se confió y descuidó, teniendo su negocio por hecho, o con firmeza de Hinojosa, o con partido que hiciera, ca ciertamente si Hinojosa le escribiera que obedeciera a Gasca, lo hiciera, porque ya él estaba determinado a ello por consejo de sus capitanes y letrados, que podían mucho con él, en ausencia de Francisco Caravajal; así que, confiado de Hinojosa, no temía revés ninguno de la fortuna, ni hacía caso de Gasca, sino que todo era fiestas, juegos de cañas y pasatiempos, aunque con atención al gobierno. Acusaron en este tiempo a Vela Núñez, hermano del virrey, y cortáronle la cabeza. El trato salió de Juan de la Torre. Tenía Juan de la Torre más de cien mil castellanos en barrillas y tejuelos de oro limpio y un cofre de esmeraldas finas que había habido de los indios por su gentil astucia, sin hacerles mal, ca les halló una riquísima sepultura y tesoro. Deseaba venirse a España con ello, y no se atrevía por Pizarro, o por no confiarse de nadie. Trató el negocio con Vela Núñez, para que se fuesen ambos en un navío de Pizarro. Sobrevino en esto la nueva que iba Pero Hernández Paniagua con despachos de Gasca, en que hacía gobernador a Pizarro, y acordó de vender a Vela Núñez por ganar la gracia de Pizarro, y para más engañarle puso en poder del guardián de San Francisco veinticinco mil castellanos, y juróle sobre una hostia consagrada, delante el mismo fraile, de no descubrirlo, ca Vela Núñez se recelaba mucho de lo que fue; y desde a tres o cuatro días lo dijo a Pizarro. Él le mandó que continuase el trato para saber quiénes eran con Vela Núñez. Prendieron algunos, que con tormento confesaron el negocio, y degollaron a Vela Núñez sin darle tormento, que lo tuvo en mucho, y más aína que muchos querían, a persuasión del licenciado Caravajal, que le temía por haber usado de crueldad con su hermano Blasco Núñez.

CLXXV. Ida del licenciado Pedro Gasca al Perú

Como el emperador entendió las revueltas del Perú sobre las nuevas ordenanzas y la prisión del virrey Blasco Núñez, tuvo a mal el desacato y atrevimiento de los oidores que lo prendieron y a deservicio la empresa de Gonzalo Pizarro; mas templó la saña por ser con apelación de las ordenanzas, y por ver que las cartas y Francisco Maldonado, que Tejada muriera en la mar, echaban la culpa al virrey, que rigurosamente ejecutaba las nuevas leyes sin admitir suplicación, y también porque le había él mismo mandado ejecutarlas, sin embargo de apelación, informado o engañado que así cumplía al servicio de Dios, al bien y conservación de los indios, al saneamiento de su conciencia y aumentación de sus rentas. Sintió eso mismo pena con tales nuevas y negocios, por estar metido y engolfado en la guerra de Alemania y cosas de luteranos, que mucho le congojaban; mas conociendo cuánto le iba en remediar sus vasallos y reinos del Perú, que tan ricos y provechosos eran, pensó de enviar allá hombre manso, callado y negociador, que remediase los males sucedidos, por ser Blasco Núñez bravo, sin secreto y de pocos negocios; finalmente, quiso enviar una raposa, pues un león no aprovechó, y así escogió al licenciado Pedro Gasca, clérigo de Navarregadilla, del Consejo de la Inquisición, hombre de muy mejor entendimiento que disposición y que se había mostrado prudente en las alteraciones y negocios de los moriscos de Valencia. Dióle los poderes que pidió y las cartas y firmas en blanco que quiso. Revocó las ordenanzas y escribió a Gonzalo Pizarro, desde Venlo, en Alemaña, por febrero de 1546 años. Partió, pues, Gasca con poca gente y fausto, aunque con título de presidente, mas con mucha esperanza y reputación. Gastó poco en su flete y matalotaje, por no echar en costa al emperador y por mostrar llaneza a los que del Perú con él iban. Llevó consigo por oidores a los licenciados Andrés de Cianca y Rentería, hombres de quien se confiaba. Llegó al Nombre de Dios y, sin decir a lo que iba, respondía a quien en su ida le hablaba conforme a lo que de él sentía, y con esta sagacidad los engañaba, y con decir que si no le recibiese Pizarro se volvería al emperador, ca él no iba a guerrear, que no era de su hábito, sino a poner paz, revocando las ordenanzas y presidiendo en la Audiencia. Envió a decir a Melchior Verdugo, que venía con ciertos compañeros a servirle, no viniese, sino que se estuviese a la mira. Ordenó algunas otras cosas y fuése a Panamá, dejando allí por capitán a García de Paredes con la gente que le dieron Hernando Mejía y don Pedro de Cabrera, capitanes de Pizarro, porque se sonaba cómo franceses andaban robando aquella costa y querían dar sobre aquel pueblo; mas no vinieron, ca los mató el gobernador de Santa Marta en un banquete.

CLXXVI. Lo que Gasca escribió a Gonzalo Pizarro

Como Gasca llegó a Panamá, entendió mejor el estado en que la armada estaba y lo que se decía de Pizarro. Negociaba de callada cuanto podía, y viendo las fuerzas de Pizarro, que o se tenían de deshacer con otras mayores o con maña, escribió a Quito, a Nicaragua, a México, a Santo Domingo y a otras partes por hombres, caballos y armas, y envió al Perú a Pedro Fernández Paniagua, de Plasencia, con cartas para los cabildos, haciéndoles saber su llegada con revocación de las ordenanzas, y dióle una carta del emperador para Gonzalo Pizarro, de creencia, en que disimulaba sus cosas, y otra suya y muy larga y llena de razones y ejemplos, para que, dejando las armas y gobernación, se pusiese en manos del emperador, cuya suma era que traía revocación de las ordenanzas, perdón de todo lo pasado, comisión de ordenar los pueblos, con parecer de los regimientos, en provecho de los españoles e indios, licencia de hacer conquistas donde los que no tenían tuviesen repartimientos, oficios y de comer, y que confiase en los que hasta allí le habían seguido y amado, por cuanto lo dejarían, con el perdón que les daba el rey, o le matarían por servir a su alteza; y también le apuntó guerra si la paz despreciaba.

CLXXVII. El consejo que Pizarro tuvo sobre las cartas de Gasca

Entró Paniagua en Los Reyes y dio a Pizarro los despachos de Gasca a tiempo que solo estaba. Pizarro lo trató mal de palabra y no le mandó sentar, de que Paniagua se afrentó. Envió a llamar a Cepeda, que Francisco de Caravajal aún no era venido de los Charcas, para comunicarle las cartas. Cepeda, hallando enojado al uno y corrido al otro, hizo sentar a Paniagua y reprehendió a Pizarro, el cual le respondió, riendo: «Por Nuestra Señora que me enojé porque me dijo que no podría salir con lo que había empezado». Cepeda se salió, de que hubieron platicado un buen rato sobre muchos negocios, llevó consigo a Paniagua y aposentóle en casa de Ribera el viejo, donde fue muy regalado, y le dio caballos en que anduviese, que era amigo de correr una carrera y parecer bien a caballo. Hubo muchos corrillos con la venida de Paniagua, y cada uno decía lo que deseaba. Pizarro no dio crédito a las cartas de Gasca ni a las palabras de Paniagua creyendo muy cierto que todas eran para engañarlo. Llamó todas las personas principales, leyóles las cartas, pidióles sus pareceres, juró sobre una imagen de Nuestra Señora que cada uno podía decir libremente su parecer, y propuso el caso. No se confiaron todos; y así no hablaron muchos de ellos con libertad, que si osaran, o si hubiera cartas de Hinojosa, que se dieran; Pizarro se ponía sin duda ninguna en manos de Gasca, porque no estaba allí Francisco de

Caravajal, para estorbarlo, que era quien le aconsejaba se hiciese rey sin curar del rey. Lo que más altercaron fue si dejarían llegar a Gasca o no, y dónde lo matarían, o allí después de venido, no haciendo lo que quisiesen ellos, o en Panamá. El parecer más común fue que no le dejasen llegar, por ser así la voluntad de Pizarro, que tenía su esperanza en Hinojosa, y aun su fuerza. Algunos dijeron que también sería bueno despoblar a Panamá y Nombre de Dios, con otros muchos lugares, para que los reales no tuviesen comida ni servicio, y apoderarse de cuantos navíos hubiese en toda la mar del Sur, para que nadie pudiese entrar en el Perú, y echar quinientos o más arcabuceros en Nicaragua, Guatemala, Tecoantepec y jalisco, que levantasen por Pizarro la Nueva España y todas aquellas provincias, confiando hallar favor en muchos pobres y descontentos; y si no lo hallasen, robar y quemar los pueblos de la marina, para que tuviesen harto en sus duelos sin curar de los ajenos; empresa peor que la comenzada. Estando, pues, todos conformes, respondieron juntos en una carta, que así lo quiso Pizarro por autorizar su negocio, y que viese Gasca cómo toda la tierra era con él, y por estar más seguro de ellos, pues metían prendas firmando la respuesta. Firmaron la carta sesenta o más hombres principalísimos, y Cepeda el primero, como teniente general de Pizarro en guerra y en justicia.

«Muy magnífico señor: Por cartas del capitán de la flota Pedro de Hinojosa supimos la venida de vuestra merced y el buen celo que trae al servicio de Dios nuestro señor y del emperador y al bien de esta tierra. Si fuera en tiempo que no hubieran acontecido tantas cosas en esta tierra como han, después que a ella vino Blasco Núñez Vela, fuera bien, y todos holgáramos. Mas, empero, habiendo habido tantas muertes y batallas entre los que vivos somos y los que murieron, no solamente no sería segura la entrada de vuestra merced en estos reinos, pero sería total causa que del todo se asolasen. Ninguno hay de parecer que vuestra merced entre en ellos, ni aun sabemos si podríamos escapar la vida al que otro dijese, ni sería parte para ello el señor Gobernador Pizarro, según en lo que todos están puestos. Todos estos reinos envían procuradores al emperador y rey nuestro señor, con entera información de cuanto en ellos ha pasado hasta hoy desde que Blasco Núñez (que Dios perdone) vino; donde claramente muestran y prueban su inocencia y justificación y la culpa y braveza de Blasco Núñez, que no les quiso conceder la suplicación de las ordenanzas, sino ejecutarlas con todo rigor, haciendo guerra y fuerza en lugar de justicia. Suplican al emperador confirme al señor Gonzalo Pizarro en la gobernación del Perú, como al presente la tiene, pues él es por sus virtudes y servicios merecedor de ello, amado de todos y tenido por padre de la patria, mantiene la tierra en paz y justicia, guarda los quintos y derechos del rey, entiende las cosas de acá muy bien, con la larga experiencia que tiene; lo que otro no entendería sin primero haber recibido la tierra y gente muy grandes daños. Confiamos en el emperador que nos hará esta merced, porque no hemos faltado a su real servicio con cuantos desconciertos y guerras furiosas nos han hecho sus jueces y gobernadores, que han robado y destruido las haciendas y rentas reales; y que aprobará todo lo que hecho habemos en defensa nuestra y en prosecución de la apelación de las ordenanzas. Perdón, ninguno de nosotros le pide, porque no hemos errado, sino servido a nuestro rey, conservando nuestro derecho como sus leyes permiten; y certifican a vuestra merced que si Fernando Pizarro, a quien mucho queremos, viniera como vuestra merced viene, no le consintiéramos entrar acá, o antes muriéramos todos sin faltar uno, ca no estimamos en esta tierra aventurar la vida por la honra en cosas aun no de mucho peso, cuanto más en esta que nos va la hacienda, honra y vida. A vuestra merced suplicamos, por el celo y amor que siempre ha tenido y tiene al servicio de Dios y del rey, se vuelva a España e informe al emperador de lo que a esta tierra conviene, como de su prudencia se espera, y no dé ocasión que muramos en guerra y matemos los indios que de las pasadas han quedado, pues de la determinación de todos otro fruto salir no puede. El capitán Lorenzo de Aldana va a negociar por estos reinos. Vuestra merced le dé todo crédito. Nuestro Señor la muy magnífica persona de vuestra merced guarde y ponga en el descanso que desea. De esta ciudad de Los Reyes, y de octubre a 14 del año de 46.»

CLXXVIII. Hinojosa entrega la flota de Pizarro a Gasca

Había muchos días que Pizarro andaba por enviar procuradores a España, y estaban hechos los poderes de todos los cabildos para Lorenzo de Aldana. Mas nunca lo despachaba, por estorbarlo Francisco de Caravajal, que no quería paz ni España; y despachólo entonces con esta carta para Gasca, dándole por compañero a Gómez de Solís. Envió también con él a Pero López, ante quien habían pasado todos o los más autos. Rogó a fray Hierónimo de Loaisa, obispo de Los Reyes, y a fray Tomás de San Martín, provincial de los predicadores, que fuesen con él, por que abonasen su partido con Gasca y con el emperador, o por echarlos del Perú. Ofrecía Pizarro muchos dineros al emperador, y pedía que le diese la gobernación, y que no llevase quinto, sino diezmo por ciertos años. Esto iba con las otras cosas de la embajada. Escribió a Hinojosa, y dijo a Lorenzo de Aldana que diesen cincuenta o más millares de castellanos a Gasca por que se volviese a España, o le matasen como mejor pudiesen; y con tanto los despidió. Ellos fueron a Panamá, dieron la carta a Gasca y avisáronle cómo lo querían matar, para que se guardase. Certificáronle que Pizarro no lo recibiría y cómo había muchos en el Perú que lo deseaban ver allá para pasarse a él en servicio de su rey. Gasca, que antes también se temía no le matasen, temió reciamente. Y con la carta de los de Pizarro y nuevas que le daban se declaró en todo lo que llevaba y en todo lo que hacer pensaba. Hinojosa entonces dióle las naos de su voluntad, que fuerza nadie se la podía hacer, y por grandísima negociación de Gasca y promesas. Por aquí comenzó la destrucción de Gonzalo Pizarro. Gasca tomó la flota e hizo general de ella al mismo Pedro de Hinojosa, y volvió las naos y banderas a los capitanes que las tenían por Pizarro, que fue hacerse fieles de traidores. No cabía de gozo en verse con la armada, creyendo haber ya negociado muy bien, y a la verdad sin ella tarde o nunca saliera con la empresa, ca no pudiera ir por mar al Perú, y yendo por tierra, como al principio pensara, pasara muchos trabajos, hambre y frío y otros peligros antes de llegar allá. Luego, pues, que Gasca se apoderó de la flota, envió por la artillería que había en el Nombre de Dios al oidor Cianca, para mejor artillar las naos y para tener algunos tiros en el ejército. Puso en las islas a Pablo de Meneses, Juan de Llanes y Juan Alonso Palomino, con ciertos navíos que guardasen la costa, por que no fuese aviso a Pizarro de la entrega de la flota y aparato de guerra que se hacía contra él, los cuales tomaron a Gómez de Solís, que iba tras Aldana, y que declaró más por entero la intención de Pizarro. Envió también Gasca por gente y comida a Nicaragua, Nueva-España, nuevo reino de Granada,

Santo Domingo y otras partes de Indias, avisando cómo tenía ya en su poder la armada de Pizarro, principalísima fuerza del tirano; ordenó un hospital (a fuer de corte) con su médico y boticario, que fue gran remedio para los enfermos que allí y en la guerra hubo, y dio el cargo de él a Francisco de la Rocha, de Badajoz, fraile de la Trinidad. Buscó dineros para pagar los soldados y socorrer los caballeros, y tan afable, tan cortés, franco y animoso se mostró, que lo tuvieron en harto más que hasta allí los pizarristas, cotejando especialmente su prudencia con la presencia de hombre. Despachó asimismo a Lorenzo de Aldana, Juan Alonso Palomino, Juan de Llanes y Hernán Mejía en cuatro naos con cartas para los del Perú, y mandó a Lorenzo de Aldana, que iba por general, que no tocasen en tierra hasta llegar a Lima; y que, dando allí las cartas de perdón general y revocación de las ordenanzas, apellidasen al rey y corriesen la costa, yendo unos a Arequipa y volviendo otros a Trujillo. Dicen que para tener color a mover primero la guerra hizo una información contra Pizarro y sus consortes de cómo habían prendido a Paniagua, y de su dañada intención y rebeldía; de suerte que se entendían los dos, y no se llevaban más de los barriles.

CLXXIX. Los muchos que se alzaron contra Pizarro, sabiendo que Gasca tenía la flota

Hubo gran mudanza en los del Perú cuando supieron la negociación de Gasca y la buena manera que tenía y usaba, y mayor con los despachos que llevó Paniagua; y así se levantaron muchos luego que supieron cómo Hinojosa había entregado a Gasca la armada; entre los cuales fue Diego de Mora, en Trujillo, que se fue a Caxamalca, donde recogió gran compañía de hombres que huyeron de Pizarro, y envió cartas de Gasca y de otros, que Aldana le dio, a muchos pueblos, para que tuviesen por el rey. Gómez de Alvarado, de Zafra, se alzó en Levanto de Chachapoyas, y Juan de Saavedra, que estaba en Guanuco, y Juan Porcel, que de los Chiquimayos iba a Los Reyes, los de Guamanga con otros, y todos se juntaron con Diego de Mora en Caxamalca. También se alzaron Alonso Mercadillo en Zarza, y Francisco de Olmos en Guayaquil, matando a Manuel de Estacio, que por Pizarro estaba, y Rodrigo de Salazar en Quito, dando de puñaladas a Pedro de Puelles, que pensaba declararse otro día por el rey, según dijera Diego de Urbina. Diego Álvarez de Almendral se alzó con hasta veinte compañeros cerca de Arequipa, y llamó a Diego Centeno, que aún se estaba escondido en ciertos pueblos de Cornejo, como en otra parte se dijo. Centeno se fue alegremente con Luis de Ribera a Diego Álvarez, y en breve se le juntaron más de cuarenta españoles, y entre ellos algunos de caballo que andaban remontados, holgando que Centeno fuese parecido. Fueron todos al Cuzco para levantarlo por el rey; Antonio de Robles desde que lo supo se puso en la plaza con trescientos hombres que tenía para llevar a Pizarro, pensando que traía muchos Centeno, pues osaba tal cosa. Centeno entró de noche secretamente y salteó los enemigos. Murieron seis o siete peleando, y él quedó herido. Interpuso su autoridad el obispo fray Juan Solano, y diéronse los que al rey querían; cortó en amaneciendo la cabeza a Antonio de Robles, y hubo los demás. Dejó por el rey la ciudad, y fue a los Charcas sobre Alonso de Mendoza y Juan de Silvera, que con cuatrocientos hombres estaban en la Plata, de camino para Gonzalo Pizarro; el Mendoza y Silvera se fueron para él, por lo que les escribió y por ver que llevaba cerca de quinientos españoles. Como Diego Centeno los tuvo en su ejército, fue a poner real en el desaguadero de Tiquicaca, para esperar lo que Gasca hacer le mandase.

CLXXX. Cómo Pizarro desamparaba el Perú

No hay para qué decir la tristeza y pena que Pizarro y los suyos sintieron sabiendo cómo su armada estaba en poder de Gasca. Quejábanse de la confianza y amistad de Pedro de Hinojosa, arrepintiéndose por no haber enviado con la flota a Bachicao; y aun él decía burlando que la bondad y esfuerzo de Hinojosa tenían de parar en aquello, y que eran buenos los perros que ladraban y no mordían, porque nadie se les llegaba. Todavía mostraban buen corazón, como estaban enseñoreados en la tierra y como no venían por mar contra ellos. Envió Pizarro al Quito por la gente que tenía Pedro de Puelles; a Trujillo, por la de Diego de Mora; al Cuzco, por la de Antonio de Robles; a Arequipa, por la de Lucas Martín; a los Charcas, por la de Juan de Silvera; a Levanto de Chachapoyas, por la de Gómez de Alvarado; a Guanuco, por la de Juan de Saavedra, y a otras partes también. Mandó a Juan de Acosta ir con treinta de caballo a correr la costa, el cual fue hasta Trujillo y lo tomó, que se había rebelado. Empero estaba sin casi gente, ca se había ido a la sierra con Diego de Mora, y si tuviera doscientos, fuera allá y lo deshiciera. En Santa prendió cerca de treinta hombres de Aldana, engañando la celada que le tenían puesta, y llevólos a Lima. Dicen algunos que no eran soldados de Aldana, sino marineros que cogían agua. Pizarro se informó de ellos particularmente del aparato y ánimo de Gasca. Tornó a enviar al mismo Acosta con más de doscientos sobre Aldana y sobre Mora. Mas acordó tarde porque ya Diego de Mora estaba muy pujante y las voluntades muy declaradas de los que llevaba por el rey, y se le huyeron Diego de Soria, Raodona y otros, y él degolló a Rodrigo Mejía porque se quería ir con otros a Caxamalca. Llamó del camino Pizarro a Juan de Acosta, reforzólo de más gente y enviólo contra Centeno, que, tomando el Cuzco, iba sobre la Plata. Llegó luego al puerto Lorenzo de Aldana con cuatro naos, y causó turbación en la ciudad y novedades entre soldados y amigos de Pizarro, ca envió al capitán Peña con los despachos de Gasca y traslados de las provisiones del emperador. Pizarro quiso sobornar a Aldana con un Fernández, y no pudo. Leyó las cartas, y aconsejóse qué se haría. Halló rebotados a muchos y desfalleció algo, aunque siempre dijo que con diez amigos que le quedasen había de conservarse y conquistar de nuevo el Perú, tanta era su saña o su soberbia. Fuéronsele, con tanto, Alonso Maldonado el rico, Vasco y Juan Pérez de Guevara, Gabriel y Gómez de Rojas, el licenciado Niño, Francisco de Ampuero, Hierónimo Aliaga, de Segovia; Francisco Luis de Alcántara, Martín de Robles, Alonso de Cáceres, Ventura Beltrán, Francisco de Retamoso y otros muchos; pero éstos eran los principales. Entonces cantaba Francisco de Caravajal:

> Estos mis cabellicos, madre,
> dos a dos se los lleva el aire.

Estuvo Pizarro en grandísimo afán y desesperación viendo sus amigos por enemigos, unos en el puerto, otros en casa. No sabía de quién confiarse, temiéndose de todos, según maldición de tiranos. No sabía dónde ir, estando en Caxamalca Diego de Mora y Diego Centeno en el Cuzco, y todos los pueblos contra él. Así que, dejando a Lima, se fue a Arequipa, teniendo siempre gran cuidado que ninguno se le huyese. Mas todavía se le huyó el licenciado Caravajal con sus parientes y amigos. Envió por Juan de Acosta para tener copia de gente, el cual se volvió, vista la carta y necesidad de Pizarro, desde Guamanga. Dejáronlo en el camino Páez de Sotomayor, su maestre de campo, y el capitán Martín de Olmos con buena parte de su compañía; Garci Gutiérrez de Escobar, Gaspar de Toledo y otros muchos, por sonreírse que huía Pizarro. De esta manera desamparó Pizarro a Lima, cabeza del Perú, y llegó a Arequipa con propósito de irse fuera de lo conquistado. Aldana se metió en Lima, y Juan Alonso Palomino y Hernán Mejía se fueron a Jauja para recoger su gente y esperar a Gasca y su ejército.

CLXXXI. Victoria de Pizarro contra Centeno

Llegado que Juan de Acosta fue a Arequipa, consultó Pizarro lo que hacer debían para guardar las vidas y dineros, ya que la tierra no podían, ca no eran más de cuatrocientos y ochenta y todos los del Perú eran contra ellos. Determinados, pues, de irse a Chili, donde nunca hubiesen ido españoles, o para conquistar nuevas tierras, o para rehacerse contra Gasca, quisieron abrir camino por donde estaba Centeno, que por fuerza tenían de pasar por entre sus contrarios, y también quería Pizarro ponerse a salvo y saber cuántos y cuáles permanecerían con él, y tratar desde allí en concierto con Gasca, según Cepeda le aconsejaba. De Cabaña envió a Francisco de Espinosa con treinta de caballo, por el camino del desaguadero de la laguna de Tiquicaca, que mandase a los indios proveer de comida para que Centeno pensase que iban por allí, y él echó con toda su gente por Orcosuyo, camino más allegado a los Andes. Tomó algunos que andaban desmandados, y un clérigo que venía con respuesta de Centeno para Aldana, y ahorcólos su maestre de campo Caravajal. Tuvo Centeno aviso del intento de Pizarro por criados de Paulo, inca, que andaba con él, y porque el capitán Olea, que se pasó por consejo de algunos mancebos, dejó y cortó la puente del Desaguadero, donde muy fuerte y seguro estaba, y fuese a Pucarán del Collao a esperar y ciar batalla, creyendo tener la victoria en la mano y ganar el prez de matar o vencer a Pizarro. Reparó y ordenó allí su gente como tenía de pelear; y por acercarse al enemigo, que estaba en Guarina, cinco leguas de Pucacán, y por tomar y tener a su parte el agua, se fue a poner su real a medio el camino, en un llano, aunque en lugar fuerte. Y otro día, que fue de las once mil vírgenes, año de 47, repartió mil y doscientos y doce hombres que tenía, de esta manera: hizo dos escuadrones de la caballería, que serían doscientos y sesenta; del mayor, que puso al lado derecho, dio cargo a Luis de Ribera, su maestre de campo, y a Alonso de Mendoza y Hierónimo de Villegas; del otro, a Pedro de los Ríos, de Córdoba; Antonio de Ulloa, de Cáceres, y Diego Álvarez, del Almendral. La infantería estuvo junta, y eran capitanes Juan de Silvera, Diego López de Zúñiga, Rodrigo de Pantoja, Francisco de Retamoso y Juan de Vargas, hermano de Garcilaso de la Vega, que estaba con Pizarro. Centeno, que estaba con dolor de costado y sangrando, a lo que dicen, se puso a mirar la batalla con el obispo del Cuzco, fray Juan Solano, encomendando la hueste y la victoria a Juan de Silvera y a Alonso de Mendoza. Pizarro, que sabía cuán a punto estaban por sus espías, salió de Guarina con cuatrocientos y ochenta españoles. Dio cargo de ochenta de caballo, que solamente tenía, a Cepeda y a Juan de Acosta, aunque Acosta trocó su lugar con Guevara, capitán de Arcabuceros, que estaba cojo. De los peones fueron capitanes, sin Juan de Acosta, Diego Guillén, Juan de la Torre y Hernando Bachicao, que huyó al tiempo de arremeter. Estando para encontrarse, huyeron los más de Pizarro que a caballo estaban. Cepeda y Guevara pusieron entonces obra de veinte arcabuceros entre los caballeros de las primeras hileras, y estuviéronse quedos, y lo mismo hizo su infantería. Alonso de Mendoza y los de su escuadrón corrieron hacia los caballos de Pizarro y fueron desordenados por los veinte arcabuceros y rompidos por Cepeda. El otro escuadrón acometió los peones; mas como los arcabuceros derribaron a Pedro de los Ríos y a otros que iban delante, dejáronlos y fueron a ayudar a sus compañeros, y todos juntos desbarataron la caballería de Pizarro, no dejando casi hombre de ellos sin matar y herir, o que no se rindiesen. Los de Centeno calaron sus picas algo lejos; aguijaron mucho, con la prisa que les daba un clérigo vizcaíno, pensando vencer así más presto. Descargaron de golpe los arcabuces y sin tiempo, sintiendo tirar a los contrarios; así que al tiempo de la afrenta estaban cansados y medio desordenados. Los de Pizarro jugaron a pie quedo sus arcabuces dos o tres veces, aunque Juan de Acosta se adelantara con treinta de ellos por más desordenarlos, y lo derribaron a picazos e hirieron malamente. Fue Juan de la Torre a valerle con setenta arcabuceros, y valióle matando a Juan de Silvera con otros muchos. Llegó por otra parte Diego Guillén, y brevemente mataron cuatrocientos contrarios y desbarataron los demás. Visto que sus caballeros eran vencidos, fue a socorrerlos Juan de la Torre con muchos arcabuceros. Tiró a bulto, que así se lo aconsejó Caravajal, porque andaban mezclados unos con otros, y a dos cargas los desbarató, aunque mató algunos amigos con los enemigos. De esta manera vencieron los que pensaron ser vencidos, aunque pelearon bien los de Centeno. Murieron ciento de Pizarro, y entre ellos Gómez de León y Pedro de Fuentes, capitanes. Quedaron heridos Cepeda, Acosta, Diego Guillón y otros. Pizarro corriera peligro si Garcilaso no le diera un caballo. Murieron cuatrocientos y cincuenta de Centeno, con los capitanes Luis de Ribera, Juan de Silvera, Pedro de los Ríos, Diego López de Zúñiga, Juan de Vargas y Francisco Negral. Huyó Diego Centeno, sin esperar al obispo, y todos los que quisieron, ca no siguieron el alcance los vencedores, tan deshechos quedaron.

CLXXXII. En lo que Pizarro entendió tras esta victoria

Otro día después de la victoria envió Pizarro a Juan de la Torre con treinta arcabuceros de caballo al Cuzco tras los vencidos, y a Diego de Caravajal el Galán con otros tantos a Arequipa, y a Dionisio de Bobadilla con otros treinta a los Charcas, para recoger la gente y tener los caminos; y él, tomando el despojo, caminó para el Cuzco por el Desaguadero con todo el ejército. Mas primero hizo matar al capitán Olea porque se pasó a Centeno. Justiciaron también otros cuatro o cinco, y Francisco de Caravajal se alabó haber muerto por su contentamiento, el día de la batalla, cien hombres, y entre ellos un fraile de misa; crueldad suya propia, si ya no lo decía por gloria de la victoria, que se atribuía el vencimiento a sí; todo es de creer, pues era batalla civil y peleaban unos hermanos contra otros. En Pucarán hubieron enojo Pizarro y Cepeda sobre tratar del concierto con Gasca, diciendo Cepeda ser entonces tiempo y trayéndole a la memoria que se lo había prometido en Arequipa. Pizarro, siguiendo el parecer de otros y su fortuna, dijo que no convenía, porque tratando en ello se lo tendrían a flaqueza y se le irían los que allí tenía, y le faltarían los muchos amigos que con Gasca estaban. Garcilaso de la Vega con algunos fueron del parecer de Cepeda. En

Juli, lugar del rey, mataron a Bachicao, y Francisco de Caravajal se fue a Arequipa por el camino de la mar, entendiendo que huyera por allí Diego Centeno, y para traer las mujeres al Cuzco, por que no avisasen con indios a sus maridos que andaban con Gasca, y por que se viniesen ellos a ellas. Entró Pizarro en el Cuzco con gran admiración del pueblo; ahorcó a Herrezuelo, al licenciado Martel, a Juan Vázquez y otros, con acuerdo de sus letrados. Puso mucha guarda en todo, y aun quiso enviar a Juan de Acosta con doscientos de caballo, arcabuceros, a dar en Gasca, publicando que iban todos contra él, para que no se le fuese nadie. Hizo muchos arcabuceros y seis piezas de artillería, muchas armas de fierro y muchas picas. En fin, el atendió más a labrar armas que a ganar voluntades. Trajo Caravajal las mujeres de Arequipa y otros muchos, y todo el oro, plata y piedras que pudo sacar, ca tan amigo era de robar como de matar; y así dicen que despojó toda aquella tierra sin que Pizarro hablase. Mas el lobo y la vulpeja todos eran de una conseja.

CLXXXIII. Lo que hizo Gasca en llegando al Perú

Gasca se partió de Panamá mucho después que Aldana, con todos los navíos y hombres que pudo; y por ser verano, tiempo contrario para navegar de allí a Túmbez, tuvo ruin navegación y fue a Gorgona contra la gran corriente de la mar. En fin, llegó a Túmbez con mucho trabajo, aunque con buenas nuevas, porque supiera en el camino cómo ciertos soldados de Blasco Núñez habían tomado a Puerto Viejo matando al capitán Morales, que Bachicao allí dejó, y prendiendo a Lope de Ayala, teniente de Pizarro; y cómo estaban por el rey Francisco de Olmos en Guayaquil y Rodrigo de Salazar, el corcovado, de Toledo, en Quito. Luego, pues, que llegó, tuvo mensajeros de Diego de Mora, Juan Porcel, Juan de Saavedra y Gómez de Alvarado, que con mucha gente estaban en Caxamalca, de la cual era maestre de campo Juan González. Él les respondió loando mucho su fidelidad y ánimo. Supo también la pujanza de Centeno y la huída de Pizarro, de que holgó infinito, creyendo estar el juego entablado de suerte que no le podría perder. Escribió a Centeno que no diese batalla hasta juntarse con él. Aderezó las armas y arcabuces, que venían tomados y perdidos. Envió a don Juan de Sandoval a recoger en San Miguel los que de Pizarro y otros cabos acudían. Llamó a Mercadillo que trajese la gente de Bracamoros, y a otros capitanes, a cuyo mandado y fama vinieron muchos de muchas partes, Sebastián de Benalcázar, Francisco de Olmos, Rodrigo de Salazar y otros capitanes. Viendo, pues, que todos venían y estaban por el emperador, envió Gasca un mensajero a la Nueva España, que no enviase el virrey a don Francisco, su hijo, con los seiscientos hombres que a punto tenía, pues no eran menester. No vino por esto don Francisco de Mendoza, mas vino Gómez Arias y el oidor Ramírez con los de Nicaragua y Cuauhtemallán. Así que de Túmbez fue Gasca a Trujillo con la parte de los que tenía, y envió los demás a Caxamalca por la sierra con el adelantado Pascual de Andagoya y Pedro de Hinojosa, su general, para llevar los que allí estaban a Jauja, donde, se juntaron todos, por ser tierra proveída de mantenimientos. Pasaron gran trabajo los unos y los otros con las nieves y sierras, hasta llegar allí. Llegó primero él; y como supo el vencimiento y perdición de Centeno, recelóse algo y envió al mariscal Alonso de Alvarado a Los Reyes por los españoles que Aldana tenía, con dineros emprestados para socorrer y pagar los soldados. Recorrió las armas, aderezó los arcabuces y tiros, hizo pelotas y pólvora, coseletes, picas, lanzas jinetas y de armas con una solicitud admirable. Envió a correr y espiar el camino del Cuzco a Alonso Mercadillo, y tras él a Lope Martín, portugués, que se adelantó y fue a tierra de Andagoalas, y dio de noche sobre cierta gente de Pizarro que había venido por bastimento y por los caciques. Peleó y venciólos, aunque eran muchos más; ahorcó algunos, y trajo hartos que informaron a Gasca del estado, ánimo y pensamientos de Gonzalo Pizarro; y por su información envió allá a Mercadillo y a Palomino con sus arcabuceros que ocupasen y defendiesen aquel valle de Andagoalas, que por ser proveído era importante para la guerra. Llegaron en aquella sazón Alonso de Mendoza, Hierónimo de Villegas, Antonio de Ulloa y otros que se habían escapado de la de Guarina, con el obispo del Cuzco, y desde a poco Hinojosa y Andagoya con toda la gente de Caxamalca, y luego Alvarado con la de Los Reyes. Así que Gasca, como tuvo junta toda la gente, nombró capitanes a los que ya lo eran, general a Hinojosa, maestro de campo al mariscal Alvarado, y alférez del estandarte real al licenciado Benito Juárez de Caravajal, y dio la artillería a Gabriel de Rojas. Pagó a muchos soldados, que descontentos andaban y aun soliviantados con la gran victoria de Pizarro, que lo tenían por invencible en el Perú y por señor de todo él. Y porque había novedades ahorcaron al capitán Pedro de Bustinca y otros noveleros y pizarristas. Pasaron alarde más de dos mil españoles, harto lucida gente. Algunos disminuyen y otros acrecientan este número. Había quinientos caballos y novecientos y cincuenta arcabuceros, y muchos coseletes y arneses. De Jauja fueron a Guamanga, donde comenzaron a sentir falta de vituallas; y en Bilcas repartió la comida el oidor Cianca. Llegados en Andagoalas, comieron mejor; mas como el maíz era verde, adoleció la cuarta parte del ejército, y entonces se conoció el provecho del hospital que Gasca ordenara. Llovió tanto sin descampar, treinta noches y días que allí estuvieron, que se pudrían las tiendas de campo y se hinchaban y tullían los hombres con la humedad y frío. Llegaron allí Diego Centeno y Pedro de Valdivia, que venía de Chili a pedir gente de socorro; con los cuales se holgó Gasca y todo el campo, y corrieron cañas y sortija de placer. Hizo Gasca a Valdivia coronel de la infantería. Estaban todos ganosos de pelear, y Gasca de concluir la guerra; y así caminaron a buscar los enemigos en comenzando las aguas de avadar.

CLXXXIV. Cómo Gasca pasó el río Apurima sin contraste

Partió Gasca de Andagoalas por marzo, y pasó la puente de Abancay con increíble alegría de todo su ejército. Llevaba buen concierto y consejo de guerra, y mucha reputación con los obispos del Perú, y grandes espías, que dijeron cómo los enemigos habían quebrado las puentes de Apurima, que a veinte leguas está del Cuzco. Llegó, pues, al río y mandó traer madera y rama para hacer puentes, lo cual trajeron los indios con presteza y voluntad, aunque lloviendo. Era el río trescientos pies de ancho, y no bastaban vigas; era hondo, y no había manera de hincar postes; y por eso hicieron muchas criznejas de vergaza, que son unas largas y gordas maromas como sogas de noria, las cuales atravesadas sirven de puente. Parecióles que sería bien, para encubrir su intención, comenzar tres puentes: una en el camino real; otra en Cotabamba, doce leguas el río arriba; otra más arriba, en ciertos pueblos de don Pedro Puertocarrero. Fueron a Cotabamba para pasar por allí, y cegaron algunos en la sierra, que nevada estaba. Contradijeron aquel paso algunos capitanes, especialmente Lope Martín, dando razones cómo era mejor pasar el río más arriba. Fueron a verlo Pedro de Valdivia, Diego de Mora, Gabriel de Rojas y Francisco Hernández Aldana; y como dijeron ser mejor, hiciéronlo. Lope Martín, que guardaba la ribera y criznejas, como supo que llegaba el campo, echó las maromas sin que se lo mandasen. Y ya que atadas tenía tres de ellas a la otra parte, cargaron los indios y velas de Pizarro y cortaron o quemaron las dos sin mucha contradicción; y avisaron de ello a Pizarro, llevándole treinta cabezas de españoles que habían muerto, según dicen. Gasca y todos recibieron gran pesar con tal nueva. Aguijaron con la infantería para remediar aquel error, y en llegando hizo Gasca pasar en balsas a los capitanes de arcabuceros, y luego piqueros y algunos caballos. Hartos pasaron a nado por sí y en sus caballos. Como iban pasando iban atando criznejas; y como nadie los estorbaba, hicieron la puente aquella noche y el día siguiente, por la cual pasó después a salvo todo el resto del ejército. Muchos pasaron a gatas aquella noche por las criznejas: tanta gana lo tenían, o tanta prisa Gasca les daba; y fue maravilla no caer, que hacía oscuro, aunque la oscuridad les valería para no desvanecer mirando el agua. Era muy agra la ribera por ambas partes, y mucha la prisa de pasar; y así, cayeron algunos rempujándose unos a otros, de los cuales se ahogaron hartos que no sabían ni podían nadar con la gran corriente del río; y también se ahogaron muchos caballos, que todo fue gran pérdida para tal tiempo. Mas pasar fue vencer. No se puede decir de alegría que todos tenían en haber ganado el río, muralla de los enemigos, y en no ver gente de Pizarro por allí. Fue don Juan de Sandoval a reconocer un gran cerro que a vista era y áspero de subir; y como vacío estaba, ocupáronlo a la hora Hinojosa y Valdivia con buen golpe de gente, donde, si Juan de Acosta, que venía con cincuenta de caballo arcabuceros, llegara más presto y trajera mayor compañía, los pudiera fácilmente deshacer, según iban cansados de subir legua y media de cuesta. Mas como trajese pocos, tornó por más, y entretanto casi pasaron todos y doce piezas de artillería, y se pusieron en lo alto del cerro.

CLXXXV. La batalla de Xaquixaguana, donde fue preso Gonzalo Pizarro

Pizarro, entendiendo que Gasca venía a pasar el río de Apurima por Cotabamba, salió del Cuzco. Andaba en la ciudad días había la fama de la pujanza y venida de Gasca con gran ejército, y desmandábanse muchos en hablar. Y doña María Calderón, mujer de Hierónimo de Villegas, dijo que tarde o temprano se habían de acabar los tiranos. Fue allá Caravajal y dióle un garrote, y ahogóla estando en la cama, por lo cual chitaron todos. Salió, pues, Pizarro con mil españoles y más, de los cuales los doscientos llevaban caballos, y los quinientos y cincuenta arcabuces. Mas no tenían confianza de todos, por ser los cuatrocientos de aquellos de Centeno; y así, tenía mucha guarda en que no se le fuesen, y alanceaba a los que se iban. Envió Pizarro dos clérigos, uno tras otro, a requerir a Gasca por escrito que le mostrase si tenía provisión del emperador en que le mandase dejar la gobernación; porque mostrándosela originalmente, él estaba presto a obedecerla y dejar el cargo y aun la tierra; pero si no la mostrase, que protestaba darle batalla, y que fuese a su culpa y no a la suya. Gasca prendió los clérigos, avisado que sobornaban a Hinojosa y otros, y respondió que se diese, enviándole perdón para él y para todos sus secuaces, y diciéndole cuánta honra ganado habría en hacer al emperador revocar las ordenanzas, si servidor y en gracia quedaba de su majestad, como solía, y cuánta obligación le tendrían todos dándose sin batalla, unos por quedar perdonados, otros por quedar ricos, otros por quedar vivos, ca peleando suelen morir. Mas era predicar en el desierto, por su gran obstinación y de los que le aconsejaban, ca, o estaban como desesperados, o se tenían por invencibles; y a la verdad, ellos estaban en muy fuerte sitio y tenían gran servicio de indios y comida. Asentara Pizarro su real donde por un cabo lo cercaba una gran barranca, por otro una peña tajada, que no se podía subir a pie ni a caballo. La entrada era angosta, fuerte y artillada; de suerte que no podía ser tomado por fuerza, ni menos por hambre, ca tenía cierta, como dije, la comida con los indios. Salió Pizarro fuera entonces y dio una pavonada en gentil ordenanza, disparando sus tiros y arcabuces, y aun escaramuzaron los unos corredores con los otros y se deshonraban. Los nuestros decían: «¡traidores, desleales, crueles!»; y ellos: «¡esclavos, abatidos, pobres, irregulares!»; porque Gasca y los obispos y frailes predicadores batallaban. Empero no se conocían con la mucha niebla que hizo aquella tarde. Gasca y otros querían excusar batalla, por no matar ni morir, y pensaban que todos o los más de Pizarro se les pasarían; y así le sería forzado darse. Mas entrando aquella noche en consejo acordaron de darla, porque no tenían buen recaudo de agua ni pan ni leña, helando mucho, y porque no se pasasen de los suyos a Pizarro, que de todas aquellas cosas tenía gran abundancia. Así que todos estuvieron armados y en vela toda la noche y sin parar las tiendas, y con el gran frío se les cayeron a muchos las lanzas de las manos. Quiso Juan de Acosta ir con seiscientos hombres encamisados aquella noche, que fue domingo, a desbaratar a Gasca, teniendo por averiguado que lo desbaratara según el frío y miedo de los suyos. Mas Pizarro se lo estorbó, diciendo: «Juan, pues lo tenemos ganado, no lo queráis aventurar»; que fue soberbia o ceguera para perderse. Cuando el alba vino, comenzaron a sonar los atambores y trompetas de Gasca: «arma, arma, cabalga, cabalga, que los enemigos vienen». Iban ciertos de Pizarro con arcabuces subiendo el cerro arriba. Saliéronles al encuentro Juan Alonso Palomino y Hernando Mejía con sus trescientos arcabuceros, y escaramuzando con ellos les hicieron volver a su puesto. Enviaron Valdivia y Alvarado por la artillería; bajó luego todo el ejército al llano de Xaquixaguana, por detrás de aquella misma cuesta, y tan agra bajada tuvieron, que llevaban los caballos de rienda; y como bajaban, se ponían en hilera con sus banderas, según Diego de Villavicencio, de Jerez de la Frontera, sargento mayor, disponía. Hiciéronse dos escuadrones de la infantería, cuyos capitanes eran el licenciado Ramírez, don Baltasar de Castilla, Pablo de Meneses, Diego de Urbina, Gómez de Solís, don Fernando de Cárdenas, Cristóbal Mosquera, Hierónimo de Aliaga, Francisco de Olmos, Miguel de la Serna, Martín de Robles, Gómez de Arias y otros. Hiciéronse otros dos batallones de la caballería, que tomaron en medio de los peones. Del que iba al lado izquierdo eran capitanes Sebastián de Benalcázar, Rodrigo de Salazar, Diego de Mora, Juan de Saavedra y Francisco Hernández de Aldana. Del que iba al derecho con el pendón real, que llevaba el licenciado Caravajal, eran don Pedro de Cabrera, Gómez de Alvarado, Alonso Mercadillo, el oidor Cianca y Pedro de Hinojosa, que de todos era general. Iban también por aquel cabo, algo apartados y delanteros, Alonso de Mendoza y Diego Centeno por sobresalientes para las necesidades. Gasca y los obispos y frailes bajaron con Pardabe tras la artillería que llevaban Gabriel de Rojas, Alvarado, Valdivia, con Mejía y Palomino; los cuales dos capitanes se pusieron por mangas de la batalla con cada ciento y cincuenta arcabuceros; Hernando Mejía y Pardabe a la diestra, por hacia el río, y a la siniestra, por hacia la montaña, Juan Alonso Palomino. Ordenadas, pues, las haces como dicho es para la batalla, caminó Hinojosa paso a paso hasta poner el ejército a tiro de arcabuz del enemigo, en un bajo donde no lo podía coger la artillería contraria. Pizarro dijo a Cepeda que ordenase la batalla. Cepeda, que deseaba pasarse a Gasca sin que le matasen, vio ser entonces su hora, y dándole a entender cómo no era bueno aquel lugar, por jugar de lleno en él la artillería de Gasca, pasó la barranca como que a tomar otro asiento bajo, donde no les dañase la artillería, y en viéndose allá puso las piernas a su caballo para irse a Gasca. Cayó luego, como iba alterado y medroso, en un aguacero, y si no le sacan unos negros que enviara delante, lo alancearan los de Pizarro, que le seguían. Desmayaron mucho en el real de Pizarro con la ida de Cepeda, y con que tras él se fueron Garcilaso de la Vega y otros principales. Gasca abrazó y besó en el carrillo a Cepeda, aunque lo llevaba encenagado, teniendo por vencido a Pizarro con su falta, ca, según pareció, Cepeda le hubo avisado con fray Antonio de Castro, prior de Santo Domingo, en Arequipa, que si Pizarro no quisiese concierto ninguno, él se pasaría al servicio del emperador a tiempo que le deshiciese. Pesóle mucho a Pizarro la ida de los unos y el desmayo de los otros, mas con buen esfuerzo se estaba quedo. Pizarro, viendo los enemigos cerca, envió muchos arcabuceros a picarlos; puso los indios, que muchos eran, en una ladera; dio cargo de la artillería a Pedro de Soria; ordenó dos haces de su gente: una de los peones, que encomendó a Francisco de Caravajal, cuyos capitanes eran Juan Vélez de Guevara, Francisco Maldonado, Juan de la Torre, Sebastián de Vergara y Diego Guillén; otra de los caballeros, que quiso él regir, de la cual estaban por capitanes el oidor Cepeda y Juan de Acosta. Estando, pues, así todos con semblante de pelear, jugaba la artillería de ambas partes; la de Pizarro se pasaba por alto, y la de Gasca tiraba como al hito; y así acertó de los primeros tiros una pelota al toldo de Pizarro y matóle un paje, por lo cual abatieron las tiendas los indios con mandamiento de Caravajal, el cual, que iba con los arcabuceros a escaramuzar, envió a decir a Pizarro que se apercibiese a la batalla, pensando que le acometerían los de Gasca con la furia y desorden que los de Centeno y Blasco Núñez; pero Hinojosa estuvo también quedo, porque se lo aconsejaban los que de Pizarro se le pasaban, afirmando que sin pelear vencerían. Estaban los ejércitos a tiro de arcabuz, y recogían Mendoza y Centeno, que a ese propósito se adelantaron un poco, los que se pasaban, entretanto que los unos y los otros arcabuceros escaramuzaban. Pedro Martín de Cecilia y otros alanceaban los que se iban de Pizarro; mas no podían detenerlos, ca se pasaron de un tropel treinta y tres arcabuceros, y luego arrojaron las armas en el suelo muchos, diciendo que no pelearían; y en breve se deshicieron los escuadrones. Y así embelesaron Pizarro y sus capitanes, que ni pudieron pelear ni quisieron huir, y fueron tomados a manos, como dicen. Preguntó Pizarro a Juan de Acosta qué harían, y respondiendo se fuesen a Gasca. «Vamos, dijo, pues, a morir como cristianos»; palabra de cristiano y ánimo de esforzado. Quiso rendirse antes que huir, ca nunca sus enemigos le vieron las espaldas. Viendo cerca a Villavicencio, le preguntó quién era; y como respondió que sargento mayor del campo imperial, dijo: «Pues yo soy el sinventura Gonzalo Pizarro»; y entrególe su estoque. Iba muy galán y gentilhombre, sobre un poderoso caballo castaño, armado de cota y coracinas ricas, con una sobrerropa de raso bien golpeada y un capote de oro en la cabeza, con su barbote de lo mismo. Villavicencio, alegre con tal prisionero, lo llevó luego, así como estaba, a Gasca, el cual, entre otras cosas, le dijo si le parecía bien haberse alzado con la tierra contra el emperador. Pizarro dijo: «Señor, yo y mis hermanos la ganamos a nuestra costa, y en quererla gobernar como su majestad lo había dicho no pensé que erraba». Gasca entonces dijo dos veces que le quitasen de allí, con enojo. Dióle en guarda a Diego Centeno, que se lo suplicó. De la manera que dicho es venció y prendió Gasca a Gonzalo Pizarro. Murieron diez o doce de Pizarro y uno de Gasca. Nunca batalla se dio en que tantos capitanes fuesen letrados, ca fueron cinco licenciados, Cianca, Ramírez, Caravajal, Cepeda y Gasca, caudillo mayor, el cual iba en los delanteros con su zamarra, ordenaba la artillería y animaba los de caballo que corriesen tras los que huían. Fray Rocha lo acompañaba con una alabarda en las manos, y los obispos andaban entre los arcabuces forzando los arcabuceros contra los tiranos y desleales. Saquearon al real de Pizarro, y muchos soldados hubo que tomaron a cinco y a seis mil pesos de oro, y mulas y caballos. Uno de Pizarro topó una acémila cargada de oro; derribó la carga y fuése con la bestia, no mirando el necio los líos.

CLXXXVI. La muerte de Gonzalo Pizarro por justicia

Envió Gasca luego al Cuzco a Martín de Robles con su compañía que prendiese los huídos y guardase la ciudad de saco y fuego. Cometió la causa de Pizarro y de los otros presos al licenciado Cianca y mariscal Alvarado, los cuales, haciendo su proceso, sentenciaron trece de ellos a muerte por traidores, y ejecutaron la sentencia otro día de la batalla. Sacaron a Gonzalo Pizarro a degollar en una mula ensillada, atadas las manos y cubierto con una capa. Murió como cristiano, sin hablar, con gran autoridad y semblante. Fue llevada su cabeza y puesta en la plaza de Los Reyes sobre un pilar de mármol, rodeado de una red de hierro, y escrito así: «Esta es la cabeza del traidor de Gonzalo Pizarro, que dio batalla campal en el valle de Xaquixaguana contra el estandarte real del emperador, lunes 9 de abril del año de 1548». Así acabó Gonzalo Pizarro, hombre que nunca fue vencido en batalla que diese, y dio muchas. Diego Centeno pagó al verdugo las ropas, que ricas eran, por que no lo desnudase, y lo enterró con ellas en el Cuzco. Ahorcaron y descuartizaron a Francisco de Caravajal, de Ragama; a Juan de Acosta, Francisco Maldonado, Juan Vélez de Guevara, Dionisio de Bobadilla, Gonzalo Morales de Almajano, Juan de la Torre, Pedro de Soria, de Calatañazor; Gonzalo de los Nidos, que le sacaron la lengua por el colodrillo, y otros tres o cuatro. Azotaron y desterraron muchos a las galeras y al Chili. Francisco de Caravajal estuvo duro de confesar. Cuando le leyeron la sentencia que lo mandaban ahorcar, hacer cuartos y poner la cabeza con la de Pizarro, dijo: «Basta matar». Fue Centeno a verle la noche antes que lo matasen, y él hizo que no lo conocía; y como le dijeron quién era, respondió que, como siempre lo había visto por las espaldas, no lo conocía, dando a entender que siempre le huyó. Largo sería de contar sus dichos y hechos crueles; los contados bastan para la declaración de su agudeza, avaricia e inhumanidad. Había ochenta y cuatro años; fue alférez en la batalla de Rávena y soldado del Gran Capitán, y era el más famoso guerrero de cuantos españoles han a Indias pasado, aunque no muy valiente ni diestro. Dicen por encarecimiento: «Tan cruel como Caravajal»; porque de cuatrocientos españoles que Pizarro mató fuera de batallas, después que Blasco Núñez entró en el Perú, él los mató casi todos con unos negros que para eso traía siempre consigo. Murieron casi otros mil sobre las ordenanzas, y más de veinte mil indios llevando cargas y huyendo a los yermos por no llevarlas donde perecían de hambre y sed. Por que no huyesen, ataban muchos de ellos juntos y por los pescuezos, y cortaban la cabeza al que se cansaba o adolecía, por no pararse ni detenerse; cosa que los buenos podían mirar y no castigar.

CLXXXVII. El repartimiento de indios que Gasca hizo entre los españoles

En siendo degollado Pizarro, se fue Gasca al Cuzco con todo el ejército para dar asiento en los negocios tocantes al sosiego y contento de los españoles, al bien y descanso de los indios y al servicio del rey y de Dios, que lo más principal era. Como llegó, derribaron las casas de Pizarro y de otros traidores y sembráronlas de sal, y pusieron otra piedra con letras que dicen: «Estas casas eran del traidor de Gonzalo Pizarro». Envió Gasca al capitán Alonso de Mendoza con gente a los Charcas a prender los pizarristas que allí huído habían y traer los quintos y tributos del rey. Envió eso mismo a Gabriel de Rojas, a Diego de Mora y a otros, por toda la tierra, a recoger las rentas y quinto real. Hizo un pueblo entre el Cuzco y el Collao, que llaman Nuevo. Despachó al Chili a Pedro de Valdivia con la gente que seguirle quiso, y al capitán Benavente a su conquista, tierra hacia Quito, y rica de ganado y minas de oro. Proveyó a Diego Centeno para las minas de Potosí, que caen en los Charcas y que son las mejores del Perú y aun del mundo, ca de un quintal de mineral sale medio de plata y mucho más, y una cuesta hay allí, toda veteada de plata, que tiene media legua de alto y una de circuito. Dio licencia que se fuesen a sus casas y pueblos todos los que tenían vecindad, vasallos y hacienda. Era todo esto para deooohorloo do oí, que lo fatigaban pidiéndole repartimientos y en qué vivir. Salióse, pues, a Apurima, doce leguas del Cuzco, y allí consultó el repartimiento con el arzobispo de Los Reyes, Loaisa, y con el secretario Pero López, y dio millón y medio de renta, y aun más, a diversas personas, y ciento y cincuenta mil castellanos en oro, que sacó a los encomenderos. Casó muchas viudas ricas con hombres que habían bien servido al rey. Mejoró a muchos que ya tenían repartimientos, y tal hubo que llevó cien mil ducados por año, renta de un príncipe, si no se acabara con la vida; mas el emperador no la da por herencia. Quien más llevó fue Hinojosa. Fuése Gasca a Los Reyes por no oír quejas, reniegos y maldiciones de soldados, y aun de temor, enviando al Cuzco al arzobispo a publicar el repartimiento y a cumplir de palabra con los que sin dineros y vasallos quedaban, prometiéndoles grandes mercedes para después. No pudo el arzobispo, por bien que les habló, aplacar la saña de los soldados a quien no les alcanzó parte del repartimiento, ni la de muchos que poco les cupo. Unos se quejaban de Gasca porque no les dio nada; otros, porque poco, y otros, porque lo había dado a quien desirviera al rey y a confesos, jurando que lo tenían de acusar en Consejo de Indias; y así, hubo algunos, como el mariscal Alonso de Alvarado y Melchior Verdugo, que después escribieron mal de él al fiscal, por vía de acusación. Finalmente, platicaron de amotinarse, prendiendo al arzobispo, al oidor Cianca, a Hinojosa, a Centeno y Alvarado, y rogar al presidente Gasca reconociese los repartimientos y diese parte a todos, dividiendo aquellos grandes repartimientos o echándoles pensiones, y si no, que se los tomarían ellos. Descubrióse luego esto, y Cianca prendió y castigó las cabezas del motín, con que todo se apaciguó.

CLXXXVIII. La tasa que de los tributos hizo Gasca

Asentó Gasca en Los Reyes Audiencia real, y presidió como presidente a todas las causas y negocios de gobernación. Eran oidores los licenciados Andrés de Cianca, Pedro Maldonado Santillán y el doctor Melchior Bravo de Saravia, natural de Soria, caballero de ciencia y conciencia, que tenía la segunda silla y audiencia. Procuró Gasca la conversión de los indios que aún no eran bautizados, y que continuasen la predicación y doctrina cristiana los obispos, frailes y clérigos porque con las guerras habían aflojado. Vedó, so grandísimas penas, que no cargasen indios contra su voluntad ni los tuviesen por esclavos, que así lo mandaban el papa y el emperador; mas por la gran falta de bestias de carga, proveyó en muchas partes que se cargasen como lo hacían en tiempo de idolatría, sirviendo a sus incas y señores, que fue un pecho personal, por el cual les quitaron la tercia parte del tributo. Empero mandóse que no los sacasen de su natural, porque no se destemplasen y muriesen, sino que los criados en los llanos, tierra caliente, sirviesen allí, y los serranos, hechos al frío, no bajasen al llano, y que los remudasen a tiempos, por que no llevasen siempre unos la carga. También dejó muchos que llaman matimaes y que son como esclavos, según y de la manera que Guainacapa los tenía, y mandó a los demás ir a sus tierras; pero muchos de ellos no quisieron sino estarse con sus amos, diciendo que se hallaban bien con ellos, y aprendían cristiandad con oír misa y sermones, y ganaban dineros con vender, comprar y servir. Dicen que faltan los medios de lo conquistado en el Perú por cargarlos mucho y a menudo; que los encomenderos no lo podían ni osaban contradecir a los soldados, que sin piedad ninguna los llevaban, o mataban si no iban; y aun en presencia de Gasca, durante la guerra y camino, lo hacían. Escogió Gasca muchas personas de bien que visitasen la tierra. Dióles ciertas instrucciones; encargóles la conciencia y tomóles juramento en manos del sacerdote, que les dijo una misa del Espíritu Santo, que harían bien y fielmente su oficio. Aquellos visitadores anduvieron todos los pueblos del Perú que sujetos están al emperador, unos por un cabo y otros por otro. Tomaron juramento a los encomenderos o sus personeros, aunque fuesen del rey, que declarasen cuántos indios, sin viejos y niños, había en sus lugares y repartimientos, y que y cuánto pechaban. Echábanlos fuera de su tierra, y examinaban los caciques e indios sobre las vejaciones y demasías que sus dueños les hacían, y sobre qué cosas se criaban y cogían en su territorio; qué solían tributar a los incas; dónde llevaban los tributos, ca tributaban a sus incas lagartijas, ranas y tales cosas, si no la tenían; y lo que al presente pagaban, pagar podrían en adelante, dándoles a entender la merced que les hacía el emperador en moderar el tributo y dejarlos casi francos y señores de sus propias haciendas y granjerías, ca muchos indios del llano, que viven sin casas ni población, como entendieron la visita y tasa, huyeron, pensando que cuanto menos personas hallasen los visitadores, menos pechos pondrían, y así quedarían libres en la hacienda como en la persona. Vueltos, pues, que fueron los visitadores, encomendó Gasca la tasación al arzobispo Loaisa y a Tomás San Martín y Domingo de Santo Tomás, frailes dominicos. Los cuales tomando el parecer de los visitadores, y cotejando los dichos de los señores y de los vasallos, tasaron los tributos mucho menos que los mismos indios decían que podrían buenamente pagar. Gasca lo mandó así, y que cada pueblo pagase su pecho en aquello que su tierra producía; si oro, en oro; si plata, en plata; si coca, en coca; si algodón, sal y ganado, en ello mismo, aunque mandó a muchos pagar en oro y plata no teniendo minas, por razón que se diesen al trabajo y trato para haber aquel oro, criando aves, seda, cabras, puercos y ovejas y llevándolo a vender a los pueblos y mercados, juntamente con leña, yerba, grano y tales cosas; y por que se vezasen a ganar jornal trabajando y sirviendo en las casas y haciendas de los españoles y aprendiesen sus costumbres y vida política cristiana, perdiendo la idolatría y borracherías a que con la gran ociosidad mucho se dan. Publicóse, pues, la tasa, y quedaron muy alegres los indios y contentos, que de antes no descansaban ni dormían, pensando en los cogedores; y si dormían, los soñaban. Quedóles puesta pena si dentro de cierto tiempo de cada un año, en veinte días después, no pagasen sus tributos y pechos. Y al encomendero que llevase más de la tasa, el cuatro tanto por la primera vez, y por la segunda, que perdiese la encomienda y repartimiento.

CLXXXIX. Los gastos que Gasca hizo y el tesoro que juntó

No entró Gasca en el Nombre de Dios con más de cuatrocientos ducados; empero buscó prestados y a cambio cuantos dineros menester hubo para la guerra, cuando Pizarro se puso en resistencia; con los cuales compró armas, artillería, caballos y matalotaje; pagó el sueldo y dio socorros, e hizo otros muchos gastos, en que, echada cuenta por pluma, gastó novecientos mil pesos de oro desde que llegó hasta que salió del Perú, ca fue necesario gastar largo con los españoles, y valían carísimo las cosas de Castilla, no solamente las de comer y vestir, pero las de guerrear, como eran caballos, arcabuces y coseletes, y es de notar que, siendo aquella tierra tan cara y lejos, hay tantas y tan buenas armas y caballos; mas allá van mercaderías donde quieren dineros. Recogió Gasca las rentas y quintos del rey y el oro y plata de los traidores y condenados, y allegó tanto tesoro, que pagó los novecientos mil pesos, y le quedaron para traer al emperador un millón y trescientos mil castellanos en plata y oro, cosa de que mucho se maravillaron todos, y no por el dinero, sino por la manera con que lo juntó. Nunca procuró ni tomó para sí un real, y así, digo que nunca pasó al Perú español, con cargo ni sin él, que no tomase algo, sino Gasca, que no le conocieron, aunque lo miraron, señal de avaricia, por la cual se perdieron y mataron cuantos habemos contado en las guerras del Perú. Sacó, empero, a Blasco Núñez Vela, que realísimamente fue servidor del emperador y libre de tal vicio, aunque porfió algo los negocios por sus dieciocho mil ducados de salario. Gabriel de Rojas sacó demasiado a los indios vacos en cabeza del rey, y a los españoles que favorecieron a Pizarro y a los que no le favorecieron, diciendo que se habían estado a la mira, todo lo cual pasó de un millón; y como murió en el camino casi súbitamente, dijeron que por juicio de Dios, y que se aparecía espantosamente a ciertos frailes de Santo Domingo de Lima. Y pues hablamos de tesoro, bien es decir la riqueza del Perú que hasta aquí nuestros españoles han habido, así en lo que hallaron en poder de los indios como en lo que sacaron de minas, que mucho es. Agustín de Zárate, que tomó las cuentas, halló cargados a los oficiales del rey, en los libros de cuentas, un millón y ochocientos mil pesos de oro, y seiscientos mil marcos de plata del quinto y rentas reales, y toda esta plata y oro ha venido en España de una o de otra manera, porque allá no la quieren para más de traerla, y danse tanta prisa a traerla como a sacarla y haberla. Aunque don Diego de Almagro, Vaca de Castro, Blasco Núñez, Gonzalo Pizarro, Gasca y otros capitanes gastaron mucho de lo del rey en las guerras; mas todo al fin, como dije, es venido a España, y es una cantidad increíble, pero cierta.

CXC. Consideraciones

De cuantos españoles han gobernado el Perú no ha escapado ninguno, sino es Gasca, de ser por ello muerto o preso, que no se debe poner en olvido. Francisco Pizarro, que lo descubrió, y sus hermanos, ahogaron a Diego de Almagro; don Diego de Almagro, su hijo, hizo matar a Francisco Pizarro; el licenciado Vaca de Castro degolló a don Diego; Blasco Núñez Vela prendió a Vaca de Castro, el cual aún no está fuera de prisión; Gonzalo Pizarro mató en batalla a Blasco Núñez; Gasca justició a Gonzalo Pizarro y echó preso al oidor Cepeda, que los otros sus compañeros ya eran muertos; los Contreras, como luego declararemos, quisieron matar a Gasca. También hallaréis que han muerto más de ciento y cincuenta capitanes y hombres con cargo de justicia, unos a manos de indios, otros peleando entre sí, y los más ahorcados. Atribuyen los indios, y aun muchos españoles estas muertes y guerras a la constelación de la tierra y riqueza; yo lo echo a la malicia y avaricia de los hombres. Dicen ellos que nunca después que se acuerdan (algunos han cien años) faltó guerra en el Perú; porque Guainacapa y Opangui, su padre, tuvieron continuamente guerras con sus comarcanos por señorear solos aquella tierra. Guaxcar y Ataliba pelearon sobre cuál sería inca y monarca, y Ataliba mató a Guaxcar, su hermano mayor, y

Francisco Pizarro mató y privó del reino al Atabaliba por traidor, y cuantos su muerte procuraron y consintieron han acabado desastradamente, que también es otra consideración. Ya leístes el fin de Diego de Almagro, Francisco y Gonzalo Pizarro. A Juan Pizarro, que de todos sus hermanos era el más valiente, mataron indios en el Cuzco, y Juan de Rada y sus consortes, a Francisco Martín de Alcántara. Los isleños de Puna mataron a palos al obispo fray Vicente de Valverde, que huía de don Diego de Almagro, y al doctor Velázquez, su cuñado, y al capitán Juan de Valduneso, con otros muchos. Almagro ahorcó a Felipillo allá en Chili; Hernando de Soto pereció en la Florida, y otros en otras partes. Algunos viven de aquéllos, como es Fernando Pizarro, que, si bien no se halló en la muerte de Atabaliba, está en la Mota de Medina del Campo por la muerte de Almagro y batalla de las Salinas y otras muchas cosas.

CXCI. Otras consideraciones

Comenzaron los bandos entre Pizarro y Almagro por ambición y sobre quién gobernaría el Cuzco; empero crecieron por avaricia y llegaron a mucha crueldad por ira y envidia; y plega a Dios que no duren como en Italia güelfos y gibelinos. Siguieron a Diego de Almagro porque daba, y a Francisco Pizarro porque podía dar. Después de ambos muertos, han seguido siempre al que pensaban que les daría más y presto. Muchos han dejado al rey porque no les tenía de dar, y pocos son los que fueron siempre leales, ca el oro ciega el sentido, y es tanto lo del Perú, que pone admiración. Pues así como han seguido diferentes partes, han tenido doblados corazones y aun lenguas; por lo cual nunca decían verdad sino cuando hallaban malicia. Corrompían los hombres con dineros para jurar falsedades; acusaban unos a otros maliciosamente por mandar, por haber, por venganza, por envidia y aun por su pasatiempo; mataban por justicia sin justicia, y todo por ser ricos. Así que muchas cosas se encubrieron que convenía publicar y que no se pueden averiguar en tela de juicio, probando cada uno su intención. Muchos hay también que han servido al rey de los cuales no se cuenta mucho, por ser hombres particulares y sin cargos; que aquí solamente se trata de los gobernadores, capitanes y personas señaladas, y porque sería imposible decir de todos, y porque les vale más quedar en el tintero. Quien se sintiere, calle, pues está libre y rico; no hurgue por su mal. Si bien hizo y no es loado, eche la culpa a sus compañeros; y si mal hizo y es mentado, échela a sí mismo.

CXCII. El robo que los Contreras hicieron a Gasca volviendo a España

Diose Gasca muy gran prisa y maña, después que castigó a Pizarro y a los otros revoltosos y bandoleros, a poner en concierto la justicia, a gratificar los soldados, a tasar los tributos, a recoger dineros y a dejar la gente y tierra llana, poolítica y mejorada para volverse a España; cosa que mucho deseaba. Embarcó millón y medio para el rey, y otro tanto y más de particulares, y fuése a Panamá; dejó allí seiscientos mil pesos por no tener en qué llevarlos, y caminó al Nombre de Dios. Llegaron luego a Panamá con doscientos soldados españoles dos hijos de Rodrigo de Contreras, gobernador de Nicaragua, y tomaron aquellos seiscientos mil castellanos que Gasca dejó y cuanto más dineros y ropa pudieron, entrando por fuerza en la ciudad y en las casas. El uno de ellos se fue con la presa en dos o tres naos, y el otro echó tras Gasca por quitarle todo el oro y plata que llevaba, y la vida: tan ciego y soberbio estaba. Habían estos Contreras muerto al obispo de Nicaragua, fray Antonio de Valdivieso, porque escribió mal de su padre a Castilla, donde andaba en negocios. Andaban homicianos, pobres y huidos; recogieron los pizarristas que iban huyendo de Gasca y otros perdidos, y acordaron de hacer aquel asalto por enriquecer, diciendo que aquel tesoro y todo el Perú era suyo y les pertenecía como a nietos de Pedrarias de Avila, que tuvo compañía con Pizarro, Almagro y Luque, y los envió y se alzaron: color malo, empero bastante para traer a ruines a su propósito. En fin, ellos hicieron un asalto y hurto calificado si con él se contentaran, aunque no escaparan de las manos del rey, que alcanzan mucho. Supo Gasca lo uno y lo otro de vecinos de Panamá, puso en cobro el tesoro y volvió con gente. Peleó con los de Contreras y venciólos; prendió y justició cuantos quiso. Huyó el Contreras, y ahogóse cerca de allí pasando un río. Despachó Gasca naos tras el otro Contreras bien armadas de tiros y arcabuceros; los cuales se dieron tan buena diligencia y cobro, que lo alcanzaron. Tomáronle las naos y los dineros peleando, mataron cuantos con él iban, sino fueron diez o doce, en el combate y justicia que luego hicieron, y así cobró Gasca su hurto y castigó los ladrones: cosas tan señaladas como dichosas para su honra y memoria. Embarcóse con tanto en el Nombre de Dios y llegó a España por julio del año de 1550, con grandísima riqueza para otros y reputación para sí. Tardó en ir y venir y hacer lo que habéis oído poco más de cuatro años. Hízolo el emperador obispo de Palencia y llamólo a Augusta, de Alemaña, para que le informase a boca y entera y ciertamente de aquella tierra y gente del Perú.

CXCIII. La calidad y temple del Perú

Llaman Perú todas aquellas tierras que hay del mismo río al Chili, y que nombrado habemos muchas veces en su conquista y guerras civiles, como son Quito, Cuzco, Charcas, Puerto-Viejo, Túmbez, Arequipa, Lima y Chili. Divídenlo en tres partes: en llano, sierras y Andes. Lo llano, que arenoso es y muy caliente, cae a orillas del mar; entra poco en la tierra, pero extiéndese grandemente por junto al agua. De Túmbez allá no llueve ni truena ni echa rayos en más de quinientas leguas de costa y diez o veinte de tierra que duran los llanos. Viven aquí los hombres en las riberas de los ríos que vienen de las sierras, por muchos valles, los cuales tienen llenos de frutales y otros árboles, bajo cuya sombra y frescura duermen y moran, ca no hacen otras casas ni camas. Críanse allí cañas, juncos, espadañas y semejantes yerbas de mucha verdura para tomar por cama, y unos arbolejos cuyas hojas se secan en tocándolas con la mano. Siembran algodón, que de suyo es azul, verde, amarillo, leonado y de otras colores; siembran maíz, y batatas y otras semillas y raíces, que comen, y riegan las plantas y sembrados por acequias que sacan de los ríos, y cae también algún rocío. Siembran asimismo una yerba dicha coca, que la precian más que oro ni pan, la cual requiere tierra muy caliente, y tráenla en la boca todos y siempre, diciendo que rnata la sed y el hambre: cosa admirable si verdadera. Siembran y cogen todo el año; no hay lagartos o cocodrilos en los ríos ni costa de estos llanos de Lima allá; y así, pescan sin miedo y mucho. Comen crudo el pescado, que así hacen la carne por la mayor parte; toman muchos lobos marinos, que los hallan buenos de comer, y límpianse los dientes con sus barbas, por ser buenas para la dentadura; y aun dicen que quitan el dolor de muelas los dientes de aquellos lobos, si los calientan y los tocan. Comen estos lobos piedras, puede ser que por lastre; los buitres matan también estos lobos cuando salen a tierra, que mucho es de ver, y se los comen. Acometen a un lobo marino muchos buitres, y aun dos solamente se atreven; unos lo pican de la cola y pies, que todo parece uno, y otros de los ojos, hasta que se los quiebran, y así lo matan después de ciego y cansado. Son grandes los buitres, y algunos tienen doce y quince y aun dieciocho palmos de una punta de ala a otra. Hay garzas blancas y pardas, papagayos, mochuelos, pitos, ruiseñores, codornices, tórtolas, patos, palomas, perdices y otras aves que nosotros comemos, excepto gallipavos, que no crían de Chira o Túmbez adelante. Hay águilas, balcones y otras aves de rapiña, y de muy extraño y hermoso color; hay un pajarico del tamaño de cigarra, con linda pluma entre colores, que admira la gente; hay otras aves sin pluma, tan grandes como ansarones, que nunca salen del mar; tienen empero un blando y delgado vello por todo el cuerpo. Hay conejos, raposas, ovejas, ciervos y otros animales, que cazan con redes y arcos y a ojeo de hombres, trayéndolos a ciertos corrales que para ello hacen. La gente que habita en estos llanos es grosera, sucia, no esforzada ni hábil; viste poco y malo; cría cabello, y no barba, y como es gran tierra, hablan muchas lenguas. En la sierra, que es una cordillera de montes bien altos y que corre setecientas y más leguas, y que no se aparta de la mar quince, o cuando mucho veinte, llueve y nieva reciamente, y así es muy fría. Los que viven entre aquel frío y calor son por la mayor parte tuertos o ciegos, que por maravilla se hallan dos personas juntas que la una no sea tuerta. Andan rebozados y tocados por esto, y no por cubrir, como algunos decían, unos rabillos que les nacían al colodrillo. En muchas partes de esta fría sierra no hay árboles, y hacen fuego de cierta tierra y céspedes que arden muy bien. Hay sierras de colores, como es Parnionga, Guarimei; unas coloradas, otras negras, de que sin otra mezcla hacen tinta; otras amarillas, verdes, moradas, azules, que se divisan de lejos y parecen muy bien. Hay venados, lobos, osos negros, y unos gatos que parecen hombres negros. Hay dos suertes de pacos, que llaman los españoles ovejas, y son, como en otro cabo dijimos, unas domésticas y otras silvestres. La lana de las unas es grosera, y de las otras fina, de la cual hacen vestidos, calzado, colchones, mantas, paramentos, sogas, hilo y la borla que traen los incas. Tienen grandes hatos y granjería de ellas en Chincha, Caxamalca y otras muchas tierras, y las llevan y traen de un extremo a otro corno los de Soria y Extremadura. Críanse nabos, altramuces, acederas y otras yerbas de comer, y una como apio de flor amarilla que sana toda llaga podrida, y si la ponen donde no hay mal, come la carne hasta el hueso; y así, es buena para lo malo y mala para lo bueno. No tengo qué decir del oro ni de la plata, pues donde quiera se halla. En los valles de la sierra, que son muy hondos, hay calor y se hace la coca y otras cosas que no quieren tierra fría. Los hombres traen camisas de lana y hondas ceñidas por la cabeza sobre el cabello. Tienen más fuerza, esfuerzo, cuerpo, razón y policía que los del llano arenoso. Las mujeres visten largo y sin mangas, fájanse mucho y usan mantellinas sobre los hombros, prendidas con alfileres cabezudos de oro y plata, a fuer del Cuzco. Son grandes trabajadoras y ayudan mucho a sus maridos; hacen casas de adobes y madera, que cubren de uno como esparto. Estas son asperísimas montañas, si las hay en el mundo, y vienen de la Nueva España, y aun de más allá, por entre Panamá y el Nombre de Dios, y llegan al estrecho de Magallanes. De aquellos, pues, nacen grandísimos ríos, que caen en la mar del Sur, y otros mayores en la del Norte, como son el río de la Plata, el Marañón y el de Orellana, que aún no está averiguado sí es el mismo Marañón. Los Andes son valles muy poblados y ricos de minas y ganado; pero aún no hay de ellos tanta noticia como de las otras tierras.

CXCIV. Cosas notables que hay y que no hay en el Perú

Oro y plata hay donde quiera, mas no tanto como en el Perú, y fúndenlo en hornillos con estiércol de ovejas, y al aire, peñas y cerros de colores; no sé dónde lo hay como aquí; aves hay diferentes de otras partes, como la que no tiene pluma y la que pequeñísima es, según un poco antes contamos. Los osos, las ovejas y gatos gesto de negros son propios animales de esta tierra. Gigantes dicen que hubo en tiempos antiguos, cuyas estatuas halló Francisco Pizarro en Puerto Viejo y diez o doce años después se hallaron no muy lejos de Trujillo grandísimos huesos y calaveras con dientes de tres dedos en gordo y cuatro en largo, que tenían un verdugo por de fuera y estaban negros; lo cual confirmó la memoria que de ellos anda entre los hombres de la costa. En Colli, cerca de Trujillo, hay una laguna dulce que tiene el suelo de sal blanca y cuajada. En los Andes, detrás de Jauja, hay un río que, siendo sus piedras de sal, es dulce. Una fuente está en Chinca cuya agua convierte la tierra en piedra, y la piedra y barro en peña. En la costa de San Miguel hay grandes piedras de sal en la mar, cubiertas de ovas. Otras fuentes o mineros hay en la punta de Santa Elena que corren un licor, el cual sirve por alquitrán y por pez. No había caballos, ni bueyes, ni mulos, asnos, cabras, ovejas, perros, a cuya causa no hay rabia allí ni en todas las Indias. Tampoco había ratones hasta en tiempo de Blasco Núñez: remanecieron tantos de improviso en San Miguel y otras tierras, que royeron todos los árboles, cañas de azúcar, maizales, hortaliza y ropa sin remedio ninguno, y no dejaban dormir a los españoles y espantaban a los indios. Vino también langosta muy menuda en aquel mismo tiempo, nunca vista en el Perú, y comió los sembrados. Dio asimismo una cierta sarna en las ovejas y otros animales del campo, que mató como pestilencia las más de ellas en los llanos, que ni las aves carniceras las querían comer. De todo esto vino gran daño a los naturales y extranjeros, que tuvieron poco pan y mucha guerra. Dicen también que no hay pestilencia, argumento de ser los aires sanísimos, ni piojos, que lo tengo a mucho; mas los nuestros bien los crían. No usaban moneda, teniendo tanta plata, oro y otros metales; ni letras, que mayor falta y rudeza era; pero ya los saben y aprenden de nosotros, que vale más que sus desaprovechadas riquezas. No es de callar la manera que tienen en hacer sus templos, fortalezas y puentes: traen la piedra arrastrando a fuerza de brazos, que bestias no hay, y piedras de diez pies en cuadro, y aun mayores. Asiéntanlas con cal y otro betún, arriman tierra a la pared, por donde suben la piedra, y cuanto el edificio crece, tanto levantan la tierra, ca no tienen ingenios de grúas y tornos de cantería; y así, tardan mucho en semejantes fábricas, y andan infinitas personas; tal edificio era la fortaleza del Cuzco, la cual era fuerte, hermosa y magnífica. Los puentes son para reír y aun para caer; en los ríos hondos y raudos, que no pueden hincar postes, echan una soga de lana o verga de un cabo a otro por parte alta; cuelgan de ella un cesto como de vendimiar, que tiene las asas de palo, por más recio; meten allí dentro el hombre, tiran de otra soga y pásanlo. En otros ríos hacen una puente sobre pies de un solo tablón, como las que hacen en Tajo para las ovejas; pasan por allí los indios sin caer ni turbarse, que lo continúan mucho; mas peligran los españoles, desvaneciendo con la vista del agua y altura y temblor de la tabla; y así, los más pasan a gatas. También hacen buenas puentes de maromas sobre pilares que cubren de trenzas, por las cuales pasan caballos, aunque se bambolean. La primera que pasaron fue entre Iminga y Guaillasmarca, no sin miedo, la cual era de dos pedazos: por el uno pasaban los incas, orejones y soldados, y por el otro los demás, y pagaban pontazgos, como pecheros, para sustentar y reparar el puente, aunque los pueblos más vecinos eran obligados a tener en pie los puentes. Donde no había puente de ninguna suerte hacían balsas y artesas, mas la reciura de los ríos se las llevaba; y así, les convenía pasar a nado, que todos son grandes nadadores. Otros pasan sobre una red de calabazas, guiándola uno y empujándola otro, y el español o indio y ropa que va encima se cubre de agua. Por defecto, pues, y maleza de puentes se han ahogado muchos españoles, caballos, oro y plata; que los indios a nado pasan. Tenían dos caminos reales del Quito al Cuzco, obras costosas y notables; uno por la sierra y otro por los llanos, que duran más de seiscientas leguas; el que iba por llano era tapiado por ambos lados, y ancho veinticinco pies; tiene sus acequias de aguas, en que hay muchos árboles, dichos molli. El que iba por lo alto era de la misma anchura cortado en vivas peñas y hecho de cal y canto, ca o bajaban los cerros o alzaban los valles para igualar el camino; edificio, al dicho de todos, que vence las pirámides de Egipto y calzadas romanas y todas obras antiguas. Guainicapa lo alargó y restauró, y no lo hizo, como algunos dicen; que cosa vieja es, y que no la pudiera acabar en su vida. Van muy derechos estos caminos, sin rodear cuesta ni laguna, y tienen por sus jornadas y trechos de tierra unos grandes palacios, que llaman tambos, donde se albergan la corte y ejército de los incas; los cuales están abastecidos de armas y comida, y de vestidos y zapatos para los soldados; que los pueblos comarcanos los proveían de obligación. Nuestros españoles con sus guerras civiles han destruido estos caminos, cortando la calzada por muchos lugares para impedir el paso unos a otros y aun los indios deshicieron su parte cuando la guerra y cerco del Cuzco.

CXCV. Remate de las cosas del Perú

Las armas que los del Perú comúnmente usan son hondas flechas, picas de palma, dardos, porras, hachas, alabardas, que tienen los hierros de cobre, plata y oro. Usan también cascos de metal y de madera, y jubones embastados de algodón. Cuentan uno diez, ciento, mil, diez cientos, diez cientos de miles, y así van multiplicando. Traen la cuenta por piedras y por nudos en cuerdas de color; y es tan cierta y concertada, que los nuestros se maravillan. Juegan con un solo dado de cinco puntos que no tienen mayor suerte. El pan es de maíz; el vino, también, y emborracha reciamente. Otras bebidas hacen de frutas y yerbas como decir de molles, árboles fructíferos, de cuya fruta hacen también una cierta miel que aprovecha en los golpes y mataduras de bestias, y las hojas para dolor y llagas de hombres, y para agua piernas y de barberos. Su vianda es fruta, raíces, pescado y carne, especialmente de oveja-ciervos, que tienen muchas en poblado y despoblado, propias y comunes, y santas o sagradas, que son del Sol, ca los incas inventaron un cierto diezmo, hato y pejugal de Pachacama y otras guacas para tener carne os tiempos de guerra, vedando que nadie las matase ni corriese. Son muy borrachos; tanto, que pierden el juicio. No guardan mucho el parentesco en casamientos, ni ellas lealtad en matrimonio. Casan con cuantas se les antojan, y algunos orejones con sus hermanas. Heredan sobrinos, y no hijos, sino os ontro incas y señores; pero ¿qué han de heredar?, pues el vulgo ni tiene, ni quiere, o no le dejan hacienda. Son mentirosos, ladrones crueles, sométicos, ingratos, sin honra, sin vergüenza, sin caridad ni virtud. Sepúltanse debajo la tierra, y algunos embalsaman echándoles un licor de árboles olorísimo por la garganta, o untándolos con gomas; en la sierra se conservan infinito tiempo con el frío; y así, hay mucha carne momia. Hartos hombres viven cien años en el Collao y en otras partes del Perú que son frías. Las tierras de pan llevar son fertilísimas; un grano de cebada echó trescientas espigas, y otro de trigo, doscientas, que pienso fueron de los que primero sembraron. En San Juan, gobernación de Pascual de Andagoya, sembraron una escudilla de trigo y cogieron novecientas; en muchas partes han cogido doscientas y más fanegas de una que sembraron, y así multiplicaban al principio las otras semillas de acá. Los rábanos se hacían tan gordos como un muslo, y aun como un cuerpo de hombre; pero luego disminuyeron sembrados de su misma simiente, que así hicieron todas las cosas de grano que llevaron de Castilla. Ha multiplicado mucho la fruta de zumo y agro, como decir naranjas y las cañas de azúcar; multiplican eso mismo los ganados, ca una cabra pare cinco cabritos, y cuando menos dos; y si no hubiese sido por las guerras civiles, habría ya infinitas yeguas, ovejas, vacas, asnas y mulas que los relevasen de carga; mas presto, placiendo a Dios, habrá todas estas cosas y vivirán políticamente con la paz y predicación que tienen, en la cual entienden con gran fervor y caridad nuestros españoles, así eclesiásticos como seglares, que tienen vasallos; y la solicitan los oidores, y la procura el virrey don Antonio de Mendoza, hecho a la conversión de los indios de Nueva España, de donde vino a gobernar al Perú. Hasta aquí han estado porfiados en su idolatría y vicios abominables, por ocuparse los obispos, clérigos y frailes en las guerras civiles; y los convertidos fácilmente renegaban la religión cristiana viendo cómo iban las cosas, y aun muchos por malicia y por persuasión del diablo; y así, muchos de ellos no se querían enterrar en las iglesias a fuer de cristianos, sino en sus templos y osares; y aun hartas veces hallaron nuestros sacerdotes bultos de paja y algodón en las andas queriendo echar el difunto en la fosa; y otros decían, cuando les predicaban a Jesucristo bendito y su santísima fe y doctrina, que aquello era para Castilla y no para ellos, que adoraban a Pachacama, criador y alumbrador del mundo. No los apremian a más diezmo de cuanto ellos quieren dar, por que no se resabien ni sientan mal de la ley, que aún no entienden bien. Fray Jerónimo de Loaisa es arzobispo de Los Reyes, y hay otros tres obispados en el Perú: el Cuzco, que tiene fray Juan Solano, y el Quito, que tiene García Diez, y el de los Charcas, que tiene fray Tomás de San Martín.

CXCVI. Panamá

Del río Perú al Cabo Blanco, que por otro nombre se dice Puerto de la Herradura, ponen de tierra, costa a costa, cuatrocientas menos diez leguas, contando así: de Perú, que cae dos grados acá de la Equinoccial, hay sesenta leguas al golfo de San Miguel, que está en seis grados, y veinticinco leguas del otro golfo de Urabá o Darién, y boja cincuenta. Descubrióle Vasco Núñez de Balboa el año de 13, buscando la mar del Sur, como en su tiempo dijimos, y halló en él muchas perlas. De este golfo a Panamá hay más de cincuenta, que descubrió Gaspar de Morales, capitán de Pedrarias de Avila; de Panamá a la punta de Guera, yendo por Paris y Natán, ponen setenta leguas; de Guera, que cae a poco más de seis grados, hay cien leguas a Borica, que es una punta de tierra puesta en ocho grados, de la cual hay otras ciento hasta Cabo Blanco, que parece uña de águila y que está en ocho grados y medio a esta parte de la Equinoccial. Estas doscientas y setenta leguas descubrió el licenciado Gaspar de Espinosa, de Medina del Campo, alcalde mayor de Pedrarias, año de 15 ó 16, juntamente con Diegarias de Avila, hijo del gobernador, aunque poco antes habían corrido por tierra Gonzalo de Badajoz y Luis de Mercado la costa de Paris y Natán por cincuenta leguas, y fue de esta manera: Pedrarias de Avila envió muchos capitanes a descubrir y poblar en diversas partes, según en otro cabo conté, entre ellos fue Gonzalo de Badajoz, el cual partió del Darién por marzo del año de 1515 con ochenta compañeros y fue al Nombre de Dios, donde estuvo algunos días atrayendo de paz a los naturales; mas como el cacique no quería su amistad ni contratación, no pudo. Llegó también allí entonces Luis de Mercado con otros cincuenta españoles del mismo Pedrarias, y acordaron entre ambos irse a la costa del Sur, que tenía fama de más rica tierra, así, que tomaron indios para guía y servicio, y subieron las sierras, en la cumbre de las cuales estaba Yuana, señor de Coiba, que llamaron la rica por hallar oro donde quiera que cavaban. Huyó el cacique, de miedo de aquellos nuevos y barbudos hombres, y no quiso venir, por mensajeros que le hicieron; y así, saquearon y quemaron el pueblo, y pasaron delante con buena presa de esclavos; no digo que los hicieron, sino que ya lo eran. Usan mucho por allí tener esclavos para sembrar, coger oro y hacer otros servicios y provechos. Tráenlos herrados, las caras de negro y colorado; pínchanles los carrillos con hueso y espinas de peces, y échanles ciertos polvos, negros o colorados, tan fuertes, que por algunos días no les dejan mascar, y que nunca pierden la color. De Coiba fueron cinco días por el camino del agua, que otro no sabían, sin ver poblado ninguno. Al postrero toparon dos hombres con sendas talegas de pan, que los guiaron a su cacique, dicho Totonaga, que ciego era, el cual los hospedó amorosamente y les dio seis mil pesos de oro en granos, vasos y joyas; dióles también noticia de la costa y riqueza que buscaban. Ellos se despidieron de él alegres y contentos, y caminando hacia poniente llegaron a un lugar de Taracuru, reyezuelo rico, que les dio hasta ocho mil pesos de oro. Destruyeron a Pananome porque no los recibió el señor, aunque era hermano de Taracuru. Pasaron por Tavor, y fueron bien recibidos de Cheru, que les hizo un presente de cuatro mil pesos de oro; era rico por el trato de unas muy buenas salinas que tenía. Otro día entraron en un pueblo, y el señor Natán les dio quince mil pesos de oro. Reposaron allí por el buen acogimiento y amor a los vecinos. Había mucha comida y buenas casas con chapiteles y cubiertas de paja; los varales, de que son, entretejidos por gran concierto, y parecen harto bien. Tenían ya Badajoz y Mercado ochenta mil pesos de oro en granos, collares, bronchas, zarcillos, cascos, vasos y otras piezas que les habían dado y ellos habían tomado y rescatado. Tenían también cuatrocientos esclavos para llevar el oro, ropa y españoles enfermos. Caminaron sin concierto ni cuidado, como no habían hallado hasta allí resistencia, en busca del rey Pariza, o Paris, como dicen otros, que tenía fama del más rico señor de aquella costa. El Pariza tuvo sentimiento y espías de su venida; armó gente, púsose al paso, paróles una celada, dio sobre ellos, y antes que se pudiesen resolver hirió y mató hasta ochenta españoles, que los demás huyeron; y tomó los ochenta mil pesos de oro y los cuatrocientos esclavos, con toda la ropa que llevaban. No gozó mucho Pariza el despojo, aunque goza de la fama; ca después lo despojaron a él y a su tierra en diversas veces aquel oro y dos tanto. No pudo ir Pedrarias a vengar la muerte de sus españoles, por enfermedad, y envió a Gaspar de Espinosa, su alcalde mayor, el cual conquistó aquella tierra, descubrió la costa que dije y pobló a Panamá. Es Panamá chico pueblo, mal asentado, mal sano, aunque muy nombrado por el pasaje del Perú y Nicaragua, y porque fue un tiempo chancillería; es cabeza de obispado y lugar de mucho trato. Los aires son buenos cuando son de mar; y cuando de tierra, malos; y los buenos de allí son malos en el Nombre de Dios, y al contrario. Es la tierra fértil y abundante; tiene oro, hay mucha caza y volatería; y por la costa, perlas, ballenas y lagartos, los cuales no pasan de Túmbez, aunque allí cerca los han muerto de más de cien pies en largo y con muchos guijarros en el buche; si los digieren, gran propiedad y calor es. Visten, hablan y andan en Panamá como en Darién y tierra de Culúa, que llaman Castilla de Oro. Los bailes, ritos y religión son algo diferentes, y parecen mucho a los de Haití y Cuba. Entallan, pintan y visten a su Tavira, que es el diablo, como lo ven y hablan, y aun lo hacen de oro vaciadizo. Son muy dados al juego, a la carnalidad, al hurto y ociosidad. Hay muchos hechiceros y brujos que de noche chupan los niños por el ombligo; hay muchos que no piensan que hay más de nacer y morir, y aquellos tales no se entierran con pan y vino ni con mujeres ni mozos. Los que creen inmortalidad del alma se entierran, si son señores, con oro, armas, plumas; si no lo son, con maíz, vino y mantas. Secan al fuego los cuerpos de los caciques, que es su embalsamar; meten con ellos en las sepulturas algunos de sus criados, para servirlos en el infierno, y algunas de sus muchas mujeres que los amaban; bailan al enterramiento, cuecen ponzoña y beben de ella los que han de acompañar al difunto, que a las veces son cincuenta. También se salen muchos a morir al campo, donde los coman aves, tigres y otras animalias. Besan los pies al hijo o sobrino que hereda, estando en la cama, que vale tanto como juramento y coronación. Todo esto ha cesado con la conversión; y viven cristianamente, aunque faltan muchos indios, con las primeras guerras y poca justicia que hubo al principio.

CXCVII. Tararequi, isla de perlas

Gaspar de Morales fue, año de 15, al golfo de San Miguel con ciento y cincuenta españoles, por mandado de Pedrarias, en demanda de la isla Tararequi, que tan abundante de perlas decían ser los de Balboa, y tan cerca la costa. Juntó muchas canoas y gente que le dieron Chiape y Tamucho, amigos de Vasco, y pasó a la isla con sesenta españoles. Salió el señor de ella a estorbarle la entrada con mucha gente y grita; peleó tres veces, igualmente que los nuestros, y a la cuarta fue desbaratado, y quisiera rehacerse para defender su isla; empero dejó las armas e hizo paz con Morales por consejo y ruego de los indios del golfo, que le dijeron ser invencibles los barbudos, amorosos con los amigos y ásperos con los enemigos, según lo habían mostrado a Ponca, Pocorosa, Cuareca, Chiape, Tumaco y a otros grandes caciques que se tomaron con ellos. Hechas, pues, las amistades, llevó el señor los españoles a su casa, que grande y buena era, dióles bien de comer, y una cesta de perlas, que pesaron ciento y diez marcos. Recibió por ellas algunos espejos, sartales, cascabeles, tijeras, hachas y cosillas de rescate, que las tuvo en más que tenía las perlas. Subiólos a una torrecilla y mostróles otras islas, tierras ricas de perlas y no faltas de oro, diciendo que todas las tenían a su mandar siempre que sus amigos fuesen. Bautizáse, y llamóse Pedrarias por tener el nombre del gobernador, y prometió de dar tributo al emperador, en cuya tutela se ponía, cien marcos de perlas en cada un año; y con tanto, se volvieron al golfo de San Miguel, y de allí al Darién. Está Tararequi en cinco grados de la Equinoccial a nosotros. Abunda de mantenimientos, de pesca, aves y conejos; de los cuales hay tantos en poblado y despoblado, que a manos los toman. Hay unos árboles olorosos que tiran a especias, por lo cual creyeron estar cerca de allí la Especiería; y así, hubo quien pidiese el descubrimiento de ella para ir a su costa por allí a buscarla. Había gran pesquerías de perlas, y eran las mayores y mejores del Mundo Nuevo. Muchas de las perlas que dio el cacique eran como avellanas, otras como nueces moscadas, y una hubo de veintiséis quilates, y otra de treinta y uno, hechura de Cermeña, muy oriental y perfectísima, que compró Pedro del Puerto, mercader, a Gaspar de Morales en mil doscientos castellanos; el cual no pudo dormir la noche que la tuvo, de pensamiento y pesar por haber dado tanto dinero por una piedra; y así, la vendió luego el siguiente día a Pedrarias de Avila, para su mujer, doña Isabel de Bobadilla, en lo mismo que le costó; y después la vendió la Bobadilla a la emperatriz doña Isabel.

CXCVIII. De las perlas

El cacique Pedrarias hizo pescar perlas a sus nadadores delante los españoles, que se lo rogaron, y que se holgaron de tal pesca. Los que a pescar entraron eran grandes hombres de nadar a somorgujo, y criados toda la vida en aquel oficio. Fueron en barquillas estando mansa la mar, que de otra manera no entran. Echaron una piedra por ancla a cada canoa, atada con bejucos, que son recios y correosos como varas de avellano. Zambulléronse a buscar ostiones con sendas talegas y saquillos al cuello, y salieron una y muchas veces cargados de ellos. Entran cuatro, seis y aun diez estados de agua, porque cuanto mayor es la concha tanto más hondo anda y está; y si alguna vez suben arriba las grandes, es con tormenta, aunque andan de un cabo a otro buscando de comer. Pero hallando su pasto, están quedas hasta que se les acaba o sienten que las buscan. Péganse tanto a las peñas y suelo, y unas con otras, que mucha fuerza es menester para despegarlas, y hartas veces no pueden, y otras las dejan, pensando que son piedras. También se ahogan hartos pescándolas, o porque les falta el aliento forcejando por arrancarlas, o porque se les traba y entrica la soguilla, o los desbarrigan y comen peces carniceros que hay, como son los tiburones. Las talegas que meten al cuello son para echar las conchas; las soguillas, para atarse a sí, echándoselas por el lomo con dos cantos asidos de ella por pesga contra la fuerza del agua, que no los levante y mude. De esta manera pescan las perlas en todas las Indias; y porque morían muchos pescándolas con los peligros susodichos, y con los grandes y continuos trabajos, poca comida y mal tratamiento que tenían, ordenó el emperador una ley, entre las que Blasco Núñez Vela llevó, que pone pena de muerte al que trajere por fuerza indio ninguno libre a pescar perlas, estimando en mucho más la vida de los hombres que no el interés de las perlas, si han de morir por ellas, aunque valen mucho. Ley digna de tal príncipe, y de perpetua memoria. Escriben los antiguos por gran cosa tener una concha cuatro o cinco perlas; pues yo digo que se han tomado en las Indias y Nuovo Mundo, por nuestros españoles, muchas de ellas con diez, veinte y treinta perlas, y aun algunas con más de ciento, empero menudas. Cuando no hay más de una, es mayor y mucho mejor. Dicen que las muchas están como huevos chiquiticos en la madre de las gallinas, y que paren las conchas, lo cual no creo; porque si pariesen, no serían tan grandes, si ya no van preñadas siempre jamás. Bien es verdad que a cierto tiempo del año se tiñe algo la mar en Cubagua, donde más perlas se han pescado, y de allí arguyen que desovan y que les viene su purgación como a mujeres. Las perlas amarillas, azules, verdes y de otros colores que hay, debe ser artificial, aunque puede natura diferenciarlas, así como las otras piedras y como a los hombres, que, siendo una misma carne, son de diverso color. Cuando asan las conchas para comer, dicen que las perlas se tornan negras; y así, entonces no vale cosa el nácar y berrueco, con lo cual suelen muchas veces engañar los bobos y locos. Los indios no las sabían horadar como nosotros, y por eso valían mucho menos aquellas que traían ellos sobre sus personas. La mejor y más preciada hechura y talle de perla es redonda, y no es mala la que parece pera o bellota, ni desechan la hueca como media avellana, ni la tuerta ni chiquita. Y ya todos traen perlas y aljófar, hombres y mujeres, ricos y pobres; pero nunca en provincia del mundo entró tanta perlería como en España; y lo que más es, en poco tiempo. En fin, colman las perlas la riqueza de oro y plata y esmeraldas que habemos traído de las Indias. Mas considero yo, qué razón hallaron los antiguos y modernos para estimar en tanto las perlas, pues no tienen virtud medicinal y se envejecen mucho, como lo muestran, perdiendo su blancura; y no alcanzo sino que por ser blancas, color muy diferente de todas las otras piedras preciosas; y así desprecian las perlas de cualquier otro color, siendo todas unas. Quizá es porque se traen del otro mundo, y se traían, antes que se descubriese, de muy lejos, o porque cuestan hombres.

CXCIX. Nicaragua

Del Cabo Blanco a Chorotega cuentan ciento y treinta leguas de costa, que descubrió y anduvo Gil González de Avila el año 1522. Están en aquel trecho, golfo de Papagayos, Nicaragua, la Posesión y la bahía de Fonseca; y antes de Cabo Blanco está el golfo de Ortiña, que también llaman de Guetares, el cual vio y no tocó Gaspar de Espinosa, y por eso decían él y Pedrarias que Gil González les había usurpado aquella tierra. Armó, pues, Gil González en Tararequi cuatro carabelas, abasteciólas de pan, armas y mercería, metió algunos caballos y muchos indios y españoles, llevó por piloto a Andrés Niño y partió de allí a 26 de enero del año sobredicho. Costeó la tierra que digo, y aun algo más, buscando estrecho por allí que viniese a este otro mar del Norte, ca llevaba instrucción y mandado para ello del Consejo de Indias. Andaba entonces el pleito y negocio de la especiería caliente, y deseaban hallar por aquella parte paso para ir a los Malucos sin contraste de portugueses, y muchos decían al rey que había por allí estrecho, según el dicho de pilotos. Así que buscó con gran diligencia, hasta que comió los bastimentos y se le comieron los navíos de broma. Tomó posesión de aquella tierra por el rey de Castilla, en el río que llamó de la Posesión; y en gracia del obispo de Burgos, que le favorecía, como presidente de Indias, nombróla bahía de Fonseca, y a una isla que allí dentro está, Petronila, por causa de su sobrina. Del puerto de San Vicente fue a descubrir Andrés Niño, y entró Gil González por la tierra adentro con cien españoles y cuatro caballos, y topó con Nicoian, hombre rico y poderoso; requirióle con la paz, y fue bien recibido. Predicóle y convirtióle; y así el Nicoian se bautizó con toda su casa, y por su ejemplo se convirtieron y cristianaron en diecisiete días casi todos sus vasallos. Dio Nicoian a Gil González catorce mil pesos de oro de trece quilates, y seis ídolos de lo mismo, no mayores que palmo, diciendo que se los llevase, pues nunca más los tenía de hablar ni rogar como solía. Gil González le dio ciertas brujerías. Informóse de la tierra y de un gran rey llamado Nicaragua, que a cincuenta leguas estaba y caminó allá. Envióle una embajada, que sumariamente contenía fuese su amigo, pues no iba por hacerle mal; servidor del emperador, que monarca del mundo era, y cristiano, que mucho le cumplía, y si no, que le haría guerra. Nicaragua, entendiendo la manera de aquellos nuevos hombres, su resoluta demanda, la fuerza de las espadas y la braveza de los caballos, respondió, por cuatro caballeros de su corte, que aceptaba la amistad por el bien de la paz, y aceptaría la fe si tan buena le pareciese como se la loaban. Y así, acogió pacíficamente los españoles en su pueblo y casa, y les dio veinticinco mil pesos de oro bajo, y mucha ropa y plumajes. Gil González le recompensó aquel presento con una camisa de lienzo, un sayo de seda, una gorra de grana y otras cosas de rescate que le contentaron, y le predicó, juntamente con un fraile de la Merced, de la fe de Cristo, reprobando la idolatría, borrachez, bailes, sodomía, sacrificio y comer de hombres; por lo cual se bautizó con toda su casa y corte y con otras nueve mil personas de su reino, que fue una gran conversión, aunque algunos dijeron no ser bien hecha; pero bastábales creer de corazón. De cuantas cosas Gil González dijo holgaron Nicaragua y sus caballeros, sino de dos, que fue una no hiciesen guerra, y otra que no bailasen con borrachera, ca mucho sentían dejar las armas y el placer. Dijeron que no perjudicaban a nadie con bailar ni tomar placer, y que no querían poner al rincón sus banderas, sus arcos, sus cascos y penachos, ni dejar tratar la guerra y armas a sus mujeres, para hilar ellos, tejer y cavar como mujeres y esclavos. No les replicó a esto Gil González, ca los vio alterados; mas hizo quitar del templo grande todos los ídolos y poner una cruz. Hizo fuera del lugar un humilladero de ladrillos con gradas; salió en procesión, hincó allí otra cruz con muchas lágrimas y música, adoróla subiendo de rodillas las gradas, y lo mismo hicieron Nicaragua y todos los españoles e indios, que fue una devoción harto de ver.

CC. Las preguntas de Nicaragua

Pasó grandes pláticas y disputas con Gil González y religiosos Nicaragua, que agudo era y sabio en sus ritos y antigüedades. Preguntó si tenían noticia los cristianos del gran diluvio que anegó la tierra, hombres y animales, y si había de haber otro; si la tierra se había de trastornar o caer el cielo; cuándo o cómo perderían su claridad y curso el Sol, la Luna y estrellas; qué tan grandes eran; quién las movía y tenía. Preguntó la causa de la oscuridad de las noches y del frío, tachando la natura, que no hacía siempre claro y calor, pues era mejor; qué honra y gracias se debían al Dios trino de cristianos, que hizo los cielos y Sol, a quien adoraban por dios en aquellas tierras, la mar, la tierra, el hombre, que señorea las aves que vuelan y peces que nadan, y todo lo del mundo. Dónde tenían de estar las almas; y qué habían de hacer salidas del cuerpo, pues vivían tan poco siendo inmortales. Preguntó asimismo si moría el santo padre de Roma, vicario de Cristo, Dios de cristianos; y cómo Jesús siendo Dios, es hombre, y su madre, virgen pariendo; y si el emperador y rey de Castilla, de quien tantas proezas, virtudes y poderío contaban, era mortal; y para qué tan pocos hombres querían tanto oro como buscaban. Gil González y todos los suyos estuvieron atentos y maravillados oyendo tales preguntas y palabras a un hombre medio desnudo, bárbaro y sin letras, y ciertamente fue un admirable razonamiento el de Nicaragua, y nunca indio, a lo que alcanzo, habló como él a nuestros españoles. Respondióle Gil González como cristiano, y lo más filosóficamente que supo, y satisfízole a cuanto preguntó harto bien. No pongo las razones, que sería fastidioso, pues cada uno que fuere cristiano las sabe y las puede considerar, y con la respuesta lo convirtió. Nicaragua, que atentísimo estuvo al sermón y diálogo, preguntó a oído al faraute si aquella tan sotil y avisada gente de España venía del cielo, y si bajó en nubes o volando, y pidió luego el bautismo, consintiendo derribar los ídolos.

CCI. Lo que más hizo Gil González en aquellas tierras

Viendo Gil González que lo recibían amorosamente, quiso calar los secretos y riquezas de la tierra y ver si confinaban con lo que Cortés conquistaba, pues en muchas cosas de los de allí semejaban a los de México, según las nuevas que de allá tenían. Así que fue y halló muchos lugares no muy grandes, mas buenos y bien poblados. No cabían los caminos de los muchos indios que salían a ver los españoles, y maravillábanse de su traje y barbas, y de los caballos, animal nuevo para ellos. El principal de todos fue Diriangen, cacique guerrero y valiente, que vino acompañado de quinientos hombres y veinte mujeres, todos en ordenanza de guerra, aunque sin armas, y con diez banderas y cinco bocinas. Cuando llegó cerca, tañeron los músicos y desplegaron las banderas. Tocó la mano a Gil González, y lo mismo hicieron todos los quinientos, ofreciéndole sendos gallipavos, y muchos cada dos. Las mujeres le dieron cada veinte hachas de oro, que pesaban a dieciocho pesos y algunas más. Fue más vistoso que rico aquel presente, porque no era el oro sino de catorce quilates, y aun menos. Usan aquellas hachas en la guerra y edificios. Dijo Diriangen que venía por mirar tan nueva y extraña gente, que tal fama tenía. Gil González se lo agradeció mucho, dióle algunas cosas de quinquellería y rogóle que se tornase cristiano. Él dijo que le placía, pidiendo tres días de término para comunicarlo con sus mujeres y sacerdotes, y era para juntar gente y robar los cristianos, despreciando su pequeño escuadrón, y diciendo que no eran más hombres que él. Fue, pues, y volvió muy armado y orgulloso, aunque muy callando, y dio sobre los nuestros una gran grita y arma de improviso, pensando espantarlos y romperlos, y aun comérselos. Gil González estaba muy a punto, siendo avisado por sus corredores, que sintieron los enemigos. Diriangen acometió y peleó animosamente todo casi un día. Tornóse la noche por donde vino, con pérdida de muchos suyos, teniendo a los barbudos por más que hombres, y comenzó a llamar amigos y comarcanos, injuriado que no venció. Gil González dio muchas gracias al Señor de los ejércitos, que libró tan pocos españoles de tantos indios. Y de miedo, o por guardar el oro que ya tenía, desvióse de aquel cacique y volvióse a la mar por otro camino, en el cual pasó grandes trabajos, hambre y peligro de morir ahogado o comido. Caminó más de doscientas leguas andando de pueblo en pueblo. Bautizó treinta y dos mil personas, y hubo doscientos mil pesos de oro bajo, dado y tomado. Otros dicen más, y algunos menos. Empero fue mucha riqueza, cual nunca él pensara, y que lo ensoberbeció. Halló en San Vicente a Andrés Niño, que, según afirmaba, había navegado trescientas leguas de costas hacia poniente sin hallar estrecho, y volvióse a Panamá, y de allí fue a Santo Domingo a dar cuenta de su viaje y a concertar otras naos para tornar a Nicaragua por Honduras y saber en qué parte de aquella costa era el desaguadero de la laguna. Mas ya en otros cabos está dicho cuándo y en qué fue, y cómo se perdió y le prendió Cristóbal de Olid.

CCII. Conquista y población de Nicaragua

Volvieron tan contentos los españoles que fueron con Gil González de la frescura, bondad y riqueza de aquella tierra de Nicaragua, que Pedrarias de Avila pospuso el descubrimiento del Perú, en compañía de Pizarro y Almagro, por poblarla; y así, envió allá con gente a Francisco Hernández, el cual conquistó mucha tierra, hubo hartos dineros y pobló orilla de la laguna a Granada y a León, donde está el obispado y chancillería. Otros lugares fundó, pero éstos son los principales. El puerto y trato es en la Posesión. Supo Gil González esto en Honduras o en cabo de Higueras y fue contra Francisco Hernández. Tomóle algún oro y peleó con él tres veces; mas al Cabo se quedó el otro allí y se volvió él a sus navíos, donde Cristóbal de Olid lo prendió. Pedrarias, como lo removieron de Castilla de Oro, fuése a Nicaragua, que la tenía en gobernación, y degolló al Francisco Hernández, diciendo que trataba de alzársele con la tierra y gobierno, por tratos que traía con Fernando Cortés; pero fue achaque que tomó. Es cosa notable la laguna de Nicaragua por la grandeza, poblaciones e islas que tiene. Crece y mengua, y estando a tres o cuatro leguas de aquella mar del Sur, vacía su agua en esta otra del Norte, cien leguas de ella, por lo que llaman Desaguadero, según en otro lugar dije, por el cual Melchior Verdugo bajó de Nicaragua al Nombre de Dios en barcas.

CCIII. El volcán de Nicaragua, que llaman Masaya

Tres leguas de Granada y diez de León está un serrejón raso y redondo, que llaman Masaya, que echa fuego y es muy de notar, si hay en el mundo.

Tiene la boca media legua en redondo, por la cual bajan doscientas y cincuenta brazas, y ni dentro ni fuera hay árboles ni yerba. Crían, empero, allí pájaros y otras aves sin estorbo del fuego, que no es poco. Hay otro boquerón como brocal de pozo, ancho cuanto un tiro de arco, del cual hasta el fuego y brasa suele haber ciento y cincuenta estados más o menos, según hierve. Muchas veces se levanta aquella masa de fuego y lanza fuera tanto resplandor, que se divisa veinte leguas y aun treinta. Anda de una parte a otra, y da tan grandes bramidos de cuando en cuando, que pone miedo; mas nunca rebosa ascuas ni ceniza, sino es algún humo y llamas, que causa la claridad susodicha, cosa que no hacen otros volcanes; por lo cual, y porque jamás falta el licor ni cesa de bullir, piensan muchos ser de oro derretido. Y así, entraron dentro el primer hueco fray Blas de Iñesta, dominico, y otros dos españoles, guindados en sendos cestos. Metieron un servidor de tiro con una larga cadena de hierro para coger de aquella brasa y saber qué metal fuese. Corrió la soga y cadena ciento y cuarenta brazas, y como llegó al fuego, se derritió el caldero con algunos eslabones de la cadena en tan breve, que se maravillaron; y así, no supieron lo que era. Durmieron aquella noche allá sin necesidad de lumbre ni candela. Salieron en sus cestos con harto temor y trabajo, espantados de tal hondura y extrañeza de volcán. Año de 1551 se dio licencia al licenciado y deán Juan Álvarez para abrir este volcán de Masaya y sacar el metal.

CCIV. Calidad de la tierra de Nicaragua

La provincia de Nicaragua es grande, y más sana y fértil que rica, aunque tiene algunas perlas y oro de poca ley. Era de muchos jardines y arboledas. Ahora no hay tantos. Crecen muchos árboles, y el que llaman ceiba engorda tanto, que quince hombres asidos de las manos no lo pueden abarcar. Hay otros hechura de cruz, y unos que se les seca la hoja si algún hombre la toca, y una yerba con que revientan las bestias, de la cual hay mucha en el Nombre de Dios y por allí. Hay muchos árboles que llevan como ciruelas coloradas, de que hacen vino. También lo hacen de otras frutas y de maíz. Los nuestros lo hacen de miel, que hay mucha, y que los conserva en su buen color. Las calabazas vienen a maduración en cuarenta días, y es una gruesa mercadería, ca los caminantes no dan paso sin ellas por la falta de aguas, y no llueve mucho. Hay grandes culebras, y tómanse por la boca, como dicen de las víboras. En todas las Indias se han visto y muerto muchas y muy grandes sierpes, empero las mayores son en el Perú, y no eran tan bravas ni ponzoñosas como las nuestras y las africanas. Hay unos puercos con el ombligo en el espinazo, que luego hieden en matándolos, si no se lo cortan. Por la costa de Nicaragua suelen andar ballenas y unos monstruosos peces, que sacando el medio cuerpo fuera del agua sobrepujan los mástiles de naos: tan grandes son. Tienen la cabeza como un tonel, y los brazos como vigas, de veinticinco pies, con que patea y escarba. Hace tanto estruendo y hoyo en la agua, que asombra los mareantes, y no hay quien no tema su fiereza, pensando que ha de hundir o trastornar el navío. Hay también unos peces con escamas, no mayores que bogas, los cuales gruñen como puercos en la sartén, y roncan en la mar, y por eso los llaman roncadores. A Francisco Bravo y a Diego Daza, soldados de Francisco Hernández, les medio comieron lo suyo cangrejos, andando perdidos en una balsilla, en la cual navegaron o mejor diciendo nadaron nueve días o diez sin beber y sin comer otro que cangrejos, que tomaban en las ingles; y según ellos contaban en Tuenque, do aportaron, no comían ni mordían sino del miembro y sus compañeros.

CCV. Costumbre de Nicaragua

No son grandes los pueblos, como hay muchos; empero tienen policía en el sitio y edificio, y mucha diferencia en las casas de los señores a las de vasallos. En lugares de behetría, que hay muchos, son iguales. Los palacios y templos tienen grandes plazas, y las plazas están cerradas de las casas de los nobles, y tienen en medio de ella una casa para los plateros, que a maravilla labran y vacían oro. En algunas islas y ríos hacen casas sobre árboles como picazas, donde duermen y guisan de comer. Son de buena estatura, más blancos que loros, las cabezas a tolondrones, con un hoyo en medio por hermosura y por asiento para carga. Rápanse de medio adelante, y los valientes y bravosos todo, salvo la coronilla. Agujéranse narices, labios y orejas, y visten casi a la manera de mexicanos, sino que se precian más de peinar el cabello. Ellas traen gorgueras, sartales, zapatos, y van a las ferias y mercados. Ellos barren la casa, hacen el fuego y lo demás, y aun en Duraca y en Cobiores hilan los hombres. Mean todos donde les toma la gana, ellos en cuclillas y ellas en pie. En Orotina andan los hombres desnudos y pintados en los brazos. Unos atan el cabello al cogote, otros a la coronilla, y todo lo suyo adentro por mejoría del engendrar y por honestidad, diciendo que las bestias lo traen suelto. Ellos traen solamente bragas, y el cabello largo, trenzado a dos partes. Todos toman muchas mujeres, empero una es la legítima, y aquélla con la ceremonia siguiente: ase un sacerdote los novios por los dedos meñiques, mételos en una camarilla que tiene fuego, háceles ciertas amonestaciones, y en muriéndose la lumbre quedan casados. Si la tomó por virgen y la halla corrompida, deséchala, mas no de otra manera. Muchos las daban a los caciques que las rompiesen, por honrarse más o por quitarse de sospechas y afán. No duermen con ellas estando con su costumbre, ni en tiempo de las sementeras y ayunos, ni comen entonces sal ni ají, ni beben cosa que los embriague, ni ellas entran, teniendo su camisa, en algunos templos. Destierran al que casa dos veces ceremonialmente, y dan la hacienda a la primera mujer. Si cometen adulterio, repúdianlas, volviéndoles su dote y herencia, y no se pueden más casar. Dan palos, y no muerte, al adúltero. Los parientes de ellas son los afrentados y los que vengan los cuernos. A la mujer que se va con otro no la busca su marido, si no la quiere mucho, ni recibe de ello pena ni afrenta. Consiéntenlas echar con otros en ciertas fiestas del año. Antes de casar son comúnmente malas, y casadas, buenas. Pueblos de behetría hay donde las doncellas escogen marido entre muchos jóvenes que cenan juntos en fiestas. Quien fuera virgen, si quejan, es esclavo o paga el dote. Al esclavo y mozo que duerme con hija de su amo entierran vivo con ella. Hay rameras públicas a diez cacaos, que son como avellanas; y donde las hay apedrean los putos. No dormían con sus mujeres porque no pariesen esclavos de españoles. Y Pedrarias, como en dos años no nacían niños, les prometió buen tratamiento; y así, parían o no los mataban. Preguntaron a sus ídolos cómo echarían a los españoles, y díjoles el diablo que él se los echaría con echarles encima la mar, pero que también los anegaría a ellos; y por eso cesó. Los pobres no piden por Dios ni a todos, sino a los ricos, y diciendo: «hágolo por necesidad o dolencia». El que a vivir se va de un pueblo a otro no puede vender las tierras ni casas, sino dejarlas al pariente más cercano.

Guardan justicia en muchas cosas, y traen los ministros de ella mosquea-
dores y varas. Cortan los cabellos al ladrón, y queda esclavo del dueño del
hurto hasta que pague. Puédense vender y jugar, mas no rescatar sin voluntad del cacique o regimiento; y si mucho tarda, muere sacrificado. No hay
pena para quien mata cacique, diciendo que no puede acontecer. Tampoco
hay pena para los que matan esclavo. Mas el que mata hombre libre paga
un tanto a los hijos o parientes. No puede haber junta ni consulta ninguna,
especialmente de guerra, sin el cacique o sin el capitán de la república y behetría. Emprenden guerra sobre los términos y mojones, sobre la caza y sobre
quién es mejor y podrá más, que así es donde quiera, y aun por cautivar
hombres para sacrificios. Cada cacique tiene para su gente propia señal en
la guerra y aun en casa. Eligen los pueblos libres capitán general al más
diestro y experto que hallan, el cual manda y castiga absolutamente y sin
apelación a la señoría. La pena del cobarde es quitarle las armas y echarle
del ejército. Cada soldado se tiene lo que a los enemigos toma, salvo que
ha de sacrificar en público los que prende y no darlos por ningún rescate,
so pena que lo sacrifiquen a él. Son animosos, astutos y falsos en la guerra, por coger contrarios para sacrificar; son grandes hechiceros y brujos,
que, según ellos mismos decían, se hacen perros, puercos y gimias. Curan
viejas los enfermos, que así es en muchas islas y tierra firme de Indias, y
echan medicinas con un cañuto, tomando la decoción en la boca y soplando. Los nuestros les hacían mil burlas, desventeando al tiempo que querían
ellas soplar, o riendo del artificio.

CCVI. Religión de Nicaragua

Hay en Nicaragua cinco lenguajes muy diferentes: coribici, que loan mucho;
chortega, que es la natural y antigua; y así, están en los que lo hablan los
heredamientos y el cacao, que es la moneda y riqueza de la tierra, los cuales son hombres valerosos, aunque crueles y muy sujetos a sus mujeres; lo
que no son los otros. Chondal es grosero y serrano; orotiña, que dice mama
por lo que nosotros; mexicano, que es principal; y aunque están a trescientas y cincuenta leguas, conforman mucho en lengua, traje y religión; y
dicen que habiendo grandes tiempos ha una general seca en Anauac, que
llaman Nueva España, se salieron infinitos mexicanos de su tierra y vinieron

por aquella mar Austral a poblar a Nicaragua. Sea como fuere, que cierto es que tienen éstos que hablan mexicano por letras las figuras que los de Culúa, y libros de papel y pergamino, un palmo anchos y doce largos, y doblados como fuelles, donde señalan por ambas partes de azul, púrpura y otros colores las cosas memorables que acontecen; y allí están pintadas sus leyes y ritos, que semejan mucho a los mexicanos, como lo puede ver quien cotejare lo de aquí con lo de México. Empero no usan ni tienen esto todos los de Nicaragua, ca los chorotegas tan diferentemente sacrifican a sus ídolos, cuanto hablan, y así hacen los otros. Contemos algunas particularidades que no hay en otras partes. Los sacerdotes se casan todos, sino los que oyen pecados ajenos, los cuales dan penitencia según la culpa, y no revelan la confesión sin castigo. Echan las fiestas, que son deciocho, como los meses, subidos en el gradario y sacrificadero que tienen delante los patios de los dioses; y teniendo en la mano el cuchillo de pedernal con que abren al sacrificado, dicen cuántos hombres han de sacrificar, y si han de ser mujeres o esclavos, presos en batalla o no, para que todo el pueblo sepa cómo tiene que celebrar la fiesta y qué oraciones y ofrendas debe hacer. El sacerdote que administra el oficio da tres vueltas alrededor del cautivo, cantando en tono lloroso, y luego ábrelo por el pecho; rocíale la cara con sangre, sácale el corazón y desmiembra el cuerpo. Da el corazón al perlado, pies y manos al rey, los muslos al que lo prendió, las tripas a los trompetas, y el resto al pueblo para que todos lo coman. Pone la cabeza en ciertos árboles que allí cerca crían para colgarlas. Cada un árbol de aquéllos tiene figurado el nombre de la provincia con quien hacen guerra, para hincar en él las cabezas que toman en ella. Si el que sacrifican es comprado, sepultan sus entrañas con las manos y pies, metidos en una calabaza, y queman el corazón y lo demás, excepto la cabeza, entre aquellos árboles. Muchas veces sacrifican hombres y muchachos del pueblo y propia tierra, por ser comprados, ca lícito es al padre vender los hijos, y cada uno venderse a sí mismo, y por esta causa no comen la carne de los tales. Cuando comen la carne de los sacrificados hacen grandísimos bailes y borracheras con vino y humo. Los sacerdotes y religiosos beben entonces vino de ciruelas. Al tiempo que unta el sacerdote los carrillos y boca del ídolo con la sangre del sacrificado, cantan los otros y ora el pueblo con mucha devoción y lágrimas, y andan después la procesión, aunque no en todas las fiestas. Van los religiosos con unas como sobrepellices de algodón blanco y muchas chías colgando de los hombros hasta los talones, con ciertas bolsas por borlas, en que llevan navajas de azabache, puntas de metal, papeles, carbón molido y ciertas yerbas. Los legos, banderillas con el ídolo que más precian, y taleguillas con polvos y punzones. Los mancebos, arcos y flechas, o dardos y rodelas. El pendón y guía es la imagen del diablo puesta en una lanza, y llévala el más honrado y anciano sacerdote. Van en orden y cantando los religiosos hasta el lugar de la idolatría. Llegados, tienden mantas por el suelo o echan rosas y flores, porque no toque el diablo en tierra. Para el pendón, cesa el canto y anda la oración. Da una palmada el perlado, y sángranse todos; éstos de la lengua, aquéllos de las orejas, los otros del miembro, y finalmente, cada uno de donde más devoción tiene. Toman la sangre en papel o en el dedo y, como en ofrenda, friegan con ella la cara del diablo. Mientras dura esto, escaramuzan y bailan los mozos por honra de la fiesta. Curan las heridas con polvo de yerbas o carbón, que para eso llevan. En algunas de estas procesiones bendicen maíz, y rociado con sangre de sus propias vergüenzas, lo reparten como pan bendito y lo comen.

CCVII. Cuauhtemallán

Entretanto que Gil González de Avila estuvo rescatando y convirtiendo en tierra de Nicaragua, según se dijo de suso, corrió el piloto Andrés Niño la costa hasta Tecoantepec, a lo que contaba, buscando estrecho, el año de 1522. Fernando Cortés la pobló y conquistó luego por capitanes que desde México envió; el cual, como tuvo en su poder a Moteczuma, procuró de saber de la mar del Sur para poblar en ella, pensando haber por allí grandes riquezas, así en especias como en oro, plata, perlas; mas no pudo poblar tan presto por la guerra y cerco de México. Empero, como ganó aquella ciudad y otras, lo hizo, ca envió a buscarla cuatro españoles con guías de indios por dos caminos; los cuales llegaron a ella, tomaron posesión y volvieron con hombres de aquella costa y con muestra de oro, plata y otras riquezas. Cortés trató muy bien aquellos indios, dióles cosillas de rescate, rogóles que hiciesen con los señores de su tierra fuesen amigos de cristianos, que habrían por ellos mucho bien, y o viniesen a México o recibiesen allá españoles. El señor de Tecoantepec aceptó la embajada y amistad. Envió doscientos caballeros y criados con un presente a Cortés, y desde a poco envió a pedirle socorro contra los de Tututepec, diciendo que le hacían la guerra por haberse dado por amigo de cristianos. Cortés entonces envió allá a Pedro de Alvarado con doscientos españoles a pie y cuarenta de caballo, y con dos tirillos de campo. Entró Alvarado en Tututepec por marzo del año de 1523. Halló alguna resistencia; mas luego fue recibido en la ciudad, donde hubo algún oro, plata, perlas y ropa y un hijo del señor. Envió a Cuauhtemallán dos españoles que hablasen con el señor y le ofreciesen su amistad y religión, el cual preguntó si eran de Malinge, que así llamaban a Cortés, dios caído del cielo, de quien ya tenía noticia; si venían por mar o por tierra, y si dirían verdad en todo lo que hablasen. Ellos respondieron que siempre hablaban verdad, y que iban a pie por tierra, y que eran de Cortés, capitán invencible del emperador del mundo, hombre mortal y no dios; pero que venían a mostrar el camino de la inmortalidad. Preguntóles si traía su capitán unos grandes monstruos marinos que habían pasado por aquellas costas el año antes; y decíalo por las naos de Andrés Niño. Ellos dijeron que sí, y aun mayores; y el uno, que se llamaba Treviño y era carpintero de naos, dibujó una carraca con seis mástiles en un gran patio. Los indios se maravillaron mucho de la grandeza, velas, jarcia, gavias y aparato de tal navío. Preguntóles asimismo cómo eran los españoles tan valientes que nadie los vencía, no siendo mayores que otros hombres. Respondieron que vencían con ayuda de Dios del cielo, cuya santísima ley publicaban por aquellas partes, y con unos animales en que cabalgaban; y pintaron luego allí un caballo grandísimo con un hombre armado encima, que puso espanto a todos los indios que a verlo venían. El señor entonces dijo que quería ser amigo de tales hombres, y darles cincuenta mil soldados para que conquistasen unos sus vecinos que le destruían la tierra. A esto dijeron los dos españoles que lo harían saber a Pedro de Alvarado, capitán de Cortés, para que viniese. Y con tanto se despidieron, y él les dio cinco mil hombres cargados de ropa, cacao, maíz, ají, aves y otras cosas de comer, y veinte mil pesos de oro en vasos y joyas, que fue alegría para entrambos, aunque mala para el uno, porque hurtó no sé cuántas piezas de oro y fue por ello azotado y desterrado de la Nueva España. Esta fue la primera entrada y noticia de Cuauhtemallán. Entendiendo Cortés cuán poblada y rica tierra era aquélla, y la mar muy a propósito para descubrir nuevas tierras y islas, envió cuarenta españoles, los más carpinteros y hombres de mar, a labrar navíos en Zacatula, que está cerca de Tututepec o Tuantepec, como dicen otros; y envió luego tras ellos a conquistar y poblar a Colima, riberas de aquel mar. Envió también dos españoles con algunos de México y de Xochnuzco, que ya estaba poblado, a Cuauhtemallán, a convidar con su amistad al rey y vecinos; los cuales recibieron bien la embajada, y enviaron doscientos hombres a confirmarla con un razonable presente. Tenían entonces guerra con los de Xochnuxco, y arreciáronla más, pensando que los cristianos, o les ayudarían, o no les contradirían con la nueva amistad. Hicieron sus mensajeros a los españoles que poblaban en Xochnuxco, en disculpa de aquella guerra, diciendo que no eran ellos los que la hacían, sino ciertos bandoleros. Quejáronse los de Xochnuxco a Cortés, y él envió allá a Pedro de Alvarado con cuatrocientos y veinte españoles, que llevaban ciento y setenta caballos, cuatro tiros, mucho rescate, y muchos caballeros y mucha gente mexicana. Partió de México Pedro de Alvarado por diciembre del año de 1523. Anduvo mucho camino, ganó por fuerza a Utlatlán, y entró en Cuauhtemallán pacíficamente a 12 de abril del año siguiente. Salió a conquistar la tierra y costa por hacia Nicaragua, y en volviendo edificó allí la ciudad de Santiago, y después otros lugares, y conquistó mucha tierra, ca siempre Cortés le enviaba españoles, caballos, hierro, ropa, buhonería y cosas semejantes; y le favorecía, porque le había prometido de casarse con Cecilia Vázquez, su prima hermana, y le hizo su teniente en aquella provincia. Pedro de Alvarado vino a España con voluntad de Cortés. Casóse con doña Francisca de la Cueva, de Ubeda, por donde tuvo favor de Cobos, y negoció la gobernación de Cuauhtemallán. Volvió a la Nueva España con muchos parientes y personas de guerra. juntó más gente en México y fuése a Cuauhtemallán, y comenzó a conquistar y a poblar por sí como gobernador y adelantado; e hizo muchas cosas con los indios y aun con españoles, que a otro costaran caro.

CCVIII. Declaración de este nombre de Cuauhtemallán
Cuauhtemallán, que comúnmente llaman Guatemala, quiere decir árbol podrido, porque cuauh es árbol, y temali, podre. También podrá decir lugar de árboles, porque temí, de donde asimismo se puede componer, es lugar. Está Cuauhtemallán entre dos montes de fuego, que llaman volcanes. El uno está cerca, y el otro dos leguas; el cual es un serrejón redondo, alto y con

una boca en la cumbre, por donde suele rebosar humo, llama, ceniza y piedras grandísimas ardiendo. Tiembla mucho y a menudo, a causa de aquellas sierras; y sin esto, truena y relampaguea por allí demasiadamente. La tierra es sana, fértil, rica y de mucho pasto; y así, hay ahora mucho ganado. De una fanega de maíz se cogen ciento y doscientas, y aun quinientas en la vega que riegan; las cuales muy vistosa y apacible por los muchos árboles que tiene, de fruta y sin ella. El maíz de allí es de muy gran caña, mazorca y grano. Hay mucho cacao, que es grandísima riqueza, y moneda corriente por toda la Nueva España y por otras muchas tierras. Hay también mucho algodón y muy buen bálsamo, que llaman sierras de betún, y un cierto licor como aceite, y de alumbre y de azufre, que, sin afinar, vale por pólvora. Las mujeres son grandes hilanderas y buenas hembras; ellos, muy guerreros y diestros flecheros. Comen carne humana, e idolatran a fuer de México. Estuvo esta provincia muy próspera en vida de Pedro de Alvarado, y ahora está destruida y con pocos españoles, a causa, según muchos dicen, de haber mudado la gobernación.

CCIX. La desastrada muerte de Pedro de Alvarado

Estando Pedro de Alvarado muy pacífico y muy próspero en su gobernación de Cuauhtemallán y de Chiapa, la cual hubo de Francisco de Montojo por la de Honduras, procuró licencia del emperador para ir a descubrir y poblar en el Quito del Perú, a fama de sus riquezas, donde no hubiese otros españoles; así que armó el año de 1535 unas cinco naves, en las cuales, y en otras dos que tomó en Nicaragua, llevó quinientos españoles y muchos caballos. Desembarcó en Puerto Viejo, fue al Quito; pasó en el camino grandísimo frío, sed y hambre. Puso en cuidado y aun en miedo a Francisco Pizarro y a Diego de Almagro. Vendióles los navíos y artillería en cien mil castellanos, según muy largo se dijo en las cosas del Perú, y volvióse rico y ufano a Cuauhtemallán. Hizo después diez o doce navíos, una galera y otras fustas de remo, con aquel dinero, para ir a la Especiería o descubrir por la punta de Ballenas, que otros llaman California. Entraron fray Marcos de Niza y otros frailes franciscanos por tierra de Culhuacán año de 38. Anduvieron trescientas leguas hacia poniente, más allá de lo que ya tenían descubierto los españoles de Jalisco, y volvieron con grandes nuevas de aquellas tierras, encareciendo la riqueza y bondad de Sibola y otras ciudades. Por relación de aquellos frailes, quisieron ir o enviar allá, con armada de mar y tierra, don Antonio Mendoza, virrey de la Nueva España, y don Fernando Cortés, marqués del Valle, capitán general de la misma Nueva España y descubridor de la costa del sur; mas no se concertaron, antes riñeron sobre ello, y Cortés se vino a España y el virrey envió a Pedro de Alvarado, que tenía los navíos arriba dichos, para concertarse con él. Fue Alvarado con su armada al puerto, creo, de Navidad, y de allí a México por tierra. Concertóse con el virrey para ir a Sibola, sin respecto del perjuicio e ingratitud que usaba contra Cortés, a quien debía cuanto era. A la vuelta de México fuése por Jalisco para remediar y reducir algunos pueblos de aquel reino, que andaban alzados y a las puñadas con los españoles. Llegó a Ezatlán, donde estaba Diego López de Zúñiga haciendo guerra a los rebeldes; fuése con él a un peñol donde estaban fuertes muchos indios. Combatieron los nuestros el peñol, y rebatiéronlos aquellos indios de tal manera que mataron treinta y les hicieron huir; y como estaban en alto y agro, cayeron muchos caballos la cuesta abajo. Pedro de Alvarado se apeó para mejor desviarse de un caballo que venía rodando derecho al suyo, y púsose en parte que le pareció estar seguro; mas como el caballo venía tumbando de muy alto, traía mucha furia y presteza. Dio un gran golpe en una peña, y resurtió adonde Pedro de Alvarado estaba, y llevóle tras sí la cuesta abajo, día de San Juan del año 41, y desde a pocos días murió en Ezatlán, trescientas leguas de Cuauhtemallán, con buen sentido y juicio de cristiano. Preguntado qué le dolía, respondía siempre que el alma. Era hombre suelto, alegre y muy hablador; vicio de mentirosos. Tenía poca fe con sus amigos; y así le notaron de ingrato y aun de cruel con indios. Pasó muy mozo a las Indias; y porque llevaba un sayo y capa que le dio en Badajoz un su tío, del hábito de Santiago, le llamaban muchos el Comendador; y así, cuando vino a España procuró y hubo el hábito de aquella orden, porque de veras se lo llamasen. Estuvo en Cuba; fue con Juan de Grijalva, y después con Fernando Cortés, a la Nueva España, en cuya conquista y guerras tuvo los cargos que la historia mexicana cuenta. Fue mejor soldado que gobernador. Casó por dispensación con dos hermanas, habiendo conocido la primera, que fueron doña Francisca y doña Beatriz de la Cueva, y de ninguna tuvo hijos. Dejó por ellas a Cecilia Vázquez, honradísima mujer, para ganar, como ganó, el favor de Francisco de los Cobos, secretario privado del emperador. Pocas veces suceden bien tales casamientos. No quedó hacienda ni memoria de él, sino ésta y una hija que hubo en una india, la cual casó con don Francisco de la Cueva.

CCX. La espantosa tormenta que hubo en Cuauhtemallán, donde murió doña Beatriz de la Cueva

Hizo doña Beatriz de la Cueva grandes extremos, y aun dijo cosas de loca, cuando supo la muerte de su marido. Tiñó de negro su casa por dentro y fuera. Lloraba mucho; no comía, no dormía, no quería consuelo ninguno; y así, dizque respondía a quien la consolaba, que ya Dios no tenía mal que hacerle; palabra de blasfemia, y creo que dicha sin corazón ni sentido; mas pareció muy mal a todos, como era razón. Hizo las honras pomposamente y con grandes llantos y lutos. Empero, en medio de aquella tristeza y extremos entró en regimiento y se hizo jurar por gobernadora: desvarío y presunción de mujer y cosa nueva entre los españoles de Indias. Comenzó a llover día de Nuestra Señora de Septiembre, y llovió reciamente aquel y otros dos días siguientes; después de los cuales bajó del volcán, a dos horas de media noche, una avenida de agua tan grande y furiosa, que derribó muchas casas de la ciudad, y la del adelantado la primera. Levantóse al ruido la doña Beatriz, y por devoción y miedo entróse a un oratorio suyo con once criadas. Subióse encima del altar y abrazóse con una imagen, encomendándose a Dios. Cargó la fuerza del agua y derrocó aquella cámara y capilla, como a otras muchas de la casa, y ahogólas; fue muy gran desdicha, porque si ella estuviera queda en la cámara donde dormía no muriera, ca no se hundió, por tener mejores cimientos que las otras; y en quedar en pie aquello se tuvo a milagro por lo que había dicho y hecho. Todos son secretos de nuestro gran Dios, y dicen nuestras lenguas lo que sienten nuestros juicios. Unos escapan por huir del peligro, y otros mueren, como hizo esta señora. Murieron seiscientas personas en la ciudad de aquella tormenta, y casa hubo en que se ahogaron cuarenta, y muchas que muy gran trecho se las llevaba enteras y en peso la corriente. Llevó también algunas personas de una casa a otra, y como venía muy crecida y con ímpetu, traía piedras y peñas tamañas como grandes cubas y como carabelas, que derribaban cuanto encontraban; las cuales quedaron allí para testimonio de tanto estrago. Vieron andar en la plaza y calles una vaca por medio del agua, con un cuerno quebrado y en el otro una soga rastrando, que arremetía a los que iban a socorrer la casa de doña Beatriz, y a un español que porfiaba lo atropelló dos veces, y no pensó escapar de sus pies y del cieno. Estaba otro español caído en tierra con su mujer y encima una gran viga; pasó por allí un negro no conocido; rogáronle que les quitase la viga y ayudase a levantar. El negro preguntó si era Morales el caído, y como le dijo que sí, alzó la viga, sacó al marido, dejó ahogar la mujer y fuése corriendo por el agua y lodo. También cuentan que vieron por el aire y oyeron cosas de gran espanto. Pudo ser; empero con el miedo todo se mira y piensa al revés. Tuvieron creído muchos que aquel negro era diablo, y la vaca, una Agustina, mujer del capitán Francisco Cava, hija de una que por alcahueta y hechicera azotaron en Córdoba; la cual había hechizado y muerto allí en Cuauhtemallán a don Pedro Portocarrero porque la dejaba, siendo su amiga; y el don Pedro traía siempre a cuestas o en ancas, cuando iba cabalgando, una mujer, y decía que no se podía valer de aquella carga y fantasma; y estando malo para morir porfiaba que sanaría si Agustina lo viese; mas nunca ella lo quiso hacer, por enojo que de él tenía o por deshacer aquella ruin fama.

CCXI. Jalisco

De Tecoantepec miden novecientas y treinta leguas hasta el cabo del Engaño, costeando el mar Bermejo; las cuales descubrieron Cortés y sus capitanes en diversos tiempos y navíos, salvo ciento y cincuenta leguas que descubrió Nuño de Guzmán en la costa de Jalisco. Fue Nuño, de Guzmán gobernador en Panuco y presidente de México; de donde, porque le quitaban del cargo por querellas, que de él hubo, salió a conquistar a Jalisco, año de 31, con doscientos y cincuenta caballos y quinientos españoles, muchos de los cuales llevó apremiados. Pasó por Mechuacán, donde tomó al rey Cazoncín diez mil marcos de plata y mucho oro bajo, y otros seis mil indios para carga y servicio de su ejército y viaje, y aun lo quemó con otros muchos indios principales, porque no se pudiese quejar. Entró luego en la provincia de Jalisco, y conquistó a Centliquipac, Chiametlán, Tonalla, Cuixco, Chamola, Culhuacán y otras tierras, en que le mataron hartos españoles, ca son valientes y muchos allí. Día le vino de pelear con veinte mil; mató también él y cautivó asaz indios. Llamó a Centliquipac la Mayor España; a Jalisco, la Nueva Galicia, por ser región áspera y de gente recia. Pobló allí a Compostela, porque conformase el nombre con la de España; pobló en Tonalla a Guadalajara, por ser él natural de la nuestra; pobló las villas del Espíritu Santo, Concepción y San Miguel, que cae a treinta y cuatro grados. En Chiametlán visten las mujeres hasta los pies. Los hombres van con mantas cortas y traen zapatos de cuero, y llevan la carga en palos sobre los hombros, y una vez se rebelaron porque los cargaban en las espaldas, teniéndolo por afrenta. Ellas casi en todo este reino son grandes y hermosas; ellos, recios y belicosos: sus armas son como en México; empero no traen los señores y capitanes arma ninguna en la guerra, sino unos bastones con que sacuden al que no pelea o se desmanda o no guarda orden. Cuando no tienen guerra siguen la caza, que son gentiles flecheros. Es la tierra fértil y rica de plata y de cera y miel. Adoran ídolos, comen hombres y usan otros malos pecados. Prendieron a Nuño de Guzmán por quejas y agravios, y pusieron una audiencia de cuatro alcaldes, a la manera de nuestra Galicia. El primer obispo de Jalisco fue Pedro Gómez de Malaver.

CCXII. Sibola

Ponen trescientas y veinte leguas del cabo del Engaño a Sierras Nevadas, que son lo postrero por allí que hasta ahora sabemos, las cuales descubrieron capitanes y pilotos del virrey don Antonio el año de 42; y aun dicen algunos que corrieron la costa hasta ponerse en cuarenta y cinco grados, y muchos piensan que se junta por allí la tierra con la China, donde han navegado portugueses hasta los mismos cuarenta grados, y aun más, y puede haber de un cabo al otro, a la cuenta de marineros, mil leguas. Sería bueno para el trato y porte de la especiería si la costa de la Nueva España fuese a juntarse con la China; y por eso se debería costear aquello que falta por saber, aunque fuese a costa de nuestro rey, pues le va en ello muy mucho, y quien lo continuase medraría. Mas no se juntarán, por ser isla Asia, África y Europa, según al principio dijimos. Estas sierras nevadas están mil leguas este a oeste del río de San Antón, que descubrió Esteban Gómez, y mil y setecientas del cabo del Labrador, por donde comencé a costear, medir y graduar las Indias. Por cuya distancia se puede conocer cuán grandísima tierra es la Nueva España por hacia el norte. Siendo, pues, aquella tierra tan grande, y estando ya convertida toda la Nueva España y Nueva Galicia, salieron frailes por muchas partes a predicar y convertir indios aún no conquistados; y fray Marcos de Niza y otro fraile francisco entraron por Culhuacán el año de 38. Fray Marcos solamente, ca enfermó su compañero, siguió con guías y lenguas el camino del sol, por más calor y por no alejarse de la mar, y anduvo en muchos días trescientas leguas de tierra, hasta llegar a Sibola. Volvió diciendo maravillas de siete ciudades de Sibola, y que no tenía cabo aquella tierra, y que cuanto más al poniente se extendía, tanto más poblada y rica de oro, turquesas y ganados de lana era. Fernando Cortés y don Antonio de Mendoza deseaban hacer la entrada y conquista de aquella tierra de Sibola, cada uno por sí y para sí; don Antonio, como virrey de la Nueva España, y Cortés como capitán general y descubridor de la mar del Sur. Trataron de juntarse para lo hacer ambos; y no se confiando el uno del otro, riñeron, y Cortés se vino a España, y don Antonio envió allá a Francisco Vázquez de Coronado, natural de Salamanca, con buen ejército de españoles e indios y cuatrocientos caballos. De México a Culhuacán, que hay más de doscientas leguas, fueron bien proveídos. De allí a Sibola, que ponen trescientas, pasaron necesidad, y se murieron de hambre por el camino muchos indios y algunos caballos. Toparon con mujeres muy hermosas y desnudas, aunque hay lino por allí. Padecieron gran frío, ca nieva mucho por aquellas sierras. Llegando a Sibola, requirieron a los del pueblo que los recibiesen de paz, ca no iban a hacerles mal, sino muy gran bien y provecho, y que les diesen comida, ca llevaban falta de ella. Ellos respondieron que no querían, pues iban armados y en son de darles guerra, que tal semblante mostraban; así que combatieron el pueblo los nuestros. Defendiéronlo gran rato ochocientos hombres que dentro estaban. Descalabraron a Francisco Vázquez y a otros muchos españoles, mas al cabo se salieron huyendo. Entraron los nuestros, y nombráronla Granada, por amor al virrey, que es natural de la de España. Es Sibola de hasta doscientas casas de tierra y madera tosca, altas cuatro y cinco sobrados, y las puertas como escotillones de nao. Suben a ellas con escaleras de palo, que quitan de noche y en tiempos de guerra. Tiene delante cada casa una cueva, donde, como en estufa, se recogen los inviernos, que son largos y de muchas nieves, aunque no está más de treinta grados y medio de la Equinoccial; que si no fuese por las montañas, sería del temple de Sevilla. Las famosas siete ciudades de fray Marcos de Niza, que están en espacio de seis leguas, tendrán obra de cuatro mil hombres. Las riquezas de su reino es no tener que comer ni que vestir, durando la nieve siete meses. Hacen con todo eso unas mantillas de pieles de conejos y liebres y de venados, que algodón muy poco alcanzan. Calzan zapatos de cuero, y de invierno unas como botas hasta las rodillas. Las mujeres van vestidas de metal hasta en pies. Andan ceñidas, trenzan los cabellos y rodéanselos a la cabeza por sobre las orejas. La tierra es arenosa y de poco fruto; creo que por pereza de ellos, pues donde siembran lleva maíz, fríjoles, calabazas y frutas; y aun se crían en ella gallipavos, que no se hacen en todos cabos.

CCXIII. Quivira

Viendo la poca gente y muestra de riqueza, dieron los soldados muy pocas gracias a los frailes que con ellos iban y que loaban aquella tierra de Sibola; y por no volver a México sin hacer algo ni las manos vacías, acordaron de pasar adelante, que les decían ser mejor tierra. Así que fueron a Acuco, lugar sobre un fortísimo peñol, y desde allí fue don Garci López de Cárdenas con su compañía de caballos a la mar, y Francisco Vázquez con los demás a Tiguex, que está ribera de un gran río. Allí tuvieron nueva de Axa y Quivira, donde decían que estaba un rey dicho por nombre Tatarrax, barbudo, cano y rico, que ceñía un bracamarte, que rezaba en horas, que adoraba una cruz de oro y una imagen de mujer, señora del cielo. Mucho alegró y sostuvo esta nueva el ejército, aunque algunos la tuvieron por falsa y echadiza de frailes. Determinaron ir allá, con intención de invernar en tierra tan rica como se sonaba. Fuéronse los indios una noche, y amanecieron muertos treinta caballos, que puso temor al ejército. Caminando, quemaron un lugar, y en otro que acometieron les mataron ciertos españoles e hirieron cincuenta caballos, y metieron dentro los vecinos a Francisco de

Ovando, herido o muerto, para comer y sacrificar, a lo que pensaron, o quizá para mejor ver qué hombres eran los españoles, ca no se halló por allí rastro de sacrificio humano. Pusieron cerco los nuestros al lugar; pero no lo pudieron tomar en más de cuarenta y cinco días. Bebían nieve los cercados por falta de agua; y viéndose perdidos, hicieron una hoguera: echaron en ella sus mantas, plumajes, turquesas y cosas preciadas, porque no las gozaran aquellos extranjeros. Salieron en escuadrón, con los niños y mujeres en medio, para abrir camino por fuerza y salvarse. Mas pocos escaparon de las espadas y caballos y de un río que cerca estaba. Murieron en la pelea siete españoles, y quedaron heridos ochenta, y muchos caballos; porque veáis cuánto vale la determinación en la necesidad. Muchos indios se volvieron al pueblo con la gente menuda, y se defendieron hasta que se les puso fuego. Helóse tanto aquel río estando en treinta y seis grados de la Equinoccial, que sufría pasar encima hombres a caballo y caballos con carga. Dura la nieve medio año. Hay en aquella ribera melones y algodón blanco y colorado, de que hacen muy más anchas mantas que en otras partes de Indias. De Tiguex fueron en cuatro jornadas a Cicuic, lugar pequeño, y a cuatro leguas de él toparon un nuevo género de vacas fieras y bravas, de las cuales mataron el primer día ochenta, que abastecieron el ejército de carne. Fueron de Cicuic a Quivira, que a su cuenta hay casi trescientas leguas, por grandísimos llanos y arenales tan rasos y pelados, que hicieron mojones de boñigas, a falta de piedras y de árboles, para no perderse a la vuelta, ca se les perdieron en aquella llanura tres caballos y un español que se desvió a caza. Todo aquel camino y llanos están llenos de vacas corcovadas como la Serena de ovejas; pero no hay más gente de la que las guardan. Fueron gran remedio para el hambre y falta de pan que llevaban. Cayóles un día por aquel llano mucha piedra como naranjas, y hubo harta lágrimas, flaqueza y votos. Llegaron, en fin, a Quivira, y hallaron al Tatarrax que buscaban, hombre ya cano, desnudo y con una joya de cobre al cuello, que era toda su riqueza. Vista por los españoles la burla de tan famosa riqueza, se volvieron a Tiguex sin ver cruz ni rastro de cristiandad, y de allí a México, en fin de marzo del año de 42. Cayó en Tiguex del caballo Francisco Vázquez, y con el golpe salió de sentido y devaneaba, lo cual unos tuvieron por dolor y otros por fingido, ca estaban mal con él porque no poblaba. Está Quivira en cuarenta grados: es tierra templada, de buenas aguas, de muchas yerbas, ciruelas, moras, nueces, melones y uvas, que maduran bien. No hay algodón, y visten cueros de vacas y venados. Vieron por la costa naos que traían arcatraces de oro y plata en las proas, con mercaderías, y pensaron ser del Catayo y China, porque señalaban haber navegado treinta días. Fray Juan de Padilla se quedó en Tiguex con otro fraile francisco, y tornó a Quivira con hasta doce indios de Mechuacán, y con Andrés Docampo, portugués, hortelano de Francisco de Solís. Llevó cabalgaduras y acémilas con provisión; llevó ovejas y gallinas de Castilla, y ornamentos para decir misa. Los de Quivira mataron a los frailes, y escapóse el portugués con algunos mechuacanes, el cual, aunque se libró entonces de la muerte, no se libró de cautiverio, porque luego le prendieron. Mas de allí a diez meses que fue esclavo, huyó con dos perros. Santiguaba por el camino con una cruz, a que le ofrecían mucho, y doquiera que llegaba le daban limosna, albergue y de comer. Vino a tierra de Chichimecas, y aportó a Panuco. Cuando llegó a México traía el cabello muy largo y la barba trenzada, y contaba extrañezas de las tierras, ríos y montañas que atravesó. Mucho pesó a don Antonio de Mendoza que se volviesen, porque había gastado más de sesenta mil pesos de oro en la empresa, y aun debía muchos de ellos, y no traían cosa ninguna de allá, ni muestra de plata ni de oro ni de otra riqueza. Muchos quisieron quedarse allá, mas Francisco Vázquez de Coronado, que rico y recién casado era con hermosa mujer, no quiso, diciendo no se podrían sustentar ni defender en tan pobre tierra y tan lejos del socorro. Caminaron más de novecientas leguas de largo esta jornada.

CCXIV. De las vacas corcovadas que hay en Quivira

Todo lo que hay de Cicuic a Quivira es tierra llanísima, sin árboles ni piedras, y de pocos y chicos pueblos. Los hombres visten y calzan de cuero, y las mujeres, que se precian de largos cabellos, cubren sus cabezas y vergüenzas con lo mismo. No tienen pan de ningún grado, según dicen, que lo tengo a mucho. Su principal vianda es carne, y aquélla muchas veces cruda, por costumbre o por falta de leña. Comen el sebo así como lo sacan del buey, y beben la sangre caliente, y no mueren, aunque dicen los antiguos que mata, como hizo a Empedócles y a otros. También la beben fría, desatada en agua. No cuecen la carne por falta de ollas, sino ásanla, o, mejor dicho, caliéntanla a lumbre de boñigas. Comiendo, mascan poco y tragan mucho; y teniendo la carne con los dientes, la parten con navajones de pedernal, que parece bestialidad. Mas tal es su vivienda y traje. Andan en compañías, múdanse, como alábares, de una parte a otra, siguiendo el tiempo y el pasto tras sus bueyes. Son aquellos bueyes del tamaño y color que nuestros toros, pero no de tan grandes cuernos. Tienen una gran giba sobre la cruz y más pelo de medio adelante que de medio atrás, y es lana. Tienen como clines sobre el espinazo, y mucho pelo y muy largo de las rodillas abajo. Cuélganles por la frente grandes guedejas, y parece que tienen barbas, según los muchos pelos del garguero y varillas. Tienen la cola muy larga los machos, y con un flueco grande al cabo; así que algo tienen de león y algo de camello. Hieren con los cuernos, corren, alcanzan y matan un caballo cuando se embravecen y enojan. Finalmente, es animal feo y fiero de rostro y cuerpo; huyen de ellos los caballos por su mala catadura o por nunca haberlos visto. No tienen sus dueños otra riqueza ni hacienda. De ellos comen, beben, visten, calzan y hacen muchas cosas; de los cueros, casas, calzado, vestido y sogas; de los huesos, punzones; de los nervios y pelos hilo; de los cuernos, buches y vejigas, vasos; de las boñigas, lumbre, y de las terneras, odres, en que traen y tienen agua; hacen, en fin, tantas cosas de ellos cuantas han menester o cuantas les bastan para su vivienda. Hay también otros animales, tan grandes corno caballos, que por tener cuernos y lana fina los llaman carneros, y dicen que cada cuerno pesa dos arrobas. Hay también grandes perros, que lidian con un toro y que llevan dos arrobas de carga sobre salmas cuando van a caza o cuando se mudan con el ganado y hato.

CCXV. Del pan de los indios

El común mantenimiento de todos los hombres del mundo es pan; y no es común por ser mejor mantenimiento, sino por ser mayor y más fácil de haber y guardar, aunque otros tienen opinión contraria viendo que con pan y agua pasan los hombres; y es cierto que también pasarían con sola carne si lo acostumbrasen, o con solas yerbas o frutas, que nuestro estómago y naturaleza con muy poco se contenta si lo avezamos; y comiendo por necesidad, y no por gula, cualquier manjar sustenta y aun deleita. Llaman pan lo que se amasa y cuece después de ser molido el grano, aunque también dicen pan lo que hacen de raíces, ralladuras de madera y de peces cocidos. En Europa comen generalmente pan de trigo, aunque también hacen pan de centeno en algunas partes, y de mijo, y aun de castañas. La más gente de África come pan de arroz y cebada. En Asia usan mucho el pan de arroz; por lo cual parece claramente que muy muchos hombres viven sin comer trigo. Tampoco tenían trigo en todas las Indias, que son otro mundo; falta, grandísima según la usanza de acá. Mas empero los naturales de aquellas partes no sentían ni sienten tal falta, comiendo pan de maíz, y cómenlo todos. Cavan a manos la tierra con palas de madera, ca no tienen bestias con qué arar. Siembran el maíz como nosotros las habas, remojado; pero echan cuatro granos por lo menos en cada agujero. De un grano nace una caña solamente; empero muchas veces una caña lleva dos y tres espigas, y una espiga cien granos y doscientos, y aun cuatrocientos, y tal hay que seiscientos. Crece la caña un estado y más, engorda mucho y echa las hojas como nuestras cañas, pero más anchas, más largas, más verdes y más blandas. La espiga es como piña en la hechura y tamaño; el grano es grande, mas ni es redondo como garbanzo, ni largo como trigo, ni cuadrado. Viono a sazón en cuatro meses, y en algunas tierras en tres, y a mes y medio en regadío, mas no es tan bueno. Siémbranlo dos y tres veces por año en muchos cabos, y en algunos rinde trescientas, y aun quinientas por una. Comen cocida la espiga en leche por fruta o regalo. Cómenla también, después de granada, cruda y cocida y asada, que es mejor. Comen eso mismo el grano seco, crudo y tostado; mas de cualquiera manera es duro de mascar y atormenta las encías y dientes. Para comer pan cuecen el grano en agua, estrujan, muelen y amásanlo; y o lo cuecen en el rescoldo, envuelto en sus hojas, que no tienen hornos, o lo asan sobre las brasas; otros lo muelen el grano entre dos piedras como mostaza, ca no tienen molinos; pero es muy gran trabajo, así por la dureza como por la continuación, que no se tiene como el pan de trigo; y así, las mujeres pasan trabajo en cocer cada día; duro pierde el sabor y endurécese presto, y a tres días se enmohece y aun pudre. Ensucia y daña mucho la dentadura, y por eso traen gran cuidado de limpiarse los dientes. La harina del maíz adoba el agua corrompida, quitándole aquel mal sabor y olor, y por eso es buena para la mar. Es de mucha sustancia este pan, y aun dicen que harta y mantiene mejor que pan de trigo, pues con maíz y ají están gordos los hombres, y también los caballos, y no enflaquecen como acá, aunque caminen, comiendo maíz verde. Hacen asimismo del maíz vino, y es muy ordinario y provechoso. Es, en fin, el maíz cosa muy buena y que no lo dejaran los indios por el trigo, según tengo entendido. Las causas que dan son grandes, y son éstas: que están hechos a este pan, y se hallan bien con él; que les sirve el maíz de pan y vino; que multiplica más que trigo; que se cría con menos peligros que trigo, así de agua y sol como de aves y bestias; que se hace más sin trabajo, pues un hombre solo siembra y coge más maíz que un hombre y dos bestias trigo. También usan los indios otro pan que hacen de unas raíces dichas en lengua de Santo Domingo yuca y ajis, de los cuales traté en otra parte.

CCXVI. Del color de los indios

Una de las maravillas que Dios usó en la composición del hombre es el color; y así, pone muy agradable admiración y gana de contemplarlo, viendo un hombre blanco y otro negro, que son del todo contrarios colores; pues si meten un bermejo entre el negro y el blanco, ¡qué divisada librea parece! Cuanto es de maravillas por estos colores tan diferentes, tanto es de considerar cómo se van diferenciando unos de otros, casi por grados; porque hay hombres blancos de muchas maneras de blancura, y bermejos de muchas maneras de bermejura, y negros de muchas maneras de negrura; y de blanco va a bermejo por descolorido y rubio, y a negro por cenizo, moreno, loro y leonado como nuestros indios, los cuales son todos en general como leonados o membrillos cochos, o tiriciados o castaños, y este color es por naturaleza, y no por desnudez, como pensaban muchos, aunque algo les ayuda para ello ir desnudos; de suerte que así como en Europa son comúnmente blancos y en África negros, así también son leonados en nuestras Indias, donde tanto se maravillan de ver hombres blancos como negros. Es también de considerar que son blancos en Sevilla, negros en el cabo de Buena Esperanza y castaños en el río de la Plata, estando en iguales grados de la Equinoccial; y que los hombres de África y de Asia que viven bajo la tórrida zona sean negros, y no lo sean los que viven debajo la misma zona en México, Yucatán, Cuauhtemallán, Nicaragua, Panamá, Santo Domingo, Paria, cabo de San Agustín, Lima, Quito y otras tierras del Perú que tocan en la misma Equinoccial. Solamente se hallaron ciertos negros en Cuareca cuando Vasco Núñez de Balboa descubrió la mar del Sur, por lo cual es opinión que va en los hombres y no en la tierra; que bien puede ser, aunque todos seamos nacidos de Adán y Eva; bien que no sabemos la causa por qué Dios así lo ordenó y diferenció, mas de pensar que por mostrar su omnipotencia y sabiduría en tan diversa variedad de colores que tienen los hombres. También dicen que no hay crespos, que es otro notable, y pocos calvos, que dará cuidado a los filósofos para rastrear los secretos de natura y novedades del Mundo Nuevo, y las complisiones del hombre.

CCXVII. De la libertad de los indios

Libres dejaban a los indios al principio los Reyes Católicos, aunque los soldados y pobladores se servían de ellos como de cautivos en las minas, labranza, cargas y conquistas que la guerra lo llevaba. Mas el año de 1504 se dieron por esclavos los caribes, por el pecado de sodomía y de idolatría y de comer hombres, aunque no comprendía esta licencia y mandamiento a todos los indios. Después que los caribes mataron los españoles en Cumaná y asolaron dos monasterios que allí había, uno de franciscos y otro de dominicos, según ya contamos, se hicieron muchos esclavos en todas partes sin pena ni castigo, porque Tomás Ortiz, fraile dominico, y otros frailes de su hábito y de San Francisco aconsejaron la servidumbre de los indios, y para persuadir que no merecían libertad presentó cartas y testigos en Consejo de Indias, siendo presidente fray García de Loaisa, confesor del emperador, y hizo un razonamiento del tenor siguiente:

«Los hombres de tierra firme de Indias comen carne humana, y son sodométicos más que generación alguna. Ninguna justicia hay entre ellos; andan desnudos; no tienen amor ni vergüenza; son como asnos, abobados, alocados, insensatos; no tienen en nada matarse y matar; no guardan verdad sino es en su provecho; son inconstantes; no saben qué cosa sea consejo; son ingratísimos y amigos de novedades; précianse de borrachos, ca tienen vinos de diversas yerbas, frutas, raíces y grano; emborráchanse también con humo y con ciertas yerbas que los saca de seso; son bestiales en los vicios; ninguna obediencia ni cortesía tienen mozos a viejos ni hijos a padres; no son capaces de doctrina ni castigo; son traidores, crueles y vengativos, que nunca perdonan; inimicísimos de religión, haraganes, ladrones, mentirosos y de juicios bajos y apocados; no guardan fe ni orden; no se guardan lealtad maridos a mujeres ni mujeres a maridos; son hechiceros, agoreros, nigrománticos; son cobardes como liebres, sucios como puercos; comen piojos, arañas y gusanos crudos donde quiera que los hallan; no tienen arte ni maña de hombres; cuando se olvidan de las cosas de la fe que aprendieron, dicen que son aquellas cosas para Castilla y no para ellos, y que no quieren mudar costumbres ni dioses; son sin barbas, y si algunas les nacen, se las arrancan; con los enfermos no usan piedad ninguna, y aunque sean vecinos y parientes los desamparan al tiempo de la muerte, o los llevan a los montes a morir con sendos pocos de pan y agua; cuanto más crecen se hacen peores; hasta diez o doce años parece que han de salir con alguna crianza y virtud; de allí adelante se tornan como brutos animales; en fin, digo que nunca crió Dios tan cocida gente en vicios y bestialidades, sin mezcla de bondad o policía. juzguen ahora las gentes para qué puede ser cepa de tan malas mañas y artes. Los que los habemos tratado, esto habemos conocido de ellos por experiencia, mayormente el padre fray Pedro de Córdoba, de cuya mano yo tengo escrito todo esto, y lo platicamos en uno muchas veces con otras cosas que callo.»

Fray García de Loaisa dio grandísimo crédito a fray Tomás Ortiz y a los otros frailes de su orden; por lo cual el emperador, con acuerdo del Consejo de Indias, declaró que fuesen esclavos, estando en Madrid, el año de 25. Mudaron de parecer los frailes dominicos. Reprendían mucho la servidumbre de indios en los púlpitos y escuelas, por donde se tomó otra información sobre esta materia el año de 31, y fray Rodrigo Minaya procuró mucho la libertad de los indios, y sacó una bula del papa Paulo III en declaración que los indios eran hombres y no bestias, libres y no esclavos. Insistió después en esto fray Bartolomé de las Casas, y mandó el emperador al doctor Figueroa tomar otras informaciones de religiosos, letrados y gobernadores de Indias que había en corte, por los cuales, y por otras muchas razones que dieron los trece que ordenaron las ordenanzas, de las cuales ya en otra parte se dijo, libertó el emperador los indios, mandando, so gravísimas penas, que nadie los haga esclavos, y así se guarda y cumple. Ley fue santísima cual convenía a emperador clementísimo. Mayor gloria es de un rey hacer buenas leyes que vencer grandes huestes. Justo es que los hombres que nacen libres no sean esclavos de otros hombres, especialmente saliendo de la servidumbre del diablo, por el santo bautismo, y aunque la servidumbre y cautiverio, por culpa y por pena es del pecado, según declaran los santos doctores Agustín y Crisóstomo, y Dios quizá permitió la servidumbre y trabajo de estas gentes de pecados para su castigo, ca menos pecó Cam contra su padre Noé que estos indios contra Dios, y fueron sus hijos y descendientes esclavos por maldición.

CCXVIII. Del Consejo de Indias

Luego que se hallaron las Indias y que comenzaron a descubrir tierra firme, se conoció ser grandísimo negocio, aunque no cuanto ahora es, y procuraron los reyes, de gran memoria, don Fernando y doña Isabel, que eran sabios en la gobernación, de cometer los pleitos y negocios de aquellas nuevas tierras a personas de confianza, que despachasen con brevedad lo que ocurriese. Mas no hicieron chancillería de ello en forma por sí. El que lo gobernaba todo era Juan Rodríguez de Fonseca, que comenzó a entender en ello siendo deán de Sevilla y acabó obispo de Burgos, y aun acabara arzobispo de Toledo si no fuera escaso. Fernando de Vega, señor de Grajales y comendador mayor de Castilla, que trataba todos los negocios del reino, entendió mucho tiempo en las cosas de Indias, y aun Mercurino Gatinara, gran chanciller, entendió también en ellas, y mosiur de Lassao, que era de la cámara del emperador, y el licenciado Francisco de Vargas, tesorero general de Castilla, y otros grandes letrados. Mas como no había personas ciertas, sino que se nombraban los que el rey o sus gobernadores querían, y era necesario estar estantes a tanta negociación y tan importante, ordenó el emperador don Carlos nuestro señor, el año de 24, un Consejo Real de Indias, que despachase las causas, mercedes y todas las otras cosas de aquellas partes, por sello y registro, conforme al estilo de los otros Consejos de Castilla. Hizo presidente de él a fray García de Loaisa, natural de Talavera, que siendo general de la orden de Santo

Domingo le tomó por su confesor, el cual murió cardenal y arzobispo de Sevilla, inquisidor general, comisario general de la Cruzada y presidente de Indias, aun cuando fue visitado quisieran que dejara el cargo. Fueron oidores el obispo de Canaria, el doctor Beltrán, el licenciado Maldonado y Pedro Mártir. Por ausencia del cardenal, presidió tres o cuatro años en este Consejo don García Manrique, conde de Osorno, que era presidente de Consejo de Órdenes. El secretario Francisco de los Cobos, que fue comendador mayor de León, tuvo la secretaría de Indias, con grandísimos provechos. Largo sería contar todos los oidores y personas que han entendido en los negocios y Consejo de Indias. Solamente digo que han sido muy singulares hombres, y de la calidad que habéis oído. Por muerte del cardenal Loaisa, entró en la presidencia de este Consejo don Luis Hurtado de Mendoza, marqués de Mondéjar, que había sido virrey de Granada y de Navarra, caballero de grandes partes y virtudes y que trata cuerdamente los negocios de guerra y estado. Son al presente oidores el doctor Gregorio López, el licenciado Francisco Tello de Sandoval, el doctor Hernán Pérez Belón, el doctor Gonzalo Pérez de Rivadeneyra, el licenciado García de Birbiesca, el licenciado don Juan Sarmiento. Es fiscal el licenciado Martín de Agreda, varones gravísimos y que merecidamente tienen el oficio y cargo de gobernar las Indias y las gobiernan con mucho juicio y prudencia. Es secretario Juan de Sámano, caballero de Santiago, hombre muy cuerdo y de negocios. Hay también allá en las Indias muchas audiencias y gobernaciones, pero de todas vienen al Consejo como a supremo juicio. En Santo Domingo hay chancillería, y en Cuba, gobernador, que son las mayores y principales islas. En México reside la chancillería de la Nueva España, y preside don Luis de Velasco, virrey de aquella provincia. En la Nueva Galicia está otra audiencia de cuatro alcaldes mayores. Guatemala y Nicaragua tienen asimismo una chancillería, y la Nueva Granada otra. En la ciudad de Los Reyes hay otra chancillería para todas las provincias del Perú, donde preside el virrey don Antonio de Mendoza, que también fue virrey de México. Hay también gobernadores en muchas partes, como en el Boriquén, Panamá, Cartagena y Venezuela, y adelantados que gobiernan, como Francisco de Montejo en Yucatán. Hay sin esto alcaldes ordinarios en cada pueblo y corregidores en los grandes, que proveen los virreyes en su jurisdicción. Los obispos administran justicia en lo eclesiástico, y son muchos. Santo Domingo es arzobispado, y tiene por sufragáneos a los obispos de Cuba, Boriquén, Honduras, Panamá, Cartagena y Santa Marta. México es arzobispado, y acuden a él los obispos de Jalisco, Mechuacán, Guajaca, Tascala, Guatimala, Chiapa y Nicaragua. La ciudad de Los Reyes, en el Perú, es arzobispado, cuyos sufragáneos son los obispados del Cuzco, Quito y Charcas. Es patrón de todos los obispados, dignidades y beneficios el rey de Castilla; y así, los provee y presenta; por manera que es señor absoluto de las Indias, que son tanta tierra como habemos mostrado; por lo cual podemos afirmar ser el rey de España el mayor rey del mundo.

CCXIX. Un dicho de Séneca acerca del Nuevo Mundo, que parece adivinanza

Decir lo que ha de ser mucho antes que sea es adivinar, y adivino llaman al que acierta lo porvenir, y muchas veces aciertan los que hablan por conjetura y por instinto y razón natural, que los que hablan por revelación y por espíritu de Dios profetas son, de los cuales creo enteramente cuanto escribieron. A los demás no creo, ni se han de creer, por más apariencia, semejanza, razones ni demostración que tengan, aunque mucho es de maravillar cómo aciertan alguna vez; pero, como dicen, quien mucho habla, en algo acierta. Todo esto digo considerando lo que dijo Séneca, el poeta, en la tragedia Medea, acerca del Nuevo Mundo, que llaman Indias, ca me parece cuadrar puntualmente con el descubrimiento de las Indias, y que nuestros españoles y Cristóbal Colón lo han sacado verdadero. Dice, pues:

«Vendrán siglos de aquí a muchos años que afloje las ataduras de cosas el Océano, y que aparezca gran tierra, y descubra Tifis, que es la navegación, nuevos mundos, y no será Tile la postrera de las Tierras.» Y en latín:

> Venient annis
> Saecula serís, quibus Oceanus,
> Vincula rerum laxet, é ingens
> Pateat tellus, Tiphisque novos
> Detegat orbes.
> Nec sit terris ultima Thile.

CCXX. De la isla que Platón llamó Atlantide

Platón cuenta, en los diálogos Timeo y Critias, que hubo antiquísimamente en el mar Atlántico y Océano grandes tierras y una isla dicha Atlántide, mayor que África y Asia, afirmando ser aquellas tierras de allí verdaderamente firmes y grandes, y que los reyes de aquella isla señorearon mucha parte de África y de Europa. Empero que con un gran terremoto y lluvia se hundió la isla, sorbiendo los hombres, y quedó tanto cieno, que no se pudo navegar más aquel mar Atlántico. Algunos tienen esto por fábula, y muchos por historia verdadera; y Próculo, según Marsilio dice, alega ciertas historias de los de Etiopía, que hizo un Marcelo, donde se confirma. Pero no hay para qué disputar ni dudar de la isla Atlántide, pues el descubrimiento y conquistas de las Indias aclaran llanamente lo que Platón escribió de aquellas tierras, y en México llaman a la agua atl, vocablo que parece, ya que no sea, al de la isla. Así que podemos decir cómo las Indias son las islas y tierra firme de Platón, y no las Hespérides, ni Ofir y Tarsis, como muchos modernos dicen, ca las Hespérides son las islas de Cabo Verde y las Gorgonas, que de allí trajo Hanon monas. Aunque con lo de Solino hay alguna duda, por la navegación de cuarenta días que pone. También puede ser que Cuba, o Haití, o algunas otras islas de las Indias, sean las que hallaron cartagineses, cuya ida y población vedaron a sus ciudadanos, según cuenta Aristóteles o Teofrasto, en las maravillas de natura no oídas. Ofir y Tarsis no se sabe dónde ni cuáles son, aunque muchos hombres doctos, como dice San Agustín, buscaron qué ciudad o tierra fuese Tarsis. San Jerónimo, que sabía la lengua hebrea muy bien, dice sobre los profetas, en muchos lugares, que Tarsis quiere decir mar; y así, Jonás echó a huir a Tarsis, como quien dice a la mar, que tiene muchos caminos para huir sin dejar rastro. Tampoco fueron a nuestras Indias las armadas de Salomón, porque para ir a ellas habían de navegar hacia poniente, saliendo del mar Bermejo, y no hacia levante, como navegaron; y porque no hay en nuestras Indias unicornios ni elefantes, ni diamantes, ni otras cosas que traían de la navegación y trato que llevaban.

CCXXI. El camino para las Indias

Pues habemos puesto el sitio de las Indias, conveniente cosa es poner el camino por donde van a ellas, para cumplimiento de la obra y para contentamiento de los leyentes, especial extranjeros, que tienen poca noticia de él. Parten los que navegan a Indias de San Lúcar de Barrameda, donde entra Guadalquivir en la mar, que está de la línea Equinoccial treinta y siete grados, y en ocho días o doce van a una de las islas de Canaria, que caen a veinte y siete grados, y a doscientas y cincuenta leguas de España, contando hasta el Hierro, que es la más occidental, De allí hasta Santo Domingo, que hay al pie de mil leguas, suelen por la mayor parte ir en treinta días. Tocan o ven primero a la Deseada, o alguna otra isla de muchas que hay en aquel paraje. De Santo Domingo, escala general para la ida, navegan seiscientas leguas los que van a la Nueva España y trescientas y cincuenta los que van a Yucatán y a Honduras; doscientas y cuarenta los que van al Nombre de Dios, y ciento y cincuenta los que a Santa Marta, por do entran al nuevo reino de Granada. Los que van a Cubagua, donde sacan perlas, toman su camino desde la Deseada a mano izquierda; para ir al río Marañón y al de la Plata y al estrecho de Magallanes, que es cuatro mil leguas de España, se va por Canaria a las islas de Cabo Verde, que están en catorce y quince grados, y cerca de quinientas leguas del estrecho de Gibraltar, y reconocen tierra firme de Indias en el Cabo Primero o en el cabo de San Agustín, o no muy lejos, que, según cuenta de mareantes, estará casi otras quinientas leguas de Cabo Verde. Quien va al Perú ha de ir al Nombre de Dios, y de allí a Panamá por tierra, diecisiete leguas que hay. En Panamá toman otros navíos, y esperan tiempo, ca no se navega siempre en aquel mar del Sur. A la vuelta vienen todos, si no quieren perderse, a La Habana de Cuba, que cae debajo el trópico de Cáncer, y desde allí, echando al norte por tener viento, suelen tomar la Bermuda, isla despoblada, aunque no de sátiros, según mienten, y puesta en treinta y tres grados. Tocan luego en alguna isla de los Azores, y en fin, aportan a España, de donde salieron. Desvíanse a la venida, de la derrota que llevaron, trescientas leguas, y aun por ventura cuatrocientas. Hacen tan diferente camino a la vuelta por seguridad y presteza. Segura navegación es toda, por ser la mar larga, aunque pocos navegan que no cuenten de tormentas; lo peor de pasar a la ida es el golfo de las Yeguas, entre Canaria y España, y a la venida, la canal de Bahama, que es junto a la Florida. Ningún hombre que no sea español puede pasar a las Indias sin licencia del rey, y todos los españoles que pasan se tienen de registrar en la casa de la Contratación de

Sevilla, con toda la ropa y mercaderías que llevan, so pena de perderlas, y también se han de manifestar a la vuelta en la misma casa, bajo dicha pena, aunque con tiempo forzoso desembarquen en otro cualquier puerto de España, que así lo manda la ley.

CCXXII. Conquista de las islas Canarias

Por ser las islas de Canaria camino para las Indias, y nuevamente conquistadas, escribo aquí su conquista. Muy sabidas y loadas fueron siempre las islas de Canaria, según autores griegos, latinos, africanos y otros gentiles escriben. Mas no sé que hayan sido de cristianos hasta que fueron de españoles. Cuenta el rey Don Pedro el Cuarto de Aragón, en su historia, cómo el año de 1344 le vino a pedir ayuda para conquistar las islas perdidas de Canaria don Luis, nieto de don Juan de la Cerda, que se llamaba príncipe de la Fortunia, por merced, creo, del papa Clemente VI, francés. Puede ser que fuesen entonces a Canaria los mallorquines, a quien los canarios se loan haber vencido, matando muchos de ellos, y que hubiesen allí una imagen antigua que tienen. Los primeros españoles que comenzaron a conquistarlas fueron allá el año de 1393, y fue así que muchos sevillanos, vizcaínos y guipuzcoanos fueron a las Canarias con armada, en que llevaron caballos para la guerra, el año sobredicho, que fue el tercero del rey don Enrique III, según su historia cuenta. No sabría decir a cúya costa fueron, aunque parece que a la suya propia, ni si por mandado del rey o por su motivo. Empero sé que hubieron batalla con los de Lanzarote, y gran despojo y presa en la victoria, y que trajeron presos a España al rey y reina de aquella isla, con otras ciento y setenta personas, y muchos cueros y cabras, cera y otras cosas de riqueza y estima para en aquellos tiempos. Después el rey don Enrique dio a ciertos caballeros las Canarias para que las conquistasen, reservando para sí el feudo y vasallaje; entre los cuales fue Juan de Betancurt, caballero francés, el cual, a intercesión de Rubín de Bracamonte, almirante de Francia, su pariente, hubo también el año de 1471 la conquista de aquellas islas, con título de rey. Vendió una villa que tenía en Francia, armó ciertos navíos, pasó a las Canarias con españoles y llevó a fray Mendo por obispo de lo que conquistase, para doctrinar y convertir aquellos gentiles; que así lo mandó el papa Martín V. Ganó a Lanzarote,

Fuerteventura, Gomera y Hierro, que son las menores, y aun la Palma, a lo que algunos dicen. De Canaria lo echaron diez mil isleños que había de pelea; y así, hizo un castillo de piedra y lodo en Lanzarote, donde asentó y pobló. Señoreaba y regía desde allí las otras islas que sujetara, y enviaba a España y Francia esclavos, cera, cueros, sebo, orchilla, sangre de drago, higos y otras cosas, de que hubo mucho dinero. A la fama de la riqueza, o por ganar honra conquistando a Tenerife que llaman isla del Infierno, y a la gran Canaria, que se defendía valientemente, pidió el infante de Portugal don Enrique al rey don Juan el Segundo de Castilla aquella conquista, mas no se la dio; y el rey don Juan, su padre, la procuró de haber del Papa, y envió el año de 1425 con armada a don Fernando de Castro. Pero los canarios se defendieron gentilmente. Todavía insistieron en aquella demanda, como les había sucedido bien la guerra de la isla de la Madera y de otras, los reyes don Juan y don Duarte, y el infante don Enrique, que era guerrero, y llegó el negocio a disputa de derecho delante el papa Eugenio IV, veneciano, estando sobre ello en Roma el doctor Luis Álvarez de Paz, y el papa dio la conquista y conversión de aquellas islas al rey de Castilla don Juan el Segundo, año de 1431; y así cesó la contienda sobre las Canarias entre los reyes de Castilla y Portugal. Tornando, pues, a Juan de Betancurt, digo que cuando murió dejó el señorío de aquellas cuatro islas que conquistara a un pariente llamado Menaute, el cual, continuando la gobernación y trato con el mismo Juan de Betancurt, tuvo diferencias y enojo con el obispo fray Mendo, que convertía aquellos gentiles. El obispo entonces escribió al rey cómo los isleños estaban muy mal con Menaute por muchos malos tratamientos que les hacía, y tenían grandísimo deseo y aparejo de ser de su alteza. El rey, por aquellas cartas del obispo, envió allá con tres naos, y con poderes para tomar y tener las islas y personas, a Pero Barba de Campos, hombre rico, el cual como llegó tuvo que dar y que tomar con el Menaute de palabras y aun de manos. Mas a la fin se concertaron, dejando y vendiendo el Menaute las islas al Pero Barba, y Pero Barba las vendió después a Fernán Peraza, caballero sevillano. Otros dicen cómo el mismo Juan de Betancurt las vendió al conde de Niebla don Juan Alonso, y cómo después las trocó el conde a Fernán Peraza, criado suyo, por ciertos lugares que tenía. De la una manera o de la otra que pasó, es cierto que las hubo

Fernán Peraza, y que dio guerra a las otras islas por conquistar, y en la Palma le mataron a su único hijo Guillén Peraza. Llamábase rey de Canaria, y casó a su hija mayor, doña Inés, con Diego de Herrera, hermano del mariscal de Empudia. Muerto Fernán Peraza, heredaron Diego de Herrera y doña Inés Peraza, llamándose reyes, que no debieran. Trabajaron mucho por ganar a Canaria, Tenerife y la Palma; pero nunca pudieron. Tuvieron éstos hijos a Pero García de Herrera, Fernán Peraza, Sancho de Herrera, doña María de Ayala, que casó en Portugal con don Diego de Silva, conde de Portalegre, y otra que casó con Pero Fernández de Saavedra, hijo del mariscal de Zaharia. Entendieron el rey don Fernando y la reina doña Isabel, recién herederos, cómo Diego de Herrera no podía conquistar a Canaria; y como fueron a Sevilla el año 1478, enviaron a Juan de Rejón y a Pedro del Algaba con gente y armada a conquistarla. Riñeron estos capitanes andando en la conquista, y mató Rejón a Pedro del Algaba, cuya venganza no se dilató mucho, ca luego mató Fernán Peraza, hijo de Diego de Herrera, al Juan de Rejón, cuya muerte dañó después sus propios negocios, ca prosiguiendo los reyes aquella guerra, estuvieron mal con Diego de Herrera, que se nombraba rey sin serlo. El Diego de Herrera puso pleito a la conquista, porque, o la dejasen o lo dejasen, diciendo pertenecerle a él y a su mujer, por la merced del señor rey don Juan que hizo a Juan de Betancurt, cuyos sucesores ellos eran; y alegando estar en posesión y acto de la conquista, en la cual habían gastado muchos dineros y derramado mucha sangre de hermanos, parientes y amigos. Hubo sobre esto demandas y respuestas con parecer de letrados, y tras ellas concierto, y los reyes dieron al Diego de Herrera cinco cuentos de maravedís en contado por los gastos, y el título de conde de la Gomera con el Hierro, y él y su mujer doña Inés Peraza renunciaron todo el derecho y acción que tenían a las otras islas. Tras este concierto despacharon allá con armada a Pedro de Vera, natural de Jerez, año de 1480, según pienso. Pedro de Vera gastó tres años en ganar a Canaria, que se defendían reciamente los isleños; y tardara más, y aun quizá no la ganara, si no fuera con ayuda de Guanarteme, rey natural de Galdar, que le favoreció por deshacer a Doramas, hombre bajo que por su valentía e industria se había hecho rey de Telde, por donde entrambos se perdieron. Señaláronse muchos canarios en aquella guerra, como fue Juan Delgado, que así se llamó desde cristiano, y un Maninigra, que fue valentísimo sobre todos, el cual dijo a otro que le motejaba de medroso una vez: «Tiemblan las carnes temiendo el peligro donde las ha de poner el corazón». Alonso de Lugo, que fue gentil soldado y capitán en la guerra de Canaria, conquistó el año de 1494 la Palma y Tenerife, de la cual hubo título de adelantado. Desde entonces son todas aquellas islas de Canaria del rey de Castilla muy pacíficamente, y el papa Inocencio VIII le dio el patronazgo de ellas el año de 1486.

CCXXIII. Costumbres de los canarios

Las islas de Canaria son siete: Lanzarote, Fuerteventura, Canaria, Tenerife, Gomera, Palma, Hierro. Están en rengle unas tras otras, de este a oeste, y en veinte y siete grados y medio, y a diecisiete leguas de África por el cabo de Bojador, y doscientas de España, contando hasta Lanzarote, que es la primera. Los escritores antiguos las llamaron Afortunadas y Beatas, teniéndolas por tan sanas y tan abundantes de todas las cosas necesarias a la vida humana; que sin trabajo ni cuidado vivían los hombres en ellas mucho tiempo. Aunque Solino, cuando habla de ellas, mucho disminuye la fama de su bondad y abundancia, que conforma mucho más con lo que al presente son. Otra isla dice que aparece a tiempos a la parte septentrional, que debe ser la inaccesible de Tolomeo, la cual muchos han buscado con diligencia, llevando en ala cuatro y aun siete carabelas hacia ella. Mas nunca ninguno la topa, ni sabe qué puede ser aquello. Canaria es redonda y la mejor; donde es fértil, es fertilísima, y donde estéril, esterilísima; así que lo bueno es poco y de regadío. No halló Pedro de Vera los canes que dijo el rey Juba, aunque dicen que tomó de ellos el nombre. Piensan algunos que los llamaron canarios por comer, como canes, mucho y crudo, ca se comía un canario veinte conejos de una comida o un gran cabrón, que es harto más. Tenerife, que debe ser la Nivaria, es triangulada y la mayor y más abundante de trigo; tiene una sierra que llaman el pico de Teide, la cosa más alta que navegantes saben, la cual es verde al pie, nevada siempre al medio, rasa y humosa en lo alto. El Hierro, según opinión de muchos, es la Pluitina, donde no hay otra agua sino la que destila un árbol cuando está cubierto de niebla, y cúbrese cada día por las mañanas; extrañeza de natura admirable. Vivían todos los de aquellas islas en cuevas y chozas, y la cueva de los reyes de Galdar estaba cavada en vivas peñas, y toda chapada de tablones del corazón de pino, que dicen teda, madera perpetua. Andaban desnudos, o cuando mucho, con cada dos cueros de cabra, peludos. Ensebábanse mucho para endurecer el cuero, majando el sebo de cabras con zumo de yerbas; comían cebada como trigo, que no lo tenían; comían cruda la carne por falta de lumbre, a lo que dicen; mas yo no creo que careciesen de lumbre, cosa necesaria para la vida y tan fácil de haber y conservar. No tenían hierro, que también era gran falta; y así, labraban la tierra con cuernos; cada isla hablaba su lenguaje, y así no se entendían unos a otros; eran en la guerra esforzados y cuidadosos; en la paz, flojos y disolutos; usaban ballestas de palo, dardos y lanzones con cuerno por yerros; tiraban una piedra con la mano tan cierta como una saeta con la ballesta; escaramuzaban de noche por engañar los enemigos; pintábanse de muchos colores para la guerra y para bailar las fiestas; casaban con muchas mujeres, y los señores y capitanes rompían las novias por honra o por tiranía; adoraban ídolos, cada uno al que quería; aparecíaseles mucho el diablo, padre de la idolatría; algunos se despeñaban en vida a la elección del señor, con gran pompa y atención del pueblo, por ganar fama y hacienda para los suyos, de un gran peñasco, que llamaban Ayatirma; bañaban los muertos en la mar, y secábanlos a la sombra, y liábanlos después con correas pequeñitas de cabras, y así duraban mucho sin corromperse. Es mucho de maravillar que, estando tan cerca de África, fuesen de diferentes costumbres, traje, color y religión que los de aquella tierra; no sé si en lengua, porque Gomera, Telde y otros vocablos así hay en el reino de Fez y de Benamarín, y que careciesen de fuego, hierro, letras y bestias de carga; lo cual todo es señal de no haber entrado allí cristianos hasta que nuestros españoles y Betancurt fueron allá; después que son de Castilla son cristianos y visten como en España, donde vienen con las apelaciones y tributos; tienen mucho azúcar, que antes no tenían, y que les enriquece la tierra; entre otras cosas que después acá tienen son peras, de las cuales se hacen en la Palma tan grandes que pesan a libra, y alguna pesa dos libras. Dos cosas andan por el mundo que ennoblecen estas islas: los pájaros canarios, tan estimados por su canto, que no hay en otra ninguna parte, a cuanto afirman, y el canario, baile gentil y artificioso.

CCXXIV. Loor de españoles

Tanta tierra como dicho tengo han descubierto, andado y convertido nuestros españoles en sesenta años de conquista. Nunca jamás rey ni gente anduvo y sujetó tanto en tan breve tiempo como la nuestra, ni ha hecho ni merecido lo que ella, así en armas y navegación como en la predicación del santo Evangelio y conversión de idólatras; por lo cual son españoles dignísimos de alabanza en todas las partes del mundo. ¡Bendito Dios, que les dio tal gracia y poder! Buena loa y gloria es de nuestros reyes y hombres de España que hayan hecho a los indios tomar y tener un Dios, una fe y un bautismo, y quitándoles la idolatría, los sacrificios de hombres, y el comer carne humana, la sodomía y otros grandes y malos pecados, que nuestro buen Dios mucho aborrece y castiga. Hanles también quitado la muchedumbre de mujeres, envejecida costumbre y deleite entre todos aquellos hombres carnales; hanles mostrado letras, que sin ellas son los hombres como animales, y el uso del hierro, que tan necesario es a hombre; asimismo les han mostrado muchas buenas costumbres, artes y policía para mejor pasar la vida; lo cual todo, y aun cada cosa por sí, vale, sin duda ninguna, mucho más que la pluma ni las perlas ni la plata ni el oro que les han tomado, mayormente que no se servían de estos metales en moneda, que es su propio uso y provecho, sino contentaros con lo que sacaban de las minas y ríos y sepulturas. No tiene cuenta el oro y plata, ca pasan de sesenta millones, ni las perlas y esmeraldas que han sacado de bajo la tierra y agua; en comparación de lo cual es muy poco el oro y plata que los indios tenían. El mal que hay en ello es haber hecho trabajar demasiadamente a los indios en las minas, en la pesquería de perlas y en las cargas. Oso decir sobre esto que todos cuantos han hecho morir indios así, que han sido muchos, casi todos han acabado mal. En lo cual, paréceme que Dios ha castigado sus gravísimos pecados por aquella vía. Yo escribo sola y brevemente la conquista de Indias. Quien quisiere ver la justificación de ella, lea al doctor Sepúlveda, cronista del emperador, que la escribió en latín doctísimamente; y así quedará satisfecho del todo.

Libros a la carta

A la carta es un servicio especializado para

empresas,

librerías,

bibliotecas,

editoriales

y centros de enseñanza;

y permite confeccionar libros que, por su formato y concepción, sirven a los propósitos más específicos de estas instituciones.

Las empresas nos encargan ediciones personalizadas para markoting cditorial o para regalos institucionales. Y los interesados solicitan, a título personal, ediciones antiguas, o no disponibles en el mercado; y las acompañan con notas y comentarios críticos.

Las ediciones tienen como apoyo un libro de estilo con todo tipo de referencias sobre los criterios de tratamiento tipográfico aplicados a nuestros libros que puede ser consultado en www.linkgua.com.

Linkgua edita por encargo diferentes versiones de una misma obra con distintos tratamientos ortotipográficos (actualizaciones de carácter divulgativo de un clásico, o versiones estrictamente fieles a la edición original de referencia).

Este servicio de ediciones a la carta lo pcrmitirá, si usted se dedica a la enseñanza, tener una forma de hacer público su interpretación de un texto y, sobre una versión digitalizada «base», usted podrá introducir interpretaciones del texto fuente. Es un tópico que los profesores denuncien en clase los desmanes de una edición, o vayan comentando errores de interpretación de un texto y esta es una solución útil a esa necesidad del mundo académico.

Asimismo publicamos de manera sistemática, en un mismo catálogo, tesis doctorales y actas de congresos académicos, que son distribuidas a través de nuestra Web.

El servicio de «libros a la carta» funciona de dos formas.

1. Tenemos un fondo de libros digitalizados que usted puede personalizar en tiradas de al menos cinco ejemplares. Estas personalizaciones pueden ser de todo tipo: añadir notas de clase para uso de un grupo de estudiantes, introducir logos corporativos para uso con fines de marketing empresarial, etc. etc.

2. Buscamos libros descatalogados de otras editoriales y los reeditamos en tiradas cortas a petición de un cliente.

Colección DIFERENCIAS

Diario de un testigo de la guerra de África	Alarcón, Pedro Antonio de
Moros y cristianos	Alarcón, Pedro Antonio de
Argentina 1852. Bases y puntos de partida para la organización política de la República de Argentina	Alberdi, Juan Bautista
Apuntes para servir a la historia del origen y alzamiento del ejército destinado a ultramar en 1 de enero de 1820	Alcalá Galiano, Antonio María
Constitución de Cádiz (1812)	Autores varios
Constitución de Cuba (1940)	Autores varios
Constitución de la Confederación	Autores varios
Sab	Avellaneda, Gertrudis Gómez de
Espejo de paciencia	Balboa, Silvestre de
Relación auténtica de las idolatrías	Balsalobre, Gonzalo de
Comedia de san Francisco de Borja	Bocanegra, Matías de
El príncipe constante	Calderón de la Barca, Pedro
La aurora en Copacabana	Calderón de la Barca, Pedro
Nuevo hospicio para pobres	Calderón de la Barca, Pedro
El conde partinuplés	Caro Mallén de Soto, Ana
Valor, agravio y mujer	Caro, Ana
Brevísima relación de la destrucción de las Indias	Casas, Bartolomé de
De las antiguas gentes del Perú	Casas, Bartolomé de las
El conde Alarcos	Castro, Guillén de
Crónica de la Nueva España	Cervantes de Salazar, Francisco
La española inglesa	Cervantes Saavedra, Miguel de
La gitanilla	Cervantes Saavedra, Miguel de
La gran sultana	Cervantes Saavedra, Miguel de

La vida es sueño	Calderón de la Barca, Pedro
Loa a El Año Santo de Roma	Calderón de la Barca, Pedro
Loa a El divino Orfeo	Calderón de la Barca, Pedro
Loa en metáfora de la piadosa hermandad del refugio	Calderón de la Barca, Pedro
Los cabellos de Absalón	Calderón de la Barca, Pedro
No hay instante sin milagro	Calderón de la Barca, Pedro
Sueños hay que verdad son	Calderón de la Barca, Pedro
El retablo de las maravillas	Cervantes Saavedra, Miguel de
El rufián dichoso	Cervantes Saavedra, Miguel de
Novela del licenciado Vidriera	Cervantes Saavedra, Miguel de
Amor es más laberinto	Cruz, sor Juana Inés de
Blanca de Borbón	Espronceda, José de
El estudiante de Salamanca	Espronceda, José de
Poemas	Góngora y Argote, Luis de
Poemas	Heredia, José María
Libro de la vida	Jesús, santa Teresa de Ávila o de
Obras	Jesús, santa Teresa de
Exposición del Libro de Job	León, fray Luis de
Farsa de la concordia	López de Yanguas
Poemas	Milanés, José Jacinto
El laberinto de Creta	Molina, Tirso de
Don Pablo de Santa María	Pérez de Guzmán, Fernán
Poemas	Plácido, Gabriel de Concepción
Poemas	Quevedo, Francisco de
Los muertos vivos	Quiñones de Benavente, Luis
Primera égloga	Garcilaso de la Vega

Colección HUMOR

Lazarillo de Tormes	Anónimo
El desafío de Juan Rana	Calderón de la Barca, Pedro
La casa holgona	Calderón de la Barca, Pedro
La dama duende	Calderón de la Barca, Pedro
Las jácaras	Calderón de la Barca, Pedro

ISBN 84-96290-13-1

9 788496 290136

Printed in the United States
114038LV00001B/142/A